企业物流战略、规划与运营

蒋长兵　王姗姗　编著

中国物资出版社

图书在版编目（CIP）数据

企业物流战略、规划与运营/蒋长兵，王姗姗编著. —北京：中国物资出版社，2009.3

ISBN 978 - 7 - 5047 - 3018 - 3

Ⅰ. 企… Ⅱ.①蒋…②王… Ⅲ. 企业管理—物流—物资管理—高等学校—教材

Ⅳ. F273.4

中国版本图书馆 CIP 数据核字（2008）第 212382 号

策划编辑 钱 瑛
责任编辑 董 涛
责任印制 方朋远
责任校对 孙会香 梁 凡

中国物资出版社出版发行

网址：http://www.clph.cn

社址：北京市西城区月坛北街25号

电话：(010) 68589540 邮编：100834

全国新华书店经销

三河鑫鑫科达彩色印刷包装有限公司印刷

开本：787mm×1092mm 1/16 印张：24.75 字数：587 千字

2009 年 3 月第 1 版 2009 年 3 月第 1 次印刷

书号：ISBN 978 - 7 - 5047 - 3018 - 3/F·1180

印数：0001—4000 册

定价：**40.00** 元

（图书出现印装质量问题，本社负责调换）

前　言

过去，我国企业很少认识到物流的战略作用，物流重要的商业价值一直没有得到广泛利用或认同。现在，企业物流已经受到大多数行业与市场的重视。物流已经与企业的发展战略紧密联系到一起，对物流管理在企业的竞争力和获利性上的重要性认识的提高，使物流成为一个真正的战略问题，并把物流推向了企业战略的核心地位。面对激烈竞争的市场形势，我国的企业必须重视物流战略的规划与管理。

物流是货物流动和储存的一个过程。在这个过程中，涉及运输、储存、保管、搬运、装卸、货物处置、货物拣选、包装、流通加工、信息处理等许多相关活动。物流的运营就是要将这些本来各自独立但又有某种联系的相关活动组织起来，进行集成的、一体化的管理。无论是工商企业的物流管理部门，还是专业的物流服务企业，都需要参与运作的各个机构与人力资源能够相互配合，最大限度地发挥物流系统内部各种资源的潜力。只有物流销售、物流网络规划、人力资源管理以及绩效考核评价等各个系统之间协调工作，才能保证物流运营的效益性，保证满足客户的物流需求。

《企业物流战略、规划与运营》从分析物流的战略管理的重要性出发，阐述了如何在战略目标的指引下进行战略规划以及战略规划的方法，在规划之后，又该如何进行运营及实施。因此本书的内容涉及物流战略规划的各个方面，在照顾到知识性的同时，不以阐述概念为主，着重于实用性和可操作性。本书的编写理念主要是注重问题的解决和处理方法。书中的许多内容，反映了当前国际和国内物流战略决策理论和实际的最新发展，和普通教科学相比，具有更强的理论和实际指导价值。书中包含大量的图表，有较强的实用性和较高的参考价值。

本书可以作为企业制定和实施物流战略规划的参考书籍，因此，适合从事物流战略规划、物流管理、运营管理的各类管理人员、咨询人员阅读；同时，也可作为物流管理、管理科学与工程、信息管理与信息系统、工商管理、工业工程等相关专业的本科生和研究生的教学参考书。

本书由浙江工商大学蒋长兵、王姗姗编写。在编写过程中，参考或引用了许多专家学者的资料，作者已尽可能在参考文献中列出，并对他们表示衷心的感谢。还要特别感谢浙江工商大学陈子侠教授、凌云教授、傅培华教授、伍蓓副教授、彭杨副教授、陈达强博士、胡军博士，他们对这本书的编辑和写作给予了不遗余力的支持，整个写作过程是对科研和教学的一次巨大的升华。

由于作者水平有限，成稿时间仓促，书中表述难免出现疏忽和谬误，敬请各位专家、读者提出批评意见，并及时反馈给作者，以便逐步完善（联系邮箱：johncabin@ mail. zjgsu. edu. cn）。

蒋长兵　王姗姗
2008 年 9 月于浙江工商大学

目 录

战略篇

规划篇

运营篇

战 略 篇

1 企业物流战略概述

过去，我国企业很少认识到物流的战略作用，物流重要的商业价值一直没有得到广泛利用或认同。现在，企业物流已经受到大多数行业与市场的重视。物流已经与企业的发展战略紧密联系到一起了！将物流和企业的生存与发展直接联系起来的战略说法，对促进物流的发展有重要意义，企业不追求物流的一时一事的效益，而着眼于总体，着眼于长远，于是，物流本身战略性发展也提到议事日程上来。事实上，对物流与供应链管理在企业的竞争力和获利性上的重要性的认识提高，使物流成为一个真正的战略问题，并把物流推向了企业战略的核心地位。

本章主要概述了企业战略和物流战略的概念以及它们之间的相互关系。

1.1 企业战略

要了解企业物流战略，首先必须明确企业战略的概念、层次、构成要素和特点。

1.1.1 企业战略的概念

战略是一个组织长期的发展方向和范围，它通过在不断变化的环境中调整资源配置来取得竞争优势，实现利益相关方的期望。

战略最初源于军事领域。在西方，战略（strategy）一词来源于希腊语"strategos"并由其演变而来的。前者意为"将军"，后者意为"战役"、"谋略"，均指指挥军队的艺术和科学。随着人类社会实践的发展，战略一词逐渐被人们用于军事之外的领域，并被赋予了新的含义。将战略思想运用于企业经营管理中，就产生了企业战略这一概念。

企业战略是对企业整体性、长期性、基本性问题的决策，是对企业各种战略（如竞争战略、营销战略、发展战略、品牌战略、融资战略、技术开发战略、人才开发战略、资源开发战略等）的统称。

1.1.2 企业战略的层次

企业战略在组织内可分为企业总体战略、业务单位战略和职能战略。

企业总体战略是一种决策模式，决定和揭示企业总体目的和目标，并提出实现目标的重大方针与计划。它考虑的是企业应该选择进入哪种类型的经营业务，关注的是企业的整体目标和活动范围及如何增加企业内各个不同部门（业务单位）的价值。它包括企业覆盖的领域、产品和服务的多样化，以及如何将资源配置给企业各个不同部门等一系列问题。

业务单位战略是在企业总体战略指导下，经营管理某一特定单位的战略计划，是企业总体战略下的子战略。其目的是为了使企业在某一特定经营领域取得更好的成果。其关注点是：如何取得竞争优势；如何识别或创造新的市场机会；如何使自己的产品区别于竞争对手的产品；针对某一市场应开发何种产品或服务，该产品或服务在多大程度上满足了客户需求等。业务单位战略与企业战略业务单位相关。业务单位战略是组织的一部分，是组织制定战略目标的一个单位。业务单位战略不是以组织结构来划分的，它有可能是，也有可能不是组织的一个独立的组成部分。例如，任何一家企业会有不同的客户，如工业客户和零售客户，那么企业在设置组织结构时，可能会成立两个部门：工业部门和零售部门。即使是在一个业务部门内部，也会由于市场（客户）的不同而需要制定不同的发展战略。零售商可能是大型的、有多家连锁店的，它们会直接从企业购买产品；也会有一些小型零售商，它们需要从分销商那里购买产品。这两个不同的市场需要不同的战略，是不同的业务单位战略。

职能战略是为贯彻、实施和支持企业总体战略和业务单位战略而在企业特定的职能管理领域制定的战略，包括营销战略、人事战略、财务战略、生产战略、研究与开发战略等。其重点是有效地利用组织的资源，实现资源利用效率最大化。在企业既定的战略条件下，企业各层次职能部门根据其职能战略采取行动，集中各部门的潜能，支持和促进企业战略的实施，保证企业战略目标的实现。与公司战略相比，职能战略更为详细、具体和具有可操作性。

企业战略带动各职能部门战略的制定，因为前者包含后者，如图1-1所示。而采购、生产、营销、物流、财务、人事、研发等部门的战略必须满足企业战略发展的需要，唯有如此，企业战略才能实现。

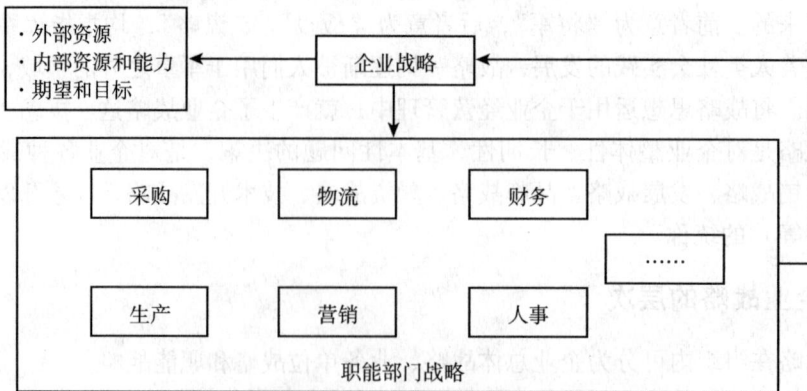

图1-1　企业战略与职能战略

1.1.3 企业战略的构成要素

企业战略一般由四个要素组成,即经营范围、资源配置、竞争优势和协同作用。美国著名战略学家安索夫(HL. Ansoff,1965)① 认为这四种要素可以产生合力,成为企业的共同经营主线。有了这条经营主线,企业内外的人员都可以充分了解企业的经营方向,扬长避短,发挥优势。

1. 经营范围

经营范围说明企业属于哪个特定行业和领域。为了清楚地表达企业的共同经营主线,常常需要分行业描述企业的经营范围,经营内容过于广泛,用它来说明企业的经营范围,过于笼统,不能明确区分企业的经营主线。所谓分行业是指大行业内具有相同特征的产品、市场、使命和技术的小行业,如饮料行业中的果汁饮料行业,机械行业中的机床行业等。

2. 资源配置

企业在本质上是一定资源的集合体,正是这些资源在时空上按相对一定的规则动态地组合在一起才构成了企业及其运作的基础和前提,离开了一定的资源及其有序而动态的组合,企业就不可能存在和运作。

3. 竞争优势

竞争优势是企业成败的关键。所谓竞争优势,是指一个企业形成某种比其竞争者优越的市场位置。一个企业是否能创造和保持竞争优势对于维持其生存和发展至关重要。竞争优势说明了企业所寻求的重要地位。表明企业某一产品与市场组合的特殊属性,凭借这种属性可以给企业带来强有力的竞争地位。一个企业要谋求在新行业或原行业中获得重要地位;或设置并保持防止竞争对手进入的障碍与壁垒;或进行产品技术开发,形成具有突破性的产品,以替代旧产品就要获得竞争优势。图1-2为哈佛大学教授迈克尔·波特②的竞争优势模型,根据波特的观点"竞争优势归根结底来源于企业为客户提供的超过其成本的价值"。

4. 协同作用

协同作用指明了一种联合作用的效果。在管理文献中,协同作用常被描述为 $1+1>2$ 的效果,这表明企业内各经营单位联合所产生的效益要大于各经营单位各自努力所创造的

---

① 战略管理的鼻祖。在第一本企业战略著作《公司战略》(1965)首次出版的时候,安索夫就明确宣称了自己的战略管理主张。安索夫在战略管理中的特殊地位最主要表现在对战略管理(Strategic Management)的开创性研究,由于他的开创性研究终于使他成为这门学科的一代宗师。作为战略管理的一代宗师,他首次提出公司战略概念、战略管理概念、战略规划的系统理论、企业竞争优势概念以及把战略管理与混乱环境联系起来的权变理论。因此,管理学界把安索夫尊称为战略管理的鼻祖。

② 迈克尔·波特是哈佛大学商学研究院著名教授,当今世界上少数最有影响的管理学家之一。他先后获得过大卫·威尔兹经济学奖、亚当·斯密奖、五次获得麦肯锡奖,拥有很多大学的名誉博士学位。迈克尔·波特已有十四本著作,其中最有影响的有《品牌间选择、战略及双边市场力量》(1976)、《竞争战略》[1](1980)、《竞争优势》(1985)、《国家竞争力》(1990)等。

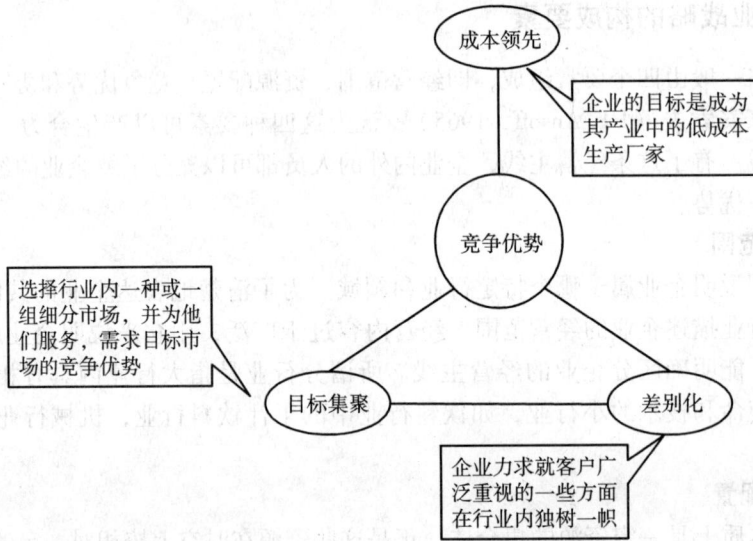

图 1－2 竞争优势模型

效益的总和。

1.1.4 企业战略的特点

1. 企业战略的总体性

企业战略考虑的是企业总体发展的长期方向。规定了企业在一定时期内的基本发展目标，及为实现这一目标的基本途径，是企业发展的蓝图，制约着企业经营管理的一切具体活动。

2. 企业战略的现实性

企业战略是企业的资源和经营活动与其运营环境的"匹配协调"。企业应设法识别经营环境中存在的机会，或创造新的机会，对自己进行正确定位，并在此基础上制定发展战略。

3. 企业战略的风险性

企业战略是对企业未来发展的规划，因此企业在制定未来发展战略时，不仅要考虑企业现有资源能力与市场机会的适应程度，而且要考虑未来战略发展所需资源的可获得性和控制性。而环境总是处于不断变化之中，因而任何企业战略都伴随着风险。

4. 企业战略的稳定性

企业战略一经制定，除一些局部调整外，应在较长时期内保持稳定，以利于企业各单位，各部门贯彻执行。

1.2 物流战略

明确了企业战略后，那什么又是物流战略呢？物流战略与企业战略之间的关系是什么呢？下面我们分别阐述以上问题。

1.2.1 物流战略的内涵

1. 物流战略的内涵

物流战略指为寻求物流的可持续发展，就物流发展目标以及达到目标的途径与手段而制定的长远性、全局性的规划与谋略。是企业面对激烈竞争的经营环境，为求长期生存和不断发展而采取的竞争行动与物流业务的方法，为了实现企业目标并支持企业战略所需的与"物"相关的，包括原材料、半成品、成品、废弃物及一般供应用品及专业服务的控制系统的规划、组织、执行和控制的谋划和方略。

2. 物流战略设计的领域

不同领域对物流战略的需求及研究都有侧重，有时对其基本概念的认识也略有不同，企业物流战略选择的具体载体是企业物流系统，主要涉及如下领域：

（1）流通领域中的物流战略

这个经济活动的重要特点是，购销活动、商业交易、管理与控制等活动与物流战略活动密不可分，因而除去本体之外，该领域必然要包含与物流战略相关的经济活动或这些经济活动中的一部分。

（2）生产领域中的物流战略

生产领域对物流战略的理解，也有广义的和狭义的两类思路：广义的是以生产企业为核心的全部活动，即从供应开始，下延到生产加工制造，再延到销售。狭义的解释有两种，一种是专指以生产企业涉及购销活动的物流战略；一种是生产加工范畴中物料的物流战略。

（3）军事领域中的物流战略

近年来，随着军事科学的发展，军事物流已纳入军事经济系统之中，尤其在和平时期，"经济性"的比重加重，因而军事领域中的物流战略研究又出现了新特点，使其外延不但涉及政治、军事，而且也必然涉及分配、调度及各种购销活动。

（4）生活领域中的物流战略

目前，对生活领域的物流战略的研究较少，现代物流学所总结的一些物流规律、物流系统和物流方法、物流装备大多从经济领域而来，随着科学文化的发展以及人们对生活质量要求的提高，这一领域的物流战略研究也将会有所发展。

3. 物流战略的特征

根据物流战略的内涵，它具有以下特征：

（1）全局性

企业物流的各个重要环节、各个专业职能的活动，虽是局部的，但作为总体行动的有机组成部分，对发挥企业物流的整体效能有重要影响，因而具有全局性。

（2）长远性

企业物流战略是对企业未来一定时期生存和发展的统筹谋划，规定了企业的奋斗目标，实现这些目标需要较长时间，少则 3～5 年，多则 5 年以上。因而，实现企业物流事业的快速发展，必须制订长远规划，并分阶段实施。

（3）竞争性和合作性

市场上参与竞争的各方不一定拼个你死我活。面对强大的对手，弱者各方可以联合起来，对付强大对手实现双赢。即使实力强的企业也需要实力弱的中小型企业协作配合，共谋发展。通过竞争走向合作，这也是一个重要趋势。

（4）纲领性

企业物流战略规定的是企业总体的长远目标、发展方向、经营重点、前进道路以及基本的行动方针、重大措施和基本步骤。这些原则性的规定，具有行动纲领的意义，尤其是物流战略中的战略目标更是全体职工的奋斗纲领。

（5）相对稳定性

由于企业物流战略规定了企业物流的发展目标，具有长远性，只要战略实施的环境未发生重大变化。即使有些变化，也是在预料之中的，那么企业物流战略中所确定的战略目标、战略方针、战略重点、战略步骤等应保持相对稳定，不应该朝令夕改。但在处理具体问题和在不影响全局的情况下，也应该有一定的灵活性。

1.2.2　物流战略的类型

近十几年来，企业的经营环境发生了巨大变化，经营体制逐渐由推测型转为实需对应型，企业的物流发生了巨大的变化。作为企业应该如何根据自身的经营特点适时、有效地开展物流战略成为企业谋求长远发展的重大课题。

1. 即时物流战略

自 20 世纪 80 年代中期以后，即时制管理得到了广泛的重视和应用。它的基本思想是"在必要的时间、对必要的产品从事必要量的生产和经营"，因而不存在生产、经营过程中产生浪费和造成成本上升的库存，即所谓的零库存。即时制是即时生产、即时物流的整合体。即时物流与一般的物流有相当大的差异，即时物流它侧重的不是物质商品流动的规模经济性，而是立足于范围经济的时间性，其核心是在需要的时候及时运抵目标场所，从而达到加速商品流转、最大限度压缩库存、即时进行商品补货，以最终提高企业的服务水准。即时化的物流战略又表现为即时采购和即时销售。

（1）即时采购

即时采购是一种先进的采购模式或商品调达模式，其基本思想是在恰当的时间、恰当的地点、以恰当的数量、恰当的质量从上游厂商向企业提供恰当的产品。在传统的采购活动中，企业与供应商是一种简单的买卖关系，而在即时采购条件下，企业与供应商建立的是长期稳固的关系，并通过强化、指导供应商作业系统的管理以逐步降低采购成本。即时采购与传统采购的区别如表 1-1 所示。

表 1-1　　　　　　　　　即时采购与传统采购的区别

涉及方面	即时采购	传统采购
采购批量	小批量、配送频度高	大批量、配送频度低
供应商选择	长期合作，有限源供应	短期合作，多源供应
供应商评价	合约履行能力、工程设计能力、价值工程能力、不见设计创发能力	合约履行能力
进货检查	逐渐减少，并向无检查进货发展	每次进货检查
交易关系	通过长期合作，不断提高产品质量，并减低成本	以最低的价格进行买卖活动
运输	准时配送、由供应方负责安排	由买方企业负责安排
信息交流	快速、可靠	一般要求

（2）即时销售

如今，越来越多的企业不是让批发商或经销商来承担本企业的物流，而是构筑自身的物流系统，向位于流通最后环节的零售店铺直送产品，从而使企业在迅速把握产品销售状况的同时，确切了解商品的库存情况。对于生产企业而言，推行即时销售一个最明显的措施是实行厂商物流中心的集约化，即将原来分散在各分公司或中小型物流中 IL 的库存集中到大型物流中心，通过数字化备货或计算机等现代技术实现进货、保管、在库管理、发货管理等物流活动的效率化、省力化和智能化。原来的中小批发商或销售部以转为厂商销售公司的形式专职从事销售促进、零售支持或订货等商流业务，从而提高销售市场的反应能力以及对生产的促进作用，而在零售企业中，物流中心有分散化、个性化发展的趋势，即物流系统的设计应充分对应一定商圈内店铺运营的需要，从而大大提高商品配送、流通加工的效率，减少销售中的损失，使物流服务的速度迅速提高。如今很多企业一方面通过现代信息系统提高企业内部的销售物流效率；另一方面，也积极利用 EOS、EDI 等在生产企业与批发企业或零售企业之间实现订货、发货自动化，真正做到销售的在线化、正确化和即时化。

2. 协同化或一体化战略

协同化物流是打破单个企业的界线，通过相互协调和统一，创造出最适宜的物流运行结构。协同化战略是在竞争中实现的，体现了竞争的活力，可以达到资源的优化组合，提高整个社会的经济效益。作为企业物流战略发展的新方向，协同化战略旨在弥合流通渠道中企业间的对立或企业规模与实需对应矛盾而应运而生，它通过企业间的合作，以及对商品物流活动的统一管理和统一行动，彻底消除库存，降低成本，并对客户的需求做出快速响应。协同化战略主要有三种形式：横向协同物流战略、纵向协同物流战略和通过第三方物流实现协同化。

（1）横向协同物流战略

横向协同物流战略是指相同产业或不同产业的企业之间就物流管理达成协调、统一运营的机制。前者是产业内不同的企业之间为了有效地开展物流服务，降低多样化、即时配送产生的高额物流成本，而相互之间形成的一种通过物流中心的集中处理实现低成本物流的系统。不同产业之间的协调物流是将不同产业企业生产经营的商品集中起来，通过物流或配送中心达成企业间物流管理的协调与规模效益性。如今，国际上不同产业间的协同物流发展较快，而由于担心"企业机密泄露"的原因，同产业协同物流发展较慢。

（2）纵向协同物流战略

纵向协同物流战略是流通渠道不同阶段企业相互协调，形成合作性、共同性的物流管理系统。这种协同作业所追求的目标不仅仅是物流活动的效率性（即通过其中作业实现物流费用的递减），而且还包括物流活动的效果性（即商品能迅速、有效地从上游企业向下游企业转移，提高商品物流服务水准）。纵向的协同物流就是要对原材料和产成品由供应地流向消费地的所有参与者和所有环节进行物流一体化管理。纵向协同物流的形式主要有批发商与生产商之间的物流协作和零售商与批发商之间的物流协同等形式。批发商与厂商间的物流协作有两种形式：一是在厂商力量较强的产业，为了强化批发物流机能或实现批发中心的效率化，厂商自身代行批发功能，或利用自己的信息网络，对批发企业多频度、小单位配送服务提供支援；二是在厂商以中小企业为主、批发商力量较强的产业，由批发商集中处理多个生产商的物流活动。零售与批发的协同则表现为一是大型零售业建立自己的物流中心，批发商经销的商品必须经由该中心，再向零售企业的各店铺进行配送；二是对于多数中型零售企业来讲，它们不是自己建立物流中心，而是由批发商建立某零售商专用型的物流中心，并借此代行零售物流。

（3）通过第三方物流实现协同化

第三方物流是通过协调企业之间的物流运输和提供物流服务，把企业的物流业务外包给专门的物流管理部门来承担。它提供了一种集成物流作业模式，使供应链的小批量库存补给变得更经济，而且它能创造出比供方和需方采用自我物流服务系统运作更快捷、更安全、更满意的服务水准，且成本相当或更低廉的物流服务。从第三方物流协作的对象来看，它既可以依托下游的零售商业企业，成为众多零售店的配送、加工中心，也可以依托上游的生产企业，成为生产特别是中小型生产企业的物流代理。目前，第三方物流无论在国内还是在国际上都有广阔的市场，积极发展协同物流应充分关注第三方物流的作用。

3. 高度化物流战略

在当前企业间竞争日趋剧烈、技术突飞猛进的背景下，要更好地应对挑战和发展的机遇，继续沿用传统的战略方式来管理生产、销售、物流，已无法使企业真正建立强大的战略优势。"超竞争"的现实要求企业必须不断改变战略视角和战略模式。全球化物流管理、互联网物流管理和绿色物流管理作为企业物流战略的发展方向，是企业针对日益增强的竞争压力和知识爆炸对传统企业经营模式造成冲击的一种有益的响应和适应。

（1）全球化物流战略

当今，随着全球经济一体化的加快，出现了一大批立足于全球生产、全球经营和全球销售的大型全球型企业。全球型企业要想获得竞争优势，就必须在全球范围内分配、利用资源，通过采购、生产、营销等方面的全球化，实现资源的最佳利用和发挥最大的规模效益。从当前全球化物流的实践看，出现了三种发展趋势：作为全球化的生产企业，在世界范围内寻找原材料、零部件来源，并选择一个适应全球分销的物流中心以及关键供应物质的集散仓库，在获得原材料以及分配新产品时使用当地现有的物流网络，并推广其先进的物流技术和方法；生产企业与专业第三方物流企业的同步全球化；国际运输企业之间的联盟，为了充分应对全球化的经营，国际运输企业之间形成一种覆盖多种航线，相互之间以资源、经营的互补为纽带，面向长远利益的战略联盟，从而使全球物流更加便捷、物流成本更加低廉、物流设施得到更大程度的利用。

（2）互联网物流战略

互联网物流战略表现在：一方面通过互联网这种现代信息工具，进行网上采购和配销，简化了传统物流繁琐的环节和手续，使企业对消费者需求的把握更加准确和全面，从而推动产品生产计划安排和最终实现基于顾客订货的生产方式，以便减少流通渠道各个环节的库存和避免出现产品过时或无效的现象；另一方面，企业通过互联网可以大幅度降低交流沟通成本和顾客支持成本，并进一步开发现有市场的新销售渠道的能力。互联网物流的兴起并不是彻底否定传统的物流体系和物流网络，它们是相互依存的，互联网物流是建立在发达的实体物流网络基础上的。

（3）绿色物流战略

伴随着大量的生产、消费而产生的大量废弃物对经济社会产生了严重的消极影响，如何保证经济的可持续发展是所有企业经营管理中必须考虑的重大问题。从物流管理的角度看，不仅在系统设计上或物流网络的组织上，充分考虑企业的经济利益和经营战略的需要，同时也要考虑商品消费后的循环物流。这包括及时、便捷地将废弃物从消费地转移到处理中心，以及在产品从供应商转移到最终消费地的过程中杜绝垃圾商品的出现。除此之外，还应考虑如何使企业现有的物流系统减少对环境所产生的负面影响。

1.2.3　物流战略框架

根据企业物流战略的内容和目标，专家提出了企业物流管理战略的框架，把企业物流战略划分为四个层次：全局性战略、结构性战略、功能性战略和基础性战略四个层次，如

图 1 - 3 所示。

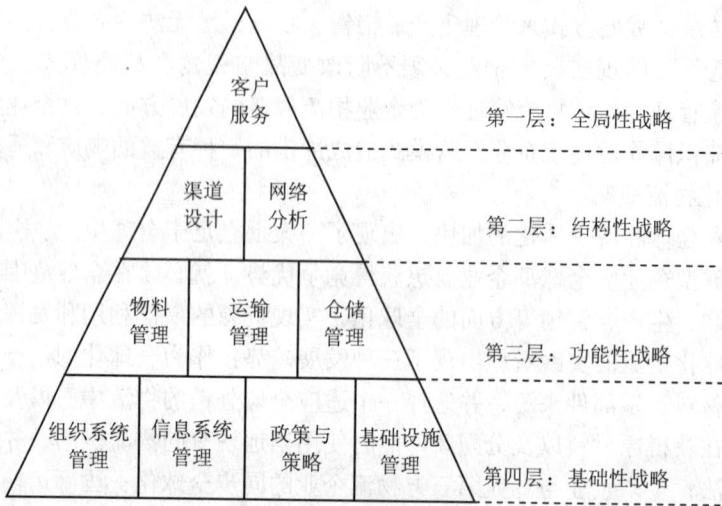

图 1 - 3　物流战略的四个层次

1. 全局性战略

物流管理的最终目标是满足用户需求（把企业的产品和服务以最快的方式、最低的成本交付用户），因此，用户服务应该成为物流管理的最终目标，即全局性战略目标。通过良好的用户服务，可以提高企业的信誉，获得第一手市场信息和用户需求信息，增加企业和用户的亲和力并留住顾客，使企业获得更大的利润。

2. 结构性战略

物流战略的第二层次是结构性战略，包括渠道设计和网络分析。渠道设计就是通过网络分析，优化确定物流供应链的制造工厂、分销中心、仓库等设施的位置和数量，使物流系统合理化，获得合理的运输和库存成本。渠道设计包括重构物流系统、优化物流渠道等内容。通过优化渠道，提高物流系统的敏捷性和响应性，降低物流成本。

网络分析则为物流系统的优化设计提供参考依据，其主要内容包括：库存状况分析，通过对物流系统不同环节的库存状态分析，找出降低库存成本的改进目标；用户服务的调查分析，通过调查和分析，发现用户需求和获得市场信息反馈，找出服务水平与服务成本的关系；运输方式和交货状况分析，通过分析，使运输渠道更加合理化；物流信息及信息系统的传递状态分析，通过分析提高物流信息传递过程的速度，增加信息反馈，提高信息的透明度；合作伙伴业绩的评估和考核。

3. 功能性战略

功能性战略包括物料管理、仓库管理、运输管理三个方面。主要内容有：运输工具的使用与调度、采购与供应、库存控制的方法与策略、仓库作业管理等。其目的是降低库存成本和运输费用，优化运输路线，保证准时交货，实现物流过程的适时、适量、适地的高效运作。

4. 基础性战略

第四层次的战略是基础性的战略，主要作用是为保证物流系统的正常运行提供基础性的保障。它包括：组织系统管理、信息系统管理、政策与策略、基础设施管理。

信息系统是物流系统中传递物流信息的桥梁，库存管理信息系统、配送分销系统、用户信息系统、EDI/Internet 数据交换与传输系统、电子资金交易系统（EFT），零售点POS，对提高物流系统的运行效率起着关键作用，因此必须从战略的高度去规划与管理，才能保证物流系统高效运行。

1.2.4 物流战略与企业战略的关系

1. 物流战略是企业战略的一部分

明确企业的总体战略目标对于企业来说至关重要，而物流战略正是这个复杂有机体的重要组成部分。企业战略包括多个方面，一般来讲，它由物流战略与制造、营销、财务战略共同构成，如图 1-4 所示。

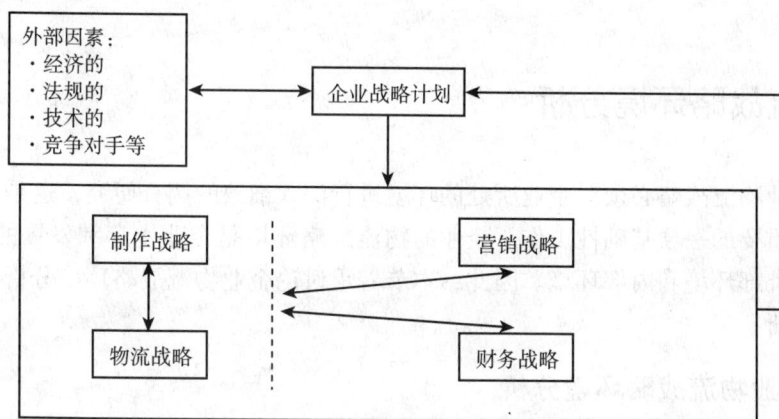

图 1-4　企业战略与物流战略的关系

企业物流战略与企业战略是相辅相成的。物流是一种服务，是企业的"第三利润源"。企业建设现代物流系统的目的首先是为了实现企业的战略，因此，企业发展物流必须首先确立物流战略与规划对企业总体战略的协助作用。物流战略是企业为更好地开展物流活动而制定的更为具体、操作性更强的行动指南，它作为企业战略的组成部分，必须服从企业战略的要求，并与之协调一致。

2. 物流战略的制定要与企业战略保持一致

物流系统的每一个环节都要进行规划，且要与企业整体规划及规划中的其他组成部分保持平衡，如图 1-5 所示。

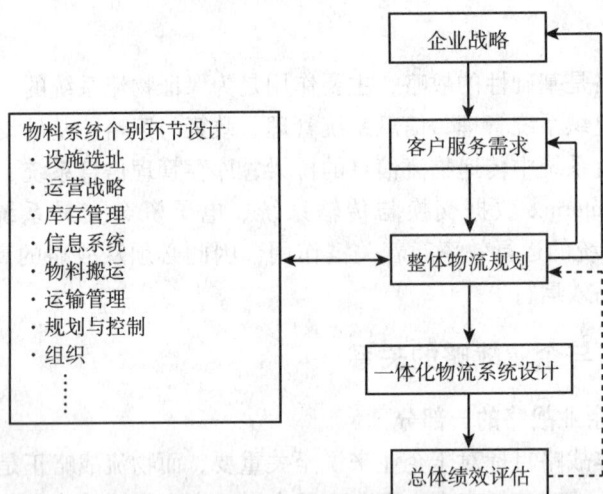

图 1-5　物流规划与企业整体规划及其他组成部分的关系

1.3　物流战略环境分析

制定企业物流战略必须对企业所处的环境进行深入细致的调查研究，这是企业物流战略管理十分重要的一项基础性工作。企业的物流战略环境是企业生存和发展的重要条件，包括企业的外部环境和内部环境。因此，本节着重讨论企业物流战略环境分析方法和现代物流环境分析。

1.3.1　企业物流战略环境分析

1. 物流战略环境分析的必要性

根据系统论的观点，万事万物都不是独立存在的，都处于不断发展变化的系统中，都是构成社会大系统的一个要素，而且各要素之间相互影响、相互作用，共同构成了多姿多彩的大千世界。企业行为也并非超然物外，而是在一定的内外环境中产生的，与其所在的环境共同构成一个大的系统。制定物流战略，必须首先立足于其所处的环境。这里的环境既包括宏观环境和行业环境，也包括企业内部环境。

此外，制定一个战略性物流规划的首要因素就是了解影响该战略绩效的内在及外在的因素。对战略规划的一项重要投入是评价、控制环境变化，其目的就在于保证该战略能使物流运作减少受企业外部环境的限制，保持一定的灵活性，企业外在力量的考察通常包括：

（1）同行竞争者的物流水平

了解同行的物流水平，分析出自己的优势，是企业制定战略时必须对照考虑的。

（2）技术评价

现代物流技术设施对物流作业带来革命性的影响，但不是所有的技术都适合一个特定的企业，所以企业应结合实际，如企业规模和企业所在具体环境的差异，选择对自身物流实用性最强的技术，切不可盲目引进，造成不必要的浪费。

（3）物流渠道结构

这里所说的渠道是指实现物流功能的途径，不同的物流战略，要求选择不同的实现物流功能的途径。企业与外部合作，采取配送还是直接购销商品，企业应该把哪些关联的企业纳入本企业的物流渠道中，自己计划在其中扮演什么角色，这一切都要进行评价，根据物流绩效进行选择。

总之，企业是在环境的约束下生存的，战略及战略计划的制订不可不考虑环境的影响因素。

2. 物流战略环境分析的内容

所谓物流战略环境综合分析，就是将企业外部环境和企业内部环境的各种因素结合起来所进行的分析。企业外部环境所提供的情况，反映了企业可利用的发展机会和存在的对企业的威胁而企业能否利用机会，避开威胁，则是通过与内部环境进行综合分析才能做出判断。

（1）企业外部环境存在的机会和风险分析

①企业外部环境存在着有利因素——机会。如国家物流产业政策的鼓励和支持；银行信贷的支持；国家税赋的降低；国内外市场容量的扩大；企业所生产的产品竞争对手；企业所需资源有了新的更充裕的来源等。分析这些有利因素，可发现为企业的发展提供了多大的机遇。

②企业外部环境存在的不利因素——风险，也叫威胁。如某些企业生产某些行业所需的产品，正是国家物流产业政策所限制的；国家紧缩银根，限制投资规模和某些行业所属企业的产品生产所需资金，提高银行贷款利息率；提高税赋；某些产品的市场容量呈现缩小趋势；企业所需资源逐渐枯竭。分析这些不利因素，可了解给企业的生存将会带来多大的风险。

（2）企业内部的优势和劣势分析

①企业的长处——优势。企业的优势在哪些方面，在技术上和产品上有何优势；在管理上有哪些特色；在营销工作上有哪些差异化优势，这些优势发挥的程度有多大，都需要进行分析。

②企业的短处——劣势。企业的劣势是产品素质低，还是管理素质低；是高层管理工作落后，还是中层或基层管理工作落后；企业产品滞销，造成积压，是产品质量问题，还是产品品种问题，或销售服务工作未跟上。分析产生劣势的原因，从而找出其主要原因，寻找解决的方法。

3. 物流战略环境分析的方法

进行物流战略环境分析，需要借助于科学的分析方法。可供选择的分析方法主要有 SWOT 分析方法、波士顿矩阵分析方法和麦肯锡矩阵分析方法。

（1）SWOT 分析方法

SWOT 分析法即 S（优势）、W（劣势）、O（机会）、T（威胁）。这种方法是利用企业内外环境相互联系、相互制约、相互影响的原理，把企业内外环境所形成的机会、威胁、优势、劣势四个方面的情况，结合起来进行分析，并用十字图表对照分析以寻找制定适合本企业实际情况的经营战略和策略的思路。这种方法也叫十字形图表法。

这里介绍一家电子商务物流公司对十字图表法的应用。该公司隶属于中国网通 A 省物流公司 B 分公司，是规模最大的物流配送运营企业。主营业务有电子商务呼叫中心、数据业务、互联网业务、物流配送业务。B 分公司通过对自己所处的竞争环境的分析，对其优势（S）、劣势（W）、机会（O）、威胁（T）进行了概括，如表 1 - 2 所示。

表 1 - 2　　　　　　　　　B 分公司内外环境对照分析表

	机会（O）	威胁（T）
外部环境	1. A 省物流业务发展迅速，在全国位居前列； 2. 公司地区 GDP 连年来按两位数增长，人均可支配收入增长快； 3. 公司地区物流业增长高于当地的 GDP 增长； 4. 当地政府出台了加快物流业发展的政策； 5. 随着人均收入提高，物流配送需求日益增加； 6. 随着物流新技术的发展，电子商务物流信息宽带数据等业务在大中型企业有可观的潜在需求	1. 当地竞争对手依托中国物流的品牌、技术资源、资金优势和邮政网，采用价格竞争方式，大量抢占公司固定物流业务，尤其是大客户； 2. 竞争对手依托信息技术，大力建设物流信息网，发展物流信息，吸引高端用户； 3. 竞争对手依托更先进的物流配送网络体系发展 JIT 配送，吸引了高端用户
	优势（S）	劣势（W）
内部环境	1. A 省是本地区最先进、最大的物流公司，客户量大，品牌知名度高； 2. 拥有比较完善、可控性强的纵向组织物流营销系统； 3. 技术基础好； 4. 员工敬业精神强，荣获"省级单位"称号	1. 历史包袱沉重，需要养起来的退休人员多，在职冗员多； 2. 在计划经济期间遗留下来的以及不断改组积成的不良资产多； 3. 员工紧迫感、危机感不足，市场观念淡薄； 4. 营销方式不灵活，物流营销网络体系不太健全； 5. 在主要经营的物流业务上，定价缺乏自主权

B 分公司通过对照分析，进行 SO、ST、WO、WT 组合，从而提出了可供选择的多种组合战略方案，其组合战略方案如图 1-6 所示。

图 1-6 SWOT 组合战略方案

```
                        O（机会）
                           │
     WO 战略               │        SO战略
    （扭转型战略）          │       （增长型战略）
   1. 克劣补短战略          │      1. 生产规模扩大化战略
   2. 业务转型战略          │      2. 市场规模扩大化战略
                           │      3. 内涵型发展战略
                           │      4. 联合、兼并战略
                           │      5. 多样化经营战略
 W（劣势）─────────────────┼─────────────────── S（优势）
     WT 战略               │        ST战略
    （防御型战略）          │       （扬长避短战略）
   1. 市场防御型战略        │      1. 纵向一体化战略
   2. 业务防御型战略        │      2. 横向一体化战略
   3. 业务转型战略          │      3. 同心多样化战略
   4. 市场转移战略          │      4. 复合多样化战略
                           │
                        T（威胁）
```

图 1-6 SWOT 组合战略方案

由这个实例可以看出，十字形图表法的主要优点是简便、实用和有效，主要特点是通过对照，把企业外部环境中的机会和威胁，企业内部环境中的优势和劣势，联系起来进行综合分析，有利于开拓思路，正确地制定经营战略。

（2）波士顿矩阵分析方法

这是将需求增长率和相对市场占有率作为衡量标准并形成矩阵图形，然后对企业的经营领域进行分析和评价的一种综合方法。需求增长率反映了市场需求对企业的吸引力，某种经营领域的需求增长率大，对企业从事该生产经营活动的吸引力也大。相对市场占有率反映了企业某种经营领域在市场中的竞争地位，这一指标高，反映该经营领域的竞争地位强。

这一方法是将需求增长率和相对市场占有率分别按一定的水平划分为高、低两种状况，将两个指标组合，就形成四个象限，即四个区（如图 1-7 所示）。

处于双高位置的是"明星"区；处于双低位置的区是"瘦狗"区；需求增长率高，相对市场占有率低的区属于"野猫"区，也叫风险区；需求增长率下降，相对市场占有率高的区是"现金牛"区。这四个区的划分为企业对现有的各种经营领域进行综合分析，

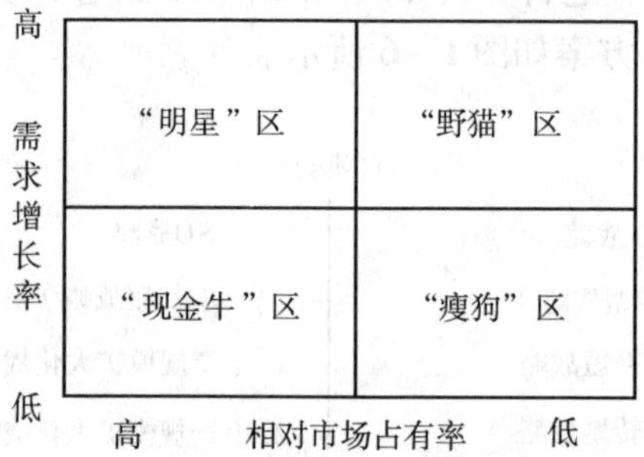

	高		
需求增长率	"明星"区	"野猫"区	
	"现金牛"区	"瘦狗"区	
	低		

高　　　　相对市场占有率　　　　低

图1-7　波士顿矩阵图

并为今后进行经营领域的选择指明了方向。这就是：对处于"明星"区位置的经营领域，应抓住机遇，加强力量，重点投资，促其发展；对处于"现金牛"区位置的经营领域，应严格控制投资，维持现有规模，设法获取尽可能多的利润，以支持处于"明星"区和"野猫"区经营领域的发展；对处于"野猫"区的经营领域，因需求增长率高，有发展前途，应加以完善和提高，促使其成为新的明星经营领域；对处于"瘦狗"区的经营领域，属于失败或衰退的经营领域，应果断放弃和淘汰。这一方法有助于企业进行经营领域的选择和资源的有效分配。但它有一定的适用条件，即企业环境动荡水平比较低，市场需求的增长比较容易预测，不会出现难以预料的变化。

（3）麦肯锡矩阵分析方法

这是以战略经营领域的吸引力和企业的竞争地位两个综合性指标进行组合，形成矩阵，进行分析的综合性方法。这种方法与波士顿矩阵分析法一样，也形成四个区，只是衡量的指标有所变化（如图1-8所示）。

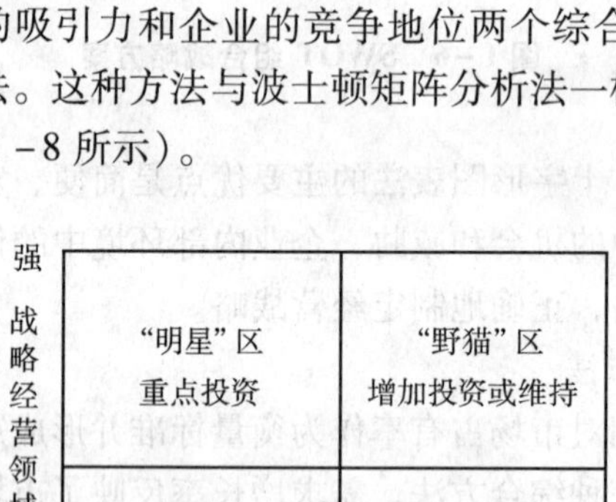

	强		
战略经营领域吸引力	"明星"区 重点投资	"野猫"区 增加投资或维持	
	"现金牛"区 挤干榨尽，多做贡献	"瘦狗"区 放弃	
	弱		

优　　　　企业竞争地位　　　　劣

图1-8　麦肯锡矩阵分析方法

每个指标所涵盖的内容比波士顿矩阵分析法的两个指标更丰富。例如战略经营领域吸引力这一指标除包括未来需求增长率这一具体指标外，还包括未来的赢利率指标，并考虑环境中的相关变化和偶发事件对各个经营领域的影响，确定其机会和风险，最后根据需求增长率和赢利率的估计值确定其战略经营领域的吸引力大小。再如企业竞争地位这一指标则根据三个因素的综合而加以确定，即：①企业在某一经营领域的投资达到最佳投资水平的程度；②企业实施的竞争战略当前达到的竞争优势的程度；③企业经营状况达到该领域一流企业的程度。这些因素结合起来分析，就可确定企业在某一经营领域中的竞争地位。

战略经营领域吸引力这一指标根据一定的标准可划分为强、弱两种情况；企业竞争地位可划分为优、劣两种情况。这两个指标的组合将形成四个区，然后把企业所有的经营领域根据这两个指标的水平，分别列入各区，然后再进行经营领域的分析和选择。

麦肯锡矩阵分析方法克服了波士顿矩阵方法的某些不足，从而扩大了适用范围，即对企业处于不同竞争环境包括比较动荡的不稳定环境，进行经营领域的分析和选择，也是适用的。

1.3.2 宏观环境分析

宏观环境指的是以国家宏观社会经济要素为基础，结合物流企业的行业特点而制定的指标，所针对的是行业而不是单个物流企业。如目标市场的经济发展状况、政治稳定情况、社会结构状况、文化和亚文化、技术水平、法律及政策稳定性等。表1－3列出了一些可能影响企业的宏观环境因素。

表1－3 企业战略宏观环境

政治	社会文化
·政治的稳定	·人口分布
·特殊经济政策	·生活方式
·外贸法规	·收入分配
·社会福利政策	·社会流动性
⋮	·人口增长率
	·年龄分布
经济	·文化及亚文化
·经济周期	⋮
·GDP 的变化趋势	科学技术
·利率	·政府的研发投入
·通货膨胀	·新技术的发展
·失业	

1. 政治法律环境

政治法律环境是指那些制约和影响企业组织发展的政治要素和法律要素及其运行状态。企业生产，必须考虑政治法律环境的影响。目标市场的政治稳定性是长期发展的可靠保证，而完善的法律法规体系是保证物流市场公平竞争、获取正当权益的条件。

2. 经济环境因素

经济环境是指构成企业生存和发展的社会经济状况，包括社会经济结构、经济体制、发展状况、宏观经济政策等。衡量这些因素的经济指标主要有国内生产总值、就业水平、利率、通货膨胀等。

众所周知，一个地区的经济发展状况决定了其社会和个人的购买力，经济发达地区和经济落后地区的居民消费情况有很大的差别。经济环境的变化如果能带来社会购买力的提高，便可为物流行业提供很好的发展机会。同时，分析经济周期对于研究物流的行业发展状况也是十分必要的。是处于经济高涨期、经济衰退期还是处于经济复苏期，对于制定物流的长期发展战略具有强大的制约作用。

3. 社会文化环境和自然环境

社会文化环境是指企业所处社会中的社会结构、社会风俗习惯、信仰和价值观念、行为规范、生活方式、人口规模与地理分布等因素的形成和变动。自然环境则指企业所处的自然资源与生态环境，包括土地、森林、河流、海洋、生物、矿产、能源、环境保护等。

不同的社会结构状况、文化和亚文化会影响居民的消费倾向，从而对物流发生作用。一个地区以公路、铁路、港口、空港等为对象的物流基础设施的建设状况，也会对物流规划产生重要的影响。

4. 技术环境

制定物流战略时，同样要重视技术环境要素。所谓技术环境要素是指目前社会技术总水平及变化趋势，技术变迁、技术突破对企业的影响及技术与政治、经济、社会环境间的相互作用等。科学技术日新月异的变化会对物流的发展产生重要作用，充分认识、把握和利用最新科学技术，就能很好地把握物流发展的方向，从而赢得主动。

影响企业战略决策的因素很多，这些因素对未来的影响不尽相同，对不同组织的影响也不一样。对一个组织特别重要的外部环境因素，对另一个组织可能并不那么重要。例如，跨国公司可能会特别关注政府关系和各国政府未来的政策走向，因为跨国公司可能在许多政体制度不同的国家设厂或子公司；跨国公司还可能关注劳动力成本和汇率变动，因为这些因素会影响它与对手的竞争。而对一个零售商来说，它可能主要关注本地消费者的爱好和消费行为。因此，物流管理者必须了解有关外部因素和驱动力对于本行业、本市场和组织个体的不同影响。

1.3.3　行业环境分析

建立物流系统时，除了要分析物流系统所处的宏观环境外，还要分析物流行业的现状和发展。它是制定物流战略必须研究的重要方面，因为它是直接影响物流经营的外部环境。行业环境分析的内容包括：市场规模与发展、竞争因素、技术经济支持和新技术新产品的影响。

1. 市场规模与发展

市场规模及其发展状况决定了此行业的发展空间和潜力。市场规模大，则企业的投资规模和经营规模可以定在一个比较高的层面。行业的规模会影响到企业的投资方式，企业采取大规模投资还是采取小规模多次投资的经营决策，必须考虑行业是否处于快速成长阶段。如果行业的成长处于突飞猛进的阶段，属于朝阳企业，有很好的发展势头，则企业可以进行大规模的投资，先于竞争者而取得规模优势和行业优势，从而发展成为行业的翘楚，既可以获得领导者的优势，又可以控制和限制其他企业的进入和发展。

2. 技术和新技术

随着科学技术发展的日新月异，生活和生产的每一个角落都打下了技术的烙印，物流领域也不例外。物流技术，包括信息技术、物料处理技术、包装以及包装材料技术、运输技术等，对降低物流成本、提高物流服务水平起着重要作用。新技术、新产品有可能会引起整个物流系统的革命，使整个社会的物资供应实现准时化，大大缩短物流周期，减少全社会的库存量，使全球的资源得到充分的利用。企业必须要预见这些新技术带来的变化，在战略管理上做出相应的战略决策，以获取新的竞争优势。比如近年来兴起的电子商务就对企业商流和物流间相互协调配合提出了新的要求。电子商务突破了空间和时间限制，极大地扩展了流通范围，提高了商流的效率，流通方式将因此发生革命性变化。商流活动电子化极大地提高了商流的速度和范围，要求物流也必须做出快速反应。因此，要配合商流电子化就必须实现物流的电子化。

3. 竞争因素

上一节讨论了宏观环境因素对组织和组织战略的影响，这些影响通常是通过组织竞争环境的变化表现出来的，对绝大部分组织来说，这其中很重要的一个方面就是行业内或部门内的竞争。任何组织的管理者都必须了解那些作用于本组织或组织间（在同一行业或部门内部）的竞争因素，因为这些竞争因素将决定行业吸引力及行业内的每个组织选择什么样的方式参与竞争。此外，这些竞争因素还有助于制定产品、市场战略，决定是否退出或进入某些行业或部门。

在了解竞争因素时，人们常犯的一个错误，是将注意力集中在直接竞争对手上，而忽视影响竞争力的其他因素。如图 1-7 所示，一个行业中的竞争，远不止在原有竞争对手间进行，而是存在着五种基本的竞争力量，即潜在的市场进入者、替代品的威胁、购买者的讨价还价能力、供应者的讨价还价能力和现有竞争者间的抗衡。

在理解这五种竞争力量时，应注意在战略业务单位层面上使用，而不能在整个组织层面使用，因为组织的业务和市场是多元化的。例如，一家航空公司可能同时在不同的市场内竞争，如国内航线市场和国外航线市场，它也面对着不同的客户群，如旅游休闲、公务、货运等。不同的市场其竞争要素亦不同。

行业环境分析是环境分析的重要组成部分，准确地识别和把握行业机会，是企业利用有利因素，进入一个新行业或在原行业中找准定位，建立优势竞争地位并最终赢利的重要前提。上述五种竞争力量虽然是对行业竞争程度和威胁程度的评价，但同样是机会和威胁并存，威胁本身也是一种机会。因此，战略环境分析的目的就是要通过选择削减威胁的战略而使威胁转化为机会。表1-2对各种威胁及其特征和削减威胁的方法作了描述。

1.3.4 企业内部条件分析

理论和实践证明，不同的企业拥有不同的资源和能力，有些资源和能力使企业能够选择并实施能创造价值的战略，形成竞争优势、进行企业内部条件分析的目的就是通过对企业资源和能力的分析，找准自身优势和弱点，特别是明确作为企业竞争优势根源和基础的特异能力。内部条件分析和外部环境分析在战略制定过程中是同等重要的。外部环境分析的结果是明确了企业可能的选择，即有可能做什么，而内部条件分析的结果则明确了企业能够做什么。因此，只有将外部环境分析和内部条件分析结合起来，才能最后确定企业应该做什么。

1. 资源的种类

资源是企业生产过程所需的各种投入。资源依其性质可分为有形资源、无形资源和人力资源三类。有形资源是看得见、能量化的资产，如机器、厂房、设备、组织结构等。无形资源是根植于企业的历史，随时间而积累起来的资产，如企业的技术、创新能力、品牌、声誉等。相对于有形资源，无形资源是竞争对手更难以了解、购买和模仿的，因此企业更有可能以无形资源作为竞争优势的基础。此外，无形资源不会因使用而消耗，相反会因使用而增加其价值。因此，无形资源的重要性越来越受到重视。人力资源是一种特定的有形资源，它标志着企业的知识结构、技能和决策能力。识别和评估一个企业的人力资源是一件非常复杂和困难的工作，个人的技能可以通过其学历、经验和工作表现来加以评估，但这只是表明了每个人的可能潜力，并不等于将这些人放在一起共同工作就能发挥出协同效应，也不等于每个人工作的表现就能简单地加总为企业的表现。特别是当企业面临外界环境快速变化或企业谋求新的发展时，员工能否根据新的要求很快调整其技能将更为重要。同时，现代企业越来越强调企业作为团队工作的效率的提高。

能力则是企业协调和利用各种资源的技能。对资源和能力的细微差别进行区分在实践中意义不大，有时所指资源已包括了能力，有时则资源和能力并列使用。

2. VRIO 框架

杰伊.巴尼（美）建立了一个内部分析框架——VRIO 框架，针对企业所拥有的某种资源或能力，提出四个问题：即价值（Value）、稀缺性（Rarity）、可模仿性（Immutability）和组织（Organization）。这四个问题的答案决定了该资源或能力是企业的一项优势还是弱势。如果对以上四个问题的回答都是肯定的，则这种资源和能力就有可能成为企业可持续竞争优势的一个来源。

（1）价值（Value）

使企业能够利用环境机会或消减环境威胁的资源和能力是优势，而使企业难以利用机会或消减威胁的资源和能力是弱势。从这个意义上讲，价值问题将内部优势和弱势分析与外部威胁与机会分析联系起来了。

从顾客角度讲，有价值的资源和能力能为用户创造价值；从企业角度讲，有价值的资源和能力使企业能够制定和实施有效的战略来赢得竞争优势。

许多企业拥有有价值的资源和能力。例如，NEC 在集成电路设计、制造上的能力使它能充分利用计算机、通信、电子等领域的市场机会；佳能在光电成像系统上具有很强的能力，这使它得以成为照相机、摄像机、激光打印机、传真机、复印机等多个市场的领先者。

当然资源的价值也不是一成不变的，随着社会的发展、顾客需求的变化、技术的进步，原先有价值的资源和能力可能变得没有什么价值。例如，在个人计算机性能提高、价格降低、日益普及后，IBM 在大型计算机的资源和能力价值大减。

不再拥有有价值资源的企业有两种基本选择。一是开发新的有价值的资源和能力。例如，IBM 迅速建立了个人电脑和笔记本电脑的生产销售能力，同时，一改从前单纯的硬件供应商角色，开始进军前景广阔的软件市场。二是以新的方式运用传统优势。比如，军工企业所具有的强大研发和生产能力在和平时期大量闲置，军转民是它们巨大的机会和必然的选择。

（2）稀缺性（Rarity）

即使一种资源或能力是有价值的，但如果为众多的企业所拥有，也不可能为任何一家企业带来竞争优势。换句话说，有价值而且稀有的资源和能力才可能成为竞争优势的来源，而虽然有价值但普遍（即不稀有）的资源和能力只能是竞争均势的来源。

例如，计算机系统能帮助企业处理大量信息，应对复杂多变的市场需求，提高生产和管理效率，显然是有价值的资源。但是，现在几乎每家企业都有自己的计算机系统，仅仅依靠计算机本身是不能创造竞争优势的。不过，并不能因此排除有价值但不稀有的资源的重要性。如果一个企业没有计算机，完全依靠手工管理，它在竞争中将会处于很不利的地位。因此，有价值但普遍的资源和能力虽然不能保证一个企业做得比其他企业好，即不能带来竞争优势，但能使一个企业做得不比其他企业差，即能够为企业带来竞争均势。这对于保证企业生存是至关重要的。

（3）可模仿性（Immutability）

经常有企业抱怨，才推出一款新产品，还没过一周时间就见到了一模一样的仿制品，而且卖得比自己的还要火。这从一个方面说明，有价值且稀有的资源或能力，如果很容易被他人模仿，所带来的竞争优势只能是暂时的。只有当不具备这些有价值且稀有的资源或能力的企业在试图建立或获取它们时，所付出的成本高于已经拥有这些资源或能力的企业，即这些资源或能力的模仿是昂贵的，此时的资源或能力才能成为持续竞争优势的来源。

模仿主要有两种方式，一是直接复制，一是替代。直接复制是指进行模仿的企业试图用与具有竞争优势的企业同样的资源去实施同样的战略，达到同样的战略目的。比如一家企业由于其完善的分销网络而赢得优势，进行模仿的企业也试图建立自己的分销网络。如果直接复制的成本高于已具有竞争优势的企业建立这些资源或能力的成本，则原企业的竞争优势将持续，而如果直接复制的成本低于或不高于最初建立这些资源或能力的企业的成本，则原企业的竞争优势将消失。替代是指进行模仿的企业试图用自己具有竞争优势的企业不同的资源或能力去实施同样的战略，或达到同样的战略目的。

（4）组织（Organization）

一个企业如果拥有有价值、稀有且难以模仿的资源或能力，就具有了取得竞争优势的潜力。但要充分实现这一潜力，该企业必须建立有效的组织来利用这些资源或能力。组织是利用资源或能力以创造竞争优势的管理架构，包括组织结构、管理控制体系和奖酬政策。价值问题、稀有性问题、可模仿性问题是针对某种特定的资源或能力，而组织问题是针对整个企业而言的。如果一个企业具有有价值、稀有且模仿昂贵的资源或能力，但未能建立有效的组织来充分利用这一资源，则很难取得竞争优势。

综上所述，可以得出以下结论：

①如果一种资源或能力是无价值的，则企业利用它将会处于竞争劣势，绩效降低，企业在选择和实施战略时，应淡化或避免使用这些资源。

②如果一种资源有价值但不稀有，利用这一资源制定和实施战略将会产生竞争均势。这些有价值但不稀有的资源或能力是必要的，因为利用它们虽不会为企业创造高于正常的绩效，但不利用它则会使企业处于竞争劣势。

③如果一种资源或能力有价值、稀有但模仿成本并不昂贵，利用这一资源将会产生暂时竞争优势和高于正常水平的绩效。率先利用这些资源的企业会取得先动优势，但一旦竞争对手观察并掌握了这一点，就可通过与先动企业相比没有成本劣势的直接复制或替代来获取这些资源。这样，先动企业所取得的竞争优势将因其他企业的模仿而消失。当然，在此之前，先动企业能够取得竞争优势。

④如果一种资源或能力有价值、稀有且模仿成本昂贵，利用这类资源将产生持续竞争优势和高于正常水平的绩效。在这种情况下，竞争对手在模仿一个成功企业的资源或能力上将面临严重的成本劣势。

1.3.5　企业物流战略定位

经过环境因素分析，企业需要根据经营战略来进一步确定物流战略，即要进行物流战略定位。物流战略定位是设定企业物流管理达到的期望水平，以物流成本和物流运作水平为主要衡量对象。

企业物流战略是为企业的总体战略服务的，企业的物流总体战略一般又可以分为三类：过程战略、市场战略和信息战略。

①过程战略的目标是达到从原材料到成品全过程物料转移的效率最大化。

②市场战略重视客户服务质量，因此会把与客户服务直接相关的销售和物流活动设立

专门机构来统一管理。

③追求信息战略的企业一般销售网络和分销组织较广泛，因此物流的投入主要在于通过信息管理，协调各个分支网络的物流活动。

根据以上这些不同的战略定位，企业就可以对物流成本和物流运作水平做出相应的定位，从而制定物流战略。

1.4　案例分析：丰田公司的即时物流管理战略

当前国外企业管理理论和实践正朝着精细化方向发展，其中准时管理 JIT（Just In Time）得到了广泛的应用并卓有成效。实时物流是伴随实时生产而产生的，随着实时生产的发展与普及，实时物流也得到了迅速发展和广泛应用。

实时物流与一般物流有很大不同，实时物流不再是传统的规模经济学的范畴，而是立足于时间的经济管理学，核心是恰好在需求的时候到达。实时制的采用可以加快货物的流通速度，降低库存水平，使补货时间更加精确，达到降低成本、提高服务水平的目标。高效、灵活的生产体系，离开了高效的实时物流的支持，是根本无法实现的。下面介绍日本丰田公司的实时物流战略，以及影响企业物流战略的主要因素。

1.4.1　零部件厂商对整车企业的实时物流供应

在实时物流中，取消了仓库的概念，例如丰田公司只设"置场"临时堆料，原材料和零配件只在此堆放几个小时，短的只要几分钟，就被领用。在看板制度下，许多零件是等到下一个制造过程需要的几个小时才上线生产。为使物流跟上生产的步伐不造成缺货或生产延误，丰田公司采用了全新的"拉出方式"，即在需要时由后工序的人员去前工序领取加工品的"领取方式"，此种方式存在于整个生产范围（包括企业外部的零部件、原材料的供给）。这种方式使主动权掌握在本企业手中，使得在需要时得到物流的实时服务。

实时生产要发挥作用，除了要求"准时化生产"外，还需要零配件厂商的实时物流作保障。为此，丰田公司采用了 CAD/CAM 技术生产设计图，电脑分解画面进行设计，并根据此资料设计车体的各部分构造，再用 CAM 生产出样机模型，然后分派给零件厂商，以适应生产需要。零配件厂商大多位于同一个工业园区，这样不仅降低了运输成本，使运送途中的损耗降低到最低程度，而且降低了所需的库存量。

零配件厂商和企业的关系是一种长期的、稳定的合作关系，是一种特殊的契约关系。一个零配件厂商的绝大部分产出都供应给一个或两个主机厂，而主机厂一般会在供应商那里拥有一定的股份和指挥权。由于在长期交易关系中居于支配地位，大企业可以要求协作企业采用"最佳时态"供货制，通过适时适量供应零部件来降低库存，提高有效开工率。实时物流的要求者会提供一定的资金、技术援助以推广实时生产和实时物流的概念和方式。同时供应商多少会建立一定的缓冲库存以备不测，以免失掉长期的合同。不能完全避免，但数量大大降低。

1.4.2 整车企业对经销商及顾客的实时物流服务

丰田公司将 JIT 生产体制和销售网络相结合，将日本全国经销商的电脑和丰田总公司的电脑联网，销售人员可以将客户定货实时通知生产线，从而形成一个大规模的信息系统，订货手续大为简化，订单当天就可以传入总公司的电脑中，交货时间就可以减少 10 天以上，而且经销商的库存也减少 70%～80%，大幅度降低了存货成本。由于建立了"灵活销售体系"，将产品分成小批量，以更快的速度销售出去，进一步降低了产品在流通领域的费用。

在运输方面，对于出口海外的产品，丰田公司所在的丰田市距海岸只有 50 公里，汽车可以一直由生产线开到码头，而远洋轮也实时地等待装船。消除了由于必须凑齐一定数量的汽车才能装船的库存费用。到岸以后，由电脑分配，直接交至各经销商手中，中间不需要存储。

丰田公司实施以人为本的实时物流战略，对全体经销商进行教育培训，根据市场反馈的信息，对经销商的促销政策和经营上的问题给以适当的指导，以提高销售效率，如商品知识指导、推销员培训、经营管理或财务指导、店铺设计、广告发布指导等，并从人员和技术上协助他们进行销售和售后服务。不景气的时期，通过协商，共同承担利润减少带来的负面影响，形成一种风险共担，利益共享的关系。

1.4.3 影响企业物流战略的主要因素

1. 经济全球化

随着经济全球化的发展，世界大商场概念在今天已成现实。跨国企业从世界各地寻找并控制原材料来源，在不同的国家建立生产基地，并将产出品销往国际市场。全球化使世界市场竞争加剧，同时使发达国家看到发展中国家市场所蕴涵的巨大潜力。市场全球化必然要求企业物流功能的全球化。实施全球物流战略，需要建立与保持一个国际物流网络，其中重要的一点就是发展企业的实时物流系统，推进企业的全球化物流战略。

2. 企业重组与兼并

20 世纪 80 年代以来，在世界范围内兴起了企业兼并与重组的浪潮。许多企业实施企业兼并、资产重组，提高资产利用率和经营效率，发挥企业的核心优势。企业重组使得许多企业开始大幅削减管理人员，剥离不良资产，导致企业越来越多地利用第三方物流服务——"资源外购"。

3. 服务的灵活性

对客户需求做出反应的速度是影响企业物流战略的又一重要因素。企业物流在提高经销商与客户的服务水平方面能起很好的作用，同时企业物流服务亦能影响经销商的经营、成本和销售。单一不变的服务水平是建立在相同的客户需求基础上的。但是随着市场的不断成熟与发展，不同的目标市场、不同类型的客户对服务水平提出了不同的要求，企业必须正视这一现实，实施灵活的物流战略以满足不同客户的需求。

综上所述，企业经营环境的改变对企业的物流战略产生了重要影响，日本、美国以及欧洲的许多大型汽车生产企业纷纷采取新的物流战略以适应当今的经济环境。这是值得我国汽车企业深入研究的重要趋势。

2 物流战略管理

当今时代,是战略制胜的时代。物流战略规划作为企业战略规划的重要组成部分,它的成功与否关系到现代企业在市场竞争中的兴衰存亡。随着社会的不断进步和经济的飞速发展,企业面临的社会、经济环境在不断的变化,企业的物流战略规划存在着高度的不确定性。

本章主要介绍物流战略管理的相关概念,物流战略目标的制定、选择和运营,并介绍供应链背景下的物流战略管理。

2.1 物流战略管理概念

通过认识战略管理的概念来阐述物流战略管理的概念、特点和原则,从而说明物流战略管理的重要性。最后经过战略目标制定—选择—运营(实施)的过程来阐述如何进行战略管理。

2.1.1 战略管理的概念

1972 年安索夫在《企业经营政策》杂志上发表了"战略管理思想"一文,正式提出了"战略管理(Strategy Management)"的概念,1979 年他又专门写了《战略管理论》一书。安索夫认为,企业战略管理,是指将企业日常业务决策同长期计划决策相结合而形成的一系列经营管理业务。企业战略管理对于企业发展起到重要作用。研究企业战略管理理论的发展历史,有利于人们自觉加强企业战略管理、不断提高企业竞争力,对企业发展具有积极作用。

1. 战略管理概念

战略管理是指通过考察目前和将来的环境,形成组织目标,并且制定、执行和控制在目前和将来环境下实现这些目标的决策的过程。

2. 战略管理三要素

战略管理由三个主要要素组成:战略定位、战略选择和战略实施,如图 2-1 所示。

(1)战略定位

了解战略定位的目的,是为了对影响组织现状和未来的主要因素进行分析,了解组织所处环境中存在的机遇与威胁,了解组织能力的所在,了解利益相关各方的期望。战略定

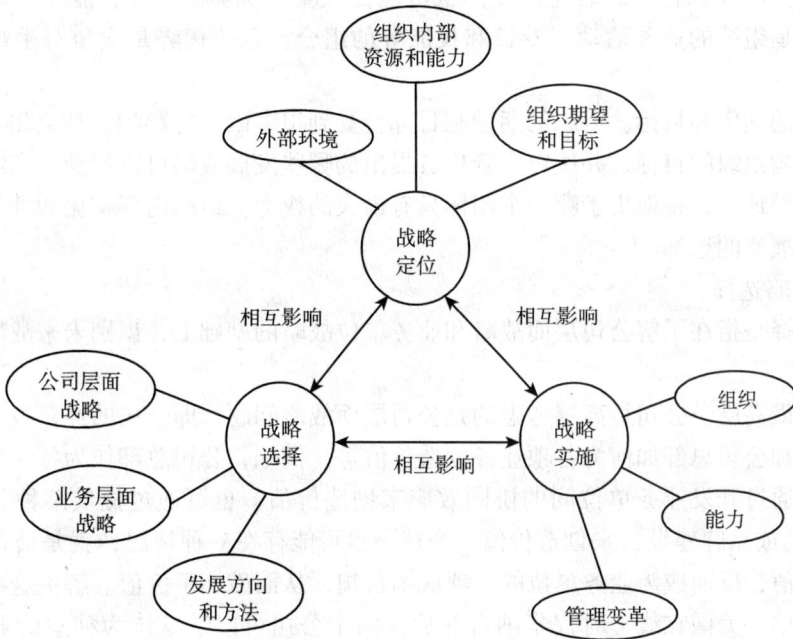

图 2 - 1   战略管理构成要素模型

位需要考虑很多方面的内容，如外部环境、内部资源和能力及利益相关方的期望和影响等，由此产生的一系列问题对制定未来发展战略是至关重要的。外部环境在发生什么样的变化？这些变化将如何影响组织及其业务？组织具备什么样的资源和能力？这些资源和能力能否为组织增加竞争优势或创造新的机会？与组织利益相关的个人或团体（如管理者、股东或所有者）对组织的期望是什么？利益相关各方的期望又将如何影响组织未来的发展？

①外部环境。任何一个组织都处于复杂的商业、政治、经济、社会、技术、法律等外部环境中，不同的组织所处环境不尽相同，同时环境在不断地变化，研究环境变量对组织的影响，应考虑历史的和现实的环境对企业的影响以及环境中各种可变因素的未来的或潜在的变化趋势。环境中的可变因素有些可以为组织带来机遇，有些会带来挑战，或机遇与挑战并存。但是，环境中存在着那么多的可变因素，逐一发现并分析各个可变因素不可能也不现实。因此，一个可行的方法是将组织所面临的复杂情况加以简化，从中找出对组织有关键影响的环境因素。

②组织内部的资源和能力。组织的资源和能力构成了组织的战略能力。正如组织及其战略选择要受到外部因素的影响一样，组织内部因素也会对它们产生影响。提高组织战略竞争力的方法之一是了解组织的优势和劣势（如它擅长或不擅长什么，竞争优势是什么，劣势是什么等），以便掌握那些可能影响组织未来战略选择的内部限制因素。有时，组织

的某些专有资源（如特定的地理位置）也可能提供竞争优势。但是，能为组织提供真正竞争优势的是组织的业务活动、专长和技能等的组合。竞争优势是竞争对手难以模仿的优势。

③组织的期望和目标。组织的期望和目标会受到很多因素的影响。利益相关各方的不同期望会影响组织的目标，并决定由管理者提出的哪些发展战略可以接受。在组织中哪一种观点占主导地位，将取决于哪一个团体只有最大的权力。组织内部文化和外部文化都将影响组织对战略的选择。

（2）战略选择

战略选择是指在了解公司层面战略和业务单位战略的基础上，识别未来战略发展的方向和方法。

①公司最高层。公司最高层考虑的是公司层面战略问题，即公司的经营范围、各项业务间的关系和公司总部如何为各项业务创造价值等。例如，公司总部作为各业务单位的母公司，可以通过开发业务单位间的协同效应来创造价值，也可通过提供某种独特的能力（如市场营销或品牌建设）来创造价值。当然，也可能存在一种情况，就是公司总部不但不能增加价值，反而成为业务单位的一项成本负担，从而破坏了价值。解决这些问题有多种方式。例如，美国在线、时代华纳合并后，两个公司可以继续作为独立的业务部门运作，仅成立一个很精干的公司总部，指导美国在线和时代华纳的各个业务部门之间按照市场关系来合作；公司总部也可以将美国在线和时代华纳的业务部门整合为一个新的组织，并根据不同的目标市场（如不同地域）或不同的消费群（如不同年龄段）来创建不同的部门。

②组织。组织面临着如何在业务单位层面开展竞争的战略选择，面临着不同的战略发展方法的选择。战略发展方向和方法的选择很重要，需要仔细考虑。在制定战略的过程中，一个潜在的危险是管理者只考虑那些显而易见的行动方案，但是，最明显的并不一定就是最好的。因此需要在了解市场和客户的基础上，识别组织的竞争优势基础和组织所只有的特殊能力。

③战略可能在未来向不同的方向发展。有些公司可通过多元化进入一些相关领域，同时注意未来发展的重点，另外一些公司可能倾向于在某一专业领域内发展，寻求在该领域内战略实施就是将战略转化为实践。战略不只是一个主意、一份陈述报告或一个计划，战略的意义只有通过战略实施才能得以体现。战略实施主要涉及：

创建一个支持组织成功运营的结构，包括结构、组织流程、界限和关系以及这些要素间的相互作用；通过调动组织不同领域的资源（或相反，在更大程度上以组织某种独特资源和能力为基础）来制定新战略，促进组织战略的成功；战略通常包括变革，包括改变组织日常惯例的需求、改变组织文化特征的需求及克服组织变革遇到的政治阻力等。增加市场份额，进一步提升产品性能并进入新市场。

（3）战略运营（实施）

2.1.2　物流战略管理的特点和原则

1. 物流战略管理的特点

（1）长远性

物流战略的着眼点是物流组织的未来而不是现在，是为了谋求长远利益而不是眼前利益。标准的物流战略管理理论通常认为物流战略规划应考虑未来 5～10 年或 10 年以上的发展规划。较短的规划时间可能会导致物流运营缺乏连贯性，资源的投入缺乏持续性，难以建立核心竞争力，从而阻碍持续性竞争优势的形成。

（2）全局性

物流战略以物流组织全局为研究对象，来确定其总体目标，规定其总体行动，追求总体效果。因此，在制定物流战略时，必须从整个物流系统的全局考虑，树立整体意识和全局观念，分清层次，区别轻重缓急，抓住主要矛盾以及矛盾的主要方面，统筹兼顾。

（3）战略性

物流战略是对物流未来发展的一种原则性和总体性的规定，是对组织未来的一种粗线条设计，是对企业未来成败的总体谋划。它决定着物流组织的发展方向，涉及物流业环境、物流使命的确定、物流基本发展方针和竞争战略的制定等。

（4）系统性

物流战略的规划是一个系统的规划，是对各要素的集成，以及对资源的合理分配和利用。它追求的是整个物流系统的最优化，而不是局部的最优化，它的最终目的是以最低的成本提供最优的物流服务。

2. 物流战略管理的原则

物流运输企业在拟定物流战略时，要结合企业资源情况、获取资源的途径与能力等特点综合分析，并按战略协同、寻求优势、合理有限等基本原则指导物流战略管理系统的运行。物流战略管理的组织运行机制强调物流的战略含义，就在于它能够提醒人们站在社会物流合理化的角度进行物流战略管理，有利于形成区域甚至更大范围的经济圈，各级政府也应当予以关注与重视。物流运输企业应根据其战略活动领域和组织活动特点，设立或者划分若干物流战略经营单位，参与物流业务服务，或者以集团企业形式参与所服务的企业物流项目，进行协同有序的战略活动，实现物流战略目标的要求。

2.1.3　战略管理的三个层次特征

从营造企业的竞争优势角度看，战略管理区别于一般的企业战略计划在于它更多地强调了企业内在的战略能力等。用安索夫的话讲，战略管理过程可以用于战略开发的各个层面。换句话说，不管所处层面如何，都需要对战略进行有效管理，从而确保战略是在推动组织朝着目标前进。在企业内在能力中，一个突出的问题是公司内部的各个层面都会开发各自的发展战略，而且这些战略在不同程度上都难免出现矛盾的现象。这是因为，部门经理开发的战略与高层经理开发的战略会有所不同。不同层面的经理对组织看法有别，高层经理负责选择对组织有较大影响的战略。虽然各个层面的选择都很重要，但有一些选择对公司的影响更加深远。为此，战略管理需要围绕战略目标对战略能力的要求进行系统开发。

斯琴德尔和霍弗（Schendel and Hofer）根据安索夫的研究成果开发了战略管理四层面法，我们可以运用它来考察战略开发的各个层面：职能层面、业务层面、公司层面和企业层面。但是，我们认为，公司和企业层面战略有不好区分的地方，为此，我们把它们合并称之为总体战略，这样可以从总体战略、职能战略和业务战略三个层面理解战略管理的层次结构。事实上，组织的类型、性质决定了战略开发的层面。道理很简单，目标单一的小型公司根本不需要考虑企业层面和公司层面的战略，而大型多元化公司的管理层则要重视每个层面的战略。

1. 总体战略

总体战略是战略开发的最高层面，也叫企业层面战略或者公司层面战略，总体战略不像时下的许多人理解的那样，言必称多角化或者成本领先。总体战略是以企业整体为对象，是企业的战略总纲，也是企业最高层领导指导和控制企业的行动纲领。一般来说，总体战略管理主要关注两个问题：其一，企业应该做些什么。涉及如何确定企业的性质和宗旨，选择企业的活动范围和重点。显然，这是企业生存和发展的根本问题；其二，企业怎样去发展这些业务。主要的关注点在于如何决定各个战略单位的设立及其目标和资源配置。具体而言：

首先，总体层面的战略需要关注组织与公众（public）的各种交互关系。广义上讲，公众包括公司的社会文化环境，这一环境由公司进行业务活动的文化、人口、社区和经济系统组成。公司不仅受到社会文化环境的影响，也通过自己的产品和选择来影响环境。社会可以接受公司的选择，也可以通过特殊利益群体或者立法者的活动来反对公司的行动。因此公司必须对社会文化环境进行充分分析，开发适应环境的企业层面的战略。

其次，在社会准许的范围开拓公司的战略。公司所在的社会为其发放法律特许和实际特许，社会所给予的许可（permission）称为特许（charter）。法律特许（legal charter）是指为公司发放执照、批准其注册，以及公司开展业务所需的各种许可。实际特许（practical charter）是指社会愿意购买公司的商品和服务，所付的价格可以使公司获取一定的利润。很多情况下，公司与相关公众的关系与公司所提供的商品和服务对特许的影响一样大。鉴于公司战略是在社会准许的范围内开发，实质上公司要得到这些准许还需要履行相应的责任和义务。所以，总体战略开发也包括社会责任战略和伦理战略。社会是否给公司以法律和实际特许，部分地取决于社会文化教育者的意见，主要是考虑公司是否会负责任地并合乎伦理地经营。按照社会的观点，公司应该在经营和在追求自己目的（purpose）的过程中承担相应的责任、义务和期望，所谓公司的社会责任（social responsibility）即指公司对社会观点所采取的态度、政策和行动。本质上讲，社会责任指的是社会对公司经营方式的一种期望。伦理（ethics）是指道德标准或价值观，是行为标准的基础。

最后，根据总体目标要求设立相应的战略单位和进行资源配置。无论是组织与公众关系还是获得社会准许经营，最后都要落脚到相应的战略单位，所以总体战略需要明确本企业实施战略目标的战略单位，已有的战略单位需要重新定位它的职能，没有的需要按照分工和组织效率原则重新设立。在此基础上对战略单位进行资源配置和绩效考核，按照战略管理过程的计划、考核和控制要求，真正发挥总体战略的作用。

2. 事业部战略

理解了总体战略的目标和对象对于理解事业部门战略和职能部门战略就比较容易。当然，安索夫没有这么简单地设计一般的事业部战略、职能部门战略应该如何，而是对不同企业（如一般制造企业、经营控股公司、大型集团公司等）进行分门别类来论述和设计。按照安索夫的观点，事业部战略是在总体战略指导下，针对于某一个特定战略单位的战略计划。有些作者把事业部战略理解为是总体战略之下的子战略，这是不完整的，因为子战略一般是总体战略向目标领域的分解，向执行部门的分解实际上没有母子关系，只有制定和执行的关系。从这个角度看，事业部战略的重点是保证战略经营单位在它所从事的行业中或某一细分市场中的竞争地位。举例说明，某一大型电子集团的事业部战略包括海外制造战略、海外联盟战略、物流战略、市场开拓战略等，既可以是利润部门的战略，也可以是事业部门的战略。在这个意义上讲，事业部门战略就不是简单的子战略的问题，因为许多事业部门战略与总体战略压根儿就没有母子关系。只有一致性的企业使命，但是它们面临的机会和挑战、条件等完全不一样。只有在一致性的战略基础上才存在子战略关系。譬如，实施成本领先战略，那么在采购事业部实施多企业供应链系统整合战略，这样就构成了子战略关系。鉴于此，我们可以在一般意义上强调事业部战略在实施公司总体战略过程中有如下几个要点：①如何贯彻企业使命；②事业发展的机会和挑战分析；③事业发展的内在条件分析；④事业发展的目标和要求；⑤事业发展的重点、阶段和措施。

可见，事业部战略是在总体战略基础上，特别是在共同的企业使命前提下，根据各个事业部门所面临的机会和挑战、自身条件等做出的战略决策。事业部门一般拥有自己的职能部门，要有效实施事业战略，还需要将事业战略分解到各自的职能部门。所以职能部门也可以理解为是战略执行部门。

3. 职能战略

作为战略执行部门，职能战略不仅仅要秉承企业总体战略的使命和要旨，更主要的是在事业部战略指导下，针对于某一特定职能单位的性质制订战略执行计划。因此，与其说是职能战略还不如说是执行战略，它的关注重点是如何提高企业资源利用效率，它由一系列详细的方案和计划构成，涉及企业的各个职能领域，其主要内容包括：①如何贯彻事业发展目标；②职能目标的确定及论证；③职能发展的重点、阶段和主要措施；④职能战略实施中的风险分析和应变能力分析等。

随着后来战略管理理论研究的深化以及战略管理实践的进一步发展，关于战略管理的层次划分产生了各种不同的观点。我们以为，无论是安索夫的战略管理层次划分还是其他作者的划分，也无论这些划分有多大的差异，这些都是学术研究的不同流派问题，由于他们对战略管理的性质和任务理解不同，对战略管理层次的划分也不一样，但是，我们必须明确这样一条原则，无论是什么样的战略层次划分，其目的都是为了明确企业战略在执行过程中的各个不同部门的战略目标和任务，最终达到各个部门对企业战略发挥自己应有的作用。因此，对战略层次的不同划分不是问题的关键，而对战略执行过程中各个部门发挥作用达到企业总体战略目标的要求，这才是问题关键。

战略管理三个层次从它的性质、作用到要求都有较大差别，理解这种差别是进行战略管理的基本要求。性质上：总体战略的主要表现形式是一种观念，职能战略主要是一种执行，所以，不少企业在总体战略中制定了许多经济性财务指标是不合适的，因为我们无法用一种经济型指标衡量总体战略。总体战略衡量困难的原因在于其明确程度较低，实施上它不可能明确，因为它需要众多的事业部门、职能部门来执行，在这种情况下，如果过于具体势必导致不能涵盖不同的部门。职能部门则不同，因为他们都是具体的执行者，如果不具体则难以执行，上级部门、相关部门也无法管理，这样总体战略执行部门的评价一般是一种判断性评价而不是定量考评。从战略实施的周期看，总体战略可以是定期的也可以是不定期的，而职能部门的战略实施则是一定要定期进行评价的。如果不属于朝令夕改的话，总体战略随时会根据情况变化进行修改乃至重新制定。事实上，安索夫的战略柔性就很强调组织根据环境变化（如动荡程度）调整战略的能力结构，而职能部门就不是这样，他们必须是铁定地执行战略调整，但是其本身并没有调整战略的权限。从战略作用角度看，总体战略一般是开创性的，而职能部门则是一种改善或者增补。在战略目标取向方面，总体战略一般定位于与现状具有较大差距的领域，正所谓跨越式发展，但是具体到职能部门则是选择于差距较小的领域，从而确保它的可行性和可操作性。一些企业盲目地将跨越式发展战略层层分解到各个事业部门、职能部门，犯得就是这样的错误。然而，作为战略可以选择距离自己自身条件差距比较大的发展领域，但是职能部门、事业部门则应该选择距离自身条件较小差距，从资源条件看，总体战略可以定位于并不具备的资源优势领域，但是职能部门就不可以这样，原因是总体战略要较之职能战略风险更小等。通过上述比较我们可以看到总体战略与职能部门战略的巨大差异，尽管这样，作为战略管理第二层面的战略层次——事业部战略层次它可以介乎二者之间。因此，安索夫战略层次除了实施可行性之外，还有他们战略管理关注点的差别问题。

2.2 物流战略目标的制定

战略目标是企业战略构成的基本内容，对企业的行为具有重大指导作用。企业战略目标是企业制定战略的基本依据和出发点，它明确了企业的努力方向，体现了企业的具体期望，表明了企业的行动纲领；它也是企业战略实施的指导原则，是企业战略控制的评价标准。战略目标必须是具体的、可衡量的，以便对目标是否最终实现进行比较客观的评价考核。因此，制定企业战略目标是制定企业战略的前提和关键。如果一个企业没有合适的战略目标，则势必会使企业的经营管理陷入盲目的境地。

在制定战略目标前，企业首先要明确物流发展的任务，即思考面向何种行业、面向何种企业、面向何种产品、面向何种区域等问题。

2.2.1 战略目标的内容

企业的战略目标是多元化的，既包括经济性目标，也包括非经济性目标；既包括定量目标，也包括定性目标。企业战略目标一般包括以下内容：

①赢利。这是企业的一个基本目标，企业必须获得经济效益。作为企业生存和发展的必要条件和限制因素的利润，既是对企业经营成果的检验，又是企业风险的报酬，也是企业乃至社会发展的资金来源。赢利目标的达成取决于企业的资源配置效率及利用效率，包括人力资源、生产资源、资本资源等的投入—产出目标。

②市场。一个企业制定战略目标的最重要的决策是企业在市场上的相对地位，这常常反映了企业的竞争地位。企业所预期达到的市场地位应该是最优的市场份额，这就要求对顾客、对目标市场、对产品或服务、对销售渠道等做仔细的分析。

③生产率。用投入产出比率或单位产品成本来表示。比如仓储、装卸搬运、包装等的生产率。

④产品。包括产品组合、产品线、产品销量和销售额等。

⑤资金。用资本构成、现金流量、流动资金、回收期等表示。

⑥生产。用固定费用、生产量等表示。

⑦创新。创新作为企业战略目标之一，是使企业获得生存和发展的生机和活力。创新可分为3种，即制度创新、技术创新和管理创新。

⑧社会。现代企业越来越认识到自己对用户和社会的责任，一方面是企业必须对本组织所造成的社会影响负责，另一方面是企业必须承担解决社会问题的部分责任。企业日益关心并注意树立良好的公众形象，既是为自己的产品或服务争取信誉，又能促进本企业获得社会的认同。企业社会目标反映企业对社会的贡献程度，如环境保护、节约能源、参与社会活动、支持社会福利事业等。

2.2.2 物流战略的目标

企业物流战略的基本目标是在保证物流服务水平的前提下，实现物流成本的最低化。具体而言，可通过以下各个目标的实现来达到。

①维持企业长期物流供应的稳定性、低成本、高效率。

②作为产品的个性谋求良好的竞争优势。

③对环境的变化为企业整体战略提供预警和功能范围内的应变力。

④以企业整体战略为目标追求与生产销售系统良好的协调性。

物流战略最直接的目标一般有3个，即降低成本、减少投资、改善服务。

（1）降低成本

包括仓储、运输、包装等在内的物流成本在产品成本中占据相当大的比重。根据国际货币基金组织的研究，物流成本约占世界各国国内生产总值总和的 12%，在我国，这个比例更高。因此，物流战略实施的目标是将与运输、仓储等相关的可变成本降到最低。比如，在不同的仓库地址中进行选择或在不同的运输方式中进行选择，以确定最佳战略，在保持服务水平不变的前提下，找出成本最低的力案。利润最大化是该战略的首要目标。

（2）减少投资

战略实施的目标是使物流系统的投资最小化。其根本出发点是投资回报最大化。比如，为避免仓储而直接将产品送达客户，放弃自有仓库选择公共仓库，选择准时供应而不采用储备库存的方法，利用第二方物流提供物流服务等。与需要高额投资的战略相比，这些战略可能导致可变成本上升，但投资回报率可能会得到提高。

（3）改善服务

该战略认为企业收入取决于所提供的物流服务水平。尽管提高物流服务水平将大幅度提高成本，但收入的增加可能会超过成本的上涨。

2.3 物流战略目标的选择

2.3.1 时效性战略

"时间就是金钱"，时间的价值可以用很多种不同的标准来衡量。早期有人试图用 EOQ 模型做运输模式选择的决策，这说明能保证更快速、始终如一的运输时间的运输选择有助于降低库存和仓储成本，但更快速的运输方式又使运输成本上升。因此，必须对运输、库存和仓储成本进行权衡。

缩短订单或者补给周期的物流战略成为近几年关注的焦点。缩短循环时间与过程、信息和决策三个因素有关。如果将物流看做一系列的过程的话，那么更快地实施运输、仓储等步骤就会降低循环时间，取得好的经济效益。

另外一个可以降低循环时间的方面就是更快地获得信息。使用更快、更有效的订单传送方式（例如数据交换或者因特网）能够显著缩短完成交易所需的时间。另外，由于计算机的硬件、软件以及其他所有接入设备的成本都显著降低，所以使用信息技术变得越来越有吸引力。有关销售额、订单、存货水平和运输服务等方面及时而准确的信息会缩短循环时间，也会降低将要发生的不确定性，通过降低安全存货的需要而降低存货水平。

缩短循环时间的最后一个因素就是决策。在许多组织中，这也是最重要的一个。关键的问题就是授权个人在他们专业和职责范围内做出决策。

改进物流过程，更快、更准确的信息流和更迅速、更具反响的决策的联合可使流通时间大幅度缩短。比如"准时制""供应商存货管理"等先进管理方法对于缩短产品从供应商到消费者的时间具有重要意义；利用对产品的追踪、光学扫描和条形码、存货定位等信息技术也是缩短时间的有效方法。

处于前沿的企业运用缩短循环时间等大量的积极方法改善企业的竞争地位，在效率和效益方面都将取得明显的成效。缩减时间战略由于能降低成本、改善现金流和提高顾客服务的潜力而成为关注的焦点，同时也使这些组织获得了竞争优势。

2.3.2　资产生产力战略

几乎所有的企业都在深入思考如何最恰当地利用物流和供应链资源。因此，一直以来他们都将焦点放在资产回报率上，并将其作为评价物流和供应链能力的一个基准。企业可以通过增加收入或是减少资产投资来获得相同水平的收入以改善资产回报率。因此，企业一直在探索改善资产生产力的方法，或者说以较少的投入获得更多的回报的方法。物流就是能够提高资产生产力的一个重要方面。

1. 减少存货

最先受到关注的资产之一就是存货，并且很多企业在减少存货水平和存货投资方面取得了成功。某些对于缩短时间有效的积极作用，经证实对于减少在存货上的投资有协同效应。比如准时制、快速反应和快速客户反应等。而同快速客户反应搭配使用的一个战略就是供应商存货管理战略，采用此战略的主要原因之一是双方都能够降低存货水平。

2. 改善设施应用

描述物流系统的方法有很多种，例如，物流网络可以看做由一系列以交通线路连接联系起来的固定设施，这些固定设施包括供应商所在地、工厂、仓库、配送中心和消费者所在地等。不管产品处于物流网络的哪个环节，目的都是一样的，即"让产品保持运动"。当产品静止下来时，所做的各种各样的没用或没有效率的事就多了。所以，所有具有优势的企业都认为使产品运动具有特色化的一种方法，就是让企业"以较少的投入做更多的事情"。

有些方法可以改善设施的用途，其中最重要的是同时减少了储存设施。其中一种方法就是将产品从生产商那里直接送到零售店铺，这样就回避了传统的停靠点或者是越过了配送中心。这个战略不仅可以改善设施的用途，而且可以减少或者削减对某些特定类型设施的需要。

3. 设备应用战略

资产投资的另外一个方面就是与物流相关的设备投资，这些设备包括在仓库中使用的材料处理设备以及企业租用或自有的运输设备。因为配送中心数量的减少使这种设备的数量也相应减少。由于企业减少了仓库的数量，需要在仓库中使用的材料处理设备的数量也相应减少了。同时，在物流设施中使用像电脑、条码扫描设备和无线电通信设备这样的技术性设备会减少在移动和储存产品时需要的其他资产数量。

此外，运输设备也是同资产投资有关的一个方面。对于许多企业来说，这是另一个需要改进的地方。通过更多地依赖租赁运输以及使用先进技术、计算机软件和优秀的管理计划来充分利用公司自有设备，达到以较少的投入做更多的事情的目的，帮助公司提高资产生产力。

4. 第三方物流

决策对于资产生产力有巨大影响的另一个方面是使用第三方物流服务。这个越来越普遍的选择使许多企业开始使用具有第三方物流性质的服务。做出使用第三方物流服务决策的组织基本上都基于其可以降低资本投资、改善资产生产力的目的，同时使用第三方物流可使企业将重点放在使战略实施更具效力和效率的核心能力上。

2.3.3　技术战略

未来物流目标的实现依赖于信息技术的进一步应用和发展。无论是硬件、软件还是连通性，这些技术都将是发展和革新的起点。技术不但可以使企业更具竞争力，而且可以改变竞争基础。

在未来物流领域，开发有效的协作能力将成为企业成功的关键，尤其是很多物流和供应链的革新被定义为跨组织化，因此很多有关构成、持久性和协作关系发展方面的知识和技能将成为企业的重要能力。

企业对所有的协作者提供从开始到最终的整个流程的可见性。通过协作，成员不仅获得了在整个流程中运输的可见性，而且在他们建立和改善协作伙伴关系的时候获得了创造效率的能力。

2.4　物流战略目标的运营

在战略实施过程中，战略制定与战略实施配合得越好，战略管理越容易获得成功。而企业战略计划系统则是战略实施的具体化。

2.4.1　企业战略计划系统

一个战略管理者要使企业长期有效地经营下去，则必须适应预期的未来环境。然而未来环境是不可控的，因此计划中的事项必须要有充分的弹性。从这个角度来说，企业战略计划系统必然是一个适应机制。战略计划系统必须具有以下几方面的内容：

1. 对企业总体战略的说明

即说明什么是企业的总体经营战略，为什么做这些选择，实现这些战略将会给企业带来什么样的重大发展机遇等。这种说明还包括总体战略目标和实现总体战略目标的方针政策。

2. 企业分阶段目标

分阶段目标是企业向其总目标努力时欲达到的有时间限制的里程碑。对分阶段目标一般应尽可能加以具体与定量的阐述，这也是保障实现总目标的条件。企业的分阶段目标常与具体的行动计划和项目连在一起，而这些行动计划和项目均是达到企业总目标的具体工具。

3. 企业的行动计划和项目

行动计划是组织为实施其战略而进行的一系列重组资源活动的汇总。在战略计划阶段包括研究、开发及削减等方面的活动。例如，执行产品开发计划或产品改进计划有利于新产品战略的实现。各种行动计划往往通过具体的项目（通过具体的活动来组织资源配给以实现企业总目标）来实施。例如，一个新产品开发计划常需通过实施诸多开发项目来实现。

4. 企业的资源配置

制订计划的基本决策因素便是资源的配置。实施战略计划需要设备、资金、人力资源及其他重要资源。因此，对各种行动计划资源配置的优先程度应在战略计划系统中得到明确规定。战略计划系统应指明在战略实施中需要的各种资源。所有必要的资源，应尽可能折算为货币价值，并以预算和财务计划的方式来表达。预算及财务计划对理解战略计划系统来说具有重要意义。

5. 企业的组织保证及战略子系统的接口协调

为了实现企业的战略目标，必须有相应的组织结构来适应企业战略发展的需求。由于企业战略需适应动态发展的环境，因此，组织结构必须要具备相当的弹性。另外，企业战略计划系统往往包括若干子系统，如何协调、控制这些子系统，对这些子系统间接口处的管理、控制应当明确化。

6. 应变计划

上述各计划内容都需企业做出决策。而这些决策基本上是通过各种对环境的预测与假设得出的，包含了相当的主观性，这不利于计划、决策的实施。有效的战略计划系统要求一个企业必须具备较强的适应环境的能力。要获取这种能力，就要有相应的应变计划作为保障。

2.4.2　企业战略资源的分配

企业战略资源是指企业用于战略行动及计划推行的人力、物力、财力等的总和。它们是战略转化为行动的前提条件和物质保证。具体来说，企业战略资源包括：采购与供应，生产能力与产品实力，市场与促销，财务，人力资源，技术开发，管理经营的能力，时间、信息等无形资源的把握等。企业的这些战略资源在整合基础上构筑了企业的竞争实力。

战略资源分配是指按战略资源配置的原则，对企业所属战略资源进行具体的分配。由于企业战略资源中的无形资源很难把握，而除人力资源外的有形资源则可以用价值形态来衡量。因此，企业战略资源分配一般可分为人力资源的分配和资金的分配两种。

1. 人力资源的分配

人力资源的分配一般包括：为各个战略岗位配备管理和技术人才，特别是对关键岗位的关键人物的选择；为战略实施建立人才及技能的储备，不断为战略实施输送有效人才；在战略实施过程中，注意整个队伍的综合力量的搭配和权衡。

2. 资金的分配

企业中一般采用预算的方法来分配资金资源。而预算是一种通过财务指标或数量指标来显示企业目标、战略的文件。通常采取的预算方式有：

①零基预算。它不是根据上年度的预算编制，而是将一切经营活动从彻底的成本—效益分析开始预算，以防止预算无效。

②规划预算。它按规划项目而非按职能来分配资源。规划预算的期限较长，常与项目规划期同步，以便直接考察一项规划对资源的需求和成效。

③灵活预算。它允许费用随产出指标而变动，有助于增加预算的灵活性。

④产品生命周期预算。在产品的不同生命周期中有着对资金的不同需求，而且各阶段的资金需求有不同的费用项目。这时产品生命周期预算就根据产品不同阶段的特征来编制各项资金支出计划与原则。

此外，企业组织结构是实施战略的重要工具，一个好的企业战略还需要有与其相适应的组织结构去完成。而企业文化在战略实施中也是很重要的，它可以成为战略的推动因素，也可能对战略的实施起抵触作用。

2.5　供应链背景下的物流战略管理

在全球化市场竞争日益激烈的环境下，产品寿命周期越来越短，产品品种数量快速膨胀，客户对交货期的要求越来越短，对产品和服务的期望越来越个性化。如何满足客户的要求，提高市场占有率，降低成本以获得良好的经营利润是摆在企业面前的最重要的课题。供应链管理是在全球制造出现以后，在企业经营集团化和国际化的趋势下提出并形成的，它摒弃了局部的管理思想，采用系统的观点和方法对物流战略进行管理，是一种整体优化的管理模式。

2.5.1　信息技术是实施物流战略管理的重要内容

日前，企业物流战略管理的基本问题不在于是否可以获取数据，而在于应该传递什么数据？应该如何进行数据的分析和利用？在企业内部和供应链伙伴之间需要什么样的基础设施？由于信息化的进展，特别是 POS、EDI 系统等的实施，使企业的库存明显缩小，足以说明信息的效果，尤其是面对环境的不确定性，信息的处理能力作为降低库存风险的手段的重要性越来越明显。

随着产业重组的推进，社会上最终只会剩下两个行业，一个是实业，包括制造业和物流业等；一个是虚业，即信息业，包括广告、订货、服务、金融、信息处理业等。在实业中，物流业会逐渐强化。尤其在适应电子商务的环境下，供应链信息系统的建立是一项重要的工作。基于供应链背景下的企业物流战略管理才能实现其低成本、高效能目标。

企业物流战略管理以信息技术为手段的重要性表现在：

1. 保证管理信息的可得性（availability）

因为顾客频繁地需要存取存货和订货状态方面的信息，迅速的可得性对于对消费者需求做出快速反应以及改进管理决策是十分必要的。

2. 提高决策信息的精确性（accuracy）

物流信息必须精确地反映当前状况和定期活动，以衡量顾客订货和存货水平。精确性可理解为供应链信息系统的报告与实际状况相比所达到的程度。

3. 确保物流信息反馈的及时性（timeliness）

物流信息必须及时地提供快速的管理反馈。及时性是指一种活动发生时间与该活动进入信息系统内时间之间的耽搁。

4. 突出反映异常情况（exception）

供应链信息系统应该有很强的异常性导向，应该能够利用系统去识别需要管理部门引起注意的决策，如定期检查存货情况、判断是否需要补充订货。

5. 增强信息的灵活性（flexibility）

供应链信息系统必须具有灵活性，以满足系统用户和顾客两方面的需求，提供能适应特定顾客需要的数据。

6. 实现物流报告的形式化（formal）

物流报告应有适当的形式，这意味着它们用正确的结构和顺序包含正确的信息。

2.5.2　企业物流战略管理的基本内容

企业物流战略管理主要针对企业提出物流的目标、任务、方向以及未来服务的工作，并制定出用以实现企业自身分阶段目标和总目标的各项政策和措施。基本内容包括：

①物流战略管理机构和人员；
②物流资源和需求调查；
③物流战略规划与管理资源分析；
④物流战略规划决策咨询；
⑤物流战略规划的内容；
⑥物流战略规划与实施方案。

2.5.3　企业物流战略的服务定位

企业物流战略的规划与管理充分应用供应链管理思想，即采用一种集成的管理思想和方法，是对供应链中的物流、信息流、资金流、业务流、增值流以及合作伙伴关系进行计划、组织、协调和控制的一体化的管理过程。主要服务于四个领域：供应（supply）、生产计划（schedule plan）、物流（logistics）、需求（demand）。确保有效实现现代企业物流战略的运行，必须以同步化、集成化生产计划为指导，以各种信息技术为支持，尤其以 Internet/Intranet 为依托，围绕供应、生产计划、物流，满足需求来实施。具体包括：

①战略合作伙伴关系的管理；

②供应链的需求管理；

③基于供应链的产品设计与制造管理、生产集成化计划；

④客户关系与客户服务管理以及企业内部与企业之间的物料供应与订单管理；

⑤交通信息管理；

⑥供应链的设计与再造。

2.5.4　企业物流战略系统的结构与功能

该结构与功能主要包括维持数据库的信息基础和执行模块两部分。信息基础包括采购订货、存货状态、顾客订货；数据库包括描述过去活动水平和当前状态的信息；执行模块具有启动、监督的作用。通常采取两种形式：一种是用于生产和配置存货的计划和协调活动；另一种是对顾客订货进行入库、处理、装船和开发票的作业活动。物流战略系统结构见表2－1，物流战略系统功能见表2－2。

表2－1　　　　　　　　　　　　　　物流战略系统结构

	物流战略计划流程		物流战略作业流程
战略目标	营销目标：明确目标市场、产品、营销计划和服务水平 金融目标：诸如入库数、销售额、生产水平、资金等	订货管理	通过使用通信技术（如邮件、电话、传真、EDI等），登录和维护顾客订货
能力限制	由企业的内部和外部的制造、仓库和运输等资源所确定	订货处理	向公开的顾客订货和补充订货指派或分配存货
物流需求	起着协调设备、设施、劳动力以及库存等资源的作用，通常作为存货管理和过程控制的工具 计划期物流需求＝计划期需求数－现有库存－计划入库数＝预测数＋顾客订货数＋促销数－现有库存－计划入库数	配送作业	结合供应链信息系统功能指导配送中心的活动，其中包括产品入库、物料搬运、储存和订货选择等
制造需求	用于确定主生产计划和制造需求计划	运输和装船	包括装船计划和时间表、联合装船、装船通知、运输单证的生成和承运人的管理等
采购需求	对物料发送、装船和入库做出安排	采购	有效的供应链信息系统应该是采购、物流计划和物流活动结合起来

订货管理功能	订货处理功能	存货管理功能	配送作业功能	运输和装船功能	采购功能
订货登录	创建总订购单	预测分析和 建立模型	分配和跟踪	承运人选择	搭配和支付
订货管理 功能	订货处理 功能	存货管理 功能	配送作业 功能	运输和装船 功能	采购 功能
信用检查	生成发票	预测数据维护 和更新	存货选址	承运人计划	公开订货检验
存货可得性	生成订单/选择 单证	预测参数选择	存货控制	调度	采购计划内容 登记
订货确认	盘存准备金	预测技术选择	劳动力计划	单证准备	采购订货维护
订货修改	处理总订购单	存货参数选择	批量控制	运费支付	采购订货接收
订货定价	重新分配订货源	存货仿真模拟	订货选择选址 补充	功能衡量	采购订货状态
订货状况询问	发送保留存货	制定存货需求 计划	接收和放置	联合装船和 线路安排	报价申请表
价格和折扣 附加条件	发送总订货	促销数据综合	储存	装船等级	需求通信
促销检查	核实装船	补充订货、发货 和计划	功能衡量	装船计划	接收约定清单
重分配订货源		服务目标定义		装船跟踪和发货	供应商背景分析
退货处理				车辆装货	

2.5.5　供应链一体化物流战略提出的挑战

1. 经济社会发展对现代物流战略提出了新的要求

我国仍然处于工业化发展的中期阶段和基础设施建设的高潮时期，原材料、燃料物流的规模将继续扩张，但是不能走传统工业化的老路。要实现经济和社会协调发展，全面建设小康社会，农业产业化、农村城镇化以及构建和谐社会，实现可持续发展，都离不开现代物流的支持。现代物流将进一步促进我国的经济走向集约化和生产方式的转变，在物流总量快速增长的同时，社会生产、流通、消费对物流的速度和质量的要求越来越高，特别是在安全、环保、节约资源、以人为本等方面将有更新的要求。

2. 物流领域对外开放的步伐加快

目前，全球最大的500家跨国公司中已有450家在中国投资，在中国投资的外商企业超过50万家。与此同时，我国不少企业走出国门，开拓国际市场。《2003年度中国对外直接投资统计公报》（非金融部分）显示，截至2003年底，中国企业已在160多个国家和地区投资设立了7470家企业，中方直接投资金额超过332亿美元。中国一批名牌企业率先"走出去"并取得了成功。由国外企业"走进来"和国内企业"走出去"而引发的跨国物流需求迅速增长。如何从"物流大国"迈向"物流强国"，为"中国制造"建立一个"中国物流"支撑体系，是提高我国经济国际竞争力必须面对的紧迫课题，也是走新型工业化道路的重要内容。

3. 体制和政策环境将有实质性改善

如果说2004年国家发改委等九部委出台的《关于促进我国现代物流业发展的意见》是"热点话题"，那么今后将会变为实际的行动。一方面，草拟中的"全国现代物流工作部际联席会议"工作的启动，我国推进物流发展的综合协调机制在中央政府层面正式形成；另一方面，在"部际联席会议"推动下，国务院各有关部门将按照《关于促进我国现代物流业发展的意见》的精神制定更具操作性的细则。同时，国家召开了首次"全国现代物流工作会议"，推出《全国现代物流业发展规划》。各地方、各部门和各有关行业就贯彻全国会议精神，预计都会有一些大的动作和政策上的完善。

4. 以科学发展观指导物流发展

现代物流因其符合科学发展观而备受关注。经过几年来的实践，企业、政府和社会各个层面对现代物流的认识不断普及和深化。特别是用科学发展观来衡量，发展现代物流业是贯彻科学发展观的重要举措，有利于降低社会流通成本，加快商品流通和资金周转，提高国民经济运行的质量和效益；有利于充分利用国内、国外两种资源和两个市场，提高企业的国际竞争力，适应经济全球化和我国成为"世界制造中心"的需要；有利于推动信息技术在生产、流通及运输领域的应用，促进产业结构调整和技术升级，走新型工业化道路；有利于提高运输效率，降低能源消耗和废气排放，缓解交通拥堵，实现可持续发展；有利于促进城乡和地区间商品流通，满足人民群众对多样化、高质量的物流服务需求，方便人民生活；有利于建立与经济发展需要相匹配的物流服务体系，优化投资环境；有利于救灾应急，处理突发性事件，保障经济稳定和社会安全。

2.6 案例分析：山东省潍坊市物流发展战略目标

2.6.1 指导思想

为促进潍坊市"解放思想、干事创业、加快发展"总体指导思想的实现，充分发挥潍坊市区位、交通、人力和土地资源优势，以降低物流成本、改善物流发展环境和提高物流效率为核心，以"政府引导，营造环境，市场导向，企业运作"为发展原则，按照现代物流理念，统筹规划，加快构建潍坊市现代物流体系，完善现代物流基础设施平台，构筑物流信息网络平台，健全物流政策环境平台，加速实现从交通枢纽到物流枢纽的有效转换，充分发挥现代物流对潍坊经济和社会发展的促进作用，逐步把潍坊市建设成山东半岛乃至全国重要的物流枢纽。

2.6.2　总体构想

根据潍坊工商企业和专业市场布局及今后发展趋势需要，突出潍坊经济基础雄厚、工业发展强劲、商品经济发达、公共交通便利的优势，合理规划潍坊市物流发展战略。以先进的信息技术为基础构建现代物流体系，重点建设好3个物流基地、6个物流中心和4个配送中心，形成设施先进、功能齐全、各具特色的物流基地、物流中心和配送中心。向东，服务山东东部，以青岛为龙头，承接国际物流；向西，服务山东西部，面向全国物流。

①以培育现代物流市场体系为重点，培育开放、公平、有序的物流市场；

②以深化对外开放为先导，以市场换发展，重点引进国内外著名物流企业，采取多种投资和合作方式，促进它们参加山东半岛物流枢纽的建设；

③以物流基础设施建设为根本，完善物流节点和线路的空间布局，构筑高效率的物流网络；

④以现代物流理念为指导，提高潍坊现代物流业发展的市场化水平；

⑤以物流政策平台建设为支撑，提高潍坊现代物流业发展的法制化水平；

⑥以物流信息网络平台建设为突破口，提高潍坊现代物流业发展的信息化水平。

2.6.3　指导原则

①依托第二产业，服务工商物流；

②立足腹地经济，挖掘物流潜力；

③着眼全局，与省市总体规划协调并进；

④发挥交通枢纽优势，增强物流辐射范围；

⑤整体规划，有序开发；

⑥整合存量资源，发挥整体优势。

2.6.4　战略目标

1. 总体目标

到2010年，潍坊市物流发展战略规划的总体目标是：

①初步建成立足潍坊、服务山东、面向全国、走向世界的山东半岛物流枢纽，形成以青岛为龙头、以潍坊为集疏中转枢纽、从国际物流—青岛物流—山东半岛物流枢纽—山东各区域物流（潍坊、青岛除外）的双向物流链（见图2-2）。

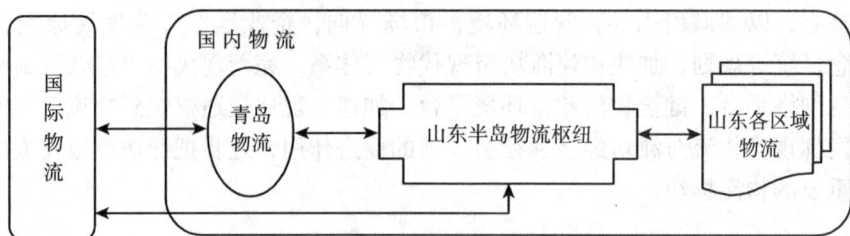

图2-2 "山东半岛物流枢纽"物流链

②建成功能健全的物流基础设施平台和物流信息网络平台，以信息化促进物流业的快速发展，以物流业促进潍坊产业结构的完善和区域经济的持续健康发展；建立物流发展政策平台；构建三大物流基地、六大物流中心与四大配送中心，形成分别定位服务于全方位物流需求、本地商贸企业物流需求和城市物流需求三个层次的现代物流体系。

③整合全市现有物流资源，积极引进国际先进物流管理经验和技术，推动物流企业的兼并重组，加快传统物流向现代物流转型，实现物流组织形式和服务功能的创新，培植信息化、网络化与专业化的第三方物流企业，建立以第三方物流企业为主体的现代物流组织体系（见图2-3）。

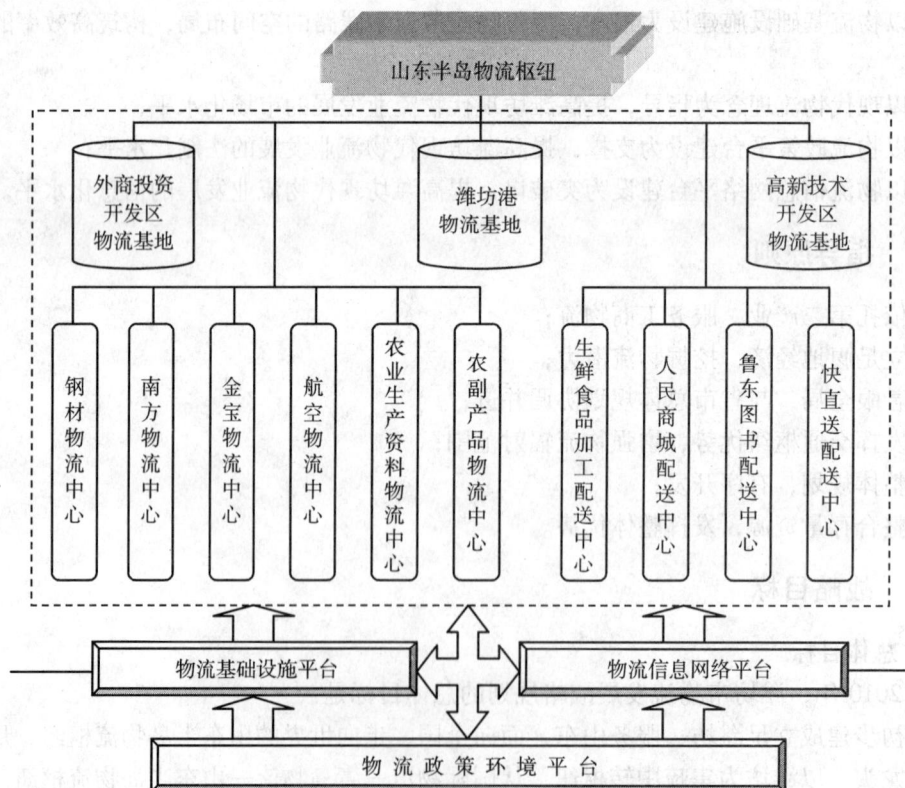

图2-3 潍坊现代物流体系框架——山东半岛物流枢纽

④形成区域物流、市域物流一体化的现代物流圈和畅通高效、快捷准时、经济合理、客户满意的社会化、标准化、信息化、专业化的现代物流服务网络体系。

⑤大力促进物流成本的持续降低，物流成本占 GDP 的比重不高于 16%（2003 年我国物流成本占 GDP 的比重为 21.4%，根据估算目前潍坊市的物流成本占 GDP 的比重接近这一比例）。

2. 中长期目标（2008—2010 年）

全面建设物流基地、物流中心和配送中心体系；进一步完善物流基础设施平台和物流信息网络平台，大力推进信息网络技术在物流产业中的应用，实现物流产业与电子商务发展的有机结合；做强、做大第三方物流；强化物流组织与管理，提高物流业的管理水平。规划到 2010 年底，形成潍坊市统一、信息资源共享的物流信息网络，利用各具特色的物流基地、物流中心和配送中心，为各类物流服务商提供物流作业和信息服务支持平台。同时，培育 5~8 家能够带动潍坊及山东半岛地区现代物流业全面发展的第三方物流龙头企业，把潍坊市建成山东半岛物流枢纽，充分辐射周边城市，形成与国际接轨的多层次、社会化、专业化现代物流网络体系，物流成本占 GDP 比重再下降 3%，物流产业成为潍坊市重要支柱产业之一，促进潍坊第三产业及整体经济的持续发展。

3. 短期目标（2005—2007 年）

营造物流业发展政策环境，制订现代物流发展总体规划和各子系统规划及实施方案，加速建设物流基础设施平台和物流信息网络平台，实现传统物流向现代物流转型，组建大型物流企业和物流集团，大力培育第三方物流，积极发展电子商务和建设配送中心，培养和引进物流专业技术与管理人才。到 2007 年，初步建成山东半岛物流枢纽的基础设施构架和物流公共信息平台，物流成本占 GDP 的比重在现有基础上下降 3%，第三方物流成为潍坊物流产业的重要力量。

规　划　篇

3　物流战略规划体系

　　贯穿于生产和流通全过程的物流，在降低企业经营成本，创造第三利润源泉的同时，也在全球的市场竞争环境下，发挥着举足轻重的作用，物流成为企业经营主角的时代已经到来。很多企业虽然认识到发展物流的潜力，但往往感到无从着手。所以，要获得高水平的物流绩效，创造顾客的买方价值和企业的战略价值，必须了解一个企业的物流系统的各构成部分如何协调运转与整合，并进行相应的物流战略规划与设计。

　　本章主要介绍了有关物流系统的相关概念，物流规划和物流规划体系的结构。

3.1　物流系统

3.1.1　物流系统的概念

1. 物流系统的概念

　　我国国家标准物流术语的定义是："物流是物品从供应地向接收地的实体流动过程，根据实际需要，将运输、储存、装卸、包装、流通加工、配送、信息处理等基本功能的有机结合。"上述定义反映了物流是围绕货物高效率和高效益流动而进行的一系列活动过程，物流活动的完成需要配置相应的功能要素。根据系统理论，系统是指为了达到某种共同的目标，由若干相互作用的要素有机结合构成的具有特定功能的有机整体。物流系统是由能够完成运输、储存、装卸、包装、流通加工、配送、信息处理活动或功能的若干要素构成的、具有特定物流服务功能的有机整体。

　　由于要素本身也可以分解为若干更小一点、具有特定功能的组成部分，所以要素自身便构成了一个级别较低的系统，这个级别较低的系统称之为该系统的子系统。上述的运输、储存、装卸、包装、流通加工、配送、信息处理等要素，可各自构成级别较低的子系统。

2. 物流系统的类型

　　从不同角度观察，可以把物流系统划分为若干类型。

　　（1）按系统工程理论与方法划分

　　①三维概念模型

　　物流业务活动维度：运输、储存、装卸、包装、流通加工、配送、信息处理；

管理（或信息）的层次维度：业务处理、管理控制、决策分析、战略规划；

物流职能活动维度：供应物流、生产物流、销售物流、回收与废弃物流。

因此可以从三维角度来划分物流系统的要素组成。其中，物流管理与信息层次维度是指可以从信息的来源、信息加工程度、信息使用目的、信息的加工传递的方式等角度来考虑信息层次，也可以从物流系统的组织层次或组织结构等方面来认识物流系统的管理层次。

②多级系统模型

物流要素系统：由运输、储存、装卸、包装、流通加工、配送和信息服务构成的物流要素系统；

空间网络系统：由公路、铁路、水路、航空等交通运输线路和场站、码头、空港、物流中心等节点构成的空间网络系统；

运营管理系统：由设施设备子系统、信息网络子系统、经营管理子系统以及政策法规子系统构成。

（2）按物流的服务范围划分

按物流的服务范围，可分为市域物流系统、区域物流系统、国际物流系统等。

（3）按物流要素配置主体划分

按物流要素配置主体，可分为企业物流系统和社会物流系统。

（4）按载体的类型划分

按照载体的类型，可分为港口物流系统、航空物流系统、铁路物流系统、公路物流系统、管道物流系统等。

3. 物流系统的特征

（1）目的性

目的性是指各组成要素都围绕物流系统的总目标不断地完成各自的功能，物流系统每一个要素都有自己的目标，但这些目标可能是互相冲突的，如追求运输成本最小化，可能会导致库存或成本最大化，这就是为什么不能用某一要素的目标作为系统总目标的原因。物流系统的总目标应该是在满足所需要的服务水平的同时，使系统的总成本最小化，物流系统的要素配置应该围绕系统的总目标，按照物流系统的功能需要，通过各要素目标的权衡和协调进行合理配置。

（2）整体性

整体性是指物流系统的功效是以物流系统整体为依托，如果离开物流系统中各要素之间的有序运动，就无法形成物流系统的整体功能。物流系统的有序运动反映在物流系统各要素之间存在着时间上、空间上及资源利用方面的相互联系。

（3）适应性

适应性是指物流系统本身不是一个孤立的封闭领域，它必须依赖并适应外部环境的需求和变化。物流系统是一个相当复杂的动态的社会经济大系统，它与社会经济环境密切联系，贯穿于社会再生产的三大领域（生产领域、消费领域、流通领域），参与国际与国内两大经济循环，并服务于国际和国内两大市场。因此，物流系统与外界社会经济环境存在着多层次的联系，受外界社会经济环境众多因素的影响，一旦物流系统与外界社会经济环境的联系被阻隔或不相适应，则物流系统的功效将难以发挥，甚至使物流系统与外界社会经济环境产生严重冲突，影响整个社会经济的正常运转。因此，为适应变化的社会环境，物流系统的各组成部分需要不断地补充、改造、完善，甚至重新设计。

3.1.2　物流系统的结构

所谓结构，是指系统内部各组成要素之间的相对稳定的联系方式、组织秩序的内在表现形式。结构具有量的规定性，主要体现在：

①系统由一定数量的相关要素组成；

②系统要素在三维空间上具有各自独立的坐标；

③在一个稳定的系统中，要素之间的排列应具有相对的稳定性。

结构具有质的规定性，主要体现在系统组成要素的相互联系、相互作用上。物流系统的结构是指构成物流系统要素的量的规定性和质的规定性。

1. 物流系统量的规定性

①物流系统是由若干能够完成某些功能的相关要素组成的。这些要素必须与需要完成的功能相互匹配、相互一致。比如在一个不需要进行加工作业的物流系统中配置加工设备就是不合理的。

②物流系统各要素在三维空间都有各自的位置。物流系统的各要素需要在一定的时间、空间内完成自己的任务，以达到物流系统的特定目的。为完成某一区域客户的物流配送服务需求，需要在一定的空间地点布置配送中心，以完成该项任务。

③物流系统各要素在时间和空间的排列上形成一定的秩序。如某一配送中心向一定区域的客户提供物流配送服务，为满足服务的需求，配送中心的位置、设施设备、运输路线都应按照该区域客户的需求合理配置，形成稳定的秩序，才能使各要素在不同的位置上完成自己的任务，从而完成物流服务。

2. 物流系统质的规定性

物流系统结构质的规定性表现为物流系统各组成要素不是孤立存在的，它们之间通过一定的方式，按照一定的要求、规划、比例进行排列和布局，共同组成相互联系、相互作用的有机整体。物流系统结构的优劣取决于各要素间建立的关系。配送中心的位置靠近交通枢纽，配送中心与交通线路之间联系便利，可以提高配送效率；配送中心内部布局合理必然会提高配送中心的内部作业效率；装卸搬运设备与仓库通道协调和物品搬运单元相适应，可以减少搬运时间。传统物流与现代物流的本质区别在于其系统结构不同，传统物流系统中各要素自成一体，它们之间没有形成一种有机联系。通常所说的要整合或集成现有物流资源，其实质就是通过对传统物流系统中各要素的集成或整合，改变其系统结构，建立现代物流系统。

3.1.3 物流系统的功能

功能是指系统与外部环境相互联系和相互作用中表现出来的性质、能力、功效，是系统内部要素之间相对稳定的联系方式、组织秩序以及时空形式的外在表现。物流系统的功能是指物流系统所具有的物流服务基本能力，其相互结合、有效协调，形成系统的总服务能力。一般认为物流系统都拥有或部分拥有集货、运输（配送）、储存、包装、装卸搬运、流通加工和物流信息处理等功能。

1. 集货

在某一区域有众多小批量货物需要运往较远的地点时，往往在众多货源地附近建立货物集中地（仓库或货运站），将这些零星货物集中成较大批量的运输单位，以降低总的运输成本。随着经济的发展，小批量运输需求的增多，发挥配置集货功能将成为优化物流系统的主要手段。

2. 运输（配送）

运输是物流系统的主要功能之一。所有物品的移动在广义上都称为运输。运输中包括配送。配送一般专指短距离、小批量的运输。

运输功能可以通过选择不同的运输方式来实现，运输方式包括铁路运输、公路运输、水路运输、航空运输和管道运输。高效的运输系统为生产企业在全球设置生产基地提供了支持条件，促进了全球经济一体化的发展。汽车配件在台湾、印度尼西亚、韩国、墨西哥等地生产，产成品在美国、德国、日本等地组装，成品汽车在世界各地销售。没有高效的运输系统就不可能实现这种生产资源全球化配置。

随着经济一体化的发展，经济活动速度加快，产品生命周期缩短，低廉的劳动力成本和高质量的生产吸引生产企业远离市场进行生产。生产地和消费地的分离程度加大，经济环境的变化给物流的需求带来直接的影响，就是物流范围扩大，物流速度要求提高。货物在大范围内快速流动，既加大了经济发展对运输的依赖程度，又给运输提出了更高的要求，时效性运输已成为满足物流服务需求的重要条件。根据物流服务时效性的需求，按照各运输方式的经济技术特点，合理配置航空运输、公路运输、铁路运输和海路运输等资源，从而优化运输功能，以满足物流服务需求。

3. 储存

储存在物流系统中起着缓冲、调节和平衡的作用，是物流系统另一个中心功能。储存的目的是克服产品生产与消费在时间上的差异，使产品产生时间上的效益。随着物流的发展，储存的内涵也不断延伸，仓库的主要目的不是为了备货，而是为了使产品流动更快、更畅通，暂存功能变得更突出。利用运输车辆完成储存功能成为优化物流系统的重要措施之一，例如，沃尔玛为了缩短货物在仓库的停留时间，利用车辆暂存货物，进行越库作业（Cross-dock Operations），实现移动储存功能。

4. 包装

包装作为把运输、装卸、保管等物流活动过程有机联系起来的一种手段，具有极其重要的作用。无论是产品、半成品或原材料，在搬运、运输以前都要进行包装捆扎或装入适当的容器，以保证其在整个物流活动过程中能够顺利实现各种作业转换。包装不仅仅具有保护货物，便于处置和促进销售的作用，而且随着现代物流的发展，其对于物流系统的优化也起到越来越大的作用。包装与运输的配合，可以减少货损，利于运输装卸。也正是由于物流系统所拥有的包装功能，使大批量运输的货物采用大包装、集装箱或散货方式运进仓库，以减少包装重量、减少运输，然后再根据客户的需要重新拆卸包装，以小批量方式送到客户手中。

5. 装卸搬运

装卸搬运指在同一地域范围内进行，以改变货物的存放状态和空间位置为主要内容和目的的活动，包括装货、卸货、移送、拣选、分类、堆垛、入库、出库等活动。装卸搬运是伴随运输和保管而产生的必要的物流活动，没有装卸搬运功能，就不能实现各作业环节的转换。装卸搬运作业不仅发生次数频繁，而且其作业内容复杂，又是劳动密集型，耗费人力的作业，它所消耗的费用在物流费用中占有相当大的比重。据统计，俄罗斯经铁路运输装卸搬运的货物少则有 6 次，多则有几十次，其费用占运输总费用的 20% ~ 30%。因此，搬运装卸在改进物流系统的合理化中占有重要地位。

6. 流通加工

流通加工是在物品从生产者向消费者流动过程中，为了促进销售，满足用户需要，维护产品质量和实现物流效率化，对物品在物流过程中进行的辅助性加工。为适应产品多样化、需求个性化和市场需求不确定的经济发展环境，生产企业往往把产品定制化工序从工厂移向物流中心或配送中心（延迟加工），以减少库存，满足消费需求。戴尔储存计算机零部件，在接到客户订单时按订单要求完成计算机整机配置。如果戴尔在接到客户订单前就完成各种配置的整机组装，戴尔的需要库存量是难以想象的。

7. 信息处理

信息处理是物流系统的核心功能，正是由于信息处理技术和网络技术在物流系统中的应用发展，给予物流发展以强大的支撑，才有现代物流的产生，因此，物流信息系统是物流发展进步的基础。著名的联邦快递，每天管理 420 架飞机、30000 辆卡车、发送 159 万个包裹，公司力争百分之百地正确发送。没有强大的信息处理能力，联邦快递将无法运营。

物流信息处理主要包括两方面内容：一是针对物流系统内部的物流业务信息进行处理，包括从各种物流业务中衍生出来的信息处理。如运输业务信息处理、仓储管理信息处理、订单处理等。物流活动伴随着大量的信息，这些信息经收集、加工、传递等处理成为决策的依据，对整个物流活动起着指挥、协调作用，为物流活动中各种功能的综合利用、物流作业的安排提供了基础和保证，提高了物流设施的优化利用及物流服务的快速反应能力；二是物流系统与外部系统的交换信息处理，如货物跟踪等。

信息技术促进了物流领域的发展，也刺激了以信息为动力的物流创新，拓展了内涵。信息不但能够将物流活动的各个环节有效地联系起来，组成一个整体，而且还具有增值服务功能。如 UPS（卫星定位系统）将卫星、地面接收器信息结合到地面信息网络，提供"提前通关"等核心服务，将运输与通关活动同步进行，大大地提高了货物的运送时间，同时对遍布世界的包裹特快专递实现实时监控，为客户提供追踪服务。

一般来说，物流系统具备的功能首先是运输，然后是储存。装卸搬运功能伴随运输方式或运输工具的转换（从公路车辆换装到铁路车辆）、物流作业环节之间的转换（运输作业转变为仓库储存作业）等而产生。物流的包装功能、流通加工功能是根据生产作业需要而产生的衍生功能，不是每一个物流系统都需要配置。信息处理自始至终伴随着物流活动的全过程，是物流系统不可缺少的功能。

3.2 物流规划

3.2.1 物流规划的含义

1. 规划的含义

规划（planning）是一个含义广泛的词，不同的行业和不同的层次，规划的内涵有所不同，因此，要给规划一个准确的定义是很困难的。一般可以这样理解，规划是组织为未来一定时期内的行动目标和方式在时间上和空间上所做出的安排，是为实现战略目标而对各有关行动所做出的构思。

尽管规划的结构和形式多种多样，但任何规划都是为了实现一定时期内的战略目标而编制的，因此，在编制规划时往往都把该时期的战略目标当做规划目标的基础，并为在一定时期内实现战略目标而对规划对象的规模、结构、功能、运动状态等做出前瞻性的构思。其中，结构是规划的核心问题，包括了数量结构、空间结构、功能结构和组织结构的整合和优化。各种类型的规划，都必须考虑这四大结构的协调，只不过是侧重点及表现形式不同而已。如城镇规划，主要考虑功能用地的空间布局，但这种空间布局本身就有数量关系，功能用地的大小及其比例关系，本身就是数量结构，各种功能用地的协调也就是组织结构的问题，所以城镇规划虽然是以解决空间结构和功能结构为主，但也包含了数量结构和组织结构；又如经营管理规划，虽然表面上看是以数量结构、组织结构为主，但所涉及的各个部门实际上也就隐含了空间结构和功能结构。所以从系统的角度，可以认为规划的实质就是为实现一定时期的战略目标，对未来的系统数量结构、空间结构、功能结构、组织结构而做的整合、协调和优化工作。

规划一般具有约束和指导双重作用。所谓约束是指一定的管理职能，政府规划一般具有一定的法律效力，主要表现在：首先通过审批制度实现上级部门对下级部门规划的约束作用；其次，约束财政性投资；最后是约束相关政策的制定和执行。所谓指导是对规划对象发展及其行为主体进行的引导作用，在宏观规划方面突出表现为政府的规划对于企业的投资、生产、销售行为具有导向性的作用。

2. 规划与其他词的比较

（1）规划与计划

规划与计划，在英语中为同一单词（planning），故在一些译文中，没有做出严格的区分。而在汉语中是有区别的，"计"有"计算""定计"的含义，而"规"有"规定""规矩"的含义，同时"规"又是一种量度的工具。因此，可以这样理解，计划是以计算为主要手段对未来做出安排，以文字和指标等形式表达为主，有较强的文字和数字逻辑，有较高的准确性；规划则以量度为主要手段对未来做出安排，以数字和空间逻辑为主，有较强的轮廓性。

规划与计划虽然同样都是对未来的安排，但规划的目标时段较长，往往在 3 年以上，而计划的目标时段较短，往往在 5 年以下，甚至以年度、季度、月份、天数为期限。近期计划的时段多数与长期规划的时段相吻合。如我们所熟悉的国民经济与社会发展五年计划，已经正式改称为国民经济与社会发展五年规划。

（2）规划与设计

规划是带有轮廓性、全局性、长期性的安排，而规划的实施则需要按期限按部就班地把规划蓝图变成现实，因此需要逐步把每一个局部内容进行细化，达到可操作的程度，以实现规划的要求，这个过程称为设计。所以设计是规划的深化、细化和程序化，是规划实施过程的开始。规划和设计都是实现对未来安排的关键环节。因此，详细规划的内容，往往都以"规划设计"这种复合术语来表达。如城市规划中的修建性详细规划应当包括的内容中，就有"做出建筑、道路和绿地等的空间布局和景观规划设计，布置总平面图"；"道路交通规划设计"；"工程管线规划设计"；"竖向规划设计"等。

3. 物流规划的特征

（1）战略性

物流规划是对未来一段时期内的物流活动做出的战略性决策，规划方案一旦实施，很多物流设施在地域上建成，其布局合理与否，都会对物流活动产生重大而深远的影响，因此，物流规划必须要有战略眼光。

（2）前瞻性

物流规划以构思和安排未来的物流活动为核心，把握当前与前景的关系是编制物流规划的关键。由于规划者在分析前景时使用的方法不同，存在着探索性前景与预期性前景两种思路上的差异。探索性前景是从目前情况出发，试图以逻辑标准的方式，按照目前发展趋势去推论未来。预期性前景是从对未来的一种可能又合乎心愿的想象出发，提出一些有待实现的目标。一般来说，编制近期规划，由于现状比较清晰，规划时段又不长，受不可预测的因素影响较少，根据以前的资料结合近期状况，根据发展趋势外推规划前景，可以达到规划目的。而长期规划则面向未来，面临很多错综复杂而且又不确定的因素，因而预期性前景在规划中应用较广。

（3）动态性

规划虽然已经对发展前景做出了估计和安排，但社会不断在发展，科学技术在不断创新，影响物流发展的因素也在变化，因此，在规划期内会不断出现新情况，出现新问题，提出新要求。所以，物流规划不可能是一成不变的，应当根据实际情况的发展和外界因素的变化，适时地加以调整补充。所以，物流规划是一个不断适应物流发展的动态规划。

（4）综合性

物流规划的综合性反映在物流影响因素的复杂性和物流要素、物流资源的多样性等方面。物流的影响因素包括社会、经济、技术、运输、地理环境等，这些因素相互独立又互相交织。因此，任何一级、任何一个环节的物流规划都要综合考虑这些因素的影响。

物流要素既包括了城镇、乡村、交通、工厂、土地、河流、仓库等与位置密切相关的空间实体要素，也包括了诸如资金、技术信息等非空间要素，这就要求规划应是空间规划与非空间规划的结合。

物流资源包括了基础设施、土地资源、人力资源等，分属各种经济成分所有，如土地属于公有的公共资源，由政府实施管理，重要的基础设施如站场、港口、道路也有相当一部分属于国有资产。但也有一部分资源，如车辆、仓库、船只等，属于集体或私人所有。即使是公有的物流资源，有些属国家、省、市、县分级管理，有些属交通、铁路、航空、外贸、内贸、邮政等部门管理。物流规划的重要任务，就是要整合这些条块割据的物流资源，这就决定了物流规划是一个既包括不同层次的子系统，又包括了不同部门子系统的综合性规划。

3.2.2 物流规划的类型

物流规划的类型可以从不同的角度来进行划分。下面分别按照规划的时间段、主体、深度、物流环节和物流类型进行划分。

1. 按规划的时间段划分

物流规划根据规划时间，一般可以分为短期规划、中期规划和长期规划。其中，短期规划一般为 3~5 年，中期规划一般为 5~10 年，长期规划（也称远期规划）一般为 10~20 年，远景规划一般为 20 年以上。

2. 按规划的主体划分

根据编制物流规划的主体，可以分为国家级物流规划、大经济区及跨省区级物流规划、省区和跨地区级物流规划、地市级物流规划；行业物流规划、企业物流规划等上下互动、条块交叉的若干类别。

3. 按规划的深度划分

根据编制规划的深度和详尽程度，可以分为宏观规划（总体规划）、中观规划（分区规划或局部规划）和微观规划（详细规划）等；在这几级规划中，还可以派生一些过渡类型，如宏观规划可以分出总体规划纲要和总体发展规划。也可以根据规划的制定与执行情况分为战略规划、策略规划和执行规划等。战略规划是涉及布局与发展的全局性、长远性的规划；策略规划是为了完成战略规划所规定的目标而进行的规划；执行规划是根据策略规划的要求对执行方案的选择。值得注意的是：第一，上述的两种分类在含义上基本是对应的，但规划的主体不同，习惯使用的规划系列也不同，规划主体如果是各级政府，则多用总体规划——详细规划的系列，若规划主体是行业或企业，则多用战略规划——执行规划的系列。第二，不管采用哪一个分类系列，低一级层面的规划必须受上一层面规划结论的指导和约束，不得背离上一层面规划的框架。

4. 按物流环节划分

根据物流过程中各环节的不同，可以分为客户服务规划、采购与供应规划、选址规划、运输规划、流通加工规划、库存与仓储规划、配送规划等。

5. 按物流的类型划分

按物流的职能类型，可以分为供应物流规划、生产物流规划、销售物流规划、回收与废弃物流规划等。

3.2.3 物流规划的内容

1. 物流规划可以解决的问题

物流规划主要解决 4 个方面的问题：客户服务水平、设施选址战略、库存战略和运输战略。对于企业物流，还涉及采购与供应战略问题。这些领域的规划是相互联系的，应作为整体进行规划，每一领域的规划都会对系统设计产生重要影响。

（1）客户服务水平

企业提供的客户服务水平比任何其他因素对系统设计的影响都要大。客户服务的内容很广，包括库存可得率、送货速度，订单履行时间和准确性等。服务水平较低，可以在较少的存储点集中存货，使用较低廉的运输方式，服务水平高则相反。当服务水平接近上限时，随着客户服务水平的提高，与这些因素相关的成本会以更快的速率增长。因此，物流战略规划的首要任务是确定适当的客户服务水平。

（2）设施选址战略

存储点及供货点的地理分布构成物流规划的基本框架。设施选址战略主要包括：确定设施的数量、地理位置、规模、分配等设施所服务的市场范围，确定产品对市场间的线路。好的设施选址应考虑所有产品的移动过程及相关成本，包括产品从工厂、供货商或港口经中途储存点最后到达客户所在地的产品移动过程机器成本。寻求成本最低的需求分配方案或利润最高的需求分配方案是选址战略的核心所在。

（3）库存战略

库存战略是指管理库存的方式。将库存分配到储存点或通过补货自发拉动库存，是两种不同的库存战略。其他还包括不同产品在仓库的存放及用各种方法管理永久性存货的库存水平等。

（4）运输战略

运输战略包括运输方式、运输批量、运输路线和运输时间的选择。这些决策受仓库与客户及仓库与工厂间位置、距离的影响，反过来又影响仓库选址决策。库存水平通过影响运输批量而影响运输决策。

（5）采购与供应战略

物流管理中，人们需要考虑的问题往往包括决定要运输产品的数量、运输的时间、运输方式及从哪里获得这些产品等，这些决策都发生在供应渠道中。在此渠道中，运作、营销、采购和所有其他活动间的充分协调是极其重要的。采购与供应战略的内容主要包括供应计划、需求计划、采购、供应商管理等。

2. 企业物流规划的基本方法

企业的物流规划主要是根据物流资源建设的国家规划、地区或行业规划，涉及如何使用这些资源、改造自身的业务流程、提高周转速度、降低物流成本。就生产企业而言，在暴利时代结束之后，轻资产运行的新型企业需要改变过去大量投资于生产能力旧的投资方式，而将大量制造业务外包，这样就必须建立诸如供应链之类的物流系统，形成以联盟为新的组织形式的虚拟的企业。这就必须对物流系统进行新的构筑，或者对企业的整个流程从物流角度进行再造。所以，规划物流的问题对于生产企业也是非常重要的一件事情，它是在经济全球化背景下，在新的竞争格局的压迫下，生产企业转型变形以求生存的问题和求发展的问题。社会上存在一种误解，以为规划物流问题是宏观的问题而不是企业的问题，这显然是低估了物流对于企业发展的重要意义。

对于企业来讲，物流规划已经不是理论上的东西，而应当变成切实的行动，为此，生产企业应该根据自己的战略发展要求把物流规划纳入议事日程，并且着手物流规划的落实工作。企业的物流规划应当着重于以物流支持营销的规划思路。生产企业，尤其是大型生产企业，从营销支持和流程再造角度进行物流的建设规划，会有效地提高企业的素质，增强企业的运营能力。

企业物流规划的重点在于现有物流资源的改造和利用。大型企业集团（如业务分布全国的企业集团）的物流类似于行业特点。一般企业的规划则主要是利用外部物流资源，改造自身的物流流程，而不要过多地进行物流资源的建设，无论是制造业还是传统物流企业，多数都不应该把重点放在物流资源的建设上，而是应该放在现有资源的改造和利用上。

企业物流规划的一般流程可表示如图 3－1 所示。进行企业物流规划，首先要确定企业战略目标，如降低企业经营成本、减少固定资产投入、改进客户服务水平等，然后进行物流成本分析，即实现上述企业战略目标的所需要的物流成本，进行物流成本分析时还要注意从企业的全局利益和长远利益来考虑。根据物流成本分析结果制定适合企业的物流规划方案，如设施选址、运输规划、库存管理、合同管理、人事管理和作业管理，最后还要对物流规划方案实施的总体业绩和效果进行评估，以便及时对物流规划方案进行调整。

企业物流规划一般围绕降低经营成本、减少投资金额、改进客户服务这三个目标而展开。降低经营成本是指在保持一定的客户服务水平的条件下尽量将系统总成本降到最低。通常需要评价各备选的行动方案，例如，在不同的仓库选址、库存决策方案中进行选择或在不同的运输方式中进行选择，以形成最佳战略。减少投资金额是指战略的实施目标是使

```
                    ┌─────────────────┐
                    │  确定企业战略目标  │
                    └────────┬────────┘
                             │
                             ▼
┌────────┐          ┌─────────────────┐          ┌────────┐
│ 设施选址 │          │   物流成本分析    │          │ 合同管理 │
└────┬───┘          └─────────────────┘          └───┬────┘
     │                                               │
┌────┴───┐          ┌─────────────────┐          ┌───┴────┐
│ 运输规划 │──────────│  制定企业物流规划  │──────────│ 人事管理 │
└────┬───┘          └────────┬────────┘          └───┬────┘
     │                       │                       │
┌────┴───┐          ┌────────┴────────┐          ┌───┴────┐
│ 库存管理 │          │   总体绩效评估    │          │ 作业管理 │
└────────┘          └─────────────────┘          └────────┘
```

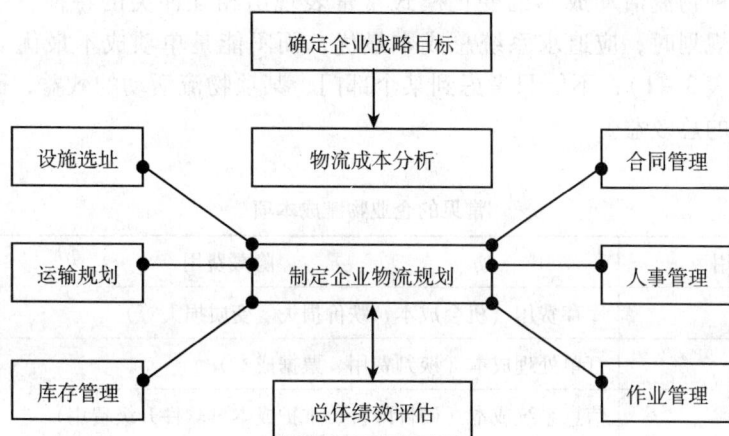

图 3 – 1 企业物流规划的一般流程

系统的总投资最小化，其根本出发点是投资回报最大化，例如，为避免进行仓储而直接将产品送达客户，放弃自有仓库选择公共仓库，选择适时供给而不采用储备库存的办法，或者利用第三方物流管理等。与高额投资的战略相比，这些战略虽然可能导致可变成本的增加，但投资回报率得以提高。改进客户服务战略一般认为企业收入取决于所提供的客户服务水平。尽管提高客户服务水平将大幅度提高成本，但收入的增加可能会超过成本的上涨。实践中，需要根据企业的不同特点、市场定位和企业战略发展要求灵活地采用不同目标物流战略。

3. 企业物流规划的基本原则

企业物流规划的基本原则包括客户服务驱动原则、系统总成本最优原则、多样化细分原则、延迟原则、大规模定制原则和标准化原则。

（1）客户服务驱动原则

在当今消费者占主导的客户经济时代，企业的一切经济活动必须时刻以客户为中心。客户服务驱动原则要求企业在进行内部供应链物流规划设计时应以客户为中心，站在客户的立场看问题，要考虑给客户提供时间、地点和交易上的方便，尽可能增大产品或服务的额外附加价值，从而提高客户的满意度和忠诚度。因此，企业物流规划应该首先识别客户的服务需求，然后定义客户服务目标，再进行物流系统设计。

（2）系统总成本最优原则

企业供应链物流管理在操作层面上出现的许多问题都是由于没有把某项具体决策的所有影响都考虑进去。在某个领域内所做的决策常常会在其他的领域产生出乎意料的后果。例如，关于产品运输政策的调整，可能会影响产品库存持有成本；产品外包装设计的改变会对运输成本和产品的运输、仓储质量维护等产生直接的影响。同样地，以提高生产效率为目的的生产进度的改变会导致产成品库存的波动，从而影响到客户服务。由于各种物流活动成本的变化模式常常表现出相互冲突的特征，因此在进行企业供应链物流规划时，应追求系统总成本最优，而不能是单项成本最优（常见的企业物流成本项见表3-1）；不能只考虑到某个部门、某项物流活动的效益，而应该追求供应链系统整体的总效益。

表3-1　　　　　　　　　　　　　　常见的企业物流成本项

明显费用	隐藏费用
运输费用	库存费用（机会成本、跌价损失、变质损失等）
仓储费用	订单处理成本（谈判费用、票据成本）
装卸搬运费用	信息系统成本（硬件降价、维护成本、软件升级费用）
退货与废物回收费用	缺货成本
人力费用	
保险费用	

（3）多样化细分原则

不要对所有产品、不同类型客户的服务情况提供同样水平的客户服务。这是物流和供应链管理规划的另一基本原则。它要求企业针对自身产品的不同产品特征、不同销售水平等因素制定不同的客户服务水平标准，即在同一产品系列中采用多种细分战略。例如，根据销量的高低将产品分为高、中、低三组分别确定不同的库存水平；区分那些经仓库运送的产品和从工厂、供应商或其他货源直接运到客户手中的产品，根据运输费率的结构，按运量批量进行服务分类，即订购大量产品的客户可以直接供货，其他的则由仓库供货；对于那些由仓库供货的产品，按存储地点进行进一步分组：销售快的产品放在位于物流渠道最前沿的基层仓库中，销量中等的产品存放在数量较少的地区性仓库中，销量慢的产品则放在工厂等中心存储点等，从而使每个存储点都包含不同的产品组合。

（4）延迟原则

延迟原则是指分拨过程中运输的时间和最终产品的加工时间应推迟到收到客户订单之后。这一思想避免了企业根据预测在需求没有实际产生的时候运输产品，以及根据最终产品形式的预测生产不同形式的产品。延迟也是当今企业大规模定制生产的主要原则之一，它极大地提高了企业资源的使用柔性，降低了企业生产风险和供应链管理成本，从而全面提高企业效益。

（5）大规模定制原则

大规模定制原则强调物流、供应链作业活动中的规模经济效益。主张将小批量运输合并为大批量运输；将早到达的客户订单与稍后到达的客户订单合在一起进行集中处理，如沿线配送等，这样可以降低单位货物的运输、配送成本。这是为了平衡由于运送时间延长而可能造成的客户服务水平下降与订单合并的成本节约之间的利害关系。

（6）标准化原则

物流、供应链渠道中的多样化服务也有代价。产品品种的增加会提高库存，特别是原材料库存。据统计，即使总需求不变，在原有产品系列中增加一个与现有某品种类似的新品种也会使综合产品的总库存水平增加40%，甚至更多。如何为市场提供多样化的产品以满足客户需求而又不使物流成本显著增加呢？标准化和延迟概念的综合运用常常可以有效解决这一问题。生产中的标准化可以通过可替换的零部件、模块化的产品设计和生产以及给同样产品贴加不同品牌的标签等而实现，这样可以有效控制供应渠道中必须处理的零部件、供给品和原材料的种类。通过延迟也可以控制分拨渠道中产品多样化的弊端。例如在彩电产品的新品设计中，如果尽量做到零配件标准化，则可大大降低材料的采购成本和库存成本。

4. 企业物流规划的基本内容

（1）设定客户服务水平和服务成本分析

确定客户服务目标（即客户服务水平）是企业供应链物流系统规划的首要任务，企业提供的客户服务水平比任何其他因素对系统设计的影响都大。客户服务水平较低，可以在较少的存储地点集中存货，利用较廉价的运输方式，订单服务提前期比较长。客户服务水平高则恰恰相反。但当客户服务水平接近上限时，企业供应链物流系统成本的上升比服务水平上升更快。

（2）物流服务网络设计

指存储点及供货点的地理分布，它构成了供应链物流规划的基本框架，主要包括确定设施的数量、地理位置、规模，并分配各设施所服务市场（服务对象）范围。这样就确定了产品到市场（服务对象）之间的线路。好的设施选址应考虑所有的产品移动策略及其相关成本。寻求总成本最低的需求分配方案或利润最高的需求分配方案是物流服务网络设计的核心所在。

（3）物流管理组织结构和管理模式、管理流程的设计

这主要包括负责企业物流服务组织体系的构建、业务职能和业务流程的分工、设计，有关企业物流组织和业务流程的规划应从企业供应链、价值链管理的全局角度出发进行系统、综合的考虑，关键是保障企业物流作业的顺畅、高效率，并保障企业总体物流成本最低，而非局部部门成本或单项物流活动成本最低。管理模式的规划是有关企业物流是自营还是外包的抉择。

（4）库存战略和运输战略设计

一般由企业的客户服务目标和客户服务水平决定。库存战略是指库存管理方式。将库存分配（推动）到存储点与通过补货自动拉动库存，代表两种不同的战略。其他方面的决策内容还包括，产品系列中的不同品种分别选在工厂、地区性仓库和基层仓库存放，以及运用各种方法来管理永久性存货的库存水平。运输战略包括运输方式、运输批量和运输

时间以及路线的选择。这些决策受仓库与客户以及仓库与工厂之间距离的影响，反过来又会影响仓库选址决策。库存水平也会通过影响运输批量影响运输决策。

（5）物流信息系统的规划设计

随着企业业务规模的日益增大，企业必须将物流信息化纳入企业战略规划范畴，从某种程度上来说，当前所谓的 MRP Ⅱ 系统、ERP 系统、SCM 系统的规划等最初都是围绕企业的物流活动做文章，目的是使得企业物流、商流、资金流和信息流能协调统一，提高各流的流动效率和质量。

3.3 物流规划的体系结构

3.3.1 物流战略规划体系

1. 物流战略规划的概念

确认系统的社会和历史使命，明确系统的目标，制定系统的发展战略和系统的总体方案，着眼于系统发展的长期的、总体的、全面的规划，被称之为战略规划。对于任何战略规划而言，战略依据、战略目标、战略对策都是不可缺少的部分；对于各级政府而言，物流发展战略规划是在国家或区域国民经济和社会发展战略规划的基础上所进行的专门行业规划；对于企业而言，物流战略规划属于企业战略规划下属的二级规划。因此，制定物流战略规划必须要明确上一层面规划的战略目标，不得违背上一层面规划所制定的战略目标。

2. 物流战略规划原则和指导思想

（1）企业物流战略规划原则

企业物流战略的研究制定、物流管理活动的组织开展、物流职能与其他职能的相互协调，必须有战略思想进行指导。我国企业物流发展规划首先必须坚持以下几个重要原则：依托总体，协调发展；长期规划，分段实施；面向未来，适度超前；管理创新，服务制胜；一元规划，多元推进。

（2）企业物流战略指导思想

企业物流战略的指导思想可归纳为七个方面。

①物流系统论。物流是由各功能要素相互联系、相互制约共同组成的一个有机整体。物流系统的整体功能并非各功能要素的简单叠加，而是通过系统要素间的契合，产生出新的功能即系统整体最优化，以达到物流系统总成本最低。

②物流战略论。从单纯的职能或技术角度认识物流影响了物流作用的发挥，从战略意义上看待物流可为企业带来实质性的利益。

③供应链（需求链）的观点。供应链管理能够较好地满足企业加强内部管理，优化外部联系。企业从原材料和零部件采购、运输、加工制造，分销直至最终送到顾客手中的

这一过程，被看成一个环环相扣的链条，即供应链。它包括产品到达顾客手中之前所有参与供应、生产、分配和销售的公司和企业。其实质就是在供应商和购买者之间形成一种有效衔接，对市场需求做出快速反应。供应链管理就是对整个供应链系统进行的管理活动及其过程，其目标是要将顾客所需的正确的产品（Right Product）能够在正确的时间（Right Time），按照正确的数量（Right Quantity），正确的质量（Right Quality），正确的状态（Right Status），送达正确的地点（Right Place），并最终提高顾客的满意程度，降低企业经营的总成本。今后的商业竞争模式不再是企业与企业之间的竞争，而是供应链与供应链之间的竞争。在供应链中，由上下游各个环节的企业组成的"扩展的企业"不仅考虑的是如何向最终的消费市场提供适宜的产品，还要考虑产品被需求拉向市场这一过程的适宜性，即产品选择什么样的供应链。需求链是一种新型的供应链。

④物流优势论。物流已经成为企业的核心能力或差别化竞争优势的重要来源。有效的物流管理对降低成本、取得并保持顾客以及顾客满意方面的作用日渐突出。

⑤物流价值论。物流在企业的价值链中占据重要地位；物流创造顾客的买方价值和企业的战略价值；物流服务具有增值性。

⑥物流营销协同论。包括两层含义：企业的营销战略与物流战略必须密切配合；企业物流活动过程本身是服务的过程，物流服务需要相应的营销手段。

⑦绿色物流论。在全球经济日益强调可持续发展的前提下，物流活动对环境影响问题越发受到重视，企业的物流行为应考虑这种要求，实现正向物流（动脉物流）和反向物流（静脉物流）的绿色物流化。

3. 物流战略规划的体系

以各级政府为主体编制的国家或区域的物流发展总体规划，本身就是属于长期的、宏观的战略规划。国家级物流发展规划的首要任务，就是根据国家社会经济发展的中长期规划的经济增长情况，确定所需增加的物流总量，制定与其适应的基础设施规划，如国家铁路网的发展规划、国家高速公路网的发展规划、国家公路网的建设与改造规划、国家枢纽港（空港、海、河港）的发展规划、国家级通信网络的建设规划、国家级物流基地的发展规划等；其次，国家级物流规划还包括制订国家储备规划，对于国计民生有重大影响的粮食、钢铁、石油、煤炭、重要的有色金属等，为了应对国际政治经济形势的变化和自然灾害的影响，国家应根据生产和消费的情况，制订国家储备规划；再次，国家应根据不同流体制订运输货运规划，协调流体、载体、流向、流量、流程的关系；最后，国家还应该根据物流的现状，编制产销平衡规划，在一个区域内合理布局生产力，使产销尽量接近平衡，这是减少物流成本的最根本办法。然而，绝对平衡是没有的，在效益和质量的基础上，寻求相对平衡是由经济学的替代原理所决定的；另外，国家还应负责制定为实现规划目标、落实规划内容的物流政策措施规划。

区域物流规划包括了跨省区的经济区物流规划、省级物流规划和地市级物流规划。其首要任务着重于区域物流基地（包括物流园区）的布局规划；另外，还要根据区域经济发展战略，编制综合交通网规划，在国家级交通网的基础上，加快各种运输方式相互衔接的区域交通网的建设，提高与干线物流集散相适应的系统的综合运输能力；再次，区域物流规划还要根据区域交通网的发展和物流基地的布局，编制区域物流信息平台发展规划和区域性的物流政策规划。企业物流战略规划作为企业总体线路的重要组成部分，要服从企业战略目标和达到一定的顾客服务水平，企业在规划其整体战略时，可能会有一个比较宽泛的战略选择考虑。例如，克里斯曼（Chaisman）、霍弗（Hofes）和博尔顿（Boalton）提出，投资力度、经营范围、成长向量、独特能力或资源配置、竞争武器的类型、市场细分的差异、协同等都可成为战略的组成部分。迈克尔·波特的竞争战略理论提出了三种常见的通用战略：成本领先、差异化和专一化（也称为集中）。波特认为，通用战略主张的竞争优势是所有战略的核心。因此，企业必须决策其战略是强调低成本还是差异化，因为在保持高度差异化的同时实现成本领先往往是不现实的。波特认为一个企业除非选择了特殊的战略取向，否则它将死于"棍棒的夹缝之间"，并只能自食不良绩效的后果；再进一步，企业还需决策是在一个宽泛的行业领域去追求竞争优势，还是专注于一个集中的领域。专一化战略追求的是在一个特定行业内部或特定目标客户群体内的低成本或差异化。

在物流运营的理论与实践中，长期以来的争论焦点仍是成本与服务之间的平衡。服务在企业经营中是至关重要的，但在实现服务价值最大化的同时实施成本最小化几乎是不可能的，在低成本、差异化或专注于集中领域的潜力之间进行平衡，就是寻求波特提出的几种类型战略的一致性。拉奥（Rao）、斯滕格（Stengei）和杨（Yoang）提出，供应链物流能够构建与波特的战略相类似的三种通用战略，即成本最小化、增值最大化和增加柔性与控制。

企业物流规划上要解决四个方面的问题：客户服务目标、设施选址战略、库存决策战略和运输战略。

企业提供的客户服务水平比其他因素对系统设计的影响都大。服务水平较低，可以在较少的存储地点集中存货，使用较廉价的运输方式，服务水平高，难度则恰恰相反。但当服务水平接近上限时，物流成本的上升比服务水平上升更快。因此，企业物流战略的首要任务是确定交易的客户服务水平。

储存点及供货点的地理分布构成物流战略规划的基本框架，其内容上主要包括：确定设施的数量、地理位置、规模，并分配各设施所服务的市场范围，这样就确定了产品到市场之间的线路。好的设施选址应考虑所有的产品移动过程及相关成本，包括从工厂、供货商或港口经中途储存点最后到达客户所在地的产品移动过程及成本，通过不同的渠道来满足客户需求。如直接由工厂供货，供货商或港口供货，或经过选定的储存点供货等，均会影响总的配送成本。寻求成本最低的需求分配方案或利润最高的需求分配方案是选址战略的核心所在。

库存战略指管理库存的方式。将库存分配推动到储存点与通过补货自行拉动库存，代表着两种战略。其他方面决策内容还包括，产品系列中的不同品种分别选在工厂、地区性仓库甚至基层仓库存放，以及运用各种方法来管理永久性存货的库存水平。由于企业所采用的具体政策将影响设施选址决策，所以必须在物流战略规划中予以考虑。

运输战略包括运输方式、运输批量和运输时间以及路线的选择。这些决策受仓库与客户以及仓库与工厂之间距离的影响，反过来又会影响仓库选址决策。库存水平也会通过影响运输批量，影响运输决策。

3.3.2　物流空间布局规划

1. 物流系统空间布局规划的含义及类型

物流系统空间布局规划是指一定层次和一定地区范围内确定物流网络（物流通道、节点设施）合理的空间布局方案。

根据规划对象的不同，物流系统空间布局规划可分为国家级、省市级（或区域级）、行业部门级及企业级等不同层次的规划。层次越高，其研究的对象就越宏观，随着规划层次的下降，研究的对象就愈加细化。国家级的物流系统空间布局规划主要着眼于以物流基础设施和物流基础网络为内容的物流基础平台规划，如干线通道、物流枢纽城市、国际枢纽港等，省和区一级的规划着重于区域物流园区、物流中心、配送中心等3个层次的物流节点以及次要的干线通道、支线通道等。企业物流系统布局规划在国家和省市物流系统布局规划的基础上进行，企业物流系统依托自身物流节点（物流中心、配送中心、仓库、车站等）的选址，通过与公共物流网络的资源共享，从而形成企业物流系统的网络。例如，一个经营时效性区域运输的企业往往将其配送中心选址于高速公路附近，使高速公路成为该企业物流网络的组成部分之一。企业物流系统的物流网往往通过利用公共物流网络的资源来构筑，因此，物流节点的选址是企业物流系统布局规划的重点。另外，物流节点内部设施规划属于微观的空间布局规划，也是企业物流系统布局规划需要研究解决的问题。

2. 物流系统空间布局规划的主要内容

（1）物流节点布局规划

物流节点是指各种货运车站、港口码头、机场、物流园区、物流中心、配送中心、仓库等设施。规划内容包括：

①物流节点设施的数量和种类；

②物流节点的设置地点；

③物流节点的功能配置；

④物流节点的规模。对于已存在的货运车站、港口码头等传统的交通枢纽型物流节点，重点研究的是对其进行合理利用和改造升级，拓展其服务功能；随着现代物流发展派生出来的新型物流节点，如物流园区、物流中心、配送中心等，则需要进行全方位的研究探讨。

（2）物流通道规划

物流通道规划包括铁路、公路、水路和航空等运输网络的配置。其规划重点是充分利用已形成的或将改造拓展的相应网络，通过分析验证现有的网络是否能够满足物流系统的需要，并根据物流发展需要，对原有网络进行补充改造，制定满足定物流服务需求的物流通道方案。

（3）物流节点设施内部布局规划

物流节点设施的内部布局规划主要根据物流节点的功能，做出符合流程和服务质量要求的物流节点内各设施的平面布局方案，如物流中心仓储区、分拣区、加工区、内部通道等的布局。

3.3.3 物流信息平台规划

信息技术在物流活动中的应用直接导致了新的物流组织的出现，使得物流组织的层次不断提高。现代物流的信息化主要表现为物流商品的信息化、物流信息采集的标准化和自动化、物流信息处理的电子化和计算机化、物流信息传递的标准化和实时化以及物流信息存储的数字化等。

物流系统信息化的目的是利用网络化、信息化的优势，通过对整个物流系统资源的优化整合，为企业提供共享交互的载体和高质量、高水平的增值服务，提高资源的利用率，实现物流系统的优化运作。

1. 物流信息平台的组成

一个城市或地区物流信息化建设主要包括企业的物流信息系统平台、物流园区（物流中心）信息平台和公共物流信息平台三个层面。

（1）企业的物流信息系统

企业的物流信息系统主要根据物流企业、生产企业、商业企业的内部物流信息一体化、网络化、高效化的需求，构建企业信息系统，提高物流运作效率，并逐步要求在供应链上、下游企业以及合作伙伴之间实现信息共享。

（2）物流园区（物流中心）信息平台

物流园区（物流中心）信息平台整合物流园区（物流中心）内企业的信息资源，为物流园区（物流中心）内的企业提供信息共享和增值物流服务，实现物流园区（物流中心）内企业间的信息共享，并促进物流园区（物流中心）的信息化建设。

（3）公共物流信息平台

公共物流信息平台整合城市的物流资源和社会资源，为城市内各物流节点和企业提供信息服务，优化整个城市物流系统。公共物流信息平台的作用主要包括：

①公共基础信息共享。现代物流是一个整合的过程，涉及很多行业、部门的资源和信息的优化整合，其中交通、海关、银行等部门基础信息的获取对于企业现代物流的发展起着越来越大的作用，因此企业非常需要对公共基础信息进行共享。但这些信息的获得涉及各行业、部门间的协调问题以及资金投入问题，企业依靠自身难以获得，因此需要由专门的公共物流信息平台来提供这些信息的共享服务。

②物流信息资源和社会物流资源的整合和共享。对社会物流系统的各类信息资源进行整合，并在全社会范围内对这些信息资源进行共享。物流资源信息的整合和共享，

有利于社会物流资源重组，能够提高社会物流资源的利用率，实现对社会物流资源的整合。

③物流信息互通。为提升全社会物流服务水平，进行行业间信息互通、企业间信息沟通及企业与客户间的交流。

2. 物流信息平台的建设

企业物流信息系统的建设可以有自建和租用两种形式。大型企业或企业业务比较复杂的企业可以采用自建的方式，构建充分体现本企业特点的信息系统。中、小企业可以采用租赁物流园区信息平台或公共物流信息平台提供的 ASP 系统的方式，节约信息化的投入，加快信息化建设步伐。企业物流信息系统的规划由企业根据自身的条件制定，不需要政府的干预。物流园区（物流中心）信息平台和公共信息。以平台的建设主要可以采用三种模式：

①商业运营机构全资拥有的模式。该模式比较有利于市场的培养和发展，但该商业运营机构必须能保证提供公平的竞争环境和持续的经费投入。

②政府参与的业界协作组织模式。该模式能保持平台的中立性和支持平台总体目标的实现，但在市场培育和经费方面有所欠缺。

③政府主导模式。该模式在平台的中立性、经费、支持总体目标的发展等方面有较好的保证，但在促进市场培育和发展方面有所欠缺。由于公共物流信息平台涉及面广，用户群体多，不管采取哪种建设模式，都需要在政府的统一规划下进行。因此，公共物流信息平台一般由政府进行统筹规划。

3.3.4 物流运营管理体系规划

物流是若干领域经济活动系统的、集成的、一体的现代概念，它要求按用户（商品的购买者、需求方、下一道工序、货主等）的要求，将物的实体（商品、货物、原材料、零配件、半成品等）从供给地向需要地进行转移。在这个过程中，涉及运输、储存、保管、搬运、装卸、货物处理、货物分拣包装、流通加工、信息处理等许多相关活动。物流的运营就是将这些本来各自独立但有某种联系的相关活动组织起来，进行集成的、一体化的管理，构成物流运营管理系统。

1. 物流运营管理系统的构成

一个完整的物流运营管理系统主要由物流运营网络、营销系统、人力资源管理系统、财务结算系统及绩效考核评价系统等组成，通过各个系统之间的协调工作，保证物流运营的效益性，保证满足客户的物流需求。

（1）物流运营网络

运营网络是物流运营的实体作业及其管理部分，是物流服务的具体作业表现，直接承担着物流业务的运作。

由运营网络系统接收营销系统传来的订单任务，通过各个物流环节的协调作业，完成整个体系的资源调度、指挥、协调及业务总体运作，根据客户化的业务流程，直接控制物流过程。物流运营网络一般由相应的仓库、运输、配送、客户服务等环节组成。物流企业和工商企业的物流部门应根据自身的资源状况以及客户的物流服务需求，保证向客户提供完美的服务。

（2）营销系统

营销系统是物流企业根据决策层的市场定位决策和经营管理决策，结合物流市场特点和自身资源特点以及物流运作的要求而设立的，其主要职能是根据市场定位来负责物流市场和客户的开发。对于制造企业的物流部门来说，其营销部门的主要职能一般是负责供货商的选择与管理以及物资的采购。如果工商企业的物流部门独立进行核算，并成立了独立的法人实体，那么，其营销部门也应该与物流企业一样，面向社会开拓物流服务业务。

（3）财务结算系统

物流服务系统是一个全球化的大型系统，不但涉及企业内部物流系统本身，更重要的是涉及社会各个方面。在为客户提供服务的过程中，需要与客户、收件人、物流合作伙伴、承运人、信息服务企业等各个方面发生业务关系，要协调好各个环节，完善的预算体系是不可缺少的。通过合理的结算体系，确保各方面的利益，促使整个服务链的效率最优。同时，从企业内部的角度考虑，通过设置有效的财务核算体系，可以为物流运营的决策者和管理者提供有用的决策管理信息。

（4）人力资源管理

物流企业及工商企业物流部门的一项重要工作，就是要建设一支核心的专业技术与管理团队，并有效地搞好员工队伍的建设，这是关系到物流运营以及物流企业经营成败的关键。作为物流运营过程来说，核心管理与技术团队是至关重要的，他们代表了物流企业和工商企业物流部门的专业水平，而具体物流运营的效率和效益都是通过每一个实际操作人员的能力和水平来体现的。因此，物流运营的人力资源管理应以核心团队和具体从事物流业务操作的员工队伍两个层面为基础，并以核心团队的建设、协调和稳定运行为主来开展。

（5）绩效评价系统

在物流运营过程中，应随时根据质量控制标准对物流服务质量进行监控，确保每个作业环节的高效、合理运行。并且对物流的运营过程及总体情况做出最终的考核评价，进行相应的奖惩和改进，使整个运营过程保持畅通、规范。

一个设计得好的物流绩效评价体系可以使高层管理者准确判断现有经营活动的获利性，及时发现尚未控制的领域，有效地配置企业资源，评价管理者的业绩。具体来说，物流绩效考核评价可以是对每个物流作业环节的考核，也可以是对整个物流服务质量和物流活动的评价，也可以是对物流企业或工商企业物流部门的综合财务评价。

任何一个体系的设计都同组织结构有着密不可分的关系，物流运营绩效评价系统的设计，也应适应物流运营的组织结构，同时组织结构的设置也影响信息的流向与流量。物流绩效评价体系是设计在整个组织结构之内的，这个体系的设计必须准确、及时、可接受、可理解，能够反映企业的特性，与企业的发展战略具有目标致性，并具有定的可控性、激励性和应变性。

2. 物流运营管理体系规划的内容

物流运营管理体系规划是物流企业或工商企业的物流部门为物流运营管理各环节的活动做出的前瞻性安排，因此规划的体系与各个环节基本上对应，即包括物流网络规划、物流营销系统规划、物流人力资源规划、物流绩效评价系统规划等。

（1）物流网络规划

物流网络规划既涉及基础设施，又涉及流程组织。物流网络由节点（物流中心）和通道构成。但对企业而言，所需考虑的主要是节点，即物流中心的问题。物流中心既可以自建，也可以租用公共型物流中心，而物流通道则绝大部分是利用社会公共物流通道资源。建立物流网络的关键是确定各个物流中心的布局，以及据此确定具体物流中心的任务和规划。因此，物流网络规划主要包括物流中心规划、流程规划和输配送系统规划。

（2）物流营销系统规划

制定物流营销系统规划对物流企业有着极其重要的意义，物流服务的定制性和专业性都较强，因此，物流营销系统规划包括了物流营销的组织规划、物流产品策略规划，物流价格策略规划、物流渠道策略规划、物流促销策略规划等。

（3）物流人力资源规划

物流人力资源规划，就是指根据企业的战略规划，通过对企业未来人力资源需求和供给状况进行分析和预测，采取岗位配置、员工招聘、培训开发、薪酬设计及绩效考核等人力资源管理手段，制定使企业人力资源与企业发展相适应的综合性发展规划。

（4）物流绩效评价系统规划

物流绩效评价系统规划包括了物流活动上各环节（运输环节、仓储环节、配送环节以及其他增值服务环节等）的绩效评价系统设计、物流企业的财务绩效评价系统设计、物流企业的综合绩效评价系统设计、工商企业物流绩效综合评价系统设计等。但无论哪一个子系统的物流运营绩效评价系统规划，重点都是评价指标体系提出的评价方法设计。

3.4 案例分析：潍坊市物流基础设施规划

3.4.1 总体规划

1. 总体布局

以三大物流基地为核心，以物流中心、配送中心为重点，以公、铁、水、空四位一体的交通网络为骨架，全面打造潍坊现代物流——山东半岛物流枢纽的基础设施平台：

潍坊港物流基地主要承担海运物流业务，形成领航之势；高新技术开发区物流基地主要承接国际物流业务，服务于山东东部城市；外商投资开发区物流基地承接潍坊西部物流，两者形成潍坊物流的两翼。以物流中心、配送中心为重点，不断完善集陆、水、空于一体的货运通道网络，潍坊现代物流就像一架"巨型航天飞机"，将在齐鲁大地上展翅翱翔。

2. 服务范围（见表3-2）

表3-2 潍坊市物流服务范围规划

	服务区域	服务对象
物流基地	全方位（国际物流、区域物流、市域物流）	第二产业
物流中心	区域物流、市域物流（以区域物流为主）	商贸流通
配送中心	区域物流、市域物流（以市域物流为主）	城市生活

3.4.2 物流基地

1. 潍坊港物流基地

（1）规划依据

优越的自然地理条件

潍坊港位于莱州湾白浪河入海口以西，水上距天津新港150海里，距大连港184海里；陆上距青岛200余公里，距潍坊中心城区70余公里，可方便进行潍坊及周边城市与国内港口、国际港口的海上运输。同时潍坊港与济青、东红等高速公路和央赣、新海等干线公路相连接，公路快速集疏运网络已初步形成。

- 工业物流需求迫切

潍坊港地处"三北"（寿光、寒亭区、昌邑三地北部），有全国最大的原盐生产基地和海洋化工基地，距淄博、东营、滨州、济南等地市较近，直接腹地广阔，货源充足。尤其是山东海化集团的纯碱产品出口量非常大，潍坊港正在新建两个5000吨专用泊位为其提供出口物流服务。

- 发展水运前途广阔

一直以来铁路运力紧张，无法满足运输需求，为保障客运和关乎国计民生的重要物资运输，一般物资的铁路运输需求更是难以得到满足；公路尽管方便快捷，但其运价偏高，导致物流成本难以降低。而水运满足需求能力强，且成本很低，因而发展水运有利于潍坊市工业和经济的发展。

- 港口物流设施不断完善

潍坊港现有两个3000吨级通用泊位（码头按5000吨设计）和1个3000吨级滚装泊位，2003年续建两个5000吨级散装纯碱出口专用泊位，年设计吞吐能力将达到197.4万吨。港口各种装卸、仓储、通信、供水、生活等物流及配套设施基本完善，生产、代理、查验等服务机构比较健全。潍坊港为国家二类开放港口，2004年下半年将升级为一类开放口岸。

- 港口业务增长迅速

与1999年相比，2003年潍坊港（原潍北港）吞吐量增长了295%（见表3-3）。从港口业务量快速增长的趋势不难看出，经济发展对潍坊港口的业务需求不断增大，而潍坊港物流基地建立后将对潍坊经济的发展发挥更大的推动作用。

表3-3　　　　　　　　潍坊市1997—2003年港口货物吞吐量　　　　　　　（万吨）

港口 \ 年份	1997	1998	1999	2000	2001	2002	2003
潍北港	6.2	2.5	71.6	73	141	207	282.5

资料来源：山东省统计年鉴（2003）

- 经济效益和社会效益显著

经过近几年的运营，潍坊港既取得了可观的经济效益，也产生了明显的社会效益：完善了渤海湾南岸的港口布局，打通了潍坊的海上运输通道，提高了潍坊的知名度，为潍坊特别是"三北"货物的进出提供了便捷的运输条件，促进了企业经济效益的提高，拉动了"三北"海洋化工、浅海开发、运输、餐饮、旅游、劳务、房地产等产业的快速发展。

（2）布局规划

主要由海洋化工物流和散杂货物流两部分组成：海洋化工物流位于潍坊市海化开发区海化街西；散杂货物流位于潍坊港务局所属的新港区。"十一五"期间，将建成4个5000吨级专用泊位和4个10000吨级通用泊位，使港口吞吐能力达到2000万吨，实现一类口岸开发功能，开通货物滚装航线。

借鉴国外物流节点和国内已实践证明较好的深圳市物流节点的建设经验，按类比法估算，其物流设施规划用地112.5～119公顷（注：1公顷＝0.01平方千米），但考虑到国家土地政策的限制，同时结合潍坊港实际物流需求，潍坊港物流基地规划用地85～95公顷。其中，海洋化工物流主要面向山东海化集团提供物流服务，规划用地30～35公顷；散杂货物流规划用地50～60公顷。

2. 高新技术开发区物流基地

（1）规划依据

- 区位优势

基地的一部分位于潍坊东部高新技术开发区内，区位优越，地势平坦，交通便利，济青、潍莱两条高速公路穿越其中，东西横贯山东半岛的胶济铁路复线沿高新区而过，客货运输便捷。基地另一部分——国际集装箱物流区位于高新技术开发区、生物开发区和工业园区的接合处，紧靠济青高速公路和206、309国道，是山东半岛外贸货物进出口青岛海岸的交通枢纽和集疏中心。

- 资源优势

潍坊国际集装箱中转站已建成完善的基础设施和功能齐全的配套服务设施，站内堆存、装卸、仓储、搬运、检测等各种中转设施齐全完整；海王医药物流基础设施一期工程已经完成，二期也即将动工；潍坊百货集团中百配送中心现有立体仓库3.1万平方米，集商流、物流、信息流与资金流于一体，建立了覆盖山东全省延伸到邻省周边地区的分销配送网络；其他各种物流基础设施也正处于规划建设中。

- 开发区环境建设优势

从硬环境看，开发区拥有便捷的交通，充沛的电力，发达的通信，优质的水源，完善的社会配套设施；从软环境看，健全的政策法规、优质高效的诚信环境，符合国际惯例的办事程序、高质量的服务等。

- 物流潜在需求巨大

高新开发区充分依托市区雄厚的科技经济资源优势，电子信息、光机电一体化、新材料和生物技术四大高新技术支柱产业已初具规模，并且高新区的发展态势良好，为开发区物流业的发展打下了坚实基础。国际集装箱货物中转需求增长迅速，潍坊地区2001年国际集装箱进出口量达8万TEU，五年内将迅速增长到30万TEU；山东是经济大省、人口大省，药品年销售量达120多亿元，市场容量大，发展前景广；中百配送中心年商品配送额达8.9亿元；农产品出口加工区服务山东东部并面向国际市场，物流潜力强劲。

（2）布局规划

基地内设置出口加工物流、医药物流、国际货物物流、中百日用品物流、纺织品物流等物流功能区，高新技术开发区物流基地规划用地115~125公顷。

出口加工物流区位于出口加工区内，主要面向山东东部提供产品加工配送服务和向国际市场提供产品出口物流服务，物流规划用地18~20公顷。

医药物流以海王医药物流为主体，位于潍县中路东南角，主要是为山东省内各大医院、药店等提供药品配送业务，物流规划用地18~20公顷。

国际货物物流区位于寒亭区郭家官庄霞飞路南段，处于高新技术开发区物流基地的西北角，紧靠济青高速公路和206、309国道，依托潍坊国际集装箱中转站，物流规划用地12~15公顷。

动力机械物流面向潍坊市及周边城市的机械工业提供物流服务，重点客户是潍柴动力股份有限公司和山东巨力集团等动力机械企业（包括汽车零配件生产企业），物流规划用地20~25公顷。

日用品物流主要以中百配送中心为主体，培育发展日用品专业配送中心。位于潍坊高新开发区胜利东街甲1号，物流规划用地8~10公顷。

其他物流功能区主要包括：轻工物流、建材物流、纺织物流、汽车零部件物流等，物流用地规划总面积 35~40 公顷。

3. 外商投资开发区物流基地

（1）规划依据

● 区位优势

外商投资开发区物流基地位于开发区的东南部，胶济铁路、309 国道横贯东西，具有规划物流基地得天独厚的区位优势，有利于为开发区工商企业及周边区域提供高效率、低成本的物流服务。

● 物流基础设施初具规模

开发区内各种配套设施已基本齐全，物流基地规划范围内基础设施较好。原万方物流园区位于物流基地的东南角，拥有潍西集装箱联营货场，3 条铁路专用线和仓储基础设施；中邮公司在此拥有分拣中心、停车场、仓库及其他邮政服务设施等。

● 政策环境优势

为了鼓励国内外客商投资开发区建设，潍坊市政府出台了各种优惠政策，包括建设用地优惠政策和税费优惠政策等，为外商创造了宽松的投资软环境，也为物流企业的运营提供了政策支持。

● 潍坊市政府和开发区管委会对开发区物流规划的重视

潍坊市外商投资开发区是潍坊市经济发展的重点区域之一，开发区管委会作为潍坊市人民政府的派出机构，代表市政府在开发区范围内行使管理职能，并享有省级开发区管理权限，对开发区物流规划十分关注，因而在山东半岛物流枢纽的规划中，将开发区作为一个重要的服务对象来考虑，以求促进开发区经济的发展。

● 开发区发展需要

随着潍坊市整体经济的发展和开发区规划建设的进行，开发区内的工商物流需求将会迅速增长，及早为其规划建设物流基地，有利于开发区内工商企业提高物流运作效率、降低物流成本、改善物流服务，促进开发区经济快速发展。

（2）布局规划

基地内设置铁路集装箱物流、中邮物流、商贸物流、燃料物流及其他物流功能区。物流基地位于潍坊外商投资开发区的东南部，胶济铁路、309 国道横贯东西，东起长松路，西至杏乐路。外商投资开发区物流基地的规划用地 80~90 公顷。

铁路集装箱（散杂货物）物流以原万方物流园区为主体，位于物流基地的东南角，依托潍西集装箱联营货场，建立公铁联运综合运输型物流中心。通过胶济铁路、济青高速公路、潍蒋路与外省连接，物流规划用地 25~28 公顷。

中邮物流主要面向山东半岛提供邮政服务，属于专业配送中心，物流规划用地 15~18 公顷。

其他功能区主要包括物流信息展示中心、商贸物流、燃料物流等，物流用地规划总面积 38~45 公顷。

4. 功能规划（见表3-4）

表3-4   潍坊市三大物流基地的服务功能

	协调管理	招商引资	政策落实	信息服务	物流整合	经济开发	配套服务
潍坊港物流基地	√	√	√	√	√	√	√
高新技术开发区物流基地	√	√	√	√	√	√	√
外商投资开发区物流基地	√	√	√	√	√	√	√

5. 服务范围（见表3-5）

表3-5   潍坊市三大物流基地服务范围

物流基地	服务区域	服务对象
潍坊港物流基地	国际物流 区域物流	海洋化工物流（主要出口国际市场），散杂货物内外贸物流（以内贸为主）
高新技术开发区物流基地	国际物流 区域物流 市域物流	国际集装箱货物中转物流，动力机械物流，出口加工物流（包含向山东东部配送、向国际市场出口），医药物流（覆盖山东全省），日用品配送，以及纺织、轻工、汽车配件、建材等物流服务
外商投资开发区物流基地	区域物流 市域物流	燃料物流（服务山东西部），铁路集装箱（散杂货物）物流（服务山东西部），中邮物流，商贸物流及其他物流服务

3.4.3 物流中心/配送中心

1. 物流中心规划依据与区位布局

（1）航空物流中心

主要提供仓储、分拣、配送、深加工、保税加工等物流服务，物流规划用地12~15公顷。

（2）金宝物流中心

金宝物流中心主要提供汽车交易、汽车配件、建材（以钢材为主）配送等物流服务，物流规划用地20~25公顷。

（3）农副产品物流中心

主要面向潍坊市区提供肉类、水产品以及其他农产品配送服务，物流规划用地4~6公顷。

（4）南方物流中心

地处潍坊城区南部宝通街与水库路路口东南侧，东西可直达济青、潍莱高速公路路口，距离商品城、工业品城、汽配城、电子城和纺织品城不足三公里，区位优越，交通便捷。

南方物流中心规划面积 20 公顷，拟建库房 20000 平方米，硬化货场 15000 平方米，可同时停放车辆 300 多部，设计年货运量 60 万吨。

（5）农业生产资料物流中心

农业生产资料物流中心以潍坊市兴鲁农业生产资料有限公司、潍坊市中天棉麻有限公司、潍坊中农化肥销售有限公司、潍坊市供销实业有限公司以及潍坊市供达经贸有限公司等为主体组建，针对潍坊市及山东省内的农资配送，物流规划用地 15～20 公顷。

（6）钢材物流中心

设置金属材料配送中心和钢材流通加工中心，物流规划用地 8～10 公顷。

2. 配送中心区位选择与布局规划

（1）生鲜食品加工配送中心

位于奎文区二十里堡车站一街 7 号，主要以中百实业发展有限公司等企业为基础，规划发展生鲜食品加工配送中心，物流规划用地 3～5 公顷。

（2）快直送配送中心

位于奎文区健康东街与新华路交叉口东南角，以潍坊快直送运业有限公司为主体规划建设，主要业务是公路运输、仓储服务及货物装卸；物流规划用地 4～6 公顷。

（3）鲁东图书配送中心

位于寒亭区，由山东省新华书店投资建设。主要承担潍坊、青岛、烟台、威海、东营、淄博等六市 40 多个县市学生用书供应和图书、电子音像制品、办公文化用品的配送业务，物流规划用地 15～18 公顷。

（4）人民商城配送中心

位于潍坊人民商城内部，以小商品城物流中心为基础建设人民商城配送中心，以货物仓储、中转、配送、物流信息等业务为主，物流规划用地 4～6 公顷。

3. 功能规划

（1）物流中心功能规划（见表 3－6）

表 3－6 潍坊市物流中心功能规划

物流中心 \ 功能	货运配载	储存	装卸搬运	包装	物流信息处理	流通加工	增值服务
航空物流中心	√	√	√	√	√	√	√
金宝物流中心	√	√	√	√	√	√	√
农副产品物流中心	√	√	√	√	√	√	√
农业生产资料物流中心	√		√	√	√		√
南方物流中心	√	√	√	√	√	√	√
钢材物流中心	√	√	√	√	√	√	√

（2）配送中心功能规划（见表3-7）

表3-7　　　　　　　　　　　　　　潍坊市各配送中心功能规划

物流中心＼功能	仓储保管	分拣	装卸	流通加工	信息提供	送货	增值服务
生鲜食品加工配送中心	√	√	√	√	√	√	√
快直送配送中心	√	√	√	√	√	√	√
鲁东图书配送中心	√	√	√		√		√
人民商城配送中心	√	√	√	√	√	√	√

4. 服务范围

潍坊市六个物流中心的服务范围见表3-8；四个配送中心的服务范围见表3-9。

表3-8　　　　　　　　　　　　　　潍坊市物流中心服务范围

物流中心＼服务范围	服务区域	业务范围	主要客户
航空物流中心	区域物流	邮政快件、高科技高附加值产品和海鲜及农副产品的仓储和运输服务	山东各城市的中国邮政，胶东半岛高科技企业等
金宝物流中心	区域物流	汽车及其配件的采购、仓储和配送，旧机动车的集中、加工、仓储和配送，建材（以钢材为主）的采购、仓储和配送，服务辐射山东全省	山东省各大汽车及配件销售网点、建材（主要是钢材）销售网点和消费大户，旧机动车的出售与购买者
农业生产资料物流中心	区域物流	潍坊市及周边城市农业生产资料的采购、储存和配送	各供销社、农资连锁超市和农村市场
农副产品物流中心	市域物流	农副产品的集中、加工、仓储和配送	潍坊城区及周边县市农副产品销售网点和市场
南方物流中心	市域物流	潍坊市工商企业的商品采购、储存和配送业务，各种货代业务	潍坊市工商企业
钢材物流中心	区域物流	主要负责潍坊市及周边城市金属材料的采购、加工和配送业务	上游的鞍钢、攀枝花、邯郸等钢铁企业和下游山东省内的工商企业

表 3 -9　　　　　　　　　　　　　潍坊市配送中心服务范围

服务范围 物流中心	服务区域	业务范围	主要客户
生鲜食品加工 配送中心	市域物流	蔬菜、瓜果、肉类等生鲜食品的加工和连锁配送，范围覆盖潍坊市及周边城市	潍坊市及周边城市各大商店、超市等
快直送 配送中心	区域物流	为省内外、国内外企业在山东及潍坊地区所经营的普通货物提供仓储、配送、中转等服务，服务范围覆盖潍坊市及周边城市，潍坊市区提供 24 小时送货服务	上游：可口可乐、台湾旺旺、波司登、娃哈哈、北京三元牛奶等企业 下游：山东及潍坊地区的商店、超市等
鲁东图书 配送中心	区域物流	学生用书供应和图书、电子音像制品、办公文化用品的配送	潍坊、青岛、烟台、威海、东营、淄博等六市
人民商城 配送中心	市域物流	小商品的仓储、配送等，同时也提供货运、货代、信息等服务，服务范围覆盖潍坊市及周边城市	主要是人民商城中各种业态的零售商店，同时涵盖潍坊市内及周边城市的商店、超市、商品市场等

4 物流网络设计规划

物流网络是现代物流体系的基础，物流网络系统规划属于战略规划，企业一般每年或几年进行一次。根据物流系统的服务水平，确定物流网络的结构，物流节点的数量和位置、各物流节点的库容量和物流能力等。

本章首先从基本概念入手，探讨物流网络、物流节点、交通运输等基本概念，以及之间的关系。然后从战略的角度出发，分析物流网络规划的驱动因素，之后介绍网络优化工作的具体方法和步骤；最后介绍在 WinQSB 在物流网络优化中的使用，讨论了节点选址与运输问题的解决。

4.1 物流网络

物流网络包含两层意义：一是物流信息通过计算机和信息技术的传播与优化而形成的信息共享的网络。即物流配送中心和上游的供应商以及与下游的客户之间通过计算机网络实现信息共享；二是交通路线和设施节点组成的网络。即建立合理的物流节点网络，包括物流中心、配送中心和仓库等，并辅以合理的运输路线，满足区域物流的需求。

所有物流活动都是在运输线路和物流节点上进行的，物流系统的空间结构直接关系到物流系统的运行效率。本章重点介绍了物流节点的概念，并介绍了交通运输与物流网络的关系。在进行物流网络设计规划时，要同时考虑到交通与设施选址的相互影响。

4.1.1 物流节点

全部物流活动是在线路和节点进行的。其中，在线路上进行的活动主要是运输，包括：集货运输、干线运输、配送运输等。物流功能要素中的其他所有功能要素，如包装、装卸、保管、分货、配货、流通加工等，都是在节点上完成的。所以，从这个意义来讲，物流节点是物流系统中非常重要的部分。实际上，物流线路上的活动也是靠节点组织和联系的，如果离开了节点，物流线路上的运动必然陷入瘫痪。

现代物流网络（见图 4-1）中的物流节点对优化整个物流网络起着重要作用，从发展来看，它不仅执行一般的物流职能，而且越来越多地执行指挥调度、信息等神经中枢的职能，是整个物流网络的灵魂所在，因而更加受到人们的重视。所以，在有的场合也称之为物流据点，对于特别执行中枢功能的又称物流中枢或物流枢纽。

1. 物流节点的定义

物流节点是物流系统中货物送至最终消费者或下一节点过程中临时经过停靠的地方，如制造商、供应商、仓库、配送中心、零售商等。物流中心负责向制造商提供基础零配件，制造商将货物送至配送中心，而配送中心所面对的是零售商或消费者。所有的物流活动都是在运输线路和物流节点上进行的，运输线路上进行的运输活动是物流的主要功能要素，而物流功能要素中的其他要素，如仓储、配货、包装、装卸、分货、集货、流通加工等，则是在物流节点上完成的。因此，物流节点是物流系统的重要组成部分，物流效率的发挥依赖于物流节点的位置和功能配置。

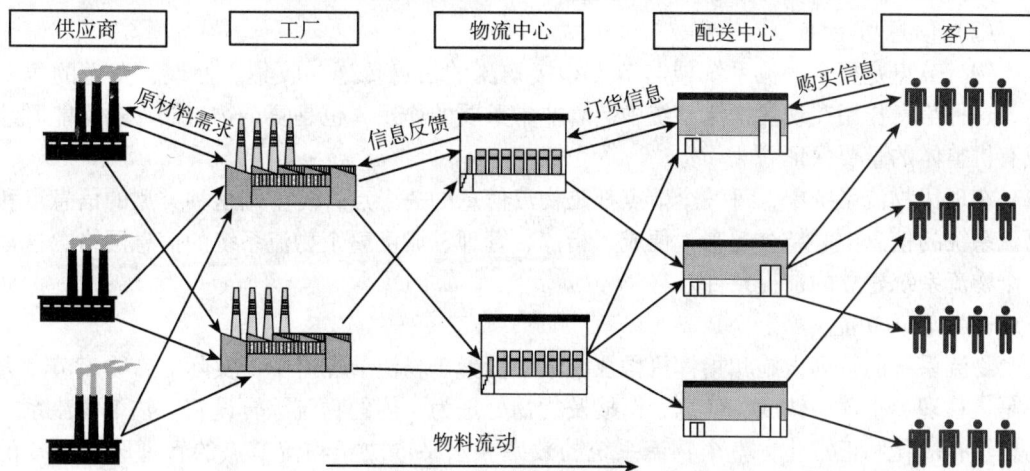

图4-1 企业物流网络

此外，在这一过程中所记录的销售收入、产品成本、库存水平、货车空载率、运输费率等信息通过电子媒介从供应链逆向反馈到原材料供应商，经过交织形成一张信息网络。实现物流网络的纵向及横向一体化。

物流网络中物流节点对优化整个物流网络起着重要作用，现代物流中的物流节点不仅执行一般的物流职能，而且还越来越多地执行协调管理、调度和信息等职能。因此，有时物流节点也被称为物流据点、物流中枢或物流枢纽，发挥着大脑的作用。物流节点是进行完成物流功能，提供物流服务的主要场所。

2. 物流节点的功能和作用

综观物流节点在物流系统中的作用，物流节点是以下功能在物流系统中发挥作用的，其主要功能如下。

（1）衔接功能

物流节点将各个物流线路联结成一个系统，使各个线路通过节点变得更为贯通而不是互不相干，这种作用称之为衔接作用。

在物流未成系统化之前，不同线路的衔接有很大困难，例如轮船的大量输送线和短途汽车的小量输送线，两者输送形态、输送装备都不相同，再加上运量的巨大差异，所以往往只能在两者之间有长时间的中断后再逐渐实现转换，这就使两者不能贯通。物流节点利用各种技术的、管理的方法可以有效地起到衔接作用，将中断转化为通畅。

物流节点的衔接作用可以通过多种方法实现，主要有：

通过转换运输方式衔接不同运输手段；

通过加工，衔接干线物流及配送物流；

通过储存衔接不同时间的供应物流和需求物流；

通过集装箱、托盘等集装处理衔接整个"门到门"运输，使之成为一体。

（2）信息功能

物流节点是整个物流系统或与节点相接物流的信息传递、收集、处理、发送的集中地，这种信息作用在现代物流系统中起着非常重要的作用，也是复杂物流储存单元能联结成有机整体的重要保证。

在现代物流系统中，每一个节点都是物流信息的一个点，若干个这种类型的信息点和物流系统的信息中心结合起来，便成了指挥、管理、调度整个物流系统的信息网络，这是一个物流系统建立的前提条件。

（3）管理功能

物流系统的管理设施和指挥机构往往集中设置于物流节点之中，实际上，物流节点大都是集管理、指挥、调度、信息、衔接及货物处理为一体的物流综合设施。整个物流系统的运转有序化和正常化，整个物流系统的效率和水平取决于物流节点的管理职能实现的情况。

3. 物流节点的类型

现代物流发展了若干类型的物流节点，不同的物流节点对物流系统的作用是不同的。很多地区在进行物流规划时，对于物流系统中的层次关系界定不清，各地规划的物流节点类型缺乏统一标准，造成物流中心、物流园区等名词大量混用的现象。由此导致物流节点总体指导思想、层次关系及其相应功能界定等诸多方面的混乱。因此，深入探讨物流园区、物流中心等物流节点的概念及其相互关系，可以明确政府和企业在现代物流发展中的合理定位。

物流节点一般被分为物流园区、物流中心、配送中心3种类型。由于配送中心一般是按照市场的需求进行布设，所以只对物流园区和物流中心的概念作进一步辨析。

（1）物流园区

关于物流园区的概念，国内尚无确切定义，根据物流园区的特征，可表述为：物流园区是在几种运输方式衔接地形成的物流节点活动的空间集散体，是在政府规划指导下多种现代物流设施和多家物流组织机构在空间上集中布局的大型场所，是具有一定规模和多种服务的新型物流业务载体。

（2）物流中心

物流中心是综合性、地域性、大批量的货物物理位移转换集散的新型设施设备的集合，它把物流、信息流融为一体成为产销企业之间的中介组织和现代物流活动的主要载体。

（3）物流园区与物流中心的区别

物流园区是物流中心发展到一定阶段的产物，是多个物流中心的空间集聚载体。

从许多学者对物流园区和物流中心的概念解释中可以归纳出物流园区和物流中心的不同点。

①功能不同。物流园区具有多式联运、综合运输、干线终端运输等大规模处理货物和提供服务的功能。物流中心则主要是分销功能，并且具有货物运输中转功能，且以配送业务为主。

②用地的要求不同。物流园区要求物流企业及相关的一些辅助企业在园区内聚集，且基础设施相对齐全，要处理的物流量大，必须在其周围留有适当的空间为以后发展之用，所以物流园区要求用地充裕且具有扩展性。而物流中心在这方面没有如此严格的要求。

③改善城市交通环境的影响程度不同。物流园区一般建在远离市中心的地区，布设在城市外围或郊区，同时注重园区与城市对外交通枢纽的联动规划建设，所以对改善城市交通环境的影响程度较大。而物流中心主要是以配送业务为主，要求以快速准时为客户提供服务，因此，在空间距离上应尽量靠近需求点，并且要有连接市中心的快速干道，所以物流中心对改善城市交通环境的作用不是很大。

④服务对象不同。物流园区应有综合性的基础服务设施，且面向全社会提供服务。物流中心则只在局部领域进行经营服务。

⑤对市场的要求不同。物流园区内聚集了很多的供应商，生产商、销售商和第三方物流企业，所以要求物流园区所服务的市场是多样化的。物流中心仅具有第三方物流企业的功能，所以服务的市场一般是专业化的。

⑥经营、管理方式不同。物流园区不一定是经营管理的实体，物流经营企业之间的关系可以是资产入股、租赁、合作经营或联合开发。物流中心则是物流经营和管理的实体。

⑦政府给予的政策不同。政府为了吸引各种企业在物流园区内聚集，使其获得规模效益、范围效益，进而降低物流成本，政府通常为入驻的物流企业提供各种优惠政策。而对物流中心这样的优惠政策较少。

因此，某一物流节点是建设物流园区还是物流中心，应由所服务地域空间的软硬件环境所决定。只有当物流节点选择的类型对空间的特殊要求与所服务空间所提供的软硬件环境相适应时，物流节点选择的类型才是正确的，才能促进物流系统和地区经济的发展。

4. 影响物流节点选址的因素

物流节点作为物流诸要素活动的主要场所，为保证物流作业的顺畅进行，必须具有良好的交通运输条件、用地条件以及符合环境保护的要求。

（1）交通运输条件

①物流节点所在区域的货物运输量。可以从一个侧面表明运输物流市场的供给情况，反映运输业的发展水平。一般包括铁路、公路货运量和港口吞吐量。此指标可用地区货物运输总量加以衡量。

②交通通达度。用路网密度能很好地表明物流节点所服务地区的交通通达质量，该因素可以用铁路网及公路网密度加以衡量。

③物流节点货物平均运距。表明一般情况下物流节点可能的覆盖范围。可采用地区货物周转量与地区总货运量之比进行衡量。

④交通运输设施的发展水平。交通运输设施的发展水平较高的地区，较有利于未来物流节点的集疏运。可用交通运输设施建设投资的增长率加以衡量。

（2）用地条件

①土地价格。物流节点的建设需要占用大面积的土地，所以土地价格的高低将直接影响物流节点的规模大小。有的区域鼓励物流企业的发展，对在当地建设物流节点予以鼓励支持，土地的获得就相对容易，地价及地价以外的其他土地交易费用也可能比较低。该指标用单位土地的开发成本进行衡量。

②大面积土地的可得性。用预留用地规模指标进行衡量。

（3）环境保护要求

物流节点的设置需要考虑保护自然环境与人文环境等因素，尽可能降低对城市生活的干扰，对于大型的物流节点应尽量设置在远离市区的地方。物流节点对环境的影响程度衡量的取值，可考虑当物流节点建在城市边缘取值为3；建在市区取值为1；建在市中心和城市边缘之间的取值为2。

对物流节点类型的确定，可以明确政府的职能。在硬件建设方面，政府应该按照物流园区、物流中心的不同特性要求，有计划地进行基础设施的投资与建设。在软件方面，政府应该更加明确的加大建设物流园区的补贴力度，且为入驻物流园区的企业提供各种优惠政策。

4.1.2 物流网络结构模型

不同的企业需要不同的物流网络结构。将货物从供应地运送到需求地有两种基本的物流网络形式，一种是直送形式，另一种是经过物流节点的形式。物流网络的具体构成要考虑多方面的因素，既要考虑供应商，又要考虑客户，还要考虑渠道。当然，以成本最低为原则。

1. 一对多的网络模型

如图4-2所示，一对多网络模型是以单个配送中心面向客户为主要表现形式。该模型的特点是货物从一个节点流向多个节点。

2. 多对一的网络模型

如图4-3所示，多对一网络模型在生产型企业的供应商群最为常见。多个供应商同

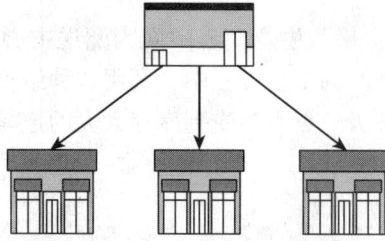

图4-2　一对多模型

时对一个工厂供应原材料或零配件。像通用电气的零配件就是在全球范围开展的采购。例如：在日本，很多小企业生产规模不大，可能只给唯一的客户供货。因此对于一些大企业来说，它们会有一个供应商群。

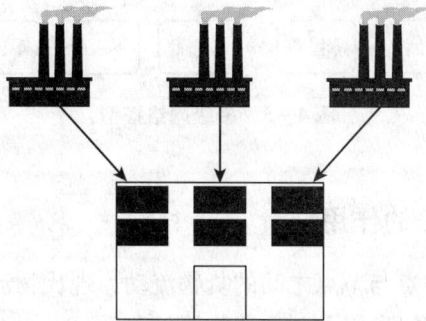

图4-3　多对一模型

3. 多对多的网络模型

事实上，多对多网络模型在现实中显得更为常见。图4-4中，一个供应商给多个客户提供原材料或产品，而一个企业需要来自不同供应商的原材料或产品。

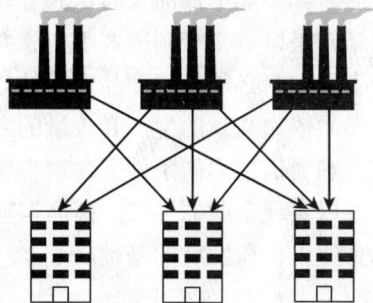

图4-4　多对多模型

4. 多级网络模型

如图4－5所示，例如最上层为生产商，中间为配送中心，底层的矩形为零售商。这就构成了多级网络模型。在生产到销售过程中，利用这种结构可以减少库存，同时当市场的需求与供给发生变化时，各级节点不会受到库存太大的拖累，可以达到缓冲的效果。

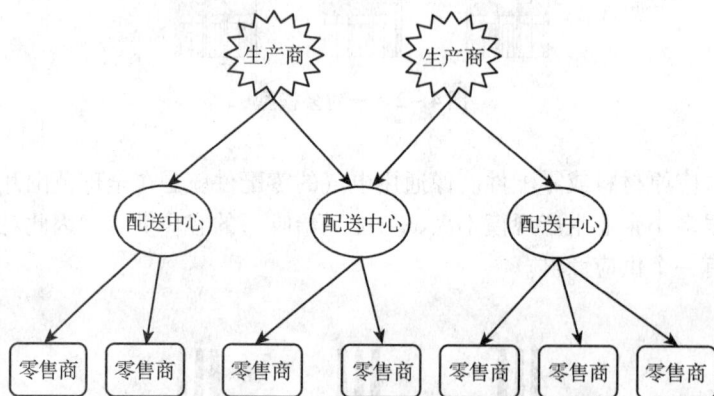

图4－5　多级网络模型

4.1.3　运输对物流网络的作用

交通运输网络维系着节点与节点之间的货物流动，现代物流的网络化离不开运输。接下来我们将讨论运输的基本概念以及与现代物流的关系。

1. 运输的概念

运输是指借助公共运输线及其设施和运输工具来实现人与物空间位移的一种经济活动和社会活动。除此之外的其他运输体系如输电、供暖、电信传递已经不属于运输的范畴。

运输是实现整个商品交易过程必不可少的重要阶段。在现代信息技术、计算机技术和通信技术支持下，商品的咨询、订购以及合同的签订可能只需要很短的时间就能完成。但是，在基本的交易过程完成之后，如不能把商品及时送到客户手中，这种交易的效率仍然会显得很低。一次交易基本完结，是以货物交到顾客手中，并经过确认无误为标志的。而为了使商品能够尽快送达消费者手中，必须提高商品运输的效率。

一般的制造型企业的发展必须依靠高效的生产和大量的销售，借此达到规模经济。在现代信息技术、计算机网络技术和通信技术的条件下，销售渠道不难挖掘。但是，如果没有高效低价的商品运输，仍然难以实现企业的发展。商品运输在商品贸易中发挥着举足轻重的作用，可以将它称作现代企业生存和发展的基础。

2. 运输与物流网络的关系

现代物流强调一体化，要求运输相关因素的整体配套。例如：港口、码头、机场、车站、物流园区、物流中心的装卸搬运、仓储、包装能力与运输能力的配套。

物流网络与运输网络密切相关。运输网络的配置要合理，应该区别储存型仓库和流通型仓库，合理配置物流基地。企业在规划运输网络时，要根据经营战略、销售策略等因素决定网络布局，为了确保销售和市场占有率，应整体考虑需要利用多少个仓库、配送中心；是选择在销售地建立仓库还是按需求发送货物。

物流网络的建设还应考虑到不同运输方式的有效结合。铁路和水运运量大、运费低，适于长距离、大批量的干线运输，缺点是灵活性差。公路运输易于开展"门到门"服务，但是在运距与运量上处于在劣势。

4.2 网络设计与选址

设施选址是任何组织整体战略规划中的关键部分，是企业物流网络规划的重要内容。随着全球经济一体化以及科学技术的飞速发展，企业竞争的全球化趋势愈演愈烈，对于企业来说，跨地区、跨国家进行生产协作、全球范围内寻找市场已经是不得不为之的事情之一，而设施选址的恰当与否，对生产力布局、城镇建设、企业投资、建设速度及建成后的生产经营状况都具有重大意义。因此，企业应该进行充分的调查研究与勘察，具体分析企业的自身设施、产品特点、资源需求状况和市场条件，慎重进行设施选址决策。

设施选址的标准已不仅仅局限在成本或运输距离的最小化，许多定性和定量的因素也影响着企业的决策，因此在进行设施选址的综合分析比较时，可根据条件采用定性、定量的或定性定量相结合的方法。常用的设施选址方法有加权因素分析法、重心法、运输规划法、德尔菲分析模型等。

4.2.1 驱动物流网络设计因素

1. 市场需求改变与消费者的影响

在过去，消费者被认为对供应链的影响只是略有间接。现在，消费者对供应链的影响将显得更加直接。互联网为消费者获取信息提供了更加便利的条件，如今的消费者更加理性和自主。以网络为代表的媒体的发展，消费者还可以比较商品的价格、质量和服务。因此，更优惠的价格、优良的产品品质、定制生产以及快速响应成为消费者的期望，也成为企业不断追求的目标。

在供应链的末端，以沃尔玛等为代表的大型零售商不断成为强势的一方，消费者对这类零售商所施加的压力顺着供应链逆向流向供应商或生产商。这就造成了供应商或生产商要不断调整生产节奏和配送方式，要么在供应地建立安全仓库，要么本地生产，抑或是建立多级物流节点，以适应客户的位置及需求。

2. 企业自身的变革

为了适应企业发展以及社会的需要，一些制造型企业可能会将自己的运输部门剥离出去，这些作为子公司的物流企业在为母企业提供服务的同时，还有机会接受来自其他企业的业务。在这过程中，有的会扩充原来的物流网络，而另一些可能会减少或合并物流设施，转而兴建更大的物流中心。

一些企业通过流程改造，彻底变更了原来的生产节奏。20世纪60、70年代以来，信息技术革命使企业的经营环境和运作方式发生了很大的变化，按照该理论的创始人原美国麻省理工学院教授迈克·哈默（M. Hammer）与詹姆斯·钱皮（J. Champy）的定义，是指"为了飞越性地改善成本、质量、服务、速度等重大的现代企业的运营基准，对工作流程（business process）进行根本性重新思考并彻底改革"，也就是说，"从头改变，重新设计"。为了能够适应新的世界竞争环境，企业必须摒弃已成惯例的运营模式和工作方法，以工作流程为中心，重新设计企业的经营、管理及运营方式。

"海尔"作为流程再造的一个典范，经过再造，交货时间降低了32%，到货及时率从95%提高到98%，出口创汇增103%，利税增长25.9%，应付账款周转天数降低54.79%，直接效益为3.45亿元。"海尔"建立在青岛的物流中心指挥着企业所有的物流活动。

3. 宏观经济

税收和汇率的改变使一些利润率较低的企业陷入了困境。随着近年来人民币汇率的上升和居民消费的上涨，一些在中国设厂的外资企业不得不将企业外迁到劳动力成本更低的泰国或马来西亚等国家。但是，企业的迁移并不能改变原来的渠道。这些企业同时也要考虑升级原有的物流网络。

近年来，原材料价格的上升使得一些企业不堪重负。对这些企业来说，当务之急是寻找出减少关键进程的成本，当中也包括与物流有关的业务。而在运输行业，油价的上涨使得运输费用水涨船高。运输费用的上升带动单位商品成本的上升。运输方式和运输规模随着成本的上升也发生着的变化，比如一些货轮会考虑满载减速行驶，这又会造成响应速度的下降。

4. 竞争环境的改变

大部分制造型企业选址都会考虑靠近物流公司或者车站码头。新建的物流园区或者新驻进的像联邦快递、中外运敦豪（DHL）这类企业周边地区肯定会是另一些企业的网络规划中首先要考虑的因素。这对于一些对时间较为敏感的商品，能大大提高服务水平。

4.2.2 物流网络设计一般过程

物流网络是物流过程中相互联系的组织与设施的集合。物流网络由各种不同类型的物流节点和它们之间的通路构成。包括供应商、仓库、配送中心、零售商、运输线路以及在各节点之间流动的原材料、在制品库存和产成品。设计物流网络需要考虑很多因素。在开始的时候，设计恰当物流网络的工作与关键的企业战略和总体业务战略的识别与推行保持紧密的一致性非常重要。因为企业物流网络的设计和再设计可能很复杂，对它的讨论是包含在大的企业再造过程中的。

物流网络设计是战略决策的一个重要方面。随着人口变化、市场发展趋势的变化和其他环境因素的变化，物流网络还可能需要不断进行调整，以保证能够应对环境的变化。物流网络设计的全过程如图4-6所示，具体步骤分述如下：

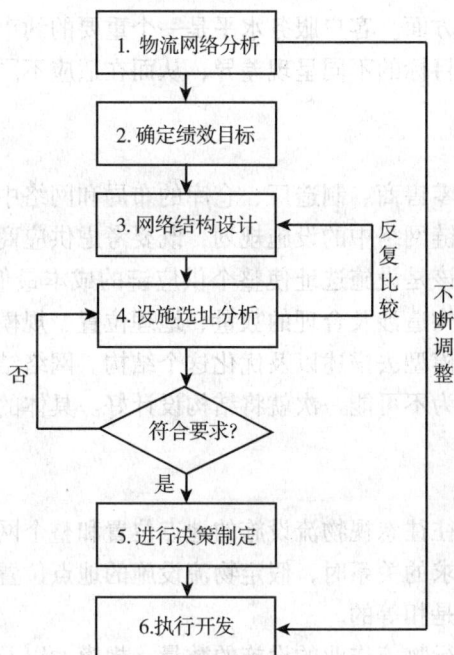

```
┌──────────────────┐
│  1. 物流网络分析  │───────────────────┐
└────────┬─────────┘                    │
         ↓                              │
┌──────────────────┐                    │
│  2. 确定绩效目标  │                    │
└────────┬─────────┘                    │ 不
         ↓                              │ 断
┌──────────────────┐      反           │ 调
│  3. 网络结构设计  │←──┐  复            │ 整
└────────┬─────────┘   │  比            │
         ↓             │  较            │
┌──────────────────┐   │                │
│  4. 设施选址分析  │   │                │
└────────┬─────────┘   │                │
      否 │             │                │
         ↓             │                │
      ╱──────╲─────────┘                │
     ╱ 符合要求?╲                        │
      ╲──────╱                          │
         │ 是                           │
         ↓                              │
┌──────────────────┐                    │
│  5. 进行决策制定  │                    │
└────────┬─────────┘                    │
         ↓                              │
┌──────────────────┐                    │
│  6. 执行开发      │←───────────────────┘
└──────────────────┘
```

图4-6 物流网络规划设计过程

1. 物流网络分析

首先要确定公司的发展战略、企业的业务发展需求。为了解决这一切问题，必须先组织一个对企业的发展有一定了解并熟悉这一网络设计工作的团队。由团队负责工作的计划与指导。

物流网络规划设计是一个规模相当大的工程。其中包括数据收集与处理、决策模型建立、分析工具组合、敏感度测试等工作，撇开行业差异因素，在一个物流网络中通常需要确定以下问题：

①一定战略下各节点的数目；

②每个节点的地理位置；

③每个节点的库存单元水平；

④每个节点应为哪些下游客户服务；

⑤对每一客户运送一次货物的间隔；

⑥服务质量应为何种水平；

⑦采用何种运输方式；

⑧客户采用何种订货渠道。

2. 确定绩效目标

客户服务水平的因素包括竞争态势、商品类型、客户期望、长期战略等。物流网络的构建成本往往与客户服务水平呈正相关关系，其主要体现在供货频度的增加、物流节点的增多、运送时间的缩短等方面。客户服务水平是一个重要的约束条件，因此在网络构建过程中，必须依据客户服务目标的不同呈现差异，从而在适应不同客户要求的前提下使整体的构建成本降低。

3. 网络结构设计

物流网络的构造涉及零售商、制造厂、仓库的布局和网络中原材料等在制品和产成品之间的流动。它们是供应链网络中的设施规划，既要考虑供应商，又要考虑顾客，还要考虑产品分销。总的原则应该是设施选址使整个供应链的成本最低。对于供应商、制造厂、仓库、销售的物流网络的构造涉及合理的数量、地理位置、规模、能力等。

同时，要确定合理的模型去描述以及优化这个结构。网络结构设计还应该与下一步设施选址分析结合起来，因为不可能一次就将结构设计好。具体的设施位置还会由于其他因素的制约而发生着改变。

4. 设施选址分析

古典主义的经济学家往往忽视物流设施的地点位置和整个网络设计的重要性；当经济学家最初在讨论供给与需求的关系时，假定物流设施的地点位置和运输成本的差异是不存在的或者在竞争对手之间是相等的。

然而，被直接用于进行物流作业的设施的数量、规模，以及地理关系等实际却影响着向顾客提供服务的能力和成本。既然一个厂商的设施结构是被用来向顾客提供产品和材料的，那么，网络设计便是物流管理部门的一个最基本的责任。典型的物流设施是制造工厂、仓库、码头之间的作业条件以及零售商店。确定每一种设施需要多少数量、其地理位置，以及各自承担的工作等，是网络设计的一个十分重要的组成部分。考虑到一些企业的实际情况，它们将会把物流网络设计工作外包。不管是谁承担实际的工作，都必须把所有的设施看做是厂商的物流网络的一个整体组成部分来进行管理。

5. 决策的制定

设施布局一旦确定，就可以开始具体决策的制定。比如说配送中心的建立，仓库的租赁等。在实施的过程中，可能会遇到一些特殊情况，比如土地已经被征用等，这时就需要设计多套方案，权衡之后再做决定。

6. 执行开发

最后一步是确定总体方向以及工作流程，着手实施各项方案。在这过程中，对项目开发的掌握就显得非常重要。同时，还要提供足够的资源保障，以保证工作得以顺利展开、及时完成。

4.2.3　选址决策的影响因素

设施规划设计两个重要的物流决策问题：设施选址和设施布局。前者考虑的是根据费用或其他选择标准建立设施的最佳地址。一个地址可以是一个国家、城市或城市内某一特定位置。在进行物流网络设计时，我们主要是从宏观上考虑这些设施，包括仓库、工厂、商店、交叉配送设施、货站和顾客点。

早期的物流费用计算是以运输费用为主要依据的，一些理论也是围绕运输费用展开的，土地使用规划和经济领域的专家提出了一些简单的模型。如1875年Thunen提出建设生产设施所使用的土地租金不能超过市场上产品的卖价减去运输费用。这个理论是以生产过程类型为依据的。Weber在1909年提出：对于使用重量减少的生产过程，最好将工厂建在距原材料处近些。对重量增加的生产过程，最好将工厂建在距市场近的地方以减少运输费用。对于没有重量损失的原材料选址可将工厂建立在任何合适的地方。

通常，当工厂建在距原材料近的地方时，原材料购入的运输费用比售出产品的运输费用低。当工厂建在距市场近时，售出的产品运输费用小于购入的原材料运输费用。但是，只有当运输费用只取决于运输距离时才是这样的。实际上，在工厂和市场间运输方式和从原材料地到工厂的运输方式不一样，市场竞争和运输商提供的服务就可能不同，这时的运输费用的形式也不一定相同。运输费用也因运输距离、重量和其他因素的不同而不同。所有这些问题使选择最佳位置的决策过程变得比较复杂。实际上，除运输费用外，还有其他费用影响设施选址，从而使设施选址问题进一步复杂化了。

1. 宏观经济因素

宏观经济因素包括税收、关税、汇率和其他一些经济因素，这些因素是独立于单个企业的外部因素。随着贸易的增长和市场的全球化，宏观经济因素对物流网络的成败产生了很大影响。因此，这迫使企业在进行网络设计决策时必须考虑这些因素。

（1）关税和税收减让

关税是指当产品或设备经过国界、州界和城市边界时必须支付的税收。关税对供应链网络布局决策有很大影响。如果一个国家关税高，企业要么就放弃这个国家的市场，要么就在该国建设生产厂以规避关税。高关税导致供应链网络在更多的地方进行生产，配置在每个地方的配送中心配送能力都较小。随着世界贸易组织的成立和地区性协议（如东南亚的东盟和欧洲的欧盟等），关税已经下降，企业现在可以通过建立在一国以外的厂家向该国提供产品而无须支付高额的关税。因此，企业开始集中布局其生产和配送基地。对全球企业来说，关税降低导致了生产基地的减少和每一基地配送能力的扩大。

税收减让是指国家、州和城市的关税或税收的削减，以鼓励企业布局于某一特定区域。许多国家不同地区之间的税收减让不一样，以鼓励企业在发展水平较低的地区投资。对许多配送中心来说，这种减让往往是布局决策的最终决定因素。中国改革开放促使世界上很多制造企业纷纷涌入进来，就是因为当时中国政府提供了优厚的减税政策，同时他们也看重这里的劳动力成本普遍较低。

发展中国家通常建立自由贸易区，在自由贸易区里只要产品主要用于出口，就免收关税。这大大地吸引了全球化企业在这些国家建立配送中心，以充分利用这里廉价的劳动力。例如北美自由贸易区。

许多发展中国家给工人训练、吃住、交通运输等方面提供优惠，此外，还给予额外的税收减免，依据技术水平的不同制定差异性关税。如中国，为了吸引国外公司来投资并引进其所没有的技术，对高技术产品完全免税。摩托罗拉在中国建立了一个生产厂，以利用关税减免和其他一些高技术产品所能获得的税收减免。

许多国家包括美国和欧盟，对进口的地方性内涵和限制有最低要求，这些政策使企业在当地建立许多基地，并从当地供应商那里获取原料。比如说，美国对来自不同国家的服装进口有限制，为此许多企业在销售地建厂。对从不同国家进口的限制导致了供应链中生产基地的增多。

（2）汇率和需求风险

汇率波动对服务世界市场的供应链的利润有显著影响。一家公司在美国销售其在中国生产的产品，目前就面临着人民币升值的风险。在这种情形下，生产的成本用人民币衡量，而收益却用美元衡量。因此人民币升值将造成生产成本的增加，从而减少企业的利润。20 世纪 80 年代，日元升值时许多日本厂商都面临着这样一个问题，那时它们的生产力大部分布局在日本并服务于广阔的海外市场。日元升值减少了它们的收益，利润也随之下降。这样的问题现在同样的摆在了中国的企业面前，随着人民币的不断升值，原本利润就低的中国制造如何才能走出困境，已成为中国经济发展所不能回避的当务之急。回首历史我们发现，当时大多数日本厂商被迫在世界各地建立生产基地，来对日元升值做出回应。这也正是，中国政府在入世后不断呼吁和鼓励有实力的企业实施走出去战略的原因之一。

2. 基础设施因素

物流基础设施是指在供应链的整体服务功能上和供应链的某些环节上，满足物流组织与管理需要的、具有综合或单一功能的场所或组织的统称，主要包括公路、铁路、港口、机场、流通中心以及网络通信基础等。

（1）交通条件

物流节点必须具备方便的交通运输条件。最好靠近交通枢纽进行布局，如紧临港口、交通主干道枢纽、铁路编组站或机场，有两种以上运输方式相连接。

在考虑新设施地理位置时，分析人员应计算由资源供给基地至设施所在地以及由设施所在地至产品销售市场之间的运输距离及相应的运输费用。运输费用包括支付给运输公司（或自营车辆）的运费，以及与产品运输有关的设备投资费用。运输条件与费用对企业来说，运输成本占有较大比重。因此选址时，如存在铁路、公路、河海及航空运输等多种运输条件时，应分析比较它们的运价、载重能力，运输均衡性等条件，注意缩短运输距离、减少运输环节中的装卸次数，并尽量靠近码头、公路、铁路等交通设施，且尽可能选择和利用具有现成的或拟建交通设施。

（2）公共设施状况

物流中心的所在地，要求城市的道路、通信等公共设施齐备，有充足的供电、水、热、燃气的能力，且场区周围要有污水、固体废物处理能力。

3. 战略因素

面向全球的供应链影响着制造型和物流企业的选址和布局。物流网络的节点布局也因此更加富于弹性。设计全球网络的过程中，明确每一设施的使命和战略作用也是非常重要的。一是要考虑全局，二是要考虑长远。局部要服从全局，目前利益要服从长远利益，既要考虑目前的实际需要，又要考虑日后发展的可能。

弗尔道斯（Ferdows）将全球供应链网络中的不同设施分为以下几类：

①沿海设施——以出口为目的的低成本生产配送中心。对于布局有同样配送中心的国外市场而言，沿海配送中心起到了低成本供应源的作用。沿海配送中心的区位选择，必须考虑劳动力和其他耗费的价格低廉，以进行低成本生产。如果配送中心的产品全部用于出口，亚洲发展中国家将不征收其进口关税。因此，这些国家成为沿海配送中心的最佳选择。

②原料地设施——着眼于全球的低成本配送中心。原料地设施的首要目标是低成本，但其战略作用已经比沿海配送中心扩大了。原料地配送中心通常是整个全球网络的主要生产基地。原料地配送中心倾向于布局在生产成本较低、基础设施较好且熟练劳动力充足的地方。良好的沿海配送中心要经历一段时间才能演化为原料地配送中心。一个很好的例子便是 Nike 在韩国和中国台湾省的生产厂。两个地方的生产起初都是由于劳动力成本低而设置的沿海配送中心。然而一段时间以后，随着新产品的开发和生产，产品销往世界各地，从而使这些生产厂发展成为原料地配送中心。

③隔离性设施——地区性生产厂。隔离性生产厂的目标是为当地市场服务。隔离性设施出现的原因是税收减免、地方性需求的满足、关税壁垒或者从其他地区满足该地需求的高成本。20 世纪 70 年代后期，日本铃木（SUZUKI）公司与印度政府合作建立了马鲁帝公司（Maruti Udyog）。起初，马鲁帝公司是作为一个隔离性生产基地建立的，只为印度市场生产汽车，该生产基地的产品使用铃木商标，规避了在印度进口汽车的高额关税。

④贡献者设施——拥有技术开发能力的地区性生产基地。贡献者设施服务于当地市场，但同时也承担着产品地方化、进行改进性加工、产品修正和产品开发的责任。大多数隔离性设施经过一段时间的发展后会成为贡献者生产设施。马鲁帝在印度的生产厂现在为印度和海外市场开发了许多新产品，已经从一个隔离性设施发展成为一个贡献者设施。

⑤前哨性设施——为获取地方技术而建立的区域性生产基地。前哨性设施主要是为了获取可能存在于区域内的知识的技术而布局的生产基地。考虑到它的选址，它也起着一个隔离基地的作用。其主要目标乃是作为整个网络的知识和技术的发源地。许多全球化公司不顾较高的成本，在日本设立生产基地，其中绝大多数基地都起着前哨性生产基地的作用。

⑥领先性设施——在技术开发和加工中起先导作用的生产基地。领先性设施为整个网络创造出新产品、新工艺和新技术。领先性设施布局在便于获取熟练劳动力和技术资源的地区。

4. 政治因素

政治因素包括政治局面是否稳定、法制是否健全、税赋是否公平等。尤其是在国外建厂，必须要考虑政治因素。

政治局面稳定是发展经济的前提条件。在一个动荡不安，甚至打内战的国家投资建厂，是要冒巨大风险的。有些国家或地区的自然环境很合适，但其法律变更无常，资本权益得不到保障，也不宜考虑。

了解当地政府的政策、法规。有些地区为了鼓励在当地投资，划出工业区及各种经济开发区，低价出租或出售土地、厂房、仓库，并在税收、资金等方面提供优惠政策，同时拥有良好的基础设施，营造了一个有利的投资环境。另外要了解当地有关法规，包括环境保护方面的法规，不能将污染环境的工厂建在法规不允许的地方。

5. 自然因素

地形和面积应能满足工艺过程并容纳全部建筑物和露天作业面积的需要。各类设施对场地外形和面积大小的要求，不仅因设施的性质和类别而不同，而且与工艺流程、机械化（自动化）程度、运输方式、建筑形式、建筑密度有关。因此厂区内地形应有利于车间布置、运输联系及场地排水。

工厂应具备与企业性质相适应的气候条件，如温度、湿度、降雨量、降雪量、风力风向变化等。特别要考虑高温、高湿、云雾、风沙和雷击区对生产的不良影响；对于严寒地带，还应考虑冰冻线对建筑物基础和地下管线敷设的影响。

还要考虑的气象条件有温度、风力、降水量、无霜期、冻土深度、年平均蒸发量等指标。如选址时要避开风口，因为在风口建设会加速露天堆放的商品老化。

物流中心是大量商品的集结地。某些容重很大的建筑材料堆码起来会对地面造成很大压力。如果物流中心地面以下存在着淤泥层、流沙层、松土层等不良地质条件，会在受压地段造成沉陷、翻浆等严重后果，为此，土壤承载力要高。物流中心选址需远离容易泛滥的河川流域与上溢的地下水区域。要认真考察近年的水文资料，地下水位不能过高，洪泛区、内涝区、故河道、干河滩等区域绝对禁止。物流中心应地势高亢、地形平坦，且应具有适当的面积与外形。若选在完全平坦的地形上是最理想的；其次选择稍有坡度或起伏的地方；对于山区陡坡地区则应该完全避开；在外形上可选长方形，不宜选择狭长或不规则形状。

4.3　物流网络规划的分析工具

物流网络规划分析中使用的模型大致可分为五类：图表技术、模拟模型、最优模型、启发式模型和专家系统模型。下面分别予以阐述。

1. 图表技术

泛指大量的直观方法。虽然这类技术不需要深奥的数学分析，但能够综合反映各种现实的约束条件，其分析结果并非是低质量的。支持这种分析的方法大量存在，并被广泛应用，如统计图表、加权评分法、电子表格等。借助这些方法，加上分析人员的经验、洞察力以及对网络设计的良好理解，往往能得到满意的设计方案。这类方法能够考虑主观因素、例外情况、成本和限制条件等许多最复杂的数学模型所不能包括的因素，这使得其分析内容更丰富，并且有能得出直接用于实施的设计方案。

2. 模拟模型

模拟技术在物流规划中已经十分重要，并且得到广泛应用。物流网络的模拟将成本、运输方式与运输批量、库存容量与周转等要素以合理的数量关系加以描述，并通过编制计算机程序进行物流网络的模拟运行。通过对模拟结果的评估分析，选出最优的网络设计方案。该方法可被用来处理物流管理中的各种规划问题。如仓库选址、进行网络优化和选择运输策略等。

在选址分析中使用模拟技术，决策者可以测试多套方案对成本和服务水平的影响。模拟不会给出最佳解决方案，它只是简单地评价进入其中的备选方案。有些时候，可以通过模拟模型考察其他模型所制定出的方案。

3. 最优模型

最优模型通过精确的运筹学方法设计出数学模型并求出决策问题的最优解。在给定的假设前提和足够的数据后，最优模型能够保证求出最优解。许多复杂的模型现在借助计算机程序已经可以方便地求解。但其主要不足在于，一个数学模型往往无法包含现实问题所有的约束条件与影响因素，使用者必须在运算能力限制与假设条件个数之间做出权衡。

今天使用的最优模型加入了数学规划（线性、整数、动态和混合整数线性等）、列举、排序技术和微积分的应用。

4. 启发式模型

启发式模型在建模上介于模拟模型与优化模型之间，它能对现实问题进行较为全面的描述，但并不能保证得到最优解。启发式模型追求的是满意解，而不是最优解。在解决物流管理中一些最为困难的决策问题时，该方法具有很好的可操作性。

启发式模型在物流网络规划中常使用以下基本原则：仓库的最佳选址往往在需求最密集的中心点附近；购买量大的顾客（其购买量超过正常的运输批量），应当从产品的供应源头（如工厂）直接向其供货，而不必通过中转仓库二次运输；对需求量及需求提前期波动很小的产品，应当实行准时化（Just-In-Time）管理，尽量减少库存；在当前配送体系中增加新的设施（如仓库）的前提条件是，新增加的设施能最大化地节约物流总成本；从配送角度看，那些订货量小而且位于产品配送网络末梢的顾客其代价最高；所谓的经济运输批量，是将配送网络中从运输起点到最偏远的顾客之间的运输线路上的小批量需求累加起来而实现的满载运量。

5. 专家系统模型

专家系统，亦称人工智能系统，是将人们以往在解决问题中积累的经验、方法与专长转化为计算机程序，把专家的知识与解决问题的逻辑思维以程序的方式"传授"给计算机，借助其强大的计算能力来解决实际问题。

与传统的规划系统相比，专家系统有以下几个明显的优点：

①专家系统既能处理定性的信息，也能处理定量的信息，使得某些关键性的主观因素（如管理人员的主观判断）可以更容易地成为决策过程中的组成部分；

②专家系统能够处理不确定的信息，而且利用部分信息也能够对问题求解，这样就能够解决一些更复杂的、未能很好地组织起来的问题；

③专家系统解决问题时使用的信息最少，因此解决问题的速度更快，成本更低；

④专家系统展示的是专家解决问题的逻辑方法，使得物流管理人员能够很快地提高决策能力；

⑤专家系统提供的知识可转移、可复制且具有文档化特征。

开发专家系统的最大阻碍在于如何识别、获取专家的智慧与知识并将之转化成计算机程序。近来，专家系统模型在解决物流管理一些困难的决策问题中也发挥着越来越重要的作用。

4.4　物流网络规划与设计的建模方法

物流网络设计和规划方法大致有两种。一种是可灵活使用通用的模型和软件。另一种方法是针对具体系统，设计开发具有专门算法的模型。在第二种方法中，对一给定应用模型应该是具体的、特定的。因此它对设计物流问题更为准确，但同时还要有有效的算法在合理的时间限制内来解决大规模物流网络设计问题。这些都需要大量时间和人力资源来建模和设计求解算法。然而，一般通用模型易理解，也易运用到某一特定情况。但它可能不能完整、准确地代表实际问题，同时计算时间和内存可能不足以解决某些物流设计问题。

当然一个理想的方法是建一个通用的、综合的物流网络规划与设计模型，并能足以代表整个物流系统，但同时还要在合理的时间内有特定的解法来解决这种大规模的网络设计问题。模型必须考虑原材料及零部件从原材料地直接到工厂或经仓库到工厂的移动、保管过程，考虑产成品或零部件从工厂直接到顾客或通过配送中心到顾客手中的移动、保管过程。可以用点和弧线代表网络模型中各种物流活动，点代表设施地点，如工厂、供货商、仓库等。仓库有多种（如公共仓库、私人仓库），工厂有不同的生产能力、费用结构、技术条件等。弧线代表设施间原材料、产品或零部件的流量，这种流包括不同运输特征和不同运输费用的运输方式。比较理想的情况应该是模型可以处理多设施（供货商、仓库、工厂）、多种产品（原材料、产成品）、多时间段的问题，还要考虑库存和运输成本之间、顾客服务和运输或库存成本之间的效益背反等问题。

4.4.1 一元网点布局与建模

一元网点布局，是指在计划区域内设置网点的数目唯一的物流节点布局问题。在流通领域中，一元网点布局问题实际并不多，较多的是多元网点布局问题。不过，对于多元网点布局，为了使模型简化，计算工作量减少，有时将它变换成一元网点布局问题来处理。

1. 图解法

图解法是早期的一种古典方法，它是韦伯（Weber）提出来的，所以也叫韦伯图解法，如图4-7所示。该方法利用二维坐标图进行直接分析，先在图上以资源点和需求点为中心画出等成本线，然后由等成本线画出总等成本线。总成本等位线必收敛于总成本最小的点，则此点为网点最佳设置点。如图4-7所示。

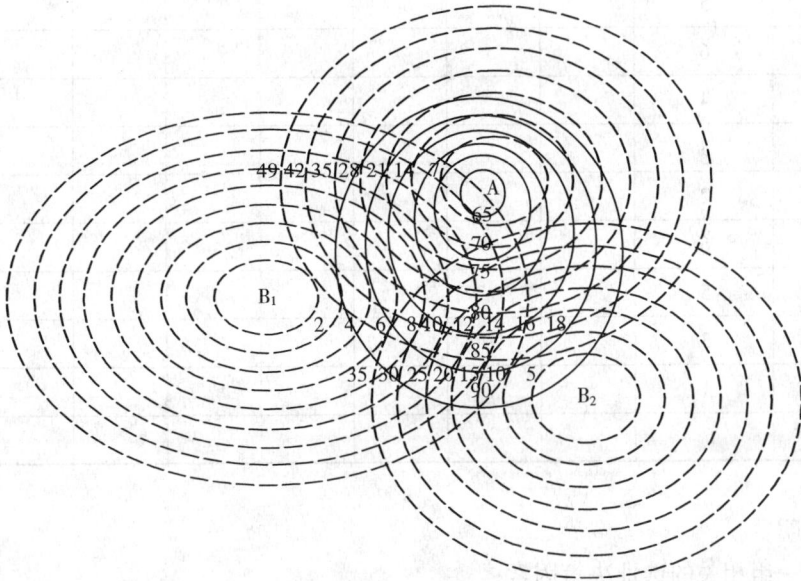

图4-7 韦伯图解

由于一元网点布局问题在计划区域内只设置一个网点，则网点规模可根据需求预测确定。因此，网点规模是已知的，与网点规模有关的网点设置成本和仓储费用也是固定不变的，而且与网点位置无关。绘制成本曲线时可不考虑此两项费用，只考虑运杂费。

图解法对费用函数为非线性情况的处理是很方便的，成本线的密度是非均匀的。不仅可以找到最优解，还能给出最优解附近的各种总成本等位线。有时因为某些因素，如土地成本、公共设施等，不得不放弃最优解，选择稍次之于最优解的满意解。

2. 因素评分法

因素评分法在常用的选址方法中也许是使用得最广泛的一种，因为它以简单易懂的模式将各种不同因素综合起来，因此也称点数法。这种方法预先选定若干因素，并采用一定分值表示某一因素。然后按事先规定的衡量标准，对现有选址项目的每个因素逐一比较、评估、求得分值，经过加权求和，最后得到各个选址项目的总分值。

在实际实施中，大多数因素评分法方案都是借鉴几个著名的传统方案，并根据具体情况加以调整来制定的。因素评分法从一开始就要对实施程度提出明确的要求，一旦确定了评价的因素及其加权系数，整个计划的执行比较简单。我们以表4-1说明。

表4-1　　　　　　　　　　　　　　　选址的影响因素

影响因素	权重	候选方案 A		候选方案 B		候选方案 C		候选方案 D	
		评分	得分	评分	得分	评分	得分	评分	得分
劳动条件	7								
地理条件	5								
气候条件	6								
资源供应	4								
基础设施	3								
产品销售	2								
生活条件	6								
环境保护	5								
政治文化	3								
扩展条件	1								
总计									

填表说明：

①确定一组相关的选址决策因素；

②对每一因素赋予一个权重以反映这个因素在所有权重中的重要性。每一因素的分值根据权重来确定，权重则要根据成本的标准差来确定，而不是根据成本来确定；

③对所有因素的打分设定一个共同的取值范围，一般是1~10或1~100；

④对每一个备选地址，根据所有因素按设定范围打分；

⑤用各个因素的得分与相应的权重相乘，并把所有因素的加权后的值相加，得到每一个备选地址的最终得分；

⑥选择具有最高总得分的地址作为最佳的选址。

例4-1　某厂有四个候选地址（A，B，C，D），影响因素有10个，其权重值如表4-1所示，求最优方案。

解：我们用 Excel 求得各方案得分，可以直观地得出方案 C 为最佳方案，如表4-2所示。

表 4 - 2		Excel 的求解							
影响因素	权重	候选方案 A		候选方案 B		候选方案 C		候选方案 D	
		评分	得分	评分	得分	评分	得分	评分	得分
劳动条件	7	2	14	3	21	4	28	1	7
地理条件	5	4	20	2	10	2	10	1	5
气候条件	6	3	18	4	24	3	18	2	12
资源供应	4	4	16	4	16		8	4	16
基础设施	3	1	3	1	3	3	9	4	12
产品销售	2	4	8	2	4	3	6	4	8
生活条件	6	1	6	1	6	2	12	4	24
环境保护	5	2	10	3	15	4	20	1	5
政治文化	3	3	9	3	9	3	9	3	9
扩展条件	1	4	4	4	4	2	2	1	1
总计		108		112		122		99	

3. 层次分析法模型

物流网络布局问题不仅仅是总运输费用最小的优化问题，它还涉及经济、社会、环境、货运通道网等多个层面，需进行综合分析和评估。当筛选出若干个备选方案后，可采用层次分析法来选择最优方案。

层次分析法的基本步骤可分为：提出总目标、建立层次结构、求同层权系数、求组合权系数、评价、一致性检验。

层次分析结构一般可分为三层，即目标层、准则层和方案层。对于物流网点详细选址问题，目标层就是选择最优的园区位置，方案层就是已被筛选出的若干备选方案，因此层次分析法的核心是设计准则层的结构。

评估一个选址方案的优劣有许多质量指标，主要可分成三大类，即经济效益指标、社会效益指标和环境条件指标。

4. 重心法

设施选址时，如果生产费用是相当重要的因素，而且多种原材料由多个现有设施供应，则可根据重心法确定场址位置。

重心法是一种布置单个设施的方法，这种方法考虑现有设施之间的距离和运输的货物量。它经常用于中间仓库或分销仓库的选择。在最简单的情况下，这种方法假设运入和运出成本是相等的，它并未考虑在不满载的情况下增加的特殊运输费用。

重心法的思想是在确定的坐标中，各个原材料供应点坐标位置与其相应供应量、运输费率之积的总和等于场所位置坐标与各供应点供应量、运输费率之积的总和。重心法中的坐标系可以随便建立，国际上经常采用经度和纬度建立坐标。

假设 $P_0(x_0, y_0)$ 表示所求设施的位置，$P_i(x_i, y_i)$ 表示现有设施（或各供应点）的位置（$i = 1, 2, \cdots, n$），重心法中的坐标图如图 4-8 所示。

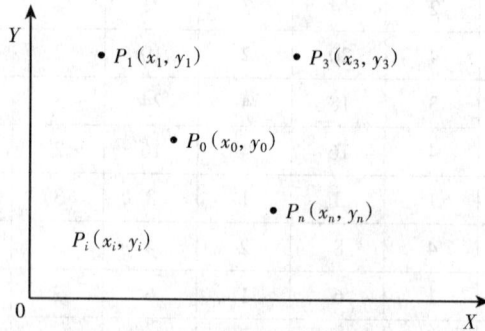

图 4-8　重心法坐标图

用 w_i 表示第 i 各供应点的运量，C_i 表示各供应点的运输费率，C_0 表示场址的运输费率，根据重心法有：

$$\sum_{i=1}^{n} x_i w_i C_i = x_0 \sum_{i=1}^{n} w_i C_0 \qquad \sum_{i=1}^{n} y_i w_i C_i = y_0 \sum_{i=1}^{n} w_i C_0 \qquad (4-1)$$

重心坐标为：

$$x_0 = \frac{\sum_{i=1}^{n} x_i w_i C_i}{\sum_{i=1}^{n} w_i C_0} \qquad y_0 = \frac{\sum_{i=1}^{n} y_i w_i C_i}{\sum_{i=1}^{n} w_i C_0} \qquad (4-2)$$

若各供应点和场址的运输费率相等，即 $C_i = C_0$，则有：

$$x_0 = \frac{\sum_{i=1}^{n} x_i w_i}{\sum_{i=1}^{n} w_i} \qquad y_0 = \frac{\sum_{i=1}^{n} y_i w_i}{\sum_{i=1}^{n} w_i} \qquad (4-3)$$

例 4-2　某企业计划在海外投资建厂，在区域范围内资源分布情况和运输费率如表 4-3 所示。求在该地区选址的最佳位置 P。

表 4-3　　　　　　　　　　　　　资源分布情况和运输费率

供应地	供应量	至各网点的运费	坐标位置	
			X	Y
A	5000	0.3	10	15
B	3000	0.5	15	50

供应地	供应量	至各网点的运费	坐标位置	
			X	Y
C	1800	0.9	30	40
D	3200	0.6	40	40
E	4500	0.3	30	20

解：由公式（4－2）求得：

$$x_0 = \frac{5000 \times 0.3 \times 10 + 3000 \times 0.5 \times 15 + 1800 \times 0.9 \times 30 + 3200 \times 0.6 \times 40 + 4500 \times 0.3 \times 30}{5000 \times 0.3 + 3000 \times 0.5 + 1800 \times 0.6 + 3200 \times 0.6 + 4500 \times 0.3}$$

$$= 25.78$$

$$y_0 = \frac{5000 \times 0.3 \times 15 + 3000 \times 0.5 \times 50 + 1800 \times 0.9 \times 40 + 3200 \times 0.6 \times 40 + 4500 \times 0.3 \times 20}{5000 \times 0.3 + 3000 \times 0.5 + 1800 \times 0.6 + 3200 \times 0.6 + 4500 \times 0.3}$$

$$= 33.73$$

该地区选址的最佳位置 P 点的坐标为（25.78，33.73）。

4.4.2　多元网点布局与建模

在现实的物流系统中，大量存在的网点布局问题是多设施多节点的，即在某计划区域内需设置多个物流及节点。多元网点布局问题中的网点数目有时有限制，有时没有限制。我们只讨论网点数目无限制的情况。

1. 多元单品种选址

（1）问题

从一组候选的地点中选若干个位置作为物流设施网点（如配送中心），使得从已知若干个资源点（如工厂），经过这几个设施网点，向若干个客户运送同一种产品时总的物流布局成本（或运输成本）为最小。

（2）建立模型

S_i——资源点 i 的产品供应量；

D_k——客户 k 的产品需求量；

X_{ij}——从资源 i 到备选网点 j 的货物量；

Y_{jk}——从备选网点 j 到客户 k 的货物量；

Z_{ik}——客户 k 从资源点 i 直达进货数量；

U_j——备选网点 j 是否是选中的决策变量（0－1变量）；

c_{ij}——备选网点 j 从资源点 i 进货的单位物资进货费率；

d_{jk}——备选网点 j 向客户 k 供货的单位物资发送费率；

e_{ik}——客户 k 从资源点 i 直接进货的单位物资进货费率；

W_j——备选网点 j 每单位货物通过量的变动费（如仓库管理或加工费等，与规模相关）；

V_j——备选网点 j 选中后的基建投资费用（固定费，规模无关的费用）。

假设 F 为网点布局方案的总成本，根据网点布局的概念，应使总成本最低，于是有目标函数：

$$\min F = \sum_{i=1}^{m} \sum_{j=1}^{n} c_{ij}X_{ij} + \sum_{j=1}^{n} \sum_{k=1}^{q} d_{jk}Y_{jk} + \sum_{i=1}^{m} \sum_{k=1}^{q} e_{ik}Z_{ik} + \sum_{j=1}^{n} \left(V_j U_j + W_j \sum_{i=1}^{m} X_{ij} \right)$$

在这个模型中，各个资源点调出的物资总量不大于该资源点的生产、供应能力，各个用户调运进来的物资总量不小于它的需求量，则有如下的约束条件存在：

$$\sum_{j=1}^{n} X_{ij} + \sum_{k=1}^{q} Z_{ik} \leqslant S_i \qquad i = 1,2,\cdots,m$$

$$\sum_{j=1}^{n} Y_{jk} + \sum_{i=1}^{m} Z_{ik} \geqslant D_k \qquad k = 1,2,\cdots,q$$

对于一个物流网点，由于它既不能生产物资，也不消耗物资，因此，每个物流网点调进的物资总量应等于调出物资的总量，即有如下的约束条件存在：

$$\sum_{i=1}^{m} X_{ij} = \sum_{k=1}^{q} Y_{jk} \qquad j = 1,2,\cdots,n$$

此外，网点布局经过优化求解后的结果，可能有的备选地址被选中，而另外的一些被淘汰。被淘汰的备选网点，经过它中转的物资数量为零。这一条件可由下面的约束条件满足：

$$\sum_{i=1}^{m} X_{ij} - M U_j \leqslant 0 \qquad j = 1,2,\cdots,m$$

其中，当 j 点被选中时 $U_j = 1$，当 j 点被淘汰时 $U_j = 0$。

以上不等式中的 M 是一个相当大的正数。由于 X_{ij} 是物资调运量，不可能小于零，故当 $U_j = 0$ 时，$X_{ij} = 0$ 成立；当 $U_j = 1$ 时，M 是一个相当大的正数：因为 $M U_j$ 足够大，X_{ij} 为一有限值，所以不等式成立。

综上所述，可以写出多点单品种物流网点布局的数学模型如下：

$$\min F = \sum_{i=1}^{m} \sum_{j=1}^{n} c_{ij}X_{ij} + \sum_{j=1}^{n} \sum_{k=1}^{q} d_{jk}Y_{jk} + \sum_{i=1}^{m} \sum_{k=1}^{q} e_{ik}Z_{ik} + \sum_{j=1}^{n} \left(V_j U_j + W_j \sum_{i=1}^{m} X_{ij} \right) \quad (4-4)$$

$$\text{s. t.} \quad \sum_{j=1}^{n} X_{ij} + \sum_{k=1}^{q} Z_{ik} \leqslant S_i \qquad i = 1,2,\cdots,m$$

$$\sum_{j=1}^{n} Y_{jk} + \sum_{i=1}^{m} Z_{ik} \geqslant D_k \qquad k = 1,2,\cdots,q$$

$$\sum_{i=1}^{m} X_{ij} = \sum_{k=1}^{q} Y_{jk} \qquad j = 1,2,\cdots,n$$

$$\sum_{i=1}^{m} X_{ij} - M U_j \leqslant 0 \qquad j = 1,2,\cdots,n$$

其中：

$$j = 1, 2, \cdots, n$$

$$X_{ij}, Y_{jk}, Z_{ik} \geq 0 \qquad i = 1, 2, \cdots, m; j = 1, 2, \cdots, n; k = 1, 2, \cdots, q$$

这是一个混合整数规划数学模型，解这个模型，可以求得 X_{ij}，Y_{jk}，Z_{ik} 的值。X_{ij} 表示了网点 j 的进货来源，$\sum_{i=1}^{m} X_{ij}$ 决定了该网点的规模；Y_{jk} 表示了网点 j 与用户 k 的供应关系与供货量，相应地也就知道了该网点的供货范围；而 $\sum_{i=1}^{m} Z_{ik}$ 表示直接供货部分 $\sum_{j=1}^{n} U_j$ 为计划区域内应布局网点的数目。

2. 多品种选址模型

（1）问题

从多个候选的地方选择若干个位置作为物流设施网点（如配送中心、仓库等），使得从已知若干个资源点（如工厂），经过这几个设施网点，向若干个客户运送多种产品时，总的运输成本为最小。

（2）建立模型

这里的物流设施均为物流仓库。

h——产品（1，$\cdots$，p）；

i——工厂（1，$\cdots$，q）；

j——仓库（1，$\cdots$，r）；

k——客户（1，$\cdots$，s）；

c_{hij}——从工厂 i 到仓库 j 运送产品 h 时的单位运输费；

d_{hjk}——从仓库 j 到客户 k 之间配送产品 h 时的单位运输费；

X_{hijk}——从工厂 i 经过仓库 j 向客户 k 运输产品 h 的数量；

F_j——货物在仓库 j 期间的平均固定管理费；

Z_j——0－1 变量表示当 $\sum_{hjk} X_{hijk} > 0$ 时，取 1，否则取 0；

$S_{hj}(\sum_{ik} X_{hijk})$——仓库 j 为保管产品 h 产生的部分可变费用（管理费、保管费、税金投资的利息等）；

$D_{hk}(T_{hk})$——向客户 k 配送产品 h 时，因延误时间 T 而支付的损失费；

Q_{hk}——客户 k 需要的产品 h 的数量；

W_j——仓库 j 的能力；

Y_{hi}——工厂 i 生产产品 h 的能力；

$\sum_{hik} X_{hijk}$——各个工厂由仓库 j 向所有客户配送产品的最大库存定额。

则多产品多网点的选址问题可表示为：

$$\min f(x) = \sum_{hijk} (c_{hij} + d_{hjk}) X_{hijk} + \sum_{j} F_j Z_j + \sum_{hj} S_{hj}\left(\sum_{ik} X_{hijk}\right) + \sum_{hk} D_{hk}(T_{hk})$$

$$(4-5)$$

$$s.\ t. \qquad \sum_{ij} X_{hijk} = Q_{hk}$$

$$\sum_{jk} X_{hijk} \leqslant Y_{hi}$$

$$\sum_{hik} X_{hijk} \leqslant W_j$$

（3）模型的求解

同多个网点单品种选址模型一样，上式也是一个混合整数规划模型。目前常用 Kuehn – Hanburger（奎汉·哈姆驳兹）启发式算法来求解模型。

4.4.3 运输规划法

物流问题的网络最优化是最典型的线性规划问题。运输法作为网络最优化方法，其目标是在给定的供给、需求和能力的约束条件下，使生产和输入、输出运输的可变成本最小化。对于复合设施的选址问题，如对与一个公司设有多个工厂、多个分销中心（或仓库）的选址问题，可以用线性规划——运输法求解，使得所有设施的总运费最小。

运输规划法是前面介绍的数学规划法中多元节点选址模型的特例。

多元节点选址模型公式由于考虑了网点基本建设投资，因而使模型变得十分复杂，给计算求解带来许多困难。显然，如果在节点选址时不考虑网点建设投资了成本的问题，那么模型公式将变成如下形式：

$$\min F = \sum_{i=1}^{m} \sum_{k=1}^{q} C_{ik} X_{ik} + \sum_{k=1}^{q} \sum_{j=1}^{n} C_{kj} Y_{ij} + \sum_{i=1}^{m} \sum_{j=1}^{n} C_{ij} Z_{ij} + \sum_{k=1}^{q} \sum_{i=1}^{m} C_k X_{ik} \qquad (4-6)$$

$$s.\ t. \qquad \sum_{k=1}^{q} X_{ik} + \sum_{j=1}^{n} Z_{ij} \leqslant a_i \qquad i = 1, 2, \cdots, m$$

$$\sum_{k=1}^{q} Y_{kj} + \sum_{i=1}^{m} Z_{ij} \geqslant b_j \qquad j = 1, 2, \cdots, n$$

$$\sum_{i=1}^{m} X_{ik} + \sum_{j=1}^{n} Y_{kj} \qquad k = 1, 2, \cdots, q$$

$$X_{ik}, Y_{kj}, Z_{ij} \geqslant 0$$

该模型的目标函数中第一、第四两项完全类似，可以合并。公式中第三组约束方程两边表示备选网点 K 的设置规模，若假定各备选网点均有一个足够大的设置规模上限 d_k，则此约束方程可改写为：

$$\begin{cases} \sum_{i=1}^{m} X_{ik} + X_k = d_k \\ \sum_{j=1}^{n} Y_{kj} + X_k = d_k \end{cases} \qquad k = 1, 2, 3, \cdots, q$$

式中：X_k 表示备选网点 K 的闲置能力。

经过以上整理后，并假定计划区域内的总资源等于总需求，模型公式（4-6）就变成：

$$\min F = \sum_{i=1}^{m} \sum_{k=1}^{q} (C_{ik} + C_k) X_{ik} + \sum_{k=1}^{q} \sum_{j=1}^{n} C_{kj} Y_{kj} + \sum_{i=1}^{m} \sum_{j=1}^{n} C_{ij} Z_{ij} \qquad (4-7)$$

$$\text{s. t.} \qquad \sum_{k=1}^{q} X_{ik} + \sum_{j=1}^{n} Z_{ij} = a_i \qquad i = 1, 2, \cdots, m$$

$$\sum_{k=1}^{q} Y_{kj} + \sum_{i=1}^{m} Z_{ij} = b_j \qquad j = 1, 2, \cdots, n$$

$$\sum_{i=1}^{m} X_{ik} + X_k = d_k \qquad k = 1, 2, \cdots, q$$

$$\sum_{j=1}^{n} Y_{kj} + X_k = d_k \qquad k = 1, 2, \cdots, q$$

$$X_{ik}, Y_{kj}, Z_{ij}, X_k \geqslant 0$$

这是一个转运问题的模型，解此模型可得决策变量 X_{ik}，Y_{kj}，Z_{ij}，X_k 的值，且：

$$\sum_{i=1}^{m} X_{ik} = \sum_{j=1}^{n} Y_{kj}$$

表示备选点 K 处所设置网点的规模。若：

$$\sum_{i=1}^{m} X_{ik} = 0$$

说明备选点 K 处不应设置网点，即 K 点被淘汰；否则 K 点被选中，其规模 d_k 为：

$$d_k = X_k \qquad (4-8)$$

应该指出的是，备选网点的设置规模上限 d_k 并不需要由已知条件给出，而只需根据计划区内的商品流通量估计设定，宜大不宜小。如果 d_k 设定过大，由公式（4-8）可以看出绝大部分在优化求解后将通过闲置量 X_k 表示出来，对所求方案无任何影响。

综上所述，对不考虑网点设置成本的节点选址问题，用转运问题的模型很容易得到解决。这种方法的取名来自早先，意在运输成本最小化的应用部分上，运输方法的受欢迎程度，在于其对相对简单的特性和快速的求解时间。运输方法的通用方程式是建立一个有关需求及供给分布位置的矩阵。

4.4.4　德尔菲法

德尔菲法是 20 世纪 60 年代初美国兰德公司的专家们为避免集体讨论存在的屈从于权威或盲目服从多数的缺陷提出的一种定性预测方法。为消除成员间相互影响，参加的专家可以互不了解，它运用匿名方式反复多次征询意见和进行"背靠背"的交流，以充分发挥专家们的智慧、知识和经验，最后总汇得出一个比较能反映群体意志的预测结果。

我们考虑的是在对企业选址的过程中，目标有供需之间的运输时间或距离极小化、成本的极小化、平均反应时间的极小化等多种情况。但是，这些选址分析涉及多个设施和多个目标，其决策目标相对模糊，甚至带有感情色彩。解决这类选址问题的一个方法是使用德尔菲分析法，这种方法在决策过程中考虑了各种影响因素，具有一定科学性和实用性。

使用德尔菲法分析涉及三个小组，即协调小组、预测小组和战略小组。每个小组在决策中发挥不同的作用。首先，由内外部的人员组成顾问团，充当协调者，负责设计问卷和指导德尔菲调查。其次，在顾问团中选出一部分人成立两个小组：预测小组负责预测社会的发展趋势和影响组织的外部环境；而战略小组的成员从组织中各部门的高层经理人员中挑选，确定组织的战略目标及其有限次序。在实施的过程中，协调小组将预测小组的调查结果反馈给战略小组，战略小组利用这些信息来确定组织的战略方向与战略目标；一旦战略小组确定了长期目标，就应集中精力提出各种备选方案，然后对这些备选方案进行优化。

这种分析法的优点主要是简便易行，可以避免回忆讨论时产生的由于害怕权威的随声附和，或固执己见，或因顾虑情面不愿与他人意见冲突等弊病，被作为一种典型的综合性群体决策方法；同时也可使大家发表的意见较快收敛；参加者也易于接受结论，具有一定程度综合意见的客观性。缺点是由于专家一般时间较紧，回答问题总是比较草率，同时由于预测主要依靠专家，因此归根到底仍属专家们的集体主观判断。此外，在选择合适的专家方面也较困难，征询意见的时间较长，不适用于需要快速判断的预测等。尽管如此，本方法因简便可靠，仍不失为一种人们常用的定性预测方法。

4.5 利用 WinQSB 进行物流网络设计

4.5.1 WinQSB 的基本使用方法

QSB 是 Quantitative Systems for Business 的缩写，早期的版本在 DOS 操作系统下运行，WinQSB 在 Windows 操作系统下运行，现已有 2.0 版。WinQSB 对于小型的问题一般都能计算，较小的问题还能演示计算过程。

1. WinQSB 的安装

该软件可应用于系统工程、管理科学、决策科学、运筹学及生产运作管理等领域的求解问题。

在 WinQSB 软件目录下找到安装图标 SETUP.EXE。双击安装图标，安装界面见图 4－9。

单击 Continue 键，见图 4－10，输入任意的 User name（用户名）和 Company or organization（组织名），不要为空即可，单击 Continue 键继续安装直到安装完毕。如安装过程中出现问题，可以点击"忽略"键。

安装 WinQSB 软件后，在系统程序中自动生成 WinQSB 应用程序，用户根据不同的问

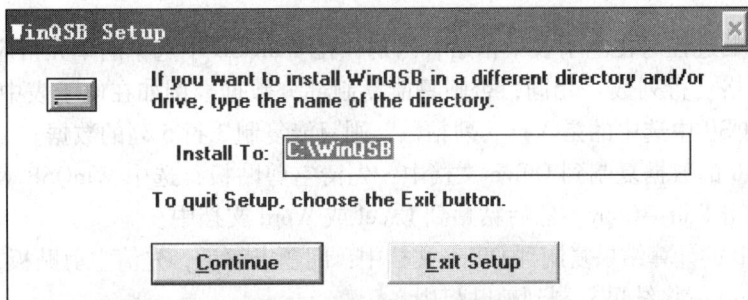

图 4 – 9　WinQSB 安装界面

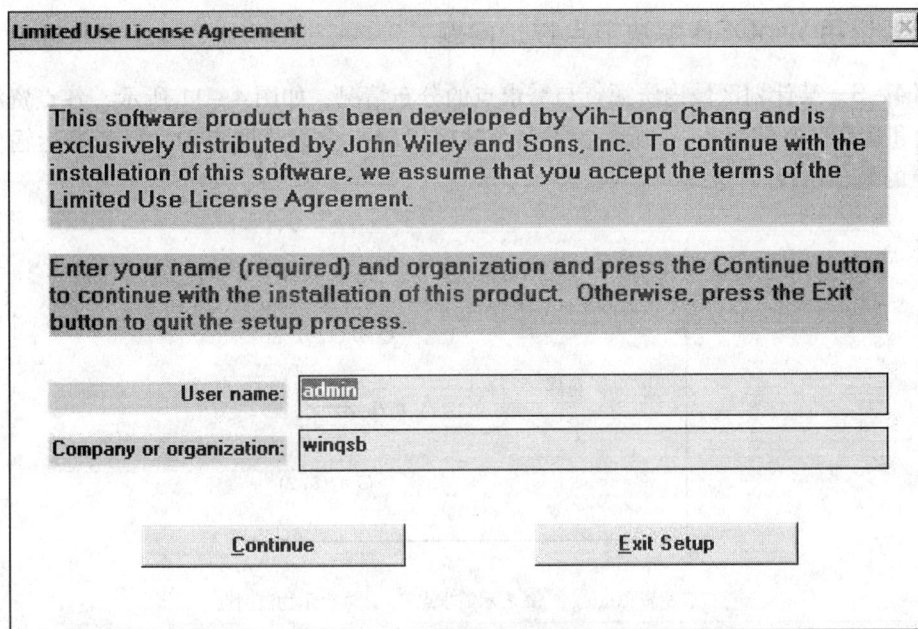

图 4 – 10　用户授权登记

题选择子程序，操作简单方便，与一般 Windows 的应用程序操作相同。进入某个子程序后，第 1 项工作就是建立新问题或打开已有的数据文件。每一个子程序系统都提供了典型的例题数据文件，用户可先打开已有数据文件，观察数据输入格式，系统能够解决哪些问题，结果的输出格式等内容。

2. WinQSB 与 Office 文档交换数据

从 Excel 或 Word 文档中复制数据到 WinQSB：电子表中的数据可以复制到 WinQSB中，方法是先选中要复制电子表中单元格的数据，点击复制或按"Ctrl + C"键，然后在WinQSB 的电子表格编辑状态下选中要粘贴的单元格，点击粘贴或按"Ctrl + V"键完成复制。

注意：粘贴过程与在电子表中粘贴有区别，在 WinQSB 中选中的单元格应与在电子表中选中的单元格（行列数）相同，否则只能复制部分数据。例如在电子表中复制 3 行 10 列，而在 WinQSB 中选中的是 3 行 5 列粘贴，则只能复制 3 行 5 列的数据。

将 WinQSB 的数据复制到 Office 文档中：先清空剪贴板，选中 WinQSB 表格中要复制的单元格，点击 Edit→Copy，然后粘贴到 Excel 或 Word 文档中。

将 WinQSB 的计算结果复制到 Office 文档中：问题求解后，先清空剪贴板，点击 File→Copy to clipboard 就将结果复制到剪贴板中。

保存计算结果：问题求解后，点击 File→Save as，系统以文本格式（ ＊. txt）保存结果，用户可以编辑文本文件，然后复制到 Office 文档中。

4.5.2 运用 WinQSB 解决节点选址问题

例 4 - 3　某计划区域内资源点与需求点的分布情况，如图 4 - 11 所示，各点资源量、需求量和运费率，如表 4 - 4 所示。需在该地区设置一个物流网点 D，只考虑运输费用，求 D 点的最佳位置。

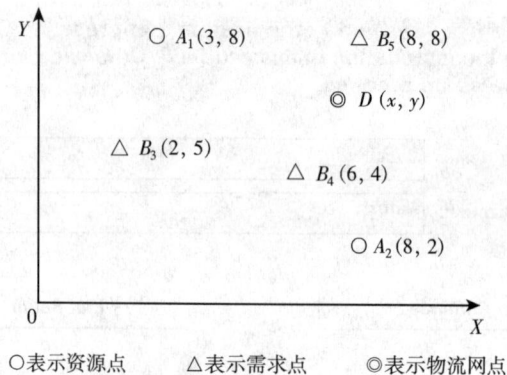

图 4 - 11　资源点与需求点的分布情况

表 4 - 4　　　　　　　　　　各点资源量、需求量和运费率

节点	资源量或需求量	至网点的运费率
A_1	2000	0.5
A_2	3000	0.5
B_3	2500	0.75
B_4	1000	0.75
B_5	1500	0.75

求解过程：

①打开 WinQSB 的"Facility Location and Layout"（设施选址与布局）模块，建立一个新问题，在弹出的对话框中选择第 1 类"Facility Location" 即设施选址问题。并输入已存在的节点个数 5，要规划的新设施个数 1 和坐标系 2（2 表示 2 维平面坐标），如图 4 - 12 所示。

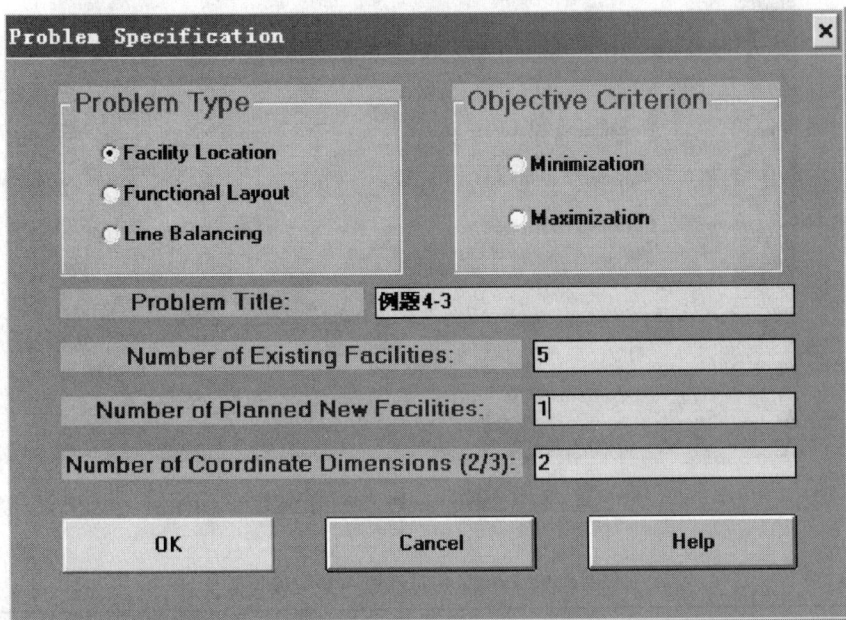

图 4 - 12　规划的新设施个数 1 和坐标系 2

②根据题意，输入如图 4 - 13 所示的基本数据，这些数据表示了已知点的货流量、费率系数以及各点的坐标。

Facility Number	Facility Name	To Existing 1 Flow/Unit Cost	To Existing 2 Flow/Unit Cost	To Existing 3 Flow/Unit Cost	To Existing 4 Flow/Unit Cost	To Existing 5 Flow/Unit Cost	To New 1 Flow/Unit Cost	Location X Axis	Location Y Axis
Existing 1	A1						2000/0.5	3	8
Existing 2	A2						3000/0.5	8	2
Existing 3	B3						2500/0.75	2	5
Existing 4	B4						1000/0.75	6	4
Existing 5	B5						1500/0.75	8	8
New 1	New 1								

图 4 - 13　输入基本数据

③选择菜单 Solve and Analysis→Solve the Problem 命令，弹出如图 4 - 14 对话框，在对话框中有两类参数，为描述方便，列表 4 - 5 进行阐述。

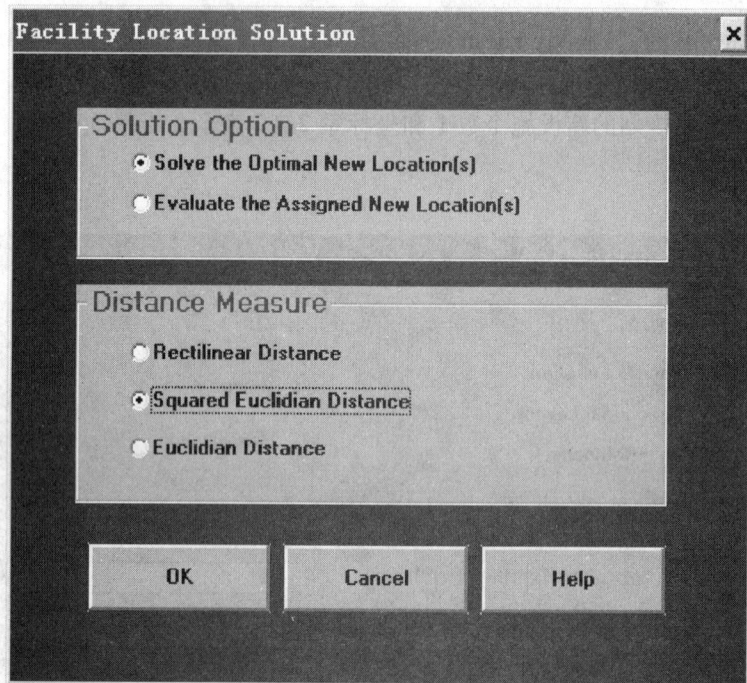

图 4 - 14 Solve the Problem 对话框

表 4 - 5　　　　　　　　Solve the Problem 对话框中参数设置

Solution Option 求解条件	Solve the Optimal New Location（s）	求解最优选址
	Evaluate the Assigned New Location（s）	评价指定的新选址
Distance Measure 距离度量	Rectilinear Distance	折线距离
	Squared Euclidean Distance	欧几里得距离的平方（重心法）
	Euclidean Distance	欧几里得距离（微分法）

如选择 Squared Euclidean Distance 法，即采用重心法，其结果如图 4 - 15 所示。

12-06-2008	New Facility	X Axis	Y Axis
1	New 1	5.16	5.18
Total	Flow to&from	New Location	= 10000
Total	Cost to&from	New Location	= 78,262.50
(by	Squared	Euclidian	Distance)

图 4 - 15 重心法求得的结果

④选择菜单 Results→Show Location in Graph 可以直观得出重心法的节点选址坐标为 (5.16，5.18)，如图 4-16 所示。

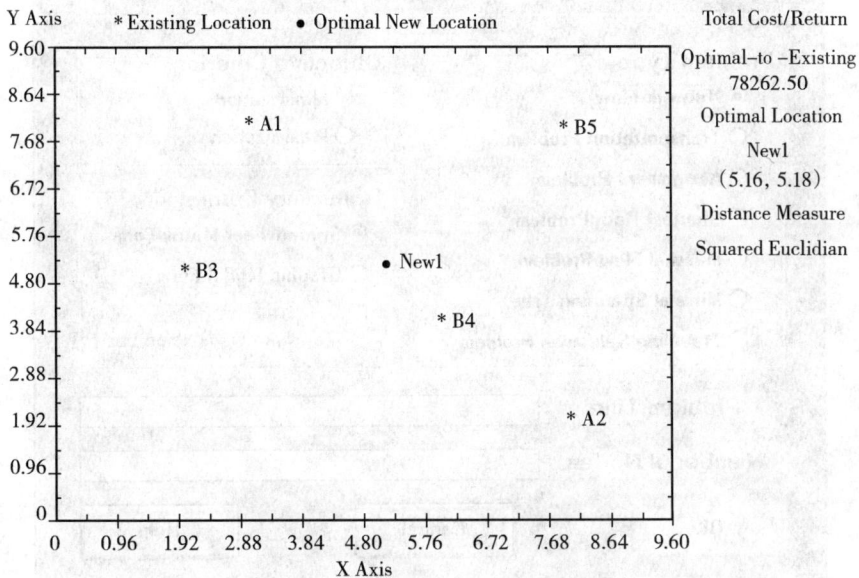

图 4-16　重心法的节点选址的结果坐标

4.5.3　运用 WinQSB 解决运输问题

例 4-4　现由 A_1、A_2、A_3 三个供应地向 B_1、B_2、B_3、B_4 四个需求地供应商品，各供应点的供应量、需求点的需求量以及从供应点到需求点的单位（包括设备交通）费用如表 4-6 所示，问如何安排可使总费用最小？

表 4-6　　　　　　　　　　运输问题的费用表

	B_1	B_2	B_3	B_4	供应量
	运输费用（单位：百元）				
A_1	2	9	10	7	9
A_2	1	3	4	2	5
A_3	8	4	2	5	7
需求量	3	8	4	6	

求解过程：

①打开 WinQSB 的 "Network Modeling"（网络模型）模块，建立一个新问题，弹出如

图 4 – 17 的对话框。

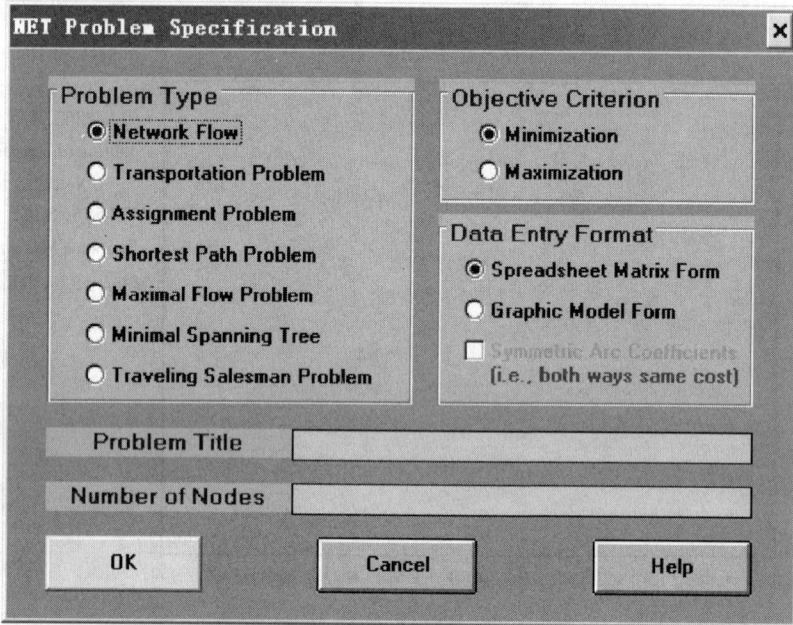

图 4 – 17 建立新问题

我们常见的几种网络模型，为描述方便，如表 4 – 7 所示。

表 4 – 7　　　　　　　　　　　　　　　网络模型

Network Flow	网络流
Transportation Problem	运输问题
Assignment Problem	指派问题
Shortest Path Problem	最短路径问题
Maximal Flow Problem	最大流问题
Minimal Spanning Tree	最小支撑树
Traveling Salesman Problem	旅行商问题

②在这里，我们选择第二类"Transportation Problem"，并按题意输入产地的数量"3"和销地的数量"4"，如图 4 – 18 所示。

③输入产地数量和销地数量后，单击"OK"键后，得到如图 4 – 19 的画面。

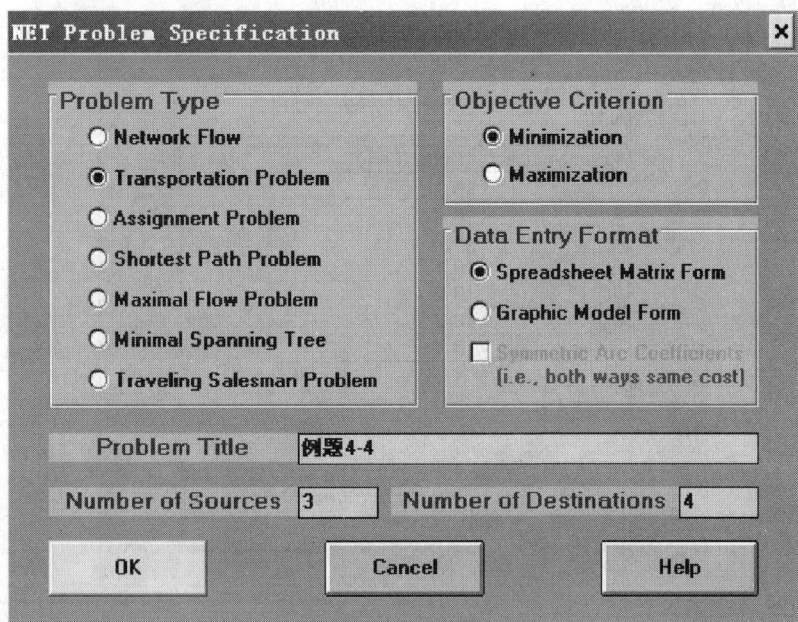

图 4 – 18　定义运输问题

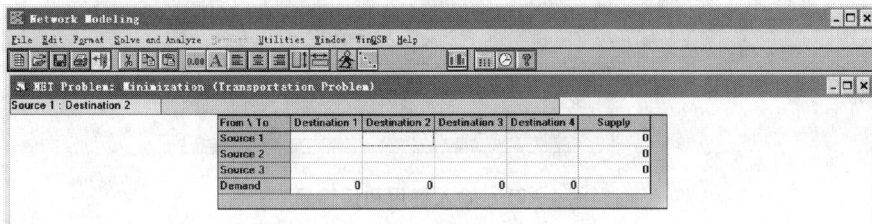

图 4 – 19　运输问题的初始界面

④按表 4 – 6 所示的数据，在图 4 – 19 中的表格中输入费用和运输量，并将相应节点改名。

修改节点名步骤：单击 EDIT→Node Names，在打开的窗口中进行，如图 4 – 20 所示。修改完后，单击"OK"键。费用和运输量直接输入即可，最后结果如图 4 – 21 所示。

⑤选择菜单 Solve and Analysis→Solve the Problem 命令，得到如图 4 – 22 的答案，可以看出，该问题对应的解为，A1→B1（3 单位）；A1→B4（6 单位）；A2→B2（5 单位）；A3→B2（3 单位）；A3→B3（4 单位），最后总运输费用为 83（百元）。

⑥有时为了比较直观看出结果，我们可以选择菜单 Results→Graphic Solution 命令，其结果如图 4 – 23 所示。

⑦模型扩展。如果改变运输环境和条件，比如在有约束条件和供求不平衡的情况下，

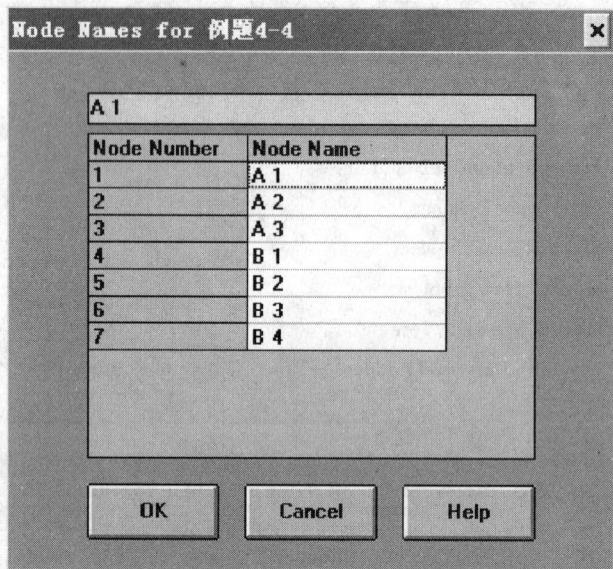

图 4 - 20 修改节点名（Node Names）

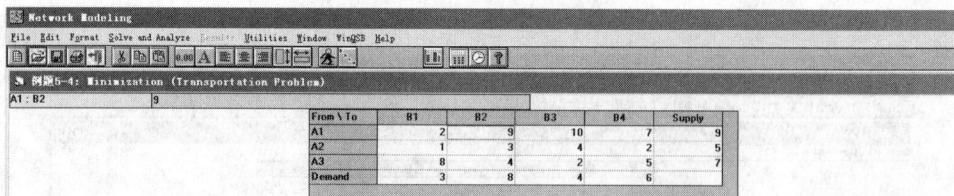

图 4 - 21 输入费用和运输量

12-06-2008	From	To	Shipment	Unit Cost	Total Cost	Reduced Cost
1	A1	B1	3	2	6	0
2	A1	B4	6	7	42	0
3	A2	B2	5	3	15	0
4	A3	B2	3	4	12	0
5	A3	B3	4	2	8	0
	Total	Objective	Function	Value =	83	

图 4 - 22 运输问题求解结果

模型求解方案又是什么呢？

- 有约束条件的运输问题

a. 有 1 个约束条件

假设增加约束条件——A1 地不能运往 B1 地，则求解方案是什么？

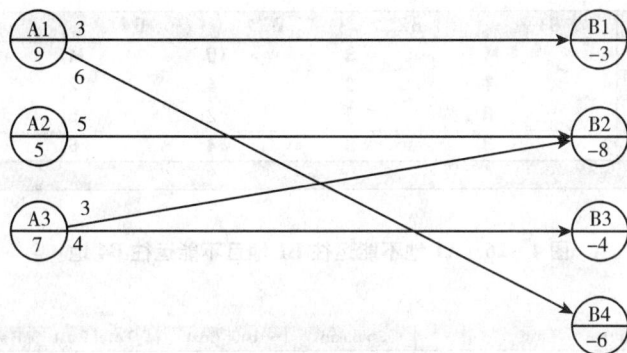

图 4 – 23 运输问题求解的图示结果

我们可以录入如图 4 – 24 所示数据，其中数据"M"表示无穷大，即不能到达。求解结果如图 4 – 25 所示，总运费上升到了 98（百元）。

From \ To	B1	B2	B3	B4	Supply
A1	M	9	10	7	9
A2	1	3	4	2	5
A3	8	4	2	5	7
Demand	3	8	4	6	

图 4 – 24 A1 地不能运往 B1 地

12-07-2008	From	To	Shipment	Unit Cost	Total Cost	Reduced Cost
1	A1	B2	3	9	27	0
2	A1	B4	6	7	42	0
3	A2	B1	3	1	3	0
4	A2	B2	2	3	6	0
5	A3	B2	3	4	12	0
6	A3	B3	4	2	8	0
	Total	Objective	Function	Value =	98	

图 4 – 25 "A1 地不能运往 B1 地"的求解方案

b. 有 2 个约束条件

假设 A1 地不能运往 B1 地且不能运往 B4 地，则求解方案是什么？

我们可以录入如图 4 – 26 所示数据，其中数据"M"表示无穷大，即不能到达。求解结果如图 4 – 27 所示，总运费上升到了 115（百元）。

• 供求不平衡的运输问题

a. 供小于求的产销不平衡运输问题

From \ To	B1	B2	B3	B4	Supply
A1	M	9	10	M	9
A2	1	3	4	2	5
A3	8	4	2	5	7
Demand	3	8	4	6	

图 4-26　A1 地不能运往 B1 地且不能运往 B4 地

12-07-2008	From	To	Shipment	Unit Cost	Total Cost	Reduced Cost
1	A1	B2	8	9	72	0
2	A1	B3	1	10	10	0
3	A2	B1	3	1	3	0
4	A2	B4	2	2	4	0
5	A3	B3	3	2	6	0
6	A3	B4	4	5	20	0
	Total	Objective	Function	Value =	115	

图 4-27　"A1 地不能运往 B1 地且不能运往 B4 地"的求解方案

假设 A1 地的供应量下降为 6，则求解方案是什么？

我们可以录入如图 4-28 所示数据，求解结果如图 4-29 所示，其中 B2 需求地缺 3 个单位，总运费为 59（百元）。

From \ To	B1	B2	B3	B4	Supply
A1	2	9	10	7	6
A2	1	3	4	2	5
A3	8	4	2	5	7
Demand	3	8	4	6	

图 4-28　A1 地的供应量下降为 6

12-07-2008	From	To	Shipment	Unit Cost	Total Cost	Reduced Cost
1	A1	B1	3	2	6	0
2	A1	B4	3	7	21	0
3	A2	B2	2	3	6	0
4	A2	B4	3	2	6	0
5	A3	B2	3	4	12	0
6	A3	B3	4	2	8	0
7	Unfilled_Demand	B2	3	0	0	0
	Total	Objective	Function	Value =	59	

图 4-29　"A1 地的供应量下降为 6"的求解方案

b. 供大于求的产销不平衡运输问题

假设 B2 地的需求量下降为 5，则求解方案是什么？

我们可以录入如图 4－30 所示数据，求解结果如 4－31 所示，其中 A1 供应地剩余 3 个单位，总运费为 59（百元）。

From \ To	B1	B2	B3	B4	Supply
A1	2	9	10	7	9
A2	1	3	4	2	5
A3	8	4	2	5	7
Demand	3	5	4	6	

图 4－30　B2 地的需求量下降为 5

12-07-2008	From	To	Shipment	Unit Cost	Total Cost	Reduced Cost
1	A1	B1	3	2	6	0
2	A1	B4	3	7	21	0
3	A1	Unused_Supply	3	0	0	0
4	A2	B2	2	3	6	0
5	A2	B4	3	2	6	0
6	A3	B2	3	4	12	0
7	A3	B3	4	2	8	0
	Total	Objective	Function	Value =	59	

图 4－31　"B2 地的需求量下降为 5" 的求解方案

4.6　案例分析：德邦物流仓库选址的评价

仓储管理是对物料在生产、流通过程中处于相对静止状态时的管理问题，是一个非常传统的工作。仓库尤其是配送中心选址，是仓库或配送中心经营的战略问题，选址的方案是物流网络规划设计的重要内容。仓库选址对于一二方物流公司的发展起着举足轻重的作用，而对于三方物流公司是否毫无影响呢？其实不然，仓库、配送作为物流七环节中的两大过程，对于三方物流公司的发展起的作用也是很大。总之，选址对工程项目的建设投料和产品生产成本有很大的影响。这次我们以德邦物流在广东省仓库选址为例评价其优缺点，让我们更好地了解仓库选址对于三方物流公司所起的作用。

德邦物流是国家 AAAA 级综合服务型物流企业，专业从事国内公路运输和航空运输代理。公司总部设在广州，在全国 25 个省、市、自治区下设营业网点 282 家（截止到 2008 年 4 月 10 日），拥有运输车辆 600 余台、员工 5600 多人，服务网络遍及国内 400 多个城市和地区。从 2001 年 5 月 1 日北京新发地营业部成立，到 2002 年 5 月 19 日上海虹梅南营业部成立，再到 2005 年 6 月成都武侯营业部成立，德邦以华南为基地，陆续在华北、华东、西部等大区进行服务网点的铺设。迄今为止，公司设立了广州、深圳、东莞、华东、华北、西南等八大区，拥有 270 家直属分公司及营业部，卡车航班通达 50 个城市，普通长途专线通达 60 个城市，员工 6000 多名，总资产逾亿元。德邦已有这么多个网点，这些网点密切配合，支持着德邦客户提供高效的服务，然而德邦为什么要把总部和最大仓库、配送中心设在广州呢？我们不得不来分析德邦这样做的优点在哪里。

任何一个仓库在规划建设初期都会将如何快速有效地送达货物作为考虑因素之一。货物的目的地大多是人口聚集地，因此库址相对于大都市的远近，在运输成本和操作效率上所反映出的相关性就十分显著。而德邦选择了我国东南部城市广州，很能体现它的优势。广东省的水、陆、空交通都在我国处于领先地位，这里有医疗设施齐全的医院，也有路线完善的员工上下班的公交，公安、银行、电话线等服务性设施更是应有尽有，难道我国还有比这里服务设施更好的地方选址吗？

通过对全国家用产品流向的调查，我们可以发现一些人口流动的情况。在我国 2007 年，相对于迁出率来说，平均迁入率最高的省是广东省。我国联合货车线路 2007 年人口流动模型研究显示，在广东所有的流动人口中，有 61.8% 的人口为迁入者，而迁出者只有 32.2%。该研究将迁入率达到或超过 55% 的州定义为"高迁入"州，同样的方式也可以定义"高迁出"州。当某个省的移动人口没有被划分到这两个范围之内时，该省可以被认为是一个人口流动平衡的省。我国 2006 年的调查中，广东省和江苏省的迁入率均为 62.3%，而且该年 57.2% 的人群涌向了浙江省，56.2% 的人群涌向了山东，55.5% 的人群涌向了上海市。

流动调查为我们揭示了一些人口动向的情况，迁移数量却显示了一个稍微不同的情形。我国 2007 年流动人口最多的省包括广东省（1600 万人），其中有 54.7% 迁出了该省；江苏省，大约在 175 万人的流动人口中，有 59.9% 为迁入人口；紧跟其后的是浙江省 95 万人中有 52.6% 为迁入人口；与此形成对比的是，高达 61.8% 的迁入率的河南省的迁入人口基数仅为 82 万，山东省 61% 的人口基数为 77 万。一位聪明的客户是这样解释了这其中的原因：如果你从事的行业需要顾客自己包装商品，则意味着你处于竞争优势。但是无论你是直接为消费者提供服务还是进行商品的搬运和装配操作，这些人口的流向反映出了劳动力的变化，间接地表明了劳动力市场的变化。这种变化让德邦发现了广州，并以此设为基地，体现了其选址优势。

选址咨询人员为客户在寻找合适的物流咨询人员方面提供帮助。拥有充足的技术型员工是未来仓库建设运营不可或缺的一部分，因此在中国物流网专栏中，列举了广东省所有大中型城市附近的物流设施（运输和配送）和物流行业劳动力的基本情况。广东省是美国物流服务最集中的地方，拥有第一大物流劳动力资源。但是在选址问题上我们不能仅仅考虑了两个影响因素——广东省的公路情况以及香港的影响。在广东省用卡车运输货物是非常方便的，相对于公路的密度、拥挤和安全性来说，广东省的城市水平大都处于非常好的水平。

选址问题还需要考虑其他因素，第一，要确定该地点建立的是工厂还是配送中心。不同的城市中，运输涉及的问题相对固定。如果你通过铁路车载货物和卡车来接收你的货物，那么铁路和公路因素将是主要的考虑因素；如果你接收货物仅为一卡车或者还没有一卡车的容量，作为包裹运输又嫌太重，或者要求特定的到达时间时，空运就成为我们依赖的方式，这种情况下我们的考虑重点又不同了。第二，需要考虑成本问题。德邦物流公司作了大量有关仓储业发展的实践调查，并且提供了一份关于这 50 所顶级城市内仓储配送中心运营成本比较分析的报告。如常人所料，建设一所仓储或配送中心所花费用最低的前 10 个城市均集中在西北部地区，而成本高昂的地区是东部和东南部地区。在所有 50 所城市里面，上海的建设费用是最高的。为了构造成本模型，他们假定一个占地 350000 平方米和有 150 名配套劳动力的仓库，通过公路为全国市场运输货物。工人的种类从秘书到叉车司机一共约 16 种，这就构成了运作一个配送中心的基本薪水账册，德邦在他的研究中将该方法运用到这 50 个城市中，并做出了适当的比较。其他的基本成本还包括能源、供热和空气条件，以及运输成本。建筑物比较包括分期贷款成本和财产所得税。成本因素也是形成这种趋势的原因之一。同时公司发现他们可以将很多管理职能从办公室里面转移到生产一线。简单地比较一下，仓库内每平方英尺（注：1 平方英尺 = 0.0929 平方米）的费用为 40 元，而在白领写字楼里，同样的面积需要 160 元。在一个现代化的仓库里面，你不仅会见到叉车司机，也会发现软件工程师和原本入驻公司总部的其他合作企业的驻司代表。大量的人员需求和技术需求使得这里的员工成本分析成为决定仓库选址的因素之一。然而，仓库的最基本功能仍旧是运输和接收货物。为了突出这一点，德邦在模型中假定了一个外运成本，来区别各类始发—终到类型。德邦的外运模型包括了作为目的地的 10 个城市，这些城市都具有可以很好的服务于整个美国范围内的消费者市场。在模型中，广州、上海、北京、深圳、青岛仍然是运输成本最高的城市。同样的，大陆中心城市，例如武汉、长沙甚至郑州在全国范围内的运输成本方面有着强劲的优势。

有一点需要指出的是，当我们确定一个仓库位置的时候，没有一个单一的工具可以给出完善的发展蓝图，库址周围业务量的膨胀会使建筑物的规模、构造以及劳动力的需求产生相应的增长。当我们把眼光从物流场地选址咨询人员所提供的考虑全面的基本方案过渡到基于各种现实成本因素而提供的方案时，我们就又接近了目标。

现在，大部分公司比较倾向于将仓库的位置选择在距离市场中心或者离市场较近的地方，以平衡成本和快捷之间的矛盾。而这在诸如西安和成都这样的低成本市场附近是不会因为设施而导致成本增加的，但是当他们在衡量上海、深圳和其他主要市场的交通拥挤所带来的附加影响的时候，他们发现只能在广州、北京进行选择了。

安全性对于最终决定来说变得越来越重要，当然这取决于国家的稳定。例如高速公路或者其他地下设施。很多建筑工地的选择都是在广州地区重要的基础设施或大型工厂设施结束后才做出的。

　　当然只要厂址选择好以后，像这些停车场是否收费及相关费用办公用房租赁费用住宿房租食堂伙食费装卸费用；库房内是否有立柱及密度库房内单个仓库面积；是否具有消防设备库房内照明情况；库房安全保卫措施库房排水防洪措施情况；仓库周边周转通道情况；是否具有办公区域及可提供的办公用房数量可扩容情况等问题都可以解决，德邦也做到了这一点。

5 物流信息平台规划

我国物流信息平台的建设目前正处于起步阶段，虽然一些城市和地区已经着手进行物流信息平台的规划建设，如上海市、深圳市、天津市等，但我国物流信息平台建设的普及范围比较小，整体水平还比较落后，不能适应现代物流的发展要求，因此要采取有力措施，积极推进物流信息平台的建设。

本章主要介绍了物流信息的相关概念，公共物流信息平台的功能与结构，公共物流信息平台的规划与开发方法等。

5.1 物流信息概述

传统的物流活动被分散在不同的经济部门，或者一个企业内部不同的职能部门，并且分解为若干个阶段和环节来进行。物流信息也被分解在不同的环节和不同的职能部门之中，物流与信息之间的交流与共享因此变得十分困难，经常滞后于许多管理活动。随着计算机软硬件技术、网络通信技术、信息采集技术的群体性突破，信息技术开始广泛应用到物流管理活动中，使物流产生了质的飞跃。

5.1.1 物流信息的含义

1. 物流信息的组成

根据国家标准，物流信息（logistics information）是指反映物流各种活动内容的知识、资料、图像、数据、文件的总称。

物流信息一般由两部分组成：

①物流系统内部信息。它是伴随着物流活动而发生的信息，包括物料流转信息、物流作业层信息、物流控制层信息、物流管理层信息等。

②物流系统外信息。它是在物流活动以外发生但提供给物流活动使用的信息，包括供货人信息、顾客信息、供货合同信息、交通运输信息、市场信息、政策信息，还有来自企业内部的生产、财务等部门的与物流相关的信息。

2. 物流信息的特点

①物流信息量大、分布广，信息产生、加工和应用在时间、地点上不一致，方式也有所不同。

②物流信息动态性强，信息价值的衰减速度快，这就对信息管理的及时性提出了较高要求。

③物流信息种类多，不仅生产系统内部各个环节有不同种类的信息，而且物流系统本身就使物流信息的分类、研究、筛选等难度增加。

3. 物流系统信息化的目的

为了改善物流系统，减少物流信息的传递层次和流程，提高物流信息利用程度和利用率，引导物流系统的正常运行，应该把物流过程的信息化作为物流系统运行的一个基本生产要素，实现物流系统信息化。力求以最短的流程、最快的速度、最低的费用来传输高质量的信息，维持物流系统的正常运行，提高行业整体效益和社会经济效益。

现代物流信息化上要表现为物流商品的信息化、物流信息采集的标准化和自动化、物流信息处理的电子化和计算机化、物流信息传递的标准化和实时化、物流信息储存的数字化等。由于信息采集技术、网络通信技术的广泛应用，物流信息不再局限于某一物流环节下。在整个物流活动中，所有的企业、管理者都希望能得到所需要的信息，以便根据这些信息对物流活动进行有效的管理、组织和协调。物流系统信息化的日的是利用网络化、信息化的优势，通过对整个物流系统资源的优化整合，为社会物流系统提供共享交互的载体，为企业提供高质量、高水平的增值服务，提高资源的利用率，实现物流系统的优化运作。

5.1.2 物流信息平台的组成

一个城市或区域物流信息化建设主要包括企业物流信息系统、物流园区（物流中心）信息平台和公共物流信息平台3个层面，如图5-1所示。

1. 企业物流信息系统

企业物流信息系统主要根据物流企业、制造企业、流通企业的内部物流信息一体化、网络化、高效化的需求，构建企业信息系统，提高物流运作效率，并逐步要求在供应链上、下游企业以及合作伙伴之间实现信息共享，以实现供应链的协同运作，增强供应链的竞争优势。制造企业、流通企业的信息系统根据不同的发展阶段，一般有以下3种形态。

（1）初级阶段

实现企业核心部门的信息化（如仓储、财务等部门），解决信息处理问题，提高物流运作效率，减少差错，降低成本。

（2）发展阶段

随着客户对企业柔性和快速反应能力需求的不断提高，企业对内部各系统进行跨职能的整合，以实现内部物流系统的一体化。

（3）高级阶段

供应链管理是现代物流的发展方向，随着企业客户的全球化以及 JIT 等方法的应用，企业需要对内部信息与供应商、客户等外部信息进行整合，利用信息技术实现全球供应链管理。

| 相关资源 | 海关 | | 商检 | | 交通 | | 银行 | | 其他 |

图中为组织结构图，内容如下：

相关资源：海关　商检　交通　银行　其他

共享层：公 共 物 流 信 息 平 台

园区层：物流园区信息平台　　物流中心信息平台

企业层：零售商　零售商　零售商　零售商　物流企业　｜　零售商　零售商　零售商　零售商　物流企业　｜　零售商　零售商　零售商　零售商　物流企业

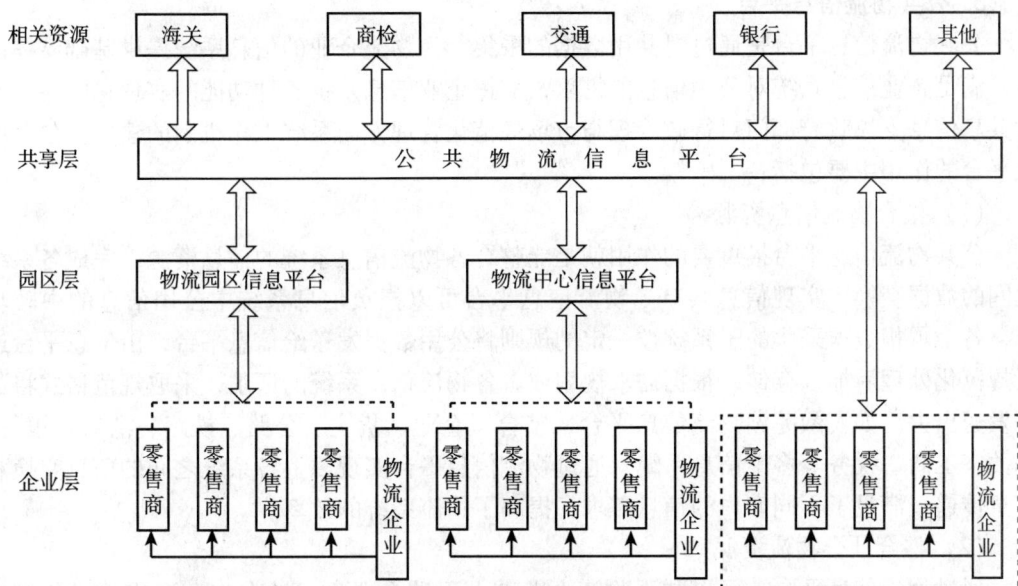

图 5-1　城市或区域物流信息化组成

物流企业通过对内部系统的信息化建设，如优化配载、货物跟踪、车辆调度、路线安排、库存管理等，以及与被服务企业间的信息共享和交互来提高服务效率、服务质量和服务能力。

2. 物流园区（物流中心）信息平台

物流园区（物流中心）信息平台整合物流园区（物流中心）内各企业的信息资源，为物流园区（物流中心）内企业提供信息共享和增值物流服务，实现物流园区（物流中心）内企业间的信息共享，并促进物流园区（物流中心）内企业的信息化建设：根据不同物流园区（物流中心）的功能特点，信息平台的作用也有所不同，主要表现在以下几方面：

①促进物流园区（物流中心）内中小企业的物流系统信息化建设。根据物流园区（物流中心）的性质，为物流园区（物流中心）内的中小企业提供物流系统的 ASP（应用服务提供）租赁服务，为中小企业节约在信息化方面的投资，加速企业信息化进程。

②信息共享。实现物流信息共享。即在物流园区内的企业之间、物流园区内的企业与物流园区以外的企业之间、物流企业与客户之间实现信息共享；在物流企业内部实行管理，对客户关系、物流中心、配送中心、仓储中心、停车场、网络化运输进行集中管理，全过程优化物流服务，为物流企业和客户提供对物流服务全过程的动态跟踪和查询。

③物流园区（物流中心）管理信息化。通过对物流园区（物流中心）进行网络化、信息化的高效管理，提升物流园区（物流中心）的水平，增强物流园区（物流中心）的运营效率和吸引力。

3. 公共物流信息平台

公共物流信息平台是通过对共用数据的采集，为物流企业的信息系统提供基础支撑信息，满足企业信息系统对公用信息的需求，支撑企业信息系统各种功能的实现；同时，通过共享信息支撑政府部门对行政管理与市场规范化管理方面系统工作机制的建立。公共信息平台的作用主要包括：

（1）整合物流信息资源

公共物流信息平台最重要的作用就是能整合各物流信息系统的信息资源，完成各系统之间的数据交换，实现信息共享。物流信息平台可以担负信息系统中公用信息的中转功能，各个承担数据采集的子系统按一定的规则将公用数据发送给信息平台，由信息平台进行规范化处理后加以存储，根据需求规划或者各物流信息系统的请求，采取规范格式将数据发送出去。如安徽芜湖物流信息平台，整合了企业、货主、公路、铁路、港口、银行、海关、工商、税务等多个信息系统，通过物流信息平台实现以上各系统之间的信息交换和信息传递，满足了不同客户的信息需求，提高了物流系统的效率。

（2）整合社会物流资源

通过物流信息平台，可以加强物流企业与上下游企业之间的合作，形成并优化供应链。合作企业提出物流请求时，物流企业可以通过物流信息平台迅速链接，提供相关物流服务。这有利于提高社会大量的闲置物流资源的利用率，起到调整、调配社会物流资源、优化社会供应链的作用，不但会产生很好的经济效益，而且会产生很好的社会效益。如上海、深圳、天津的公共物流信息平台都有为车主和货主提供货车配载的功能，这样就有效地利用了空车资源。

（3）推动电子商务的发展

公共物流信息平台的建设，有利于实现电子商务 B2B 或 B2C 系统的对接。任何一种交易，都是以物的转移和服务的提供作为最终目的。电子商务作为一种交易模式，当然也不例外。随着电子商务交易系统建设的深入，如何为其配置电子化的物流系统已成为关键问题，而物流信息平台是解决这一问题的较好方案。通过公共物流信息平台的建设，可以为电子商务提供很好的物流服务，从而促进电子商务的发展。一般的公共物流信息平台都提供在线交易功能，这实际上就提供了电子商务的基本功能。

5.2 公共物流信息平台的功能与结构

构建公共物流信息平台，为现代物流发展提供了重要的技术环境保障，它不仅对完善现代物流功能具有重要且现实的意义，而且是发展跨行业、跨地区、跨国界现代化物流的迫切需要。公共平台解决了行业间信息互通、企业间信息沟通以及企业与客户之间的交流问题，使物流信息增值服务成为可能。平台有效整合物流资源，避免重复投资，提高社会物流资源的利用率，实现最简单、准确、快捷的物流流动过程，实现供应链的优化，从根本上提升整体物流服务水平。公共物流信息平台已成为我国物流信息化建设的核心，引领我国物流信息化建设向新的方向快速发展。

5.2.1 公共物流信息平台的功能

1. 基本功能

（1）数据交换

这是信息平台的核心功能，主要是指电子单证的翻译、转换和通信，包括网上报关、报检、许可证申请、结算、缴（退）税、客户与商家的业务往来等与信息平台连接的用户间的信息交换。在数据交换功能中，还有一项很重要的功能——存证管理功能。存证管理是将用户在信息平台上产生的单证信息加上附加信息，按一定的格式以文件形式保存下来，以备将来发生业务纠纷时查询、举证。

（2）信息发布

该功能以 Web 站点的形式实现，企业只要通过 Internet 连接到信息平台 Web 站点上，就可以获取站点上提供的物流信息。这类信息主要包括水、陆运输价格、新闻和公告、政务指南、发货与运力、航班船期、空车配载、铁路车次、适箱货源、职业培训、政策法规等。

（3）会员服务

为注册会员提供个性化服务。主要包括会员单证管理、会员的货物状态和位置跟踪、交易统计、会员资信评估等。

（4）在线交易

交易系统为供方和需方提供一个虚拟交易市场，双方可发布和查询供需信息，对自己感兴趣的信息可与发布者进一步洽谈，交易系统可为双方进行交易撮合。

2. 拓展功能

（1）智能配送

利用物流中心的运输资源、商家的供货资源和消费者的购物信息进行最优化配送，使配送成本最低，并在用户要求的时间内将货物送达。通常的解决方法是建立数学模型，由计算机运用数学规划方法给出决策方案，管理人员再根据实际情况进行选择。智能配送要解决的典型问题包括：线路的选择、配送的发送顺序、配送的车辆类型、客户限制的发送时间等。

（2）货物跟踪

利用 GPS/GIS 系统跟踪货物的状态和位置。状态和位置的数据存放在数据库中，用户可通过 Call Center 或 Web 站点获得跟踪信息。

（3）库存管理

利用物流信息平台对整个供应链进行整合，使库存量能够在满足客户服务的条件下达到最低库存。最低库存量的获得需要大量的历史数据的积累和分析，要考虑客户服务水平、库存成本、运输成本等方面的综合因素，最终使总成本达到最小。可解决的典型问题包括：下一轮生产周期应生产的产品数量；补充货物的最佳数量；补充货物的最低库存点（安全库存）。

（4）决策分析

建立物流业务的数字模型。通过对已有数据的分析，帮助管理人员鉴别、评估和比较物流战略和策略的可选方案。典型分析包括车辆日程安排、设施选址、顾客服务分析等。

（5）金融服务

在相关法律法规建立和网络安全技术进一步完善后，可通过物流信息平台网络实现金融服务，如保险、银行、税务、外汇等。在此类业务中，信息平台起一个传递信息的作用，具体业务在相关部门内部处理，处理结果通过信息平台返回客户。

公共物流信息平台功能如图5-2所示。

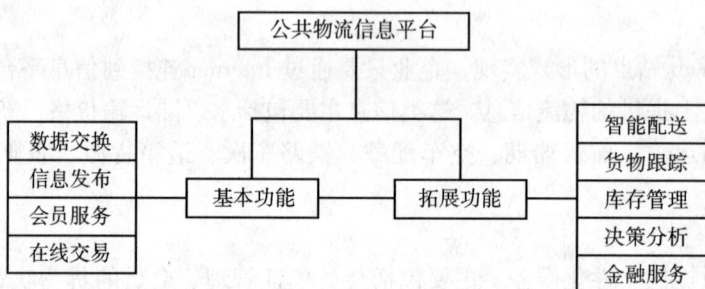

图5-2 公共物流信息平台功能

5.2.2 公共物流信息平台的系统结构

建立公共物流信息平台是为了满足物流关系各方对信息管理的要求，实现对于物流业务的及时化、信息化、智能化、网络化操作。公共物流信息平台的系统必须对以下几个信息管理子系统进行有效的整合与集成，建立相互间的信息交换与传递，建立相应的功能连接，从而实现对物流业务的统筹运作与科学管理。

公共物流信息平台的系统结构大致包括行业监管、公共信息服务、业务交易、数据交换和物流应用系统服务等子系统。

1. 行业监管子系统

行业监管子系统主要为政府对物流行业的监督管理和规范运作提供技术支持与手段，包括：

（1）支持物流企业资质管理

包括支持物流企业准入资格审批；支持物流企业资质等级申请、认证、年审等。

（2）行业分析

通过对相关数据信息的采集，利用一定的统计分析技术，定期分析行业内企收的运营状况、行业需求和供给市场的平衡情况、行业运作规范程度、行业水平等指标的现状和变动趋势。

（3）监管信息发布

其内容包括发布具有资质的物流企业的基本情况、资质等级、经营状况；发布被取消资质的物流企业名单；发布行业监管的政策法规、动态信息。

2. 公共信息服务子系统

公共信息服务子系统是为用户提供公共基础信息的共享，主要包括区域综合交通运输信息共享服务、城市综合信息共享服务、物流企业基础信息共享服务、物流相关信息和政策法规信息共享服务等。

（1）区域综合交通信息共享服务

①公路信息网：包括道路技术等级、起始城市、沿线收费点、沿线里程、收费等；

②港口综合信息：包括港口位置、码头情况、吞吐能力、联运情况等；

③机场综合信息：包括机场位置、吞吐能力、航班情况、联运情况等；

④铁路路网信息：起始车站、沿线车站、里程、技术速度、运价率等；

⑤铁路运输信息：包括编组站能力、货运站能力、编组计划、行包专列等；

⑥轮船公司综合信息：包括轮船公司情况、船期、货运能力等；

⑦航空公司综合信息：包括航空公司情况、航班、货运能力等。

（2）城市综合信息共享服务

①城市地理信息：包括国土总体规划信息，街区、小区的地理信息；

②城市路网信息：包括城市路网、限制信息、道路管制信息的功能；

③城市交通管理信息：包括驾驶员信息、车辆运行的许可证信息；

④企事业单位信息：包括商务机构、企事业单位等信息。

（3）物流企业信息共享服务

①物流节点信息：包括物流园区、物流基地、物流中心情况；

②物流企业：包括专业物流企业信息；

③物流相关企业信息：包括相关货运、货代、船代、仓储等企业信息；

④物流企业资质：包括物流企业从业资质、历史记录；

⑤物流相关信息共享：口岸信息，包括进出口报关通关数据、进出口交易额等信息；商检信息，包括商检、动植物检验、检疫、卫生食品检查等相关信息；工商、税务等信息。

（4）政策法规信息共享服务

包括物流相关法规、物流相关政策。

3. 业务交易

业务交易功能主要表现在货运交易和电子商务贸易两个方面：通过对交易相关信息的统一有效的组织，使得资源能够有效利用，解决企业在交易过程中信息交流不畅等问题，从而降低企业的交易成本。

（1）货运交易服务

货运交易服务通过对全社会货运交易所需的车辆与货物信息的采集与整理，整合社会物流供需资源，提供以多种方式进行货运交易信息的发布、查询、辅助交易的平台，为物流系统运作的优化提供手段和保障。

货运交易服务可以通过现场交易和网上交易两种形式实现。现场交易是在主要的货物集散点（如物流园区、物流中心）建设货运交易分中心，通过大屏幕、触摸屏、交易终端、服务终端等提供货运交易信息服务。网上交易是以互联网为媒介，建立货运交易网，使用户可以在不同的地点随时获得有关货运供需信息和交易服务。

货运交易服务的主要功能有：

①供需信息发布与查询功能。车辆、货物需求与供给信息发布（货主和车主可以通过互联网、服务终端等多种方式对详细的需求和供给信息进行发布）；车辆、货物需求与供给信息的综合查询（提供多种匹配条件的组合查询）方便用户获得所需信息；货运交易相关运价、政策、法规的查询。

②货运交易功能。货运交易计算机优化配载（对采集的数据通过一定的规则进行匹配和自动撮合，为货主和车主提供多个方案进行选择，提高货运交易的效率和质量）；货运网上交易。

（2）电子商务贸易服务

电子商务贸易服务为各种贸易提供信息交流和交易的虚拟平台，主要功能有：

①商贸信息发布与查询。商品需求和供给信息；国内外的商贸动态；展会信息；公司基本信息。

②电子交易。自动撮合，根据供需信息的时间、数量、价格、质量等要素进行系统自动撮合，生成"意向订单"通知供需双方；在线谈判，建立在线谈判室、对谈判过程进行自动跟踪记录；电子合同，包括标的品种、数量、品质、等级、规格、需求、交货期、货款支付、运输、包装规格、双方责任、义务等合同条款；订单管理，对已签订合同的有效订单进行管理，自动跟踪记录订单履行全过程；网络结算，利用一定的标准交换文件、单证、票据、结算、合同履行确认等。对不能按合同履约的交易实施冻结、等待协调、仲裁或法院判决结果；统计分析，在信息发布、信息撮合、电子合同、订单履行全过程，按品种、区域、时间、价格、主体等要素进行统计分析。

4. 数据交换

很多企业信息系统都是自行建设的，缺乏统一的标准，这为企业间的信息交换带来一定困难。而信息的集成与共享是供应链管理的重要内容，因此需要按照一定的标准对企业的数据进行转换，实现异构系统间的信息交流。

数据交换功能就是实现不同企业异构系统之间数据交换的媒介，能够基于不同的标准，如 XML、EDI 等提供数据交换服务以满足更多企业和客户的需要。

5. 物流应用系统服务

物流应用系统服务通过物流综合应用系统为物流企业提供企业信息化服务，并整合供应链相关企业的信息资源，实现供应链相关企业间业务信息的共享和资源的优化整合，提供个性化服务。物流应用系统服务平台为企业、物流节点等提供 ASP 服务，促进中小企业的信息化过程，物流应用系统服务主要包括：

（1）运输管理系统

实现订单管理、货运业务管理、人车分配、车辆调度管理、车辆技术管理等功能。

（2）配送管理系统

实现车辆优化配载、配送路线优化等功能。

（3）仓储管理系统

实现货物出入库管理、库位管理、库存管理、仓库作业管理等功能。

（4）货代管理系统

实现进出口业务操作、业务订单打印、结算管理、箱管、运价管理、发票制作、统计分析等功能。

（5）客户管理

包括客户详细信息管理、客户分类管理、机会分析管理等功能。

（6）供应链管理系统

实现供应链节点企业间信息共享和交互、供应商管理、客户管理、协同管理等功能。

（7）货物追踪系统

实现货物运输状态的实时信息查询。

（8）财务结算系统

对销售管理系统和采购系统所传送的应付、应收账款进行会计操作，并与银行金融系统联网进行转账。

5.3　公共物流信息平台的规划与开发

公共信息平台与任何一种系统平台一样，在建设之前必须进行规划设计。否则不仅造成资源浪费，严重时甚至导致系统崩溃。

5.3.1　公共物流信息平台建设的目标和原则

1. 公共物流信息平台建设的目标

①适应物流行业进步和提供全方位物流服务的要求，降低社会物流成本。

②通过公共物流信息平台对物流系统进行资源整合，沟通相关部门（各物流企业、客户、政府管理部门等）之间的联系，促进协同工作和协同经营机制的建立。

③促进物流信息、物流基础设施的共享。

④通过信息手段，强化管理部门对物流企业、物流市场等的宏观调控能力，支持各物流部门的规范化管理。

⑤为物流业发展提供信息化的决策支持手段。

2. 公共物流信息平台建设的原则

①先进性。应采用先进的系统规划和设计理念，运用计算机软硬件和网络技术进行设计开发，选用技术先进、成熟的产品，同时又有完善的售后服务，各系统平台尽量一致，以降低系统开发与维护成本。

②开放性。公共物流信息平台与众多机构的信息系统、信息平台之间产生信息交互，因此，平台必须充分考虑兼容性，以实现不同信息源的数据组织，利用系统集成的理念，整合社会物流系统。

③实用性。公共物流信息平台的功能设定应充分考虑服务对象的需求。

④扩充性。系统规划和设计应充分考虑今后物流业的发展方向，系统应具有一定的可扩充性，当出现新的需求时，系统能够以较低的费用和投资进行扩充。

⑤安全性。公共物流信息平台是对物流企业和社会开放的，在系统规划和设计时应充分考虑到系统的安全性问题，采用网络安全技术和严格的用户权限管理，以防止非法操作和恶意入侵而造成系统灾难。

⑥可靠性。公共物流信息平台将提供 24 小时不间断服务，在系统规划和设计时应充分考虑系统的可靠性问题，应采用各种方案或其他手段提高系统的可靠性，避免由于系统崩溃而造成灾难性的后果。

5.3.2 公共物流信息平台关键技术

公共物流信息平台的建设必须依托现代高科技网络通信技术和计算机管理技术的支撑，为实现公共物流信息平台的各项设计功能，就需要采用如下各种 IT 技术和各种物流信息管理技术。

1. 数据自动采集与存储

对于大量共用信息进行组织处理，确保信息流正确、及时、高效、通畅是构筑物流信息平台成败的关键因素。各类信息的组织和存储将应用计算机的数据库技术、数据挖掘技术和海量数据存储管理技术。

实现物流信息的自动采集对提高物流服务水平具有重要的意义。在数据的采集点如仓库和停车场，将应用无线射频技术、条码技术、扫描识别技术、GPS 等技术，以满足信息采集的迅速性和准确性，并实现反映物流信息变化情况，提高和完善系统功能。

2. 数据及系统的安全维护

物流综合信息平台是一个开放式信息平台，为防止客户的误操作以及黑客的攻击，平台的程序接口将采用密码加密技术、密钥管理技术、数字签名技术、电子水印技术、防火墙等技术，平台的数据层将采用数据库实时备份技术及双机热备份技术，以确保系统有良好的安全性、稳定性和可靠性。

3. 数据通信与交互

公共物流信息平台需要各种通信技术和网络技术的支持，如 PSDN、DDN、综合业务网（ISDN）、数字移动通信网以及广域网、局域网和增值网等。通过这些网络来完成 EDI

通信（远程登录和文件传送等），应用 CORBA 技术，开放 EDI 技术和 Internet 、EDI 技术可满足信息共享和信息交互的要求，并确保通信网络具有良好的开放性和拓展性。

4. 信息标准化

物流信息标准化是现代物流业走向规模化、全球化的基础，在公共物流信息平台数据结构设计中，所有信息均服从物流信息分类编码标准体系及 EDI 相关代码标准体系。物流信息分类编码标准体系分为三个门类：

（1）基础标准

这些标准是制定标准时必须遵循的。全国统一的标准，是全国所有的标准的基础和方法指南，具有较长时间的稳定性和指导性。

（2）业务标准

它是针对物流活动（装卸、搬运、仓储、运输、包装和流通加工）的技术标准，对物流信息系统建设具有指导意义。

（3）相关标准

如 EDI（电子数据交换）应用与商业贸易和政府审批（如报关等）、GPS（卫星全球定位系统）的动态实时跟踪与导航的工具系统等。

EDI 相关代码标准上要由 EDI 基础标准（主要包括 EDIFACT 基础标准和开放式 EDI 基础标准），EDI 代码标准（主要包括管理、贸易、运输、海关、银行、保险和检验等各行业的代码标准）、EDI 报文标准（主要包括海关报文标准、统计、通用运输、集装箱运输、危险品、转运以及各种商业报文标准等）、EDI 单证标准（主要包括各式各样的贸易单证标准，如管理、贸易、运输、海关、银行、保险、检验等单证标准）、EDI 网络通信标准（主要包括用于 EDI 的各种通信规程和网络协议）、EDI 管理标准、EDI 应用标准以及 EDI 安全保密标准等。

5. 物流决策与管理

为实现公共物流信息平台服务层中的相关功能，需综合应用计算机管理信息系统技术、企业业务流程重组技术、企业资源规划技术、计算机决策支持系统技术、商业智能技术、优化管理技术等。

5.3.3 公共物流信息平台的规划设计

建立公共物流信息平台，不仅是单项数据处理的简单组合，而且必须要有系统规划。因为它涉及传统管理思想的转变，管理基础工作的整顿提高以及现代物流管理方法应用等许多方面，是一项范围广、协调性强、人机紧密结合的系统工程。

公共物流信息系统规划是系统开发的最主要阶段，一旦有了好的系统规划，就可以按照数据处理系统的分析和设计持续进行工作，直到系统的实现。公共物流信息系统的总体规划基本上分为4个步骤：

①定义管理目标：确立各级管理的统一目标，局部目标要服从总体目标；

②定义管理功能：确立管理中的主要活动和决策；

③定义数据分类：在定义管理功能的基础上，按支持一个或多个管理功能对数据进行分类；

④定义信息结构：确定模块实现的优先关系，划分子系统。

公共物流信息系统规划与实现过程见图 5 - 3。

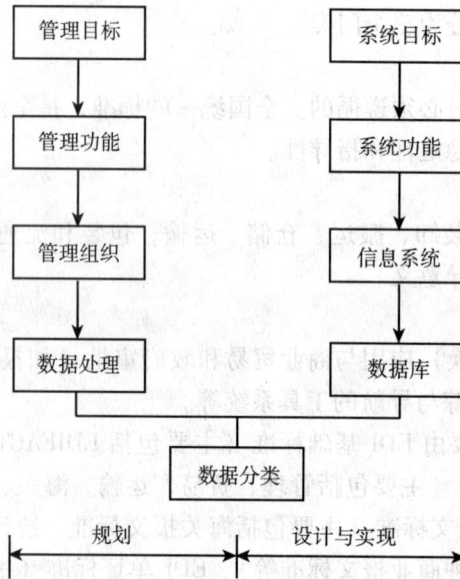

图 5 - 3　公共物流信息系统规划与实现过程

5.3.4　公共物流信息系统开发

1. 公共物流信息系统开发内容

有了系统规划以后，还要进行非常复杂的开发，主要包括以下内容：

（1）现状分析

对现行系统和管理方法以及信息流程等有关情况进行现场调查，给出有关的调研图表，提出信息系统设计的目标。

（2）系统逻辑设计

在系统调研的基础上，从整体上构造出物流信息系统的逻辑模型，对各种模型进行优选，确定最终方案。

（3）系统的物理设计

以逻辑模型为框架，利用各种编程实现系统的输入、输出、存储及处理方法。此阶段的重要工作是程序设计。

（4）系统实施

将系统的各个功能模块进行单独调试和联合调试，对其进行修改和完善，最后得到符合要求的综合物流信息系统软件。

（5）系统维护与评价

在信息系统试运行一段时间以后，根据现场要求和变化，对系统做一些必要的修改，进一步完善系统，最后和用户一起对系统的功能效益做出评价。

2. 三层体系构建物流公共信息平台

物流公共信息平台是以服务现代物流业为目的，以税务、交通、银行、海关等政府、行业信息为支撑的三层体系架构。公共信息平台整体上相对独立，各层相互提供信息和数据交换服务，不同平台之间通过统一、规范的接口进行数据交换。

全国性物流公共信息平台处于整个公共物流信息平台的顶层，通过标准接口或网络与国外物流公共信息平台相连，并进行相互间的数据交换。区域性物流公共信息平台通过 IP 通信网络与全国性物流公共信息平台相连，并进行相互间的数据交换；企业物流信息网络通过 IP 网络通信与区域性物流公共信息平台和行业性物流公共信息平台相连，并进行相互间的数据交换。为了确保通信的质量和数据安全，各个连接之间通过标准的接口相连，在各个网络边缘加装防火墙，并应采用 MPLS、VPN 等服务质量保障技术和安全技术。

三层体系架构可分为（如图 5 - 4 所示）：

第一层：数据标准化整合和数据交换层

这是全国和区域性物流公共信息平台的核心，它明确了整个平台的技术标准和规范，包括信息规范、编码规则、安全标准等。并且对各种数据的收集、整理、标准化、存储等，通过相关技术得以实现。

第二层：服务层

以第一层数据交换层为基础，充分利用平台所获得的原始数据，经数据挖掘和标准化整合，提供物流业的运载工具调度的智能化管理、联系运路的成本优化与智能选择、货况跟踪、异常货况的管理以及区域物流供需分析。

第三层：用户层

为整个平台的用户提供沟通界面，以助其使用此平台的第二层所提供的增值服务功能。主要服务的用户有制造企业、物流企业、流通企业和政府用户。

5.4 案例分析：中海——完善的物流信息化系统

在中海物流分管营销和信息化业务的总经理助理肖国梁看来，中海物流能在与中远物流、中外运、招商局、宝供物流等公司的激烈角逐中脱颖而出，很大程度上是缘于先人一步建立了比较完善的信息化系统。

· 转型：实现三级管理

中海集团与中远集团、中外运被称为中国航运市场的三巨头，在集装箱运量取得突飞

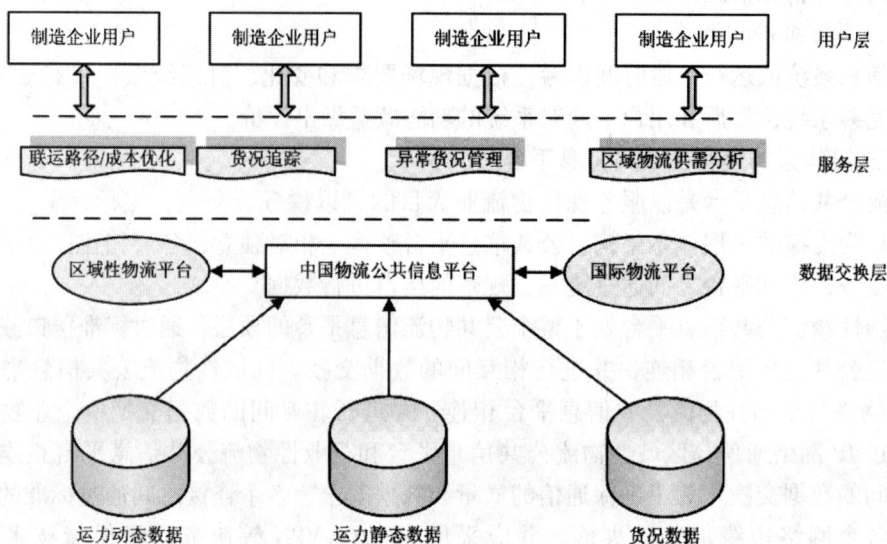

图 5 – 4　物流公共信息平台三层体系

猛进的 2002 年，中海物流应运而生。按照中海集团的发展规划，物流业是发展重点和支柱性产业，并形成了以航运为核心、船代、货代、仓储堆场、集卡、驳船、空运、海铁联运等业务并举的大物流发展框架。

肖国梁介绍说，调整后的中海物流采用三级管理的业务模式，总部管片区、片区管口岸。总部代表集团领导、管理、计划、协调中海的物流业务，加强对整个物流业务的总成本的控制，建立物流供应链；片区公司在总部的领导和管理下，经营各所属片区的配送业务、仓储业务、车队业务、揽货业务等，建立所属各地区的销售网点以及对该地区的成本控制；口岸公司在片区公司的管理下，进行揽货、配送的具体业务操作，并负责业务数据采集。

而要实现这一点，没有强大的信息系统支撑是不可能的。中海物流总经理茅士家在公司成立初期就指出，要做一流的物流企业首先要有一流的 IT。为实施集团制订的"大物流"战略，中海物流最终选择了招商迪辰为软件供应商。

● 模式："一个心脏跳动"

虽说招商迪辰是首家在国内将地理信息（GIS）、卫星定位（GPS）、无线通信（Wireless）与互联网技术（WEB）集成一体，应用于物流、交通和供应链管理领域的软件供应商。但为中海物流这样规模的企业建立全国性的物流信息化系统，在国内并无先例可循。招商迪辰上海公司总经理曾辉军说："现在不是一个点上看单个物流系统，而是要在整个物流网络的高度，从供应链衔接的角度设计整套系统。"

经过反复论证，双方一致认定，要在全国范围内应用一套企业级集成的系统，能实现信息的共享与交换，并保持数据的一致。曾辉军介绍说，该系统的核心就是以市场需求为驱动，以计划调度为核心，使物流各环节协同运作。它需要集成管理企业的计划、指标、报表、结算等，可层层细化与监控，并有统一的企业单证、报表、台账格式，而且有良好的扩展性和开放结构。而更为关键的是，系统建成后应当是一套面向订单流的信息系统，从接受客户委托订单开始，到订单管理，围绕订单制定物流方案、落实相关运力或仓储等物流资源、调度直至物流作业、质量监控等环节，都要有一个平滑共享的信息流。

曾辉军坦言，软件项目最大的困难在于业务变更。中海物流的业务繁杂、需求众多且不断变化，信息系统也必须随之改进。他清楚地记得，项目开始时做调研主要是为了海运业务，关注的主要是货物从这个港拖到那个港，真正涉及的项目物流非常少，在经过去年的战略转型后，中海物流已经将海运、货代业务剥离出去，专做第三方物流。

"一个心脏跳动"，曾辉军用了一个形象的比喻来描述中海现有的业务模式。他解释说："中海物流集团总部是一个利润中心，底下八大片区视为成本中心，资源统一调配，全国一盘棋。现在拿到第三方物流单子，多少货发到什么城市、什么仓库，完全由中海物流自己来决策。仓储资源、运输资源、人力资源统一调配。当前中海物流完全按这种模式运作，第三方物流强调一个心脏跳动，集中式管理、集中式调度，统一核算，客户进来不是面对你单个分公司，而是面对你整个物流体系，整个体系通过一套信息系统协同作业。"

令肖国梁自豪的是，目前国内还没有同类物流企业能够做到这一点。

- 海信：初战告捷

从某种意义上来说，中海之所以要做战略调整，就是因为签了海信这样的项目物流大单。2002年年底，海信电器进行首次第三方物流的招标，中海集团物流在经过为期一个月的投标、调研、实施方案制定后，凭借着"中海"的强势品牌和完善的物流方案，一举击败国内数家知名物流企业，中标海信电器股份电视机产品的全国配送物流服务项目。

肖国梁不无得意地说："我们之所以能拿下海信将近45%份额，超过中远、中外运，关键就是IT系统。目前这套系统全部无纸化操作，海信所有的客户需求，发送到当地销售公司，再到总部的销售中心，再转到总部的物流部，接着到我们的物流中心，继而到我们的操作点，整个过程可以说是全部无纸化，实现无缝连接。从他们的系统到我们的系统，整个过程是非常完美的。我们给海信的承诺是2小时，但实际上最快只需几分钟，而过去从客户指令发出到我们单子打出来，都是传真操作，几个来回半天时间就过去了。"

与此同时，招商迪辰作为中海物流的战略伙伴，也不时出现在中海的客户那里，为他们打单完成IT部分的"亲密接触"。而招商迪辰，又不失时机地将中海物流请到一些物流信息化的研讨会上"现身说法"。于是，一个有趣的现象出现了，就是很多客户选择中海物流做第三方物流供应商，又选择招商迪辰做物流系统供应商，比如健力宝、椰树集团。

- 扩张：以柔克刚

海信项目的运作成功增强了中海人的信心，目前中海物流正尝试以一流的网络服务和先进的电子商务为手段，积极发展国内、国外物流合作，整合社会资源，构筑供应链一体化经营模式。

肖国梁介绍说，随着信息系统应用的不断深入，中海将逐步向客户提供通过 Internet 订单操作、货物追踪以及其他个性化的增值服务，并能根据 VIP 客户的需要，建立和客户自身管理系统的电子数据交换系统，确保信息交换的及时性和准确性。

业务扩张带来的是对系统柔性要求越来越强，由物流层面提升到对供应链层面，成为客户业务模式的一部分。曾辉军说："这当然需要优化，其中包括物流运输的优化、仓储的优化、人力的优化。系统最高层面的信息库，更要上升到决策分析层面，通过数据比较我做什么类型的货物配送最赚钱，做什么样的货物是合理的，单车利润率、仓储周转率等数据，都要成为决策层参考的重要依据。"

肖国梁也认为中海目前应用的系统具备了较好的柔性，整套系统通用性比较强，饮料类企业能使用，家电类企业也能使用，系统的平台能力很强，只不过要和客户系统搭一座桥接起来。

应当说，中海物流的系统到现在来说还并不是一个非常完整的系统，从去年开发至今，已经有仓储管理系统、运输系统、集卡管理系统、GPS 跟踪系统等陆续投入使用。肖国梁透露说，目前中海物流的 IT 项目已经投入 2000 多万元，接下来还会源源不断地投入，近期要开发的有集团总部管理模块、集装箱运作模块、财务商务增强性模块、自动配载系统等。就在前不久，中海物流新开发的 GPS 系统已经在全国投入运营。

- CIO 之痛

物流企业信息系统的开发不是一朝一夕的，要立足长远，就中海而言，整个过程是相当痛苦的，我们的需求再改变，开发商也要跟着改变。大的物流企业必须开发自己的信息系统，而规模稍小的公司，可以采用租赁的形式，例如租用 GPS 系统或者可以跟大物流公司合作。物流企业实施信息化应该根据自己的资金实力、开发商的能力等具体情况，一步步地走。选择物流开发商的过程尤为重要，千万不要选择资金实力小、人员流动频繁的公司。

运营篇

6 物流运营管理体系规划

物流运营管理的核心是在供应链中流动的存货，所以物流运营管理本质上是对存货资产的管理。也有学者从企业资产运营的角度，把物流解释为对供应链中各种形态的存货进行有效协调、管理和控制的过程。而在整个供应链过程中，参与物流运营的基本主体是制造企业和商业流通企业，同时，他们也可以把自身的全部或部分物流业务外包给专业的物流服务企业来完成。因此可以说，物流运营管理的主体主要包括制造企业、商业流通企业以及物流服务企业等。

本章主要介绍了物流运营管理系统的相关概念，以及物流运营网络系统规划、物流营销系统规划、物流运营的人力资源规划和物流运营绩效评价系统规划的相关做法。

6.1 物流运营管理系统概述

6.1.1 物流运营管理系统的组成

物流是制造商的产品工艺流程通过物料采购和实物分配这两个功能性活动分别向其他供应商和客户两个方向的纵向延伸所构造的一体化供应链。因此，物流也是以制造商为中心即以产品的生产制造和市场营销为主线，以相关信息流协调供应商和客户行为的协作性竞争体系或市场竞争共同体。

物流运营管理的主体主要包括制造企业、商业流通企业以及物流服务企业等三个方面。

1. 制造企业

制造企业的运作是产生物流需求的源泉，同时，在供应链上，物流量的分布是不均匀的，大量物流集中在制造企业的供应物流、生产物流和销售物流上，从产品到用户的配送则只占物流的小部分。从这个意义上看，制造企业是物流服务的最大需求者。有需求就有发展，制造企业发展的需求是物流发展的源泉。此外，制造企业也是物流服务的重要提供者。我国的制造企业在"大而全""小而全"思想作用下，大多数物流需求是由企业自理的。尽管物流不是制造企业的主业，但其对物流业的影响却不可忽视。

总的来说，制造企业是我国物流业发展的原动力，同时，制造企业也是我国目前主要的物流运营管理主体，没有制造业牵引整个供应链形成的物流服务需求，没有制造企业对物流的组织运作，没有制造业参与构建的物流信息平台，物流产业及物流企业就不可能发展。

2. 商业流通企业

从供应链运营来看，商业流通企业主要包括商业批发企业和商业零售企业两类。

商业发展过程的一次具有根本意义的变革是批发商业与零售商业的最终分离。批发与零售相分离的意义不仅仅在于流通职能上的专业分工，而且在于两者分离后演变出一系列的流通组织形式，进一步促进了商业的发展。批发商业的变革还表现在批发零售形式的变革上，即从现品销售到样品销售，以及从凭样品销售到凭标准品销售的飞跃，凭标准品买卖和凭规格买卖。近年来，面对来自零售商的挑战，批发商业又经历了一次次重大变革与创新过程，即批发商的连锁化与一体化；批发经营的专业化；经营方式的变革；流通技术的革新等。

商业零售业在整个供应链管理过程中处于末梢地位，是连接制造商与最终消费者之间的一个关键纽带。

不管是商品批发市场、商业批发企业还是各行各业、各种形态的商业零售企业，随着其经营规模的不断扩大，都会在进货和销售环节上产生广泛的物流需求，而这些企业也自然而然就成了自身企业物流的运营主体。

3. 物流服务企业

制造企业和商业流通企业是物流服务需求的主体，同时也是物流运营管理的主体。这些货主企业的物流业务由企业内部的相关部门或二级公司来完成。当然，大部分货主企业的物流业务不一定全部由自己完成，或多或少总有外包部分。这就出现了对专业性物流服务企业的需求，由专业的物流企业来参与物流的运营管理，是社会专业化大生产的必然结果，也是提高物流效率，降低物流成本的有效途径。

根据物流服务企业提供的服务类型，可以把物流企业分为两类。第一类是提供功能性物流服务业务的物流企业，这类企业在整个物流服务过程中发挥着很大的作用，这类企业一般只提供一项或者某几项主要的物流服务功能，如仓储服务企业、运输服务企业等。第二类是提供一体化物流服务的第三方物流企业。第三方物流企业一般是指综合性的物流服务公司，能为客户提供多种物流业务服务。尽管目前第三方物流和一体化物流的发展趋势十分明显，但是功能性物流服务企业的存在还是必要的，它可以发挥专门化的优势，与第三方物流企业一起，共同完成客户的物流服务需求，达到降低成本、提高物流效率的目的。

6.1.2 物流运营管理体系的层次结构

从前面的分析可以认识到，物流运营的主体是制造企业、商业流通企业的物流部门以及专业的第三方物流服务企业，而物流运营的对象实际上就是维持制造企业、商业流通企业正常生产经营活动的物流后勤保障。

物流是工商企业的一个服务性解决方案和行动过程。在工商企业内部，物流是一个纯粹的、专一的后勤支撑和服务部门；而独立于工商企业之外的第三方物流企业，则更是一个服务性企业，不管物流运营的主体是货主企业自身的内部物流部门，或者是专业的第三方物流服务企业，在物流运营过程中，都需要涉及多方面的合作。因此，物流运营管理体系可以分为4个层次，即决策层、物流运营管理系统、物流运营基础系统和外部资源系统。每个层次都包含许多相关因素，只有将这些因素共同协作、密切配合，才能有效地发挥物流运作的效率和效益，如图6－1所示。

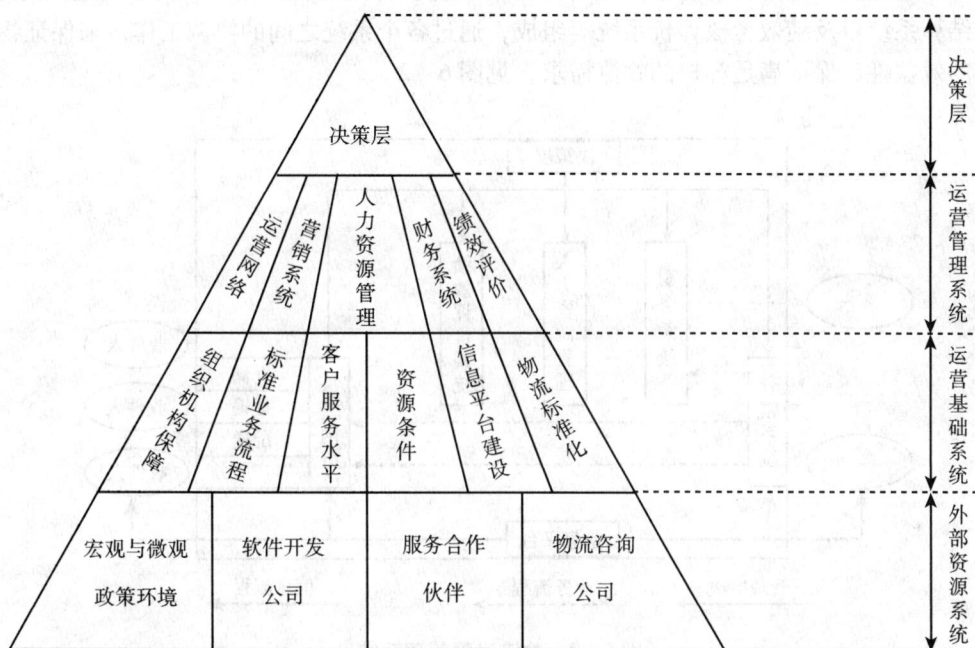

图6－1　运营管理体系层次结构

1. 物流运营决策层

对于专业的物流企业来说，可以由董事会以及高层管理层人员组成企业物流运营的决策层，制定总体发展战略。而对于货主企业的物流运营部门来说，可以由公司总经理、物流主管副总经理、物流部门经理以及生产、销售、财务等相关部门负责人组成物流运营决策层。决策层的主要职责包括：

①制定物流企业总体发展战略以及货主企业物流发展总体战略；

②物流市场定位决策；

③物流网络的布局决策；

④设备设施的投资决策；

⑤物流战略联盟策略制定；

⑥物流企业资本运营决策；

⑦物流高级经理层的选定和考核；

⑧物流企业利润分配方案的确定等。

2. 物流运营管理系统

无论是工商企业的物流管理部门，还是物流企业，为了保证物流运营的质量以及运作效益，需要参与运作的各个机构与人员相互配合，最大限度发挥物流系统内部各种资源的潜力，保证物流运营的高效、通畅。

一个完整的物流运营管理系统主要由营销系统、物流运营网络、人力资源管理系统、财务结算系统以及绩效考核评价系统等组成，通过各个系统之间的协调工作，来保证物流运营的效益性，保证满足客户的物流需求，见图6-2。

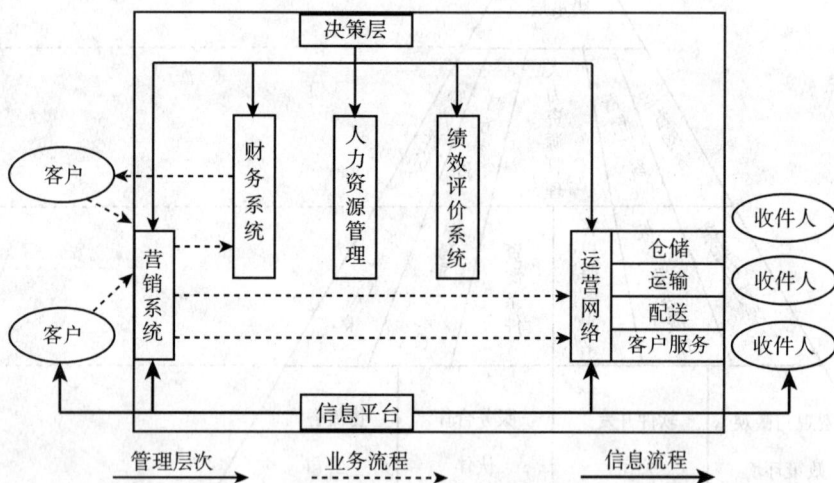

图6-2 物流运营管理系统

（1）营销系统

营销系统是物流企业根据决策层的市场定位决策及经营管理决策，结合物流市场特点和自身资源特点，以及物流运作的要求而设立的，其主要职能是根据市场定位负责物流市场和客户的开发。

（2）运营网络

运营网络是物流运营的实体作业及其管理部分，是物流服务的具体作业层面，直接承担着物流业务的运作。

由运营网络系统接受营销系统传来的订单业务，通过各个物流环节的协调作业，完成整个体系的资源调度、指挥、协调及业务总体运作，根据客户化的业务流程，直接控制物流过程。物流运营网络一般由相应的仓储、运输、配送、客户服务等环节组成。物流企业以及货主企业的物流部门应该根据自身的资源状况以及客户的物流服务需求，规划设计出完善的物流运营网络。

（3）结算系统

物流服务系统是一个全球化的大型系统，不但涉及企业内部物流系统本身，更重要的是要涉及社会各个方面。在为客户提供物流服务过程中，需要与客户、收件人、物流合作伙伴、承运人、信息服务企业等各个方面发生业务关系，如何协调各个环节，完善的结算体系是不可缺少的。通过合理的结算体系，确保各方面的利益，促进整个服务链的效率最优。同时，从企业内部的角度考虑，通过设置有效的财务核算体系，可以为物流运营决策层和管理层提供有用的决策管理信息。

（4）人力资源管理

我国的物流研究以及物流业的发展时间不长，物流专业人才还比较匮乏。在这种情况下，物流企业以及货主企业物流部门的一个重要工作，就是要建设一支核心专业技术与管理团队，并有效地搞好员工队伍建设。作为物流运营过程来说，核心关系与技术团队是至关重要的，他们代表了物流企业和货主企业物流部门的专业水平，而具体物流运营的效率和效益都是通过每一个实际操作人员的能力和水平来体现的。因此，物流运营的人力资源管理应立足于核心团队和具体从事物流业务操作的员工队伍两个层面为基础，并以核心团队的建设、协调和稳定运行为主来开展。而对于操作层面的员工规划管理，应制定相应的人力资源管理政策和制度，实施有效的员工管理、招聘、绩效考核、工资薪酬和培训制度，为物流运营创造良好的人力资源环境。

（5）绩效评价系统

在物流运营过程中，应随时根据质量控制标准，对物流服务质量进行监控，确保每个作业环节的高效、合理运行，并且对物流运营过程及总体情况做出最终的考核评价，进行相应的奖惩和改进，使整个运营过程越来越通畅、规范。

一个设计得很好的物流绩效评价体系可以使高层管理者判断现有经营活动的获利性，及时发现未控制的领域，有效地配置企业资源，评价管理者的业绩。具体地说，物流绩效考核评价可以是对每个物流作业环节的考核，也可以是对整个物流服务质量和物流活动的评价，还可以是对物流企业或货主企业物流部门的综合财务评价。

任何一个系统的设计都同组织机构有着密不可分的关系，物流运营绩效评价系统的设计，也将适应于物流运营的组织机构，有助于实施适当控制，同时组织机构的设置也影响信息的流向和流量。物流绩效评价系统是设计在整个组织机构之内的，这个系统的设计必须准确、及时，能够反映企业的特性，与企业的发展战略目标具有一致性，并具有一定可控性、激励性和应变性。

6.2 物流运营网络系统规划

1. 物流运营网络的组成

物流的过程，如果按其运动的程度即相对位移大小观察，它是由许多运动过程和许多相对停顿过程组成的。一般情况下，两种不同形式运动过程或相同形式的两次运动过程中都要有暂时的停顿，而一次暂时停顿也往往连接两次不同的运动。物流过程便是由这种多次运动—停顿—运动—停顿所组成。

与这种运动方式相对应，物流运营网络结构也是由执行运动使命的各种运输方式（铁路运输、公路运输、航空运输、水路运输、管道运输等）和执行停顿的节点两种基本元素所组成。各种运输方式与节点相互联系、相互配置，它们的结构、组成、联系方式不同，形成了不同的物流网络。物流网络辐射能力的大小、功能的强弱、结构的合理与否直接取决于网络中两个基本元素的配置及其本身的功能。因此，物流网络结构规划设计的核心就是确定承担物流工作所需要的各类设施的数量、地点以及各自承担的功能。

2. 物流运营网络的要素分析

物流运营网络是由制造企业、商业流通企业、物流服务企业所组织的与企业经营有关的物流网络，企业根据自身物流服务发展的需要，确定自己物流网络的线路组成、物流节点位置，并由企业自己进行管理和经营。

在运输方式上，除管道运输外，其他4种运输方式都是企业借助公共通道完成的，企业仅是从自身的物流活动考虑，选用某些适当的运输方式，完成运输（配送）的功能，而其他所有的功能要素：如仓储、配货、包装、装卸、分货、集货、流通加工等，都是在物流节点上完成的。因此，物流网络中，物流节点对优化整个物流网络起着重要作用，它不仅执行一般的物流职能，而且越来越多地执行协调管理、调度、信息等功能。因此，物流运营网络是物流运营体系的核心和基础，物流运营网络的合理布局是物流系统高效运营的前提。

3. 物流节点的功能

（1）物流处理的功能

物流节点是物流系统的重要组成部分，是仓储、保管、物流集疏、流通加工、配货、包装等活动的基地和载体，是完成各种物流功能，提供物流服务的重要场所。

（2）衔接功能

物流节点不仅将各个物流线路连接成一个系统，使各个线路通过物流节点形成相互贯通的网络，而且将各种物流活动有效地联系起来，使各种物流活动通过物流节点实现无缝化衔接。

（3）信息功能

物流节点是整个物流系统物流信息收集、处理、传递的集中化。在现代物流系统中，每一节点都是物流信息的一个节点，若干个这种类型的信息点和物流信息中心结合起来，便形成指挥、调控、管理、调度整个物流系统的信息网络。

（4）管理功能

物流系统的管理设施和机构基本上集中设置于物流节点之中，物流节点是集管理、调度、信息和物流处理为体的物流综合设施。整个物流系统运转的有序化、合理化、效率化取决于物流节点的管理水平。

物流运营网络的基本结构模式在前面第 4 章已经有详细的介绍，这里就不重复了。

6.3 物流营销系统规划

6.3.1 物流营销组织的规划

物流企业的营销组织机构可以有多种不同的组织形式。无论采用哪种组织形式，一是要以顾客为中心的营销观念为导向；二是要适应职能的、产品的、区域的、市场的 4 种意义的市场营销活动，在此基础上，产生了职能式、地区式、产品式和市场式 4 种基本的营销组织机构形式及事业部组织形式下的物流营销组织。

1. 职能式营销组织

职能式营销组织最常见，即依据不同的营销职能，划出若干个具有不同专业职能的部门（或不同的人员分工），如销售、物流方案设计、广告与促销、市场调研、客户服务等，其典型的结构形式如图 6-3 所示。

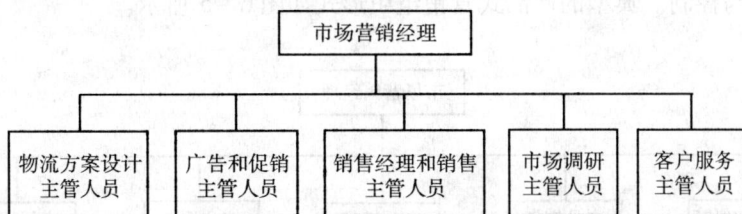

图 6-3 职能式物流营销组织

职能式营销组织的优点是按职能划分，简便易行，有利于各营销职能的实现和人员业务能力的提高。缺点是随着公司产品品种的增多和市场的扩大，会暴露出没有人为一个产品或一个市场负全部责任的缺陷。营销效果的职责很难分清。各部门（或各职能人员）往往会重视自己的营销能力小目标，而忽视企业的总体营销能力大目标。各部门间（或各职能人员之间）可能产生争取更多预算和更高地位的竞争，造成营销经理在协调上的困难。

2. 地区式营销组织

地区式营销组织的设置是专门针对不同的地区市场，并根据企业的条件和地区的特点，来划分和设置相应的地区营销部门（或营销人员）。地区营销经理负责该地区的营销计划的制定和实施、掌握地区市场的信息。典型的地区式营销组织形式如图 6-4 所示。

地区式营销组织的优点是分工明确、机构简单，易于考核区域部门和人员的业绩，缺点是地区间协调性差，容易形成各自为政的局面，且对于营销人员业务素质的全面性要求

```
                    市场营销经理
         ┌────────┬──────┴──────┬────────┐
    广告和促销    区域销售      区域销售    市场调研
    主管人员      经理          经理        主管人员
              ┌─────┼──────┐
          物流主管   区域销售   客户服务
          设计人员   人员       人员
```

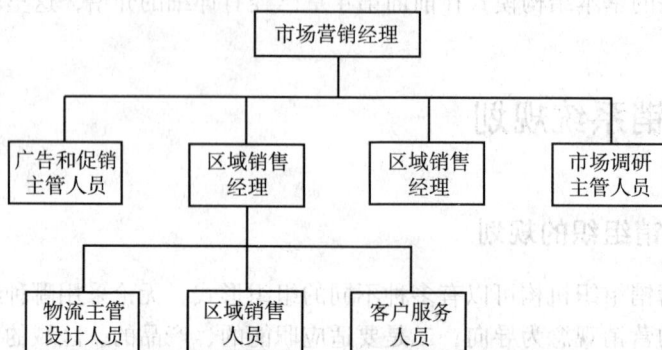

图 6 - 4　地区式物流营销组织

也较高。

3. 产品式营销组织

产品式营销组织是根据企业的不同物流产品而设置的。通常适用于物流产品相对较多，产品间差异较大的企业。产品经理负责制定本产品的发展战略和营销计划，并负责计划的全面实施与控制。典型的产品式营销组织形式如图 6 - 5 所示。

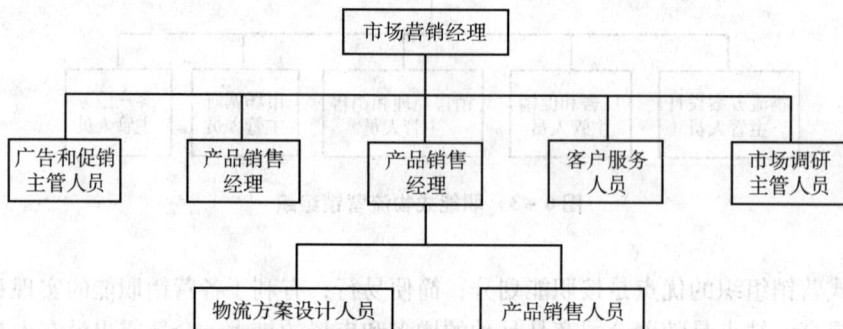

```
                    市场营销经理
      ┌────────┬──────┬──┴──┬────────┬────────┐
  广告和促销  产品销售   产品销售   客户服务    市场调研
  主管人员    经理      经理       人员        主管人员
                    ┌────┴────┐
              物流方案设计人员   产品销售人员
```

图 6 - 5　产品式物流营销组织

产品式物流营销组织的优点是便于营销人员对自己分管的产品熟悉、管理和促销，对市场中出现的问题，也就更容易迅速做出处理。企业的各个物流产品都有专人负责，不会被忽视。缺点是以产品为中心的营销职能，需要其他职能部门的通力合作，因而有协调上的困难。同时，由于产品多，会导致营销人员和费用相应增多，加大营销成本。

4. 市场式营销组织

许多物流企业也可以按照目标市场的不同来设置营销组织。例如，对于第三方物流企业来说，可以把自己的目标市场定位于几个不同的行业，如电子业、医药业等。这样，在营销组织机构的设置上，也可以相应按目标市场来划分。这就是市场式管理的营销组织机构。市场式营销组织机构的最大特点是营销人员比较熟悉自己所服务的目标市场，从而可以更好地满足不同客户群体的需要。典型的市场式营销组织机构形式如图 6-6 所示。

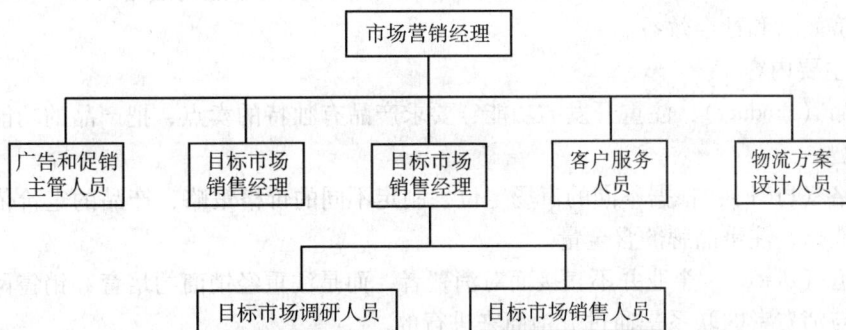

图 6-6　市场式物流营销组织

5. 事业部组织形式下的物流营销组织

在物流企业规模较大、企业按照地域或者产品实施事业部管理组织形式的情况下，各个事业部（或分公司）都设置比较独立和完善的组织机构，那么各事业部在与公司总部营销职能的划分上，通常有两种类型：

①营销职能完全由各事业部（或分公司）自己承担，总公司不再下设营销职能部门。各事业部（或分公司）营销组织也可以按照上述职能式、地区式、产品式和市场式 4 种基本的营销组织形式来设置。

②在各事业部（或分公司）设置营销组织的同时，公司总部也设营销部门，该营销部门的规模可以大小不一，其职能也可以不尽相同。

6.3.2　物流营销策略的规划

物流企业的特点是需要较高的初始投资、固定成本较大而变动成本相对较小，因此，需要有稳定的客户并实现规模化经营，这样才能更好地发挥第三方物流的优势，有效地降低成本。因此，物流企业的服务客户对象定位应该主要是大型制造企业、分销商、批发商，主要从事 B 到 B 的物流服务。中小型的地区性物流服务提供商也可以从事一些区域性的 B 到 C 配送业务开发，而业务规模相对较小的 C 到 C 服务不能有效地发挥第三方物流的规模化优势。因此，物流服务的营销应该致力于大客户的开发，才能有效地达到现代物流的服务要求。

1. 物流营销的 4P 组合策略规划

（1）产生

20 世纪的 60 年代，美国学者麦卡锡教授提出了著名的 4P 营销组合策略，即产品

（Product）、价格（Price）、渠道（Place）和促销（Promotion）。认为一次成功和完整的市场营销活动，意味着以适当的产品、适当的价格、适当的渠道和适当的促销手段，将适当的产品和服务投放到特定市场的行为。

市场营销组合策略，是指企业为了实施市场营销策略，综合运用企业可以直接控制的各种营销因素，优化组合成一个系统化的整体策略，以实现企业的战略目标，使企业获得最佳的经济效益和社会效益。

（2）主要内容

①产品（Product）：注重开发的功能，要求产品有独特的卖点，把产品的功能诉求放在第一位。

②价格（Price）：根据不同的市场定位，制定不同的价格策略，产品的定价依据是企业的品牌战略，注重品牌的含金量。

③渠道（Place）：企业并不直接面对消费者，而是注重经销商的培育和销售网络的建立，企业与消费者的联系是通过分销商来进行的。

④促销（Promotion）：企业注重销售行为的改变来刺激消费者，以短期的行为（如让利，买一送一，营销现场气氛等）促成消费的增长，吸引其他品牌的消费者或导致提前消费来促进销售的增长。

（3）物流营销的4P组合策略

4P组合策略是一个复合结构。其中的每个因素本身都有若干个二级因素，因而形成各个P的二级组合。例如，产品策略又可以进一步划分为产品品种策略、产品质量策略、产品式样策略、服务策略、交货时间策略、退货条件策略、商标策略等，各个二级因素有时还可以继续细分为若干个三级组合因素。因此，营销组合是一个多层次的复合结构。

企业在确定营销组合策略时，不仅应求得4个"P"之间的最佳搭配，而且还要注意每个"P"为各个细分因素的合理搭配，使所有的因素达到最有效的组合。在企业营销活动中，组合的四大策略运用得好，所形成的整体营销合力将大于四个策略单个运用的效力之和，这就是系统的整体作用。因此，企业营销效益的优劣，主要取决于市场营销组合策略整体的优势。由于所处行业、地理区域、发展时期等诸多客观因素的不同，企业在制定4P组合策略时所要考虑的二级组合因素项目也有所不同。

1）物流产品策略规划（Product）

产品策略的规划就是指企业首先应确定自身所提供的产品（服务）。对于物流企业而言，产品策略可以概括为服务内容、服务质量、服务行业和服务方式等要素的定位与确定等。

①服务内容规划

物流企业要根据客户的需求，确定自身为客户所提供的服务内容。一般来讲，物流服务的内容包括运输、储存、分拣、配货、配送、物流跟踪、信息服务等，同时，还应该根据客户的需求，为客户提供其他一些必要的增值服务。

②服务质量规划

物流服务质量指标有很多，如配送的时限要求，信息服务的及时性和准确性，仓储管理的水平和仓储管理的条件、运输条件要求和运输时限要求、物流跟踪技术与信息反馈等。对于物流服务来说，提供的服务质量越高，物流成本将越大。物流服务质量的制定要与客户的需求紧密相连，一方面防止物流服务质量不能满足客户的要求；另一方面，也要防止制定的服务质量水平过高而使物流成本上升。

③服务行业规划

大部分物流服务提供商都是为某个或某几个特定的行业服务的，物流企业为特定的行业服务有相当大的优越性，包括对专业知识和专有技术的掌握，对作业的革新以及直接换装的协同效应和规模效应等。每个物流企业在营销策略的制定上，应该明确自身的目标行业定位，并基于这些行业或者特定的企业类型开展物流营销工作。

④服务方式规划

物流企业与服务客户是以战略联盟关系而开展业务的。因此，要特别讲求与客户企业之间服务方式的确定及其长期性。一般物流企业的服务方式可以有：与客户签订长期合作伙伴关系；系统接管；合资；签订管理型合同等。

物流企业在营销策略的制定上，应该根据客户企业的实际情况，结合自身的资源优势，确定合理的服务方式。

2）价格策略规划（Price）

对于物流企业服务营销来说，制定合理的物流服务价格策略是很重要的，在价格策略的制定上，包括计费方式、基本服务价格、价格折扣以及信用条件等问题。

①计费方式的确定

物流服务的计费方式主要有两种：

一是不分业务环节的整体计费方式，这种计费方式是指根据客户的货物情况，不区别考虑其运输、清关、仓储、搬运、配送等环节，只制定一个总的计费标准。在这种方式下，收费计算的方法也要根据货物的不同而有所不同。可以按所运送货物的总价值的一定百分比（该百分比对不同的货物会有所不同）计费，也可以按货物的体积、货物的重量、货物的件数、占用的运输工具或仓储面积来计算。

二是区分物流环节的计费方式：按提供服务的每个服务环节和服务项目分别计算收费，即运输、仓储、清关、理货、装卸及配送等分别计算收费，这些费用与客户的业务量、处理量、物流中心的设备与地点以及作业的质量标准有关。

物流企业首先应该根据不同的客户，制定相应的计费方式，再与客户确定收费标准及价格折扣、信用条件等问题。

②基本价格的确定

确定收费方式之后，就需要确定收费价格。在具体的价格制定过程中，主要应考虑三个方面的问题：

首先，应考虑客户企业当前的物流成本水平。一个有效运营的第三方物流服务企业，其物流定价水平应低于货主企业的自营物流的成本，只有这样才能吸引和留住客户。

其次，应考虑自身的运营成本。显然，物流收费的价格标准应不低于物流企业为客户提供物流服务的成本，至少应当不低于为其提供服务的边际成本。这样，物流企业才能赢利。

另外，还要考虑社会其他物流企业的收费标准，使得自身的定价具有竞争力。货物种类、物流服务水平要求、业务的复杂程度等不同，服务收费价格水平也就不同。物流企业应针对不同客户、不同货物和不同服务要求，分别制定同城及本区物流业务、省内物流业务、跨省或全国性物流业务的不同价格水平。

③支付方式的确定

当收费价格和计费方式确定后，还要与客户商定支付方式。客户的款项支付方式可以是按每笔物流服务业务分别支付，也可以定期（一般按月）结算。前者一般适用于业务较少或业务固定的客户，而后者往往适用于业务较频繁的客户。

④信用政策的确定

对于不同的客户，物流企业应规划制定一些信用政策，主要包括信用条件、信用期限和价格折扣等。

信用条件规划是指对不同的客户企业要制定不同的赊账政策；信用期限规划是指企业要确定一个信用赊账期限，敦促客户早日付款；而价格折扣规划是指物流企业要根据情况在基本价格的基础上制定一定的价格折扣，以吸引和留住客户。

3）渠道策略规划（Place）

产品的营销渠道策略又称为分销渠道策略，它是研究如何将产品迅速、有效地由生产领域转移到消费领域所经过的路线、环节、方式；分析企业对营销机构的设置、筛选、管理，并对其运作情况进行评估，从而达到提高企业的市场占有率，实现企业经营目标的目的。对于有形产品而言，营销渠道策略主要研究的是企业与代理商、批发商、零售商以及机构用户等之间的关系和管理模式。而对于物流企业来说，物流产品本身是一个无形的服务产品，其分销渠道也与有形的产品的分销有所区别。物流企业的分销渠道可以从以下几个方面进行考虑。

①营销组织机构的设置。营销组织机构的设置是开展物流营销的基础工作。

②物流网络的规划。物流网络的规划对企业物流产品的设计、物流产品的营销以及物流的运营有着重要的意义。它也是物流营销和物流运营的保障。

③与合作伙伴的合作模式。通过与诸多的物流企业进行业务合作，有利于进行资源互补，扩大物流业务的运作能力，争取更多更大的客户与业务。在与合作伙伴之间进行物流运营合作的同时，实际上也就是进行着物流营销的合作。物流企业进行物流营销，实际上也是为其他合作伙伴带来业务。反之，对方进行物流营销的同时，实际上也是为我方进行着营销。

4）促销策略规划（Promotion）

企业要为自己的产品寻求销路，而消费者要买到自己称心如意的商品，都要借助于信息传递，促销的实质就是买卖双方的信息沟通。物流企业为了有效地与客户沟通信息，可以利用广告宣传企业，介绍服务产品，激发客户的购买欲望；也可以通过各种营业推广的方式吸引客户；可以通过促销人员说服客户，促成交易；也可以开展各类公关活动，树立企业形象，争取客户的信赖、理解和支持。也就是说，企业的促销方式一般有广告、营业推广、人员推销和公共关系4种方式，每种方式又包括多个不同的具体做法。

各种促销方式都有不同的特点和适用条件，比如，广告的覆盖面广，传播速度快，但促成的效果往往不如人员推销，而人员推销又有传播速度慢、费用高的缺点。企业必须根据实际情况，对促销方式进行选择、组合和搭配，规划制定出整体效果最佳的促销组合策略。

2. 物流营销的4C组合策略

（1）4C营销组合策略的产生

4C营销组合策略，1990年由美国营销专家劳特朋教授提出。它以消费者需求为导向，重新设定了市场营销组合的四个基本要素：即消费者（Customer）、成本（Cost）、便利（Convenience）和沟通（Communication）。它强调企业首先应该把追求顾客满意放在第一位，其次是努力降低顾客的购买成本，然后要充分注意到顾客购买过程中的便利性，而不是从企业的角度来决定销售渠道策略，最后还应以消费者为中心实施有效的营销沟通。与产品导向的4P理论相比，4C理论有了很大的进步和发展，它重视顾客导向，以追求顾客满意为目标，这实际上是当今消费者在营销中越来越居主动地位的市场对企业的必然要求。

（2）4C营销组合策略的内容

4C营销组合策略是基于传统的4P组合策略对营销理论的进一步创新，对物流企业的营销组合策略有着重要借鉴意义。其主要内容：

①Customer（消费者）：主要指顾客的需求。企业必须首先了解和研究顾客，根据顾客的需求来提供产品。同时，企业提供的不仅仅是产品和服务，更重要的是由此产生的客户价值（Customer Value）。

②Cost（成本）：不单是企业的生产成本，或者说4P中的Price（价格），它还包括顾客的购买成本，同时也意味着产品定价的理想情况，应该是既低于顾客的心理价格，亦能够让企业有所赢利。此外，这中间的顾客购买成本不仅包括其货币支出，还包括其为此耗费的时间、体力和精力消耗，以及购买风险。

③Convenience（便利）：即所谓为顾客提供最大的购物和使用便利。4C营销理论强调企业在制定分销策略时，要更多的考虑顾客的方便，而不是企业自己方便。要通过好的售前、售中和售后服务来让顾客在购物的同时，也享受到了便利。便利是客户价值不可或缺的一部分。

④Communication（沟通）：则被用以取代4P中对应的Promotion（促销）。4C营销理论认为，企业应通过同顾客进行积极有效的双向沟通，建立基于共同利益的新型企业/顾

客关系。这不再是企业单向的促销和劝导顾客，而是在双方的沟通中找到能同时实现各自目标的通途。

在4C理念的指导下，越来越多的企业更加关注市场和消费者，与顾客建立一种更为密切的和动态的关系。现在消费者考虑价格的前提就是自己的"花多少钱买这个产品才值"。于是作为销售终端的苏宁电器专门有人研究消费者的购物"成本"，以此来要求厂家"定价"，这种按照消费者的"成本观"来对厂商制定价格要求的做法就是对追求顾客满意的4C理论的实践。

（3）物流企业4P营销策略规划

企业的市场营销策略必须围绕着对市场变量的认识来进行设计。无疑，"4P+4C"的市场营销组合策略，将营销理论从客户端入手，即从客户定位和客户需求出发，确定市场营销策略。

①瞄准客户需求

物流企业在制定营销策略时，首先应该了解分析客户的需求，而不是先考虑自身能提供什么样的物流服务，以客户的需求来确定自身提供的服务产品。有的物流企业在不了解市场和客户需求的情况下，一开始就大规模地兴建自己的物流中心、配送中心等，这显然是很盲目的。一些较成功的物流企业不会一开始就过多地把资金和精力放在物流设施的建设上，而是致力于对物流市场的分析和开发，争取做到有的放矢。

②考虑客户愿意支付的成本

这就是要求物流企业首先要了解物流需求主体为满足物流需要而愿意支付的成本，或者了解估算这些企业目前的物流运营成本，而不是先给自己的物流服务定价。该策略要求在物流的营销过程中，应注重客户物流成本的分析，物流服务的定价要与客户愿意支付的成本相关。如果客户要求的物流服务水平不高，愿意支付的物流成本也很低时，即使物流企业能够为其提供非常实惠的物流服务，但价格却高于对方的支付意愿，物流企业与客户之间的物流服务交易也无法实现。因此，只有在分析目标客户需求和物流成本的基础上、为目标客户量体裁衣，制定一套个性化的物流方案才能为客户所接受。

③考虑客户的便利性

也就是要求物流企业始终从客户的角度出发，考虑为客户提供物流服务能给客户带来什么效益，如时间的节约、资金占用减少、核心工作能力加强、市场竞争能力增强等。只有为客户对物流的消费带来效益和便利，他们才会接受物流企业提供的服务。

④与客户进行沟通

即以客户为中心，实施营销政策，通过互动、沟通等方式，将物流企业的服务与客户的物流需求进行整合，从而把客户和物流企业双方的利益无形地整合在一起，为用户提供一体化、系统化的物流解决方案，建立有机联系，形成互相需求、利益共享的关系，从而共同发展。在良好的客户服务基础上，物流企业就可以争取到更多的物流市场份额，从而形成一定的物流服务规模，取得规模效益。

6.4 物流运营的人力资源规划

6.4.1 人力资源规划的目标与作用

企业人力资源规划的目标包括两个方面：一方面，人力资源规划是为了满足变化的组织对人力资源的需求，包括数量、质量、层次和结构等；另一方面，人力资源规划是为了最大限度地开发利用组织内现有人员的潜力，使组织及其员工的需求得到充分的满足。人力资源是企业最具决定性的、最活跃的要素资源。人力资源规划的作用主要体现在以下几个方面。

1. 确保企业发展中人力资源的需求

新企业的建立需要确定业务开展的人力资源，而对于不断发展的企业而言，随着市场条件的变化和自身经营业务的变化，企业对其拥有的人力资源也要进行不断调整，通过有效的人力资源规划，可以减少组织发展过程中人事安排的困难，避免在用人过程中缺乏计划性。

2. 使人力资源管理活动有序化

人力资源规划是企业人力资源管理具体活动的依据，它为企业的录用、晋升、培训、人员调整以及人工成本的控制等项人力资源管理活动提供了准确的信息和依据，从而使得企业人力资源管理活动走向科学化和有序化。

3. 提高人力资源的利用率

人力资源规划还可以控制企业的人员结构和职务结构，从而避免了企业发展过程中的人力资源浪费而造成的人工成本过高。同时，通过有效的考核和激励制度，激发员工的积极性和主动性，提高员工的工作效率。

4. 有利于协调人力资源管理计划

企业通过人力资源规划，制订合理的人力招聘计划、员工培训开发计划、薪酬计划和考核激励计划等，使各项人力资源管理的具体计划都能够相互协调和配合。

5. 使员工个人行为与组织目标相吻合

现代企业管理理论逐渐体现出以人为本的思想，要求在企业管理中既要注重企业的效益，又要兼顾员工的个人利益。通过有效的人力资源规划，以企业的总体经营目标作为出发点，制定合理的考核激励措施，激发员工的工作积极性和创造性，使员工的个人目标和个人行为能力与企业组织保持一致。

6.4.2 物流运营的人力资源规划

在我国，现代物流的发展还是近几年的事情，物流专业人才呈现出严重匮乏的现象，物流人才已被列为紧缺人才之一。但是，从国内物流人才的培养情况来看，物流教育仍远远滞后于实际需要。在这种情况下，物流企业和货主企业的物流部门更加应该通过有效的人力资源规划，尽量满足企业对各种人才的需求。同时，借助于有效的考核与激励制度，充分发挥员工的积极性、主动性和创造性。在当前物流人才供不应求的情况下，物流运营的人力资源规划主要包括以下的内容。

1. 维持物流有效运营的岗位设计与员工配置

在前面 6.3.1 一节中已讨论了物流运营的组织机构设置，一个典型的物流企业的部门设置主要应该包括：物流营销部、物流运营部（包括仓储、运输及其他物流作业的组织完成）、信息部、财务部、行政管理部。对于不同类型的物流企业，已经不同于货主企业的物流部门，由于其经营的业务范围不同，物流内部运营管理形式的不同，以及对合作伙伴等外部资源的利用程度不同，对人才的需求都会出现一些不同的要求。但总的来说，基于现代物流的特征，要进行有效的物流运营，所需要的专业人才结构是基本一致的，包括：

①知名的物流顾问和物流专家（以兼职为主）；

②熟悉物流运营的企业管理人才；

③物流解决方案的规划专业人才；

④物流具体运作的专业人才；

⑤熟悉物流作业流程的计算机专业人才；

⑥了解物流运营的会计专业人才；

⑦财务管理专业人才；

⑧熟悉物流业务的专业营销人才等。

以上这些是物流运营所必须具备的专业人员。当然，物流运营的现代化程度及物流运营规模的不同，对这些专业人员的知识层次要求也会有所区别。总的来说，物流运营的规模越大，物流的现代化程度就越高，对专业人员的知识层次要求也就越高。

2. 员工招聘与挑选

招聘的任务是依据科学的方法，按照一定的程序，根据企业当前和未来的需要，选拔和调整人才。因此，只有对招聘的环节进行有效的规划和良好的管理，才能得到高质量的员工。

（1）招聘总体规划

主要是通过招聘规划，把对工作空缺的描述变成一系列目标，并把这些工作和相关求职者的数量和类型具体化。招聘规划的主要内容包括：

①确定需要招聘人员的岗位和人员数量；

②确定希望接受求职申请的大概数量；

③确定每个岗位的招聘标准；

④确定招聘的经费预算。

（2）物流从业人员的任职资格规划

主要包括基本技能要求和基本素质要求。

（3）招聘程序规划

就是拟定可以具体操作的行动计划安排。

（4）招聘地点策略

选择在什么地点进行招聘，应综合考虑到企业自身的实力，所处的地理位置，相关的人才分布，求职者的活动范围及招聘成本等各个方面。

（5）招聘渠道与方式的策略

采用何种招聘渠道和方式，取决于劳动力市场、职位性质以及企业规模的功能多种因素，如果企业要进行大规模的招聘，仅使用一种招聘渠道可能是不够的，需要不同渠道的组合，才能保证在短期内招聘到足够的、合适的员工。

（6）人员的筛选策略

应聘人员的数量如果超过企业要招聘的人员数量，这就需要从中筛选出适合企业需求的最佳人选。一般可以通过求职申请筛选、测试筛选、面试筛选、试用筛选等方式进行筛选。

3. 员工培训与开发

员工培训的内涵有狭义和广义之分。狭义的员工培训就是指员工的工作训练。而广义的员工培训包括训练和教育两个方面。不但要使员工"知其行"，而且要使员工"知其能"。"能"代表员工的潜在能力。"知其能"过程就是让员工充分发挥潜力以展示其才能的过程。

为了企业的持续发展，需要通过中长期的人才培养计划来培养和留住高素质、高能力的物流人才和企业管理人才。依据企业的发展规划以及培训的目标，应建立完善的企业培训体系，切实做好物流培训的组织实施，并对培训效果进行评价。

4. 薪酬及激励系统设计

薪酬是指员工从事企业劳动所得到的以货币形式和非货币形式所表现的补偿，是企业支付给员工的劳动报酬。因此，薪酬与工资的概念不尽相同，它的涵盖面要比工资广。

（1）薪酬系统的结构

一个好的薪酬系统，主要应包含4个主要层面：

①工资：工资是一个相对稳定的报酬部分，也是报酬的主体，通常由基本工资、岗位工资、工龄工资等组成；

②津贴：又分地域性津贴、生活性津贴、劳动性津贴等；

③奖金：又分考勤奖金、效益奖金、项目奖金、年终奖金、股份、分红及业务人员的业绩奖金、研发人员的研发奖金等；

④福利：一类是强制性福利，企业必须按政府规定的标准执行，如养老保险、失业保险、特殊医疗保险、工伤保险、住房公积金等；另一类是企业自行设计的福利项目，如人身意外保险、医疗保险、家庭财产保险、旅游、服装、误餐补助或免费工作餐、提供公车或报销一定的交通费、带薪年假等。

动态薪酬结构是一种具有高效激励的薪酬模式，对于发挥员工积极性和组织的效力非常有力。

（2）薪酬模式策略

由于薪酬系统中各个部分的性质不同，所以，它们以不同的比例组合在一起，就构成了不同的薪酬体系模式，即高弹性模式、高稳定模式和折中模式。

高弹性模式是一种短期绩效的决定模式，其基本思路是：如果近期某员工的工作绩效很高，则支付给他相应的高薪酬；如果近期该员工的工作绩效降低，则支付较低的薪酬。高弹性模式适用条件为：员工的工作热情不高；企业人员流动率较大；业绩的伸缩范围较大的岗位，如营销、开发创新等。

高稳定模式与之相反，在该模式下，员工的薪酬与个人绩效关系不大，而主要取决于公司的经营状况及员工的工龄，因此，员工的个人收入相对稳定。高稳定模式的适用条件是：员工的工作热情较高；企业人员流动率不大；员工业绩的伸缩空间相对较小，如行政、后勤等管理人员。折中模式兼具稳定性和弹性，既能激励员工的绩效，又能给他们一定的安全感，但要达到这样的效果，应该进行合理的薪酬体系设计，根据企业的具体生产经营特点，发展阶段和经济效益，并结合有效的绩效考核系统，使薪酬体系的各组成部分达到合理的搭配。一般来说，这种模式下的基本工资部分趋于高弹性，然后配合与员工个人绩效紧密挂钩的奖励薪酬，来满足兼具激励性和员工安全感的要求。这种折中模式现在已经被企业广泛采纳。但是，在实施上，这种模式对薪酬理论水平的要求相对较高，在薪酬制度的设计上需要花很大的精力。

需要注意的是，由于企业在初创、发展、成熟和衰退期等不同的发展阶段呈现出较大的区别，因此，薪酬模式的选择与企业的发展阶段也要联系起来，这样既能避免薪酬超支影响企业的发展，又能最大限度地留住和激励人才。

5. 绩效考核系统设计

绩效考核是用科学的方法对集体或个人在某一段时间内的工作进行检验、评价，并与标准核对的工作。绩效考核对调动职工积极性和实施有效的企业管理十分重要。物流企业和物流经理们应及时进行绩效考评，并将结果加以公布，这是规范员工岗位行为的必要方法。

员工绩效考核制度的规划设计应包括以下一些主要内容：

（1）考核内容指标体系规划

在物流员工绩效考核中，主要应围绕着员工所担当的工作任务及工作表现建立考核指标体系。值得注意的是，考核的目标不同，选取的指标体系也应有所区别，但总的来说，德、能、勤、绩4个方面都是必须对所有员工考核的内容：

①关于"德"的考核："德"是指人的政治思想素质、道德素质。它决定了一个人的行为方向和行为方式。在物流企业中，员工的"德"主要表现在政治思想素质，社会公德、职业道德等方面。

②关于"能"的考核："能"是指人的能力素质。一般来说，"能"主要包括员工的动手操作能力、认识能力、思维能力和研究能力、创新能力、表达能力、组织指挥能力、

协调能力、决策能力等。不同的职位对"能"的要求有不同的侧重点。

③关于"勤"的考核。"勤"是指员工勤奋敬业：主要包括员工的工作积极性、主动性和出勤率。不能简单地把"勤"理解为出勤率，出勤率高是勤的一种表现，但非"勤"的实质所在，因为员工可能出工不出力。真正的"勤"，不仅出勤率高，而且在工作中投入了全部精力，因此，绩效考核应将表面形式的"勤"，与内在实质的"勤"结合起来，重点考核员工的敬业精神、实干精神。

④关于"绩"的考核。"绩"是指员工的工作绩效，对员工绩效的考核，不仅要考核其工作数量、工作质量，更要考核其所做的工作使用户满意的程度以及给企业创造的经济效益和社会效益。

（2）考核人的规划

被考核人的直接上级主管应是最有权进行考核的人选。但是，对员工进行绩效考核时，应尽量避免由某一个人来进行考核，以消除绩效考核中的主观性。一般情况下，绩效考核工作应该是由一个绩效考核小组来组织完成，而对不同的岗位要组织相应的考核小组。

（3）考核时间规划

就是要确定绩效考核工作多长时间组织一次的问题。考核间隔时间过长，容易偏重员工的近期表现，而忽视他们的整体表现，而间隔时间太短，又容易使烦琐的考核工作变成例行公事。企业应根据不同工作性质以及不同的考核内容来确定考核时间，如属物流员工的日常考核可以每月一次，再配合半年考核和年度考核，效果会比较好。另外，对于中层和高层管理人员的考核，考核期可以适当放长一些。

（4）考核方法规划

企业在绩效考核制度时，要根据考核的目的、考核对象及考核内容的不同，选择合适的方法进行考核。常用的考核方法有：主管决定法、工作标准法、鉴别性方法、配对比较法、功能测评法等。

（5）考核结果反馈方式规划

绩效考核的结果一般应以书面形式通知本人，如本人对考核结果有异议，可向主管领导和考核小组申请复核，主管领导、考核小组应该认真复核。如考核结果引起员工解聘、开除等劳动关系的变化，应按劳动法的有关规定和劳动合同的约定处理。

（6）考核结果奖惩方法规划

考核的目的是使好的工作态度和工作方法得到肯定和效法，也使缺点和不足得以发现和纠正。所以，考核仅是达到这一目的的手段之一，关键是还要附以相应的奖励和惩罚措施才能产生效果，一般的考核奖惩方法是：日常考核结果与绩效工资挂钩，而年度的考核结果对员工的晋升、培训等都有影响。

6.5 物流运营绩效评价系统规划

6.5.1 物流运营总体效益评价

物流就是物质实体的转移。物流活动主要是指人类操纵的物质实体的转移活动。因此，物流运营有两项基本功能，即物质实体的时间转移和空间转移（或称地点），主要通过储存和运输活动来完成。除此以外，物流系统中还需要包装、装卸、搬运、流通加工以及物流信息处理等几项功能活动，配合储存和运输以完成物质实体的时间与空间转移。物质实体的时空转移消除了供给者和需求者在同一物质实体上存在的时间和空间差异，从而创造了该物质实体的时间效用和空间效用。

对物流运营系统总体效益评价要解决的问题是：一定的劳动投入量形成多大的物流能力；一定量的物流能力又能完成多大的物流工作量，而一定的工作量又能取得多大的物流效用或效益。物流运营的效益分析，就是要分析物流运营的投入与产出之比。

1. 物流运营的投入与规模指标

物流运营的劳动投入既包括物质资料投入、资金的投入、物流设备设施占用的代价，也包括人力的投入与占用。这些劳动投入实际上构成了物流活动的成本，并在一定的劳动生产率条件下，形成一定的物流能力。而物流能力是指一定时间内物流运营系统所能完成的物质实体的转移量的最大值。我们可以用运营规模指标来反映物流运营系统的劳动投入及与其产生的物流能力。

2. 物流运营的产出指标

物流能力的运用所产生的工作成果，主要是指所转移物质实体的数量及其储存时间及运输距离。可以用储存周转量和运输周转量表示。我们可以把这两个指标合称为物流周转量。它不仅与物流活动投入的劳动直接消耗有关，也和物流效用直接有关。因为在正常的情况下，物流周转量越大，所耗费的劳动量越多，而所创造的时间和空间效用和就越大。因此，可以用物流周转量作为物流系统的直接工作成果。

3. 物流效用

物流运营所创造的价值决定于其所完成的物流周转量的效用值，而物流周转量的效用就是它所创造的物质实体的时间和空间效用，是它所转移的物质实体的效用的增量。物质实体的效用是由它的数量、质量、时间和地点决定的，物流活动使物质实体的效用增加了时间和地点的增量。这一增量就是物流活动的效用。

4. 物流运营的效益分析

通过分析物流运营系统的投入和产出，以及物流运营的效用，可以分析整个系统运营的效益。我们可以直接用效用的增量代替价值的增值，并称其为效用价值，则物流的效益就是这一增值与物流成本的比较。将物流周转量（W）和物流成本（C）与物流效用价值

（U）联系起来进行物流效益的分析可以看出：

①提高效益的首要因素是提高效用的增量 ΔU；

②在保持效用增量 ΔU 不变的情况下，降低物流周转量 W 和单位物流周转成本 C 同样可以显著地增加物流效益；

③增加物流的劳动投入即增加物流规模只能在物流能力不足的时候才能起一定的作用，但是它在提升效用价值 ΔU 的同时，也提升了物流成本。

当然，在运用物流周转量和物流效用价值指标考察物流的成本、效益的时候，存在着一些实际的问题。首先，物流周转量不是一个单独的指标，它是储存周转量和运输周转量的组合。由于这两个量的量纲和单位不同，很难进行综合的计量。同时，在满足一种需求的时候，如果减少储存周转量，相应就需要更多的运输周转量，而如果减少运输周转量，则必然要增加储存周转量，这就是物流功能的效益背反性（或称二律背反），但是总的物流周转量未见大的增减。另外，物流效用也是一个很难准确计算的函数。

6.5.2　物流企业的综合绩效评价系统规划

20 世纪以来，财务性绩效评价被企业广泛应用，但财务指标评价存在着重短期利益而轻长期利益、重局部利益而轻全局利益等许多缺陷。因此，20 世纪 90 年代以来，人们提出了将财务指标和非财务指标相结合的企业绩效评价方法，如平衡记分卡法等。

1. 平衡记分卡法概述

平衡计分卡（Balanced Scoreboard），源自于哈佛大学教授 Robert Kaplan 与诺朗顿研究院（Nolan Norton Institute）的执行长 David Norton 于 20 世纪 90 年代所从事的"未来组织绩效衡量方法"研究计划。它把产出（Outcome）和绩效驱动因素（Performance Driver）串联起来，以衡量指标与其量度作为语言，把组织的使命和策略转变为一套前后连贯的系统绩效评核量度，把复杂而笼统的概念转化为精确的目标，借以寻求财务与非财务的衡量之间、短期与长期的目标之间、落后的与领先的指标之间，以及外部与内部绩效之间的平衡。

平衡记分卡法最突出的特点是：将企业的远景、使命和发展战略与企业的绩效评价系统联系起来，它把企业的使命和战略转变为具体的目标和测评指标，以实现战略和绩效的有机结合。平衡记分卡主要从四个方面来观察和评价企业。

（1）财务（Financial）

其目标是解决"股东如何看待我们？"的问题。从财务角度说明公司是如何满足股东要求的，该部分是从传统的财务绩效评价体系中转化而来。通过设置一系列财务指标来显示企业的战略及其执行是否有利于企业利润的增加，企业的财务目标是否实现。典型的财务目标包括赢利、成长和股东价值。如用现金流量、权益报酬率来衡量股东价值的提高，用销售收入和经营收入的增长来衡量企业成长性。

（2）顾客（Customer）

其目标是解决"顾客如何看待我们？"的问题，从顾客角度说明企业是如何在满足顾客的价值主张中有所收益。可以自己组织或委托第三方对顾客进行调查，从交货时间、新产品上市时间、产品质量性能和服务等方面了解顾客对企业的评价。并将此评价与其他竞争者进行比较。这样使企业与顾客建立直接的联系，实现较高的市场反馈水平，有助于市场份额的提高。

（3）企业内部流程（Internal Business Processes）

其目标是解决"我们擅长什么？"的问题，从内部业务流程角度说明我们必须擅长什么或如何产出高效，才能满足顾客（包括内部顾客）要求。要满足顾客要求必须要求企业内部组织中有一套有效的程序、决策和行为，该部分通过设置一系列内部测量指标，及时反馈影响顾客评价的程序、决策和行为是否有效。

（4）学习与成长（Learning and Growth）

其目标是要解决"我们是在不断进步吗？"的问题。从创新与学习角度说明企业成员必须具备哪些素质、技术、技能，才能满足前三者的需要。其实是在说明如何才能提高并创造价值的后劲。创新学习能力包括企业技术领先能力，产品成熟所需时间、开创新市场能力和对竞争对手新产品的灵敏程度。

平衡记分卡法是以企业的战略目标和竞争需要为基础，将财务测评指标和顾客满意度，内部程序及企业的提高学习能力结合起来，不仅有利于正确评价企业经营绩效和竞争实力，还直接表明企业的奋斗目标和宗旨，有利于企业全体职员对其战略计划、目标的理解，有利于管理者决策的正确制定和战略竞争优势的形成。

2. 基于平衡记分卡法的企业综合绩效评价

物流企业在我国作为新兴的企业，其经营方法还处于探索阶段，而绩效评价体系就更不完善。传统的财务绩效评价太过重视净利润率，而忽视对物流企业正常经营和长远获利能力有重大影响的其他因素。例如，顾客、职员、运营风险、作业工序与控制等因素。而作为服务企业，物流企业在经营、客户需求等方面都其有其特有的特点。单纯采用财务指标进行物流企业的绩效评价，往往会造成绩效评价的片面性，影响竞争优势的发掘，造成企业长期、短期运营目标的失衡。借鉴平衡记分卡法建立与现代企业制度、战略相适应的物流服务企业的绩效评价体系，需要从所有者、经营者角度，从企业组织效率、竞争能力、赢利能力、职工工作效率等方面全方位、综合地评价企业的核心能力，以反映整个企业的运作效率，是融合财务管理、企业管理、管理工程三门应用性学科的多学科交叉的评价体系。同时，该绩效评价体系应考虑物流服务业具有的与相关行业联系性强的特点，建立反映物流服务产业与企业特点的绩效评价体系，以利于评价者规范其经营行为，对其进行事前、事中、事后，定期和不定期的绩效评价。依照平衡记分卡法的框架，对物流企业的绩效评价也从4个方面进行。

（1）财务绩效评价指标

财务绩效评价指标显示了物流企业的战略及其执行对于股东利益的影响。企业的重要财务目标涉及赢利、股东价值实现和增长。相应的平衡记分卡法将其财务目标简单表示为生存、成功、增长，如表6-1所示。

表6-1 物流企业平衡记分卡评价法：财务绩效

目标	评价指标	可量化模型
生存	现金净流量	业务进行中的现金流入－现金流出
	速动比率	（流动资产－存货）/流动负债
成功	权益净利率	净利率/平均净资产
增长	相对市场份额增加值	业务在规定的评价期内销售额增加量/在规定的评价期内同行业企业总销售额的增加量

财务层面的绩效评价涵盖了传统的绩效评价方式，但是财务层面的评价指标并非唯一的或最重要的，它只是企业整体发展战略中不可忽视的要素中的一部分。例如，现代化的物流企业的整体发展战略立足于长期发展和获取利润的能力，并非只盯着近期的利润。所以绩效评价的结果，虽然内部及创新学习各层面均有较大的进展，但是财务层面不会有令人喜悦的结果，这并不是管理者不重视财务层面上的相关因素，而是追求的长久效益和远期发展，而在财务层面上重视的是能否完成基本的要求。

（2）客户层面绩效评价指标

物流企业的经营，不仅是为了获取财务上的直接收益，还要考虑战略资源的开发与保护。这种战略资源包括外部资源和内部资源。外部资源即客户，为企业带来了物流服务产品的市场，这也是企业战略性成长的需求基础。

而客户层面的绩效评价，就是对企业赖以生存的外部资源开发和利用的绩效进行衡量。具体来说是指企业进行客户开发的绩效和对从客户处的获利能力的测量。这种评价主要考虑两个方面，一是客户对物流服务满意度的评价；二是企业的经营行为对客户开发的数量和质量的评价。为使平衡记分卡法有效地发挥作用，把这些目标转化成具体的评价指标，如表6-2所示。

表6-2 物流企业平衡记分卡评价法：客户绩效

目标	评价指标	可量化模型
市场份额	市场占有率	客户数量、产品销售量
保持市场	客户保持率	保留或维持与现有客户的比率
拓展市场	客户获得率	新客户的数量或对新客户的销售额
客户满意	客户满意度	客户满意率
客户获利	客户获利能力	份额最大客户的获利水平，客户平均获利水平

（3）内部业务绩效评价

作为企业赖以生存的另一个重要资源就是内部资源，就是物流企业具有的内部业务能力，包括产品特性、业务流程、软硬资源等。

企业的内部业务绩效来自企业的核心竞争能力，即如何保持持久的市场领先地位，较高的市场占有率的关键技术与策略、营销方针等。企业应当清楚自己具有哪些优势，如高质量的产品和服务、优越的区位、资金的来源、优秀的物流管理人员等。这一部分是物流企业绩效评价体系中最能反映其行业和企业特色的，需要结合物流企业特点和客户需求共同确定。具体的评价目标和指标如表6-3所示。

表6-3　　　　　　　　　物流企业平衡记分卡评价法：内部业务

目标		评价指标	量化模型
价格合理		单位进货价格	每单位进货量价格
服务质量高	可得性	存货可得性	缺货率、供应比率、订货完成率
	作业绩效	速度、一致性、灵活性、故障与恢复	完成订发货周期速度，按时配送率，异于合同配送需求满足时间、次数、退货更换时间
	可靠性	按时交货率、对配送延迟的提前通知、延期订货发生次数	按时交货次数、总交换次数，配送延期通知次数、配送延期次数，延期订货发生次数
配置	硬件配置	网络化（采用 JIT、MRP 等物流管理系统的客户）	使用网络化客户管理数、所有客户数
资源	软件配置	优秀人员（完成常规任务的时间、质量、受教育的程度）	雇员完成规定任务的时间、雇员完成规定任务的出错率，接受过专业物流教育的雇员数、雇员总人数

（4）创新与学习能力绩效评价

虽然顾客层面和内部层面已经着眼于企业发展的战略层次，但都是将评价观点放在物流企业现有竞争能力上，而创新与学习层面则强调了企业不断创新并保持其竞争能力与未来的发展势头，因此无论是管理阶层还是基层职员都必须不断地学习，不断地推出新的物流产品和服务，并且迅速有效地占领市场。业务方面，不断地学习和创新会为顾客提供更多价值含量高的产品，减少运营成本，提高企业经营效率，扩大市场，找到新增附加值的机会，从而增加股东价值。物流企业创新和学习绩效评价目标和指标如表6-4所示。将平衡记分卡法应用于物流企业的绩效衡量，其重点是根据物流企业本身的特点和物流客户需求的特点，设定恰当的评价指标，从而提出一个全面衡量物流企业的绩效的方法体系。采用这种全方位的分析方法，就在物流企业的经营绩效与其竞争优势的识别之间搭建了一个桥梁，必将有利于企业的战略成长。

表6－4   物流企业平衡记分卡评价法：创新与学习绩效

目标		评价指标	量化模型
员工学习	信息系统方面	员工获得足够信息	成本信息及时传递给一线员工时间
	员工能力管理	员工能力提高、激发员工主观能动性和创造力	员工满意率、保持率、培训次数
	调动员工参与积极性	激励和权利指标	员工建议数量、员工建议被采纳的数量
业务学习创新		信息化程度、研发投入	研发开发费增长率、信息系统更新投入占销售额的比率、同业平均投入占销售额的比率

6.5.3　货主企业物流绩效综合评价系统规划

1. 货主企业存货金额及其考核评价

保持一定量的存货投资是企业开展正常生产经营活动的前提，但存货的保持需要一定的成本支出。如果存货物资储备量过大，就会发生额外的支出，因此，进行存货管理的主要目的就是要在满足正常生产经营活动的前提下，尽可能使存货投资最少、存货周转率最高。因此货主企业需要制定合理的存货资金定额，并严格执行。在日常运营过程中，随时对存货资金的占用情况进行评价。会计期末，也要求对实际的存货资金占用与预先确定的资金定额情况进行考核分析。

核定货主资金定额的方法通常有周转期计算法、因素分析法和比例分析法：

（1）周转期计算法

又称为定额日数计算法，是根据各种存货平均每天的周转额和其资金周转日数来确定资金金额的一种方法。存货资金定额的大小取决于两个基本因素：一是资金完成一次循环所需的日数，即资金定额日；二是每日平均周转额，即每日平均资金占用额。存货资金定额的计算方式如下：

$$存货资金定额 = 每日平均周转额 \times 定额周转日数$$

周转期计算法是核定存货资金定额的基本方法。对于商品流通企业来说，每日平均的周转额可以用每日平均的销售成本来反映，而资金定额天数是指从商品购进一直到商品售出过程中所要经历的定额天数。

（2）因素分析法

该方法是以存货项目上一年度的实际平均占用额为基础，根据计划年度的生产任务情况，以及加速资金周转的要求进行一定的分析调整，来计算存货或流动资金定额的一种方法，其计算公式如下：

$$资金数额 = （上年资金实际平均占用额 - 不合理占用额）\times$$

（1±计划年度营业额增减%）×（1–加速流动资金周转%）

这种方法适用于物资品种繁多，用量较少，资金占用较少的原材料和辅助材料等项目的物资资金定额的计算，也可以用来计算整个企业存货资金定额的数量。

（3）比例分析法

该方法是根据存货资金需要量和相关项目指标因素之间的比例关系，按比例来测算资金数额的方法。它主要用于辅助材料和修理用备件等资金数额的确定，同样也可以用来运算全部存货资金或全部流动资金的需要量。以销售收入资金率为例，资金定额的计算公式如下：

存货资金数额＝计划年度商品销售收入计划数额×计划销售收入存货资金率

计划销售收入存货资金率＝（上年存货资金平均余额–不合理占用额）/

上年实际销售收入总额×（1–计划年度资金周转加速度）×100%

2. 货主企业存货周转效率评价

存货的流动性将直接影响企业的流动比率，也是货主企业物流管理水平的体现，存货的流动性一般可以用存货的周转速度指标来反映，即存货周转率或存货周转天数。存货周转率是衡量和评价货主企业购入存货、投入生产、销售回收等各个物流环节管理状况的综合性指标。不管是制造企业还是流通企业，存货周转率可用销售成本被平均存货所除而得到的比率来表示，或叫存货的周转次数。用时间表示的存货周转率就是存货周转天数，计算公式如下：

存货周转率＝销售成本/平均存货

存货周转天数＝360/存货周转率

＝360/（销售成本/平均存货）

＝（平均存货×360）/销售成本

存货周转率是分析企业物流经营情况的一项重要指标，存货周转次数多，周转天数少，说明存货周转快，企业实现的利润相应增加；否则，存货周转缓慢，往往会造成企业利润下降。如果存货周转速度缓慢，企业应加强物流管理水平，并采取必要措施，加快存货的周转。

3. 货主企业的物流成市控制及其绩效评价

物流作为货主企业的第三利润源泉，主要是通过提高物流管理水平，降低物流成本的方式来给企业创造利润的；实际上，整个物流的发展过程，就是不断降低物流成本、提高物流效率的过程。因此，对货主企业的物流成本进行核算并考核，是改善物流管理水平的一个重要措施。制造企业和流通企业物流成本是指企业在进行供应、生产、销售、回收等过程中所发生的运输、包装、保管、配送、回收等成本。

与物流企业相比较，由于货主企业内部的主要物流活动，如仓储和运输配送等，一直作为生产和销售活动的附属业务，因而对物流成本的财务核算一直没有单独列出。至于利息、办公费、差旅费、低值易耗品摊销等支出，更是散落到各个会计账户中，使得物流成本的管理和控制难以有效地实现。

解决独立核算企业物流系统的成本费用，是对其进行绩效评价的一个重要问题。为此，可以在当前的财务会计系统下，在企业各级含物流成本的一级科目下设置有关物流成本的二级科目或增设物流费用项目，将各种物流成本归入其中，最后将各物流成本的二级科目分类汇总即可求得物流总费用。

以制造企业为例，物流成本一般包括的内容及下设的二级科目有：

①销售人员的工资及福利费，一般计入营业费用，故在营业费用中下设销售物流的二级科目，将其纳入其中；

②生产要素的采购费用，包括运输费、保险费，一般计入材料采购，只需在材料采购下设供应物流费用的二级科目将其归入其中；

③采购人员的工资、差旅费、办公费等，一般计入管理费用，应在管理费用科目下设供应物流成本二级科目，将其归入其中；

④企业内部仓库保管费，如维护费、搬运费，一般归入管理费用，可下设供应物流成本的二级科目进行归集；

⑤生产过程中的搬运费，一般记入制造费用，可以在制造费用科目下设生产物流成本二级科目，归集生产过程中的物流成本；

⑥有关设备、仓库的折旧费，按其不同属性，分别归入供应物流费用、生产物流费用和销售物流费用、废弃物流费用等二级科目中；

⑦物流信息费按其归属，在摊销时计入相应的物流成本二级科目中；

⑧存货资金占用贷款利息，在财务费用下设二级科目，分别归入相应的物流成本二级科目中；

⑨回收废弃物产生的物流费用，计入相应的物流支出二级科目中。

通过以上二级科目的归集，可以核算出货主企业的物流成本，并在此基础上实施有效的管理和控制。

6.6　案例分析：亚马逊物流促销策略研究启示

全球最大的网上书店亚马逊网上书店 2002 年底开始赢利，这是全球电子商务发展的福音。美国亚马逊网上书店自 1995 年 7 月在美国开业以来，经历了 7 年的发展历程。到 2002 年底全球已有 220 个国家的 4000 万网民在亚马逊书店购买了商品，亚马逊为消费者提供的商品总数已达到 40 多万种。随着近几年来在电子商务发展受挫，许多追随者纷纷倒地落马之时，亚马逊却顽强地活了下来并脱颖而出，创造了令人振奋的业绩：2002 年第三季度的净销售额达 8.51 亿美元，比上年同期增长了 33.2%；2002 年前三个季度的净销售额达 25.04 亿美元，比上年同期增长了 24.8%。虽然 2002 年前三个季度还没有赢利，但净亏损额为 1.52 亿美元，比上年同期减少了 73.4%，2002 年第四季度的销售额为 14.3 亿美元，实现净利润 300 万美元，是第二个赢利的季度。亚马逊的扭亏为赢无疑是对 B2C

电子商务公司的巨大鼓舞。

为什么在电子商务发展普遍受挫时亚马逊的旗帜不倒？是什么成就了亚马逊今天的业绩？亚马逊的快速发展说明了什么？带着这一连串的疑问和思索探究亚马逊的发展历程后，我们经过研究后惊奇地发现，正是被许多人称为是电子商务发展"瓶颈"和最大障碍的物流拯救了亚马逊，是物流创造了亚马逊今天的业绩。那么通过亚马逊的生存和发展经历的研究带给我们现在的企业哪些有益的启示呢？

6.6.1　启示一：物流是亚马逊促销的手段

在电子商务举步维艰的日子里，亚马逊推出了创新、大胆的促销策略，为顾客提供免费的送货服务，并且不断降低免费送货服务的门槛。到目前为止，亚马逊已经三次采取此种促销手段。前两次免费送货服务的门槛分别为99美元和49美元，2002年8月亚马逊又将免费送货的门槛降低一半，开始对购物总价超过25美元的顾客实行免费送货服务，以此来促进销售业务的增长。免费送货极大地激发了人们的消费热情，使那些对电子商务心存疑虑、担心网上购物价格昂贵的网民们迅速加入亚马逊消费者的行列，从而使亚马逊的客户群扩大到了4000万人。由此产生了巨大的经济效益：2002年第三季度书籍、音乐和影视产品的销量较上年同期增长了17%。物流对销售的促进和影响作用，"物流是企业竞争的工具"在亚马逊的经营实践中得到了最好的诠释。

很多年来，网上购物价格昂贵的现实是使消费者摈弃电子商务而坚持选择实体商店购物的主要因素，也是导致电子商务公司失去顾客、经营失败的重要原因。在电子商务经营处于"高天滚滚寒流急"的危难时刻，亚马逊独辟蹊径，大胆地将物流作为促销手段，薄利多销、低价竞争，以物流的代价去占领市场，招揽顾客，扩大市场份额。显然此项策略是正确的，因为抓住了问题的实质。据某市场调查公司最近一项消费者调查显示，网上顾客认为，在节假日期间送货费折扣的吸引力远远超过其他任何促销手段。同时这一策略也被证实是成功的，自2001年以来，亚马逊把在线商品的价格普遍降低了10%左右，从而使其客户群达到了4000万人，其中通过网上消费的达3000万人左右。为此，亚马逊创始人贝佐斯得以对外自信地宣称："或许消费者还会前往实体商店购物，但绝对不会是因为价格的原因。"当然这项经营策略也是有风险的。因为如果不能消化由此产生的成本，转移沉重的财务负担，则将功亏一篑。那么亚马逊是如何解决这些问题的呢？

6.6.2　启示二：开源节流是亚马逊促销成功的保证

如前所述亚马逊赢利的秘诀在于给顾客提供的大额购买折扣及免费送货服务。然而此种促销策略也是一柄双刃剑：在增加销售的同时产生巨大的成本。如何消化由此而带来的成本呢？亚马逊的做法是在财务管理上不遗余力地削减成本：减少开支、裁减人员，使用先进便捷的订单处理系统降低错误率，整合送货和节约库存成本……通过降低物流成本，相当于以较少的促销成本获得更大的销售收益，再将之回馈于消费者，以此来争取更多的顾客，形成有效的良性循环。当然这对亚马逊的成本控制能力和物流系统都提出了很高的要求。此外，亚马逊在节流的同时也积极寻找新的利润增长点，比如为其他商户在网上出售新旧商品和与众多商家合作，向亚马逊的客户出售这些商家的品牌产品，从中收取佣金。使亚马逊的客户可以一站式地购买众多商家的品牌，商品以及原有的书籍、音乐制品和其他产品，既向客户提供了更多的商品，又以其多样化选择和商品信息吸引众多消费者前来购物，同时自己又不增加额外的库存风险，可谓一举多得。这些有效的开源节流措施是亚马逊低价促销成功的重要保证。

6.6.3　启示三：完善的物流系统是电子商务生存与发展的命脉

电子商务是以现代信息技术和计算机网络为基础进行的商品和服务交易，具有交易虚拟化、透明化、成本低、效率高的特点。在电子商务中，信息流、商流、资金流的活动都可以通过计算机在网上完成，唯独物流要经过实实在在的运作过程，无法像信息流、资金流那样被虚拟化。因此，作为电子商务组成部分的物流便成为决定电子商务效益的关键因素。在电子商务中，如果物流滞后、效率低、质量差，则电子商务经济、方便、快捷的优势就不复存在。所以完善的物流系统是决定电子商务生存与发展的命脉。分析众多电子商务企业经营失败的原因，在很大程度上是缘于物流上的失败。而亚马逊的成功也正是得益于其在物流上的成功。亚马逊虽然是一个电子商务公司，但它的物流系统十分完善，一点也不逊色于实体公司。由于有完善、优化的物流系统作为保障，它才能将物流作为促销的手段，并有能力严格地控制物流成本和有效地进行物流过程的组织运作。在这些方面亚马逊同样有许多独到之处：

1. 在配送模式的选择上采取外包的方式

在电子商务中亚马逊将其国内的配送业务委托给美国邮政和 UPS，将国际物流委托给国际海运公司等专业物流公司，自己则集中精力去发展主营和核心业务。这样可以减少投资，降低经营风险，又能充分利用专业物流公司的优势，节约物流成本。

2. 将库存控制在最低水平，实行零库存运转

亚马逊通过与供应商建立良好的合作关系，实现了对库存的有效控制。亚马逊公司的库存图书很少，维持库存的只有 200 种最受欢迎的畅销书。一般情况下，亚马逊是在顾客买书下了订单后，才从出版商那里进货。购书者以信用卡向亚马逊公司支付书款，而亚马逊却在图书售出 46 天后才向出版商付款，这就使得它的资金周转比传统书店要顺畅得多。由于保持了低库存，亚马逊的库存周转速度很快，并且从 2001 年以来越来越快。2002 年第三季度库存平均周转次数达到 19.4 次，而世界第一大零售企业沃尔玛的库存周转次数也不过在 7 次左右。

3. 降低退货比率

虽然亚马逊经营的商品种类很多，但由于对商品品种选择适当，价格合理，商品质量和配送服务等能满足顾客需要，所以保持了很低的退货比率。传统书店的退书率一般为25%，高的可达40%，而亚马逊的退书率只有0.25%，远远低于传统的零售书店。极低

的退货比率不仅减少了企业的退货成本，也保持了较高的顾客服务水平并取得良好的商业信誉。

4. 为邮局发送商品提供便利，减少送货成本

在送货中亚马逊采取一种被称之为"邮政注入"减少送货成本。所谓"邮政注入"就是使用自己的货车或由独立的承运人将整卡车的订购商品从亚马逊的仓库送到当地邮局的库房，再由邮局向顾客送货。这样就可以免除邮局对商品的处理程序和步骤，为邮局发送商品提供便利条件，也为自己节省了资金。据一家与亚马逊合作的送货公司估计，靠此种"邮政注入"方式节省的资金相当于头等邮件普通价格的5% ~ 17%，十分可观。

5. 根据不同商品类别建立不同的配送中心，提高配送中心作业效率

亚马逊的配送中心按商品类别设立，不同的商品由不同的配送中心进行配送。这样做有利于提高配送中心的专业化作业程度，使作业组织简单化、规范化，既能提高配送中心作业的效率，又可降低配送中心的管理和运转费用。

6. 采取"组合包装"技术，扩大运输批量

当顾客在亚马逊的网站上确认订单后，就可以立即看到亚马逊销售系统根据顾客所订商品发出的是否有现货，以及选择的发运方式、估计的发货日期和送货日期等信息。如前所述，亚马逊根据商品类别建立不同配送中心，所以顾客订购的不同商品是从位于美国不同地点的不同的配送中心发出的。由于亚马逊的配送中心只保持少量的库存，所以在接到顾客订货后，亚马逊需要查询配送中心的库存，如果配送中心没有现货，就要向供应商订货。因此会造成同一张订单上商品有的可以立即发货，有的则需要等待。为了节省顾客等待的时间，亚马逊建议顾客在订货时不要将需要等待的商品和有现货的商品放在同一张订单中。这样在发运时，承运人就可以将来自不同顾客、相同类别而且配送中心也有现货的商品配装在同一货车内发运，从而缩短顾客订货后的等待时间，也扩大了运输批量，提高运输效率，降低运输成本。

完善的发货条款、灵活多样的送货方式及精确合理的收费标准体现出亚马逊配送管理的科学化与规范化。

亚马逊的发货条款非常完善，在其网站上，顾客可以得到以下信息：

拍卖商品的发运、送货时间的估算、免费的超级节约发运、店内拣货、需要特殊装卸和搬运的商品，包装物的回收、发运的特殊要求、发运费率、发运限制、订货跟踪等。

亚马逊为顾客提供了多种可供选择的送货方式和送货期限。在送货方式上有以陆运和海运为基本运输方式的"标准送货"，也有空运方式。送货期限上，根据目的地是国内还是国外的不同，以及所订的商品是否有现货而采用标准送货、2日送货和1日送货等。根据送货方式和送货期限及商品品类的不同，采取不同的收费标准，有按固定费率收取的批次费，也有按件数收取的件数费，亦有按重量收取的费用。

所有这些都表明亚马逊配送管理上的科学化、法制化和运作组织上的规范化、精细化，为顾客提供了方便、周到、灵活的配送服务，满足了消费者多样化需求。亚马逊以其低廉的价格、便利的服务在顾客心中树立起良好的形象，增加了顾客的信任度，并增强了其对未来发展的信心。

总之，亚马逊带给我们的启示很多，其中最重要的一点就是物流在电子商务发展中起着至关重要的作用。有人将亚马逊的快速发展称为"亚马逊神话"，如果中国的电子商务企业在经营发展中能将物流作为企业的发展战略，合理地规划企业的物流系统，制定正确的物流目标，有效地进行物流的组织和运作，那么对中国的电子商务企业来讲，亚马逊神话将不再遥远。

7 企业生产物流

企业的生产物流活动是指在生产工艺中的物流活动。这种物流活动是与整个生产工艺过程伴生的，实际上已经构成了生产工艺过程的一部分。生产物流一般是指：原材料、燃料、外购件投入生产后，经过下料、发料，运送到各加工点和存储点，以在制品的形态，从一个生产单位（仓库）流入另一个生产单位，按照规定的工艺过程进行加工、储存，借助一定的运输装置，在某个点内流转，又从某个点内流出，始终体现着物料实物形态的流转过程。

本章主要介绍企业市场物流的相关概念，基于企业生产战略与系统设计框架下的生产物流分析和企业生产过程与物流管理。

7.1 企业生产物流概述

7.1.1 企业生产物流的概念

1. 生产物流的含义

（1）从生产工艺角度分析

"工艺是龙头，物流是支柱"，所以生产物流是指企业在生产工艺中的物流活动（即物料不断地离开上一工序，不断发生搬上搬下，向前运动，暂时停滞等活动）。这种物流活动是与整个生产工艺过程伴生的，实际上已构成了生产工艺过程的一部分。其过程大体为：原材料、燃料、外购件等物料从企业仓库或企业的"门口"开始，进入到生产线的开始端，在进一步随生产加工过程并借助一定的运输装置，一个一个环节的"流"，在"流"的过程中，本身被加工，同时产生一些废料余料。直到生产加工终结，再"流"至制品仓库。

（2）从物流的范围分析

企业生产系统中物流的边界起于原材料，外购件的投入，止于成品仓库。它贯穿生产全过程，横跨整个企业（车间，工段），其流经的范围是全厂性的，全过程的。物料投入生产后即形成物流，并随着生产进程不断改变自己的实物形态（如装配，储存，搬运，等待状态）和场所位置（各车间，工段，工作地，仓库）。

（3）从物流属性分析

企业生产物流是指生产所需物料在空间和时间上的运动过程，是生产系统的动态表现，换言之，物料（原材料、辅助材料、零部件在制品、成品）经历生产系统各个生产阶段或工序的全部运动过程就是生产物流。

另外，企业生产物流过程需要物流信息提供支持，通过信息的收集、传递、存储、加工和使用，控制各项物流活动的实施，使其协调一致，保证生产的顺利进行。生产物流管理的核心是对物流和信息流进行科学的规划、管理与控制。

2. 影响企业生产物流的主要因素

不同生产过程形成了不同的生产物流系统，生产物流的构成与下列因素有关：

①生产工艺。不同的生产工艺、加工设备，对生产物流有不同的要求和限制，是影响生产物流构成的最基本因素。

②生产类型。不同的生产物流类型、产品品种、结构的复杂程度、加工设备不尽相同，将影响生产物流的构成与比例关系。

③生产规模。生产规模指单位时间内的产品产量，因此规模大，物流量大；规模小，物流量小。相应的物流设施，设备就不同，组织管理也不同。

④专业化与协作化水平。社会生产力的高速发展与全球经济一体化，使企业的专业化与协作化水平不断提高。于此相适应，企业内部的生产简化，物料流程缩短。例如，过去由企业生产的毛坯、零件、部件等，现在可以由企业的合作伙伴来提供。这些变化必然影响生产企业的构成与管理。

3. 生产物流的基本特征

企业的生产过程实质上是一个生产加工"串"起来的物流活动，因此，为了使生产过程始终处于最佳状态，合理的生产物流过程应该具备以下几个特征：

①连续性、流畅性。物流总是处于不断的流动之中，包括空间上的流动性和时间上的流畅性。空间上的连续性要求生产过程各个环节在空间布置上合理紧凑，使物流的流程尽可能的短。没有迂回往返现象。时间上的流畅性要求物流在各个生产环节的运动，始终处于连续流畅状态。

②平行性。物流在生产过程中应实现平行交叉活动。平行是指相同的在制品在数道相同的工作地（机床）上加工流动；交叉是指一批在制品在上道工序还没有加工完时，将已完成的部分在制品转到下道工序加工。平行交叉流动可以大大减少产品的生产周期。

③比例性、协调性。生产过程的各个工艺阶段之间、各个工序之间在生产能力上要保持一定的比例以适应产品制造的要求。比例关系表现在各生产环节的工人、设备数、生产面积、生产速率和开的班次等因素之间相互协调和适应，比例是相对的、动态的。

④均衡性、节奏性。产品从投料到最后完工都能按预定的计划均衡的进行，能够在相等的时间间隔内完成相等的工作量或稳定递增的生产工作量。很少有时松有时紧，突击加班现象。

⑤准时性。生产的各个阶段、各工序都按后续阶段和工序的需要生产即在需要使用的时候，按需要的数量，生产所需要的零部件。只有保证准时性，才有可能推动上述连续

性、平行性、比例性、均衡性。

⑥柔性、适应性。指加工制造的灵活性、可变性和可调解性。要求在短时间内以较少的资源从一种产品的生产转化为另一种产品的生产，从而适应市场的多样化、个性化要求。

7.1.2 生产物流的类型

通常情况下，企业生产的产品产量越大，产品的品种数量越少，生产的专业化水平也越高，而物流的稳定性和重复性也就越大。所以生产物流类型与决定生产类型的产品产量、品种和专业化程度有着密切的内在联系。正因为此，把划分生产物流的类型与划分生产类型看成是一个问题的一种说法。

1. 从生产专业化的角度分类

它根据产品在工作地生产的重复程度把物料生产过程划分为：单件、大件、成批三种类型。

①单件生产（项目型）——生产品种繁多，但每种只生产一台，生产重复度低；

②大件生产（连续型或离散型）——生产品种单一，产量大，生产重复度高；

③成批生产（连续型或离散型）——介于上述两者之间。即品种不单一，每种都有一定批量，生产有一定的重复性。通常又可以分为大批生产、中批生产、小批生产。

2. 从物流的流向角度分类

可以根据物料在生产工艺过程中流动的特点，把生产物流划分为项目、连续、离散三种类型。

①项目型生产物流。项目型生产物流是固定式生产中的物流凝固，即当生产系统需要的物料进入生产场地后，几乎处于停止的"凝固"状态，或者说在生产过程中物料流动性不强。

项目型生产物流分两种状态：一种是物料进入生产场地后就被凝固在场地中，和生产场地一起形成最终产品，如住宅、厂房、公路、铁路、机场、大坝等；另一种是在物料流入生产场地后，"滞留"时间很长形成最终产品后再流出，如大型的水电设备、冶金设备、轮船、飞机等。

项目型生产物流管理的重点是按照项目的生命周期对每阶段所需的物料在质量、费用及时间进度等方面进行严格的计划和控制。

②连续型生产物流。连续型生产物流是在流程式生产中物料均匀、连续地流动，不能中断。

连续型生产物流的特点是：生产出的产品和使用的设备、工艺流程都是固定且标准化的，工序之间几乎没有在制品储存。

连续型生产物流管理的重点是保证连续供应物料和确保每一生产环节的正常运行。由于工艺相对稳定，有条件采用自动化装置实现对生产过程的实时监控。

③离散型生产物流。离散型生产物流是在加工装配式生产中，产品生产的投入要素由

许多可分离的零部件构成，各个零部件的加工过程彼此独立。

离散型生产物流的特点是：制成的零件通过部件装配和总装配最后成为产品，整个产品的生产工艺是离散的，各个生产环节之间要求有一定的在制品储备。

离散型生产物流管理的重点是在保证及时供料，零件、部件的加工质量的基础上，准确控制零部件的生产进度，缩短生命周期，既要减少在制品积压，又要保证生产的成套性。

3. 从物料流经的区域和功能角度分类

可以把生产过程中的物流细分为两部分：工厂间物流和工序间物流（车间物流）。

①工厂间物流。工厂间物流是指独立工厂与材料、配件供应厂之间的物流。其内容包括：各工厂内原材料、零部件储存。加工过程中间的通用部件集中储存；集中向生产工厂输送材料、燃料；产成品的集中储存和搬运等。

为了合理规划生产过程中的工厂间物流，从管理的角度考虑，重点是进行企业内部供应链管理，合理布局生产单位，确定合理的协作计划，运用信息技术建立数据库，实现信息共享。

②工序间物流。工序间物流也称工位间物流、车间物流，指生产过程中车间内部和车间、仓库之间各个工序、工位上的物流。其内容包括：接受原材料、零部件后的储存；加工过程中间的在制品储存；成品出厂前的储存；仓库向生产车间运送材料、零部件的搬运；各种物料在车间、工序之间的搬运。

为了尽量压缩工序间物流在生产过程中的时间，从管理的角度考虑，重点是进行仓库合理布局；确定合理的库存量；配置设备与人员；建立搬运作业流程、储存制度和适当的搬运路线；正确选定储存；搬运项目的信息搜集、汇总、统计、使用方法。实现"适时、适量、高效、低耗"的生产目标。

由于工序间物流实际上主要与两种物流状态——储存和移动有关，所以对于储存与搬运这两个物流环节而言，先要讲究合理性原则，然后才是具体形式的选择。

合理性原则体现在仓储环节的要求是：首先，要以工艺流程和生产作业排序的要求确定仓库的形式、规模和位置，要符合物料移动中道路通畅、安全的要求，以及有利于厂内外物流作业，尽可能在方便作业的前提下缩短作业距离；其次，要有利于作业时间的有效利用，避免重复作业，减少窝工，防止物流阻塞；最后，在符合安全规范的前提下充分利用面积和空间。

合理性原则在物料搬运环节的要求是：第一，搬运路线要按直线设置，避免交叉、往复、混杂、多余路线；第二，搬运设备机械化、省力化、标准化；第三，物料集中堆放便于减少搬运次数，搬运采用集装、托盘、拖运方式以提高作业效率；第四，减少等待和空载，提高作业者和搬运设备利用率。

7.1.3 企业生产物流的组织形式

从物料投入到成品出产的生产物流过程，通常包括工艺过程、检验过程、运输过程、等待停歇过程、自然过程。一般可从空间、时间、人员三个角度组织生产物流。

1. 生产物流的空间组织

生产物流的空间组织是相对于企业生产区域而言，目标是如何缩短物料在工艺流程中的移动距离。一般有三种专业化组织形式，即工艺专业化、对象专业化、成组工艺等。

（1）按工艺专业化形式组织生产物流

工艺专业化形式也叫工业原则或功能性生产体系。其特点是把同类的生产设备集中在一起，对企业想要生产的产品进行相同工艺的加工。即加工对象是多样化但加工工艺、方法却是相同的。

这种物流组织方式的优点是：对产品品种的变化和加工顺序的变化适应能力强；生产系统的可靠性较高；工艺设备管理较方便。缺点是：物流在加工过程中物流次数及路线复杂、协调难度大。

在企业生产规模不大、生产专业化程度低、产品品种不稳定，或单件小批量生产条件下，适宜按工艺专业化组织生产物流。

（2）按对象专业化形式组织生产物流

对象专业化形式也叫产品专业化原则或流水线。其特点是把生产设备、辅助设备按生产对象的加工路线组织起来，即加工对象单一但加工工艺、方法却多样化。

这种物流组织方式的优点是：可减少运输次数，缩短运输线路；协作关系简单，从而简化了生产管理；在制品少，生产周期短。缺点是：对品种变化适应性差；生产系统的可靠性较低；工艺及设备管理较复杂。

在企业专业方向已确定，产品品种比较稳定，生产类型属于大量、大批生产，设备比较齐全并能有充分负荷的条件下，适应于按产品专业化组织形式。

（3）按成组工艺形式组织生产物流

成组工艺形式是结合上述两种形式的特点，按成组技术原理，把具有相似性的零件分成一个成组单位，并根据其加工路线组织设备。

这种物流组织方式的主要优点是：可以简化零件的加工过程，减少物流迂回路线，在满足品种变化的基础上有一定的批量生产优势，具有柔性和适应性。

上面三种生产物流形式各有特色，而如何选择则主要取决于生产系统中产品品种多少和产量大小。

2. 生产物流的时间组织

生产物流的时间组织是指一批物料在生产过程中各生产单位、各道工序之间在时间上的衔接和结合方式。要合理组织生产物流，不但要缩短物料流程的距离，还要加快物料流程的速度，减少物料的成批等待，实现物流的连续性、节奏性。

通常，一批物料有三种典型的移动组织方式，即顺序移动、平行移动、平行顺序移动。

（1）顺序移动方式

顺序移动方式是指一批物料在上道工序全部加工完毕后才整批地转移到下道工序继续

加工。优点是一批物料连续加工，设备不停顿，物料整批转化工序，便于组织生产。但缺点是：不同物料之间有等待加工、运输的时间，因而生产周期较长。

（2）平行移动方式

平行移动方式是指一批物料投入后，在前道工序加工一个物料以后，立即送到后道工序去继续加工，形成前后交叉作业。

这种方式的优点是：不会出现物料成批等待现象，因而整批物料的生产周期最短。缺点是：物料在各道工序加工时间不相等时，会出现人力和设备的停工现象。只有当工序加工时间相等时，各工作才能连续充分负荷地进行生产。另外，运输频繁会加大运输成本。

（3）平行顺序移动方式

平行顺序移动方式是指每批物料在每一道工序上连续加工没有停顿，并且物料在各道工序的加工尽可能做到平行。既考虑了相邻工序上加工时间尽量重复，又保持了该批物料在工序上的加工顺序。

3. 生产物流的人员组织

生产物流的人员组织主要体现在人员的岗位设计方面。要实现生产物流在空间时间两方面的组织形式，必须重新对工作岗位进行设计，以保证生产物流优化而畅通。

根据生产物流的特征，岗位设计的基本原则是："因物料流向而设岗位"，因此要考虑以下几个问题：

• 岗位设置数目是否符合最短物流路径原则？其目的是用尽可能少的岗位完成尽可能多的工作任务。

• 所有岗位是否实现了各工艺之间的有效配合？其目的是保证生产总目标、总任务的实现。

• 每一个岗位是否在物流过程中发挥了积极的作用？其目标是岗位之间的关系应协调统一。

• 物流过程中的所有岗位是否体现了经济、科学、合理的系统原则？其目标是物流优化。

（1）内容

根据人的行为、心里特征、岗位设计还有工作者个人的工作动机需求可从三方面入手：

①扩大工作范围，丰富工作内容，合理安排工作任务。目的在于使岗位工作范围及责任增加，改变人员对工作的单调感和乏味感从而提高生产效率，促进岗位任务的完成。可以从横向和纵向两个方面扩大工作范围。

横向途径有：将分工很细的工作单位合并，由一个人负责一道工序改为由几个人共同负责几道工序；尽量使员工进行不同工序，不同设备的操作；采用包干负责制，有一个人或一个小组负责一项完整的工作，使其看到工作的意义。

纵向途径有：生产人员承担一部分管理人员的职能，如参与生产计划制订、自行决定生产目标、工作程序、操作方法、检验衡量工作质量和数量，并进行工作核算。同时生产人员不但承担一部分生产任务，而且还参与产品试验、设计、工艺管理等技术工作。

②工作满负荷。目的在于制订合理的生产定额从而确定合理的岗位数目和人员要求。

③优化生产环境。目的在于改善生产环境中的各种不利于生产效率的因素，建立人—机—环境的最有效系统。

（2）要求

①针对按工艺专业化形式组织的生产物流，要求员工不仅专业化水平很高，而且具有较多的技能和技艺，即一专多能，一人多岗。

②针对按对象专业化形式组织的生产物流，要求员工在工作中具有较强的"工作协调"能力，能自主平衡各个工序间的"瓶颈"，保证物流的均衡性、比例性、适时性要求。

③针对按成组工艺形式组织的生产物流，要求向员工授权，即从管理和技术两个途径，保证给每个人都配备技术资料、工具、工作职责和权利，改变不利于物流合理性的工作习惯，加强新技术的学习和使用。

7.2 基于企业生产战略与系统设计框架下的生产物流分析

企业的生产战略影响生产物流，进行生产物流分析设计时要考了生产战略因素，因此我们以生产物流为核心进行企业生产系统的设计，最后给予优化。

7.2.1 企业生产战略对生产物流的影响

1. 生产战略的含义

生产战略是企业根据所选定的目标市场和产品特点来构造其生产系统所遵循的指导思想，以及这种指导思想下的一系列决策规划、内容和程序。

作为决策结果，生产战略是关于生产系统如何成为企业立足市场，并获得竞争优势的战略性计划；作为一系列决策过程，生产战略为实现生产系统在企业中的有效性规定了明确的决策内容、程序、原则和模式。广义而言，生产战略是生产的宗旨、目标政策；就狭义而论，生产战略是实现宗旨、目标宽泛的计划和方法。

2. 几种生产战略下的生产物流观

企业常用的生产战略有五种：自制或购买；低成本和大批量；多品种和小批量；高质量、快速响应——敏捷制造。

（1）自制或购买

任何一个企业，关键性战略决策都集中在自制与购买决策上。自制与购买决策不仅在很大程度上决定了企业的生产率和竞争力，而且也决定了企业物流决策的侧重点。

如果决定自己制造某种产品，则需要建造相应的设施，采购所需要的设备，配备相应的工人、技术人员和管理人员。具体而言，如果是产品自制，则需建制造厂同时进行产品及其工艺流程设计。如果在产品装配阶段自制，则需建装配厂，同时设计装配流，进行配线平衡。要建厂就会有选址、设施布置、工艺流程设计、工作地和生产线安排等与生产物流有关联的活动。产品从原料投入到形成实体的生产物流过程，实际上就是由上述几个因素综合决定的，显然，不同的流程设计将体现不同的生产物流观，不同的选址和布置方案会带来不一样的生产物流。理论上最优生产物流的选择原则将根据该产品生产物流的基本特征及其最小成本而定。

（2）低成本和大批量

以早期福特汽车公司生产 T 型车为代表的低成本和大批量战略，给整个制造业带来了革命性的变化，也改变了人类经济生活方式。在有市场需求的前提下，企业如果决定运用低成本和大批量战略，则需要采用高效专用设备和设施（生产流水线）；选择标准化产品；在组织生产的过程中，要提高设备利用率，提高劳动生产率；要对生产物料进行严密控制。因此，生产物流问题实际上就是具体的生产工艺过程（包括等待、加工、运输、装配等环节）。在这种战略下，对生产物流进行严格的计划与控制，一直是企业界孜孜不倦探讨的问题。比较成功的做法有以美国为代表的 MRP II 系统。

（3）多品种和小批量

该战略的运用是基于这样一种背景：一方面，当今世界科技进步加快，从知识到技术到产品所需的时间越来越短，反应在产品的价值上，独占性技术（知识）构成了产品的主要价值；另一方面，随着竞争及电子信息技术不断向产品渗透和融入，产品结构日趋复杂、生命周期越来越短，反映到消费者需求观念上，纷纷呈现出对产品需求的多样化和个性化的特征。因此，企业只有不断地抓住机遇（指市场及技术的机遇），快速开发富含独占性技术的新产品，采用多品种和小批量战略才能获取高额利润，在多变的市场环境中求得生存和发展。但是在多品种和小批量生产中，由于产品种类多样性、生产过程变动性、生产设备复杂化、生产计划和作业困难性、生产实施及其控制动态性等特点，使得生产效率难以提高。更进一步说，多品种和小批量战略，将要求生产物流系统在平衡、协调生产过程中各种零部件的生产次序、装配次序方面，在计划与控制原材料生产量、在制品占用量、成品库存量之间的关系等方面，较之传统的大批量生产物流系统而有所变革。以日本丰田公司为代表的 JIT 生产管理体系很好地保证了这种战略对生产物流的内在要求。

（4）快速响应——敏捷制造

在市场持续、高速变化的 21 世纪，企业将面临新知识、新概念不断涌现和新产品、新工艺迅速更迭的市场挑战。如果不具备对变化市场的快速响应能力（能针对市场的变化迅速进行必要的调整——包括组织上和技术上的调整）以及不断通过技术创新和产品更新来开拓市场、引导市场的能力，即使规模再大，也会在顷刻之间倒闭破产。快速响应——敏捷制造（所谓"敏捷"就是指在不可预见的多变的环境中的生存能力）就是为了适应这种竞争环境的要求而提出的一种新战略。它要求企业通过提高自身"敏捷性"来提高自己驾驭未来市场和竞争环境的能力。更进一步说，这种战略要求企业能最充分、有效地利用各种信息和现代技术，能通过并行工程和仿真技术的利用。通过对全生产物流过程的仿真模拟来实现第一个产品就是最优产品的目标，从而彻底取消原型和样机的试生产物流过程。显然，采用这种战略，生产过程将完全受制于在计算机技术基础上迅猛发展的产品制造、信息集成和通信技术所构造的信息技术系统的控制，对从物料的投入到形成实体的生产物流的需求完全取决于最终市场对产品的需求。另外，为减少成本，生产物流过程（制造体系）将转移到最终市场附近。于是"顾客化大量生产"或"大批量定制生产"将成为可能，而这就是目前制造业理论界正大力提倡的全球化敏捷制造，或全球化敏捷生产体系，它将是 21 世纪企业的主要模式。理想中的"敏捷性"将使企业能以更快的速度、更好的质量、更低的成本和更优质的服务来赢得市场竞争。

7.2.2 以生产物流为核心的企业生产系统设计

生产系统的设计包括六方面的内容：厂房选址、车间设施布置、产品设计、工艺过程设计、生产流程设计、岗位及工作设计。每个方面在设计时多少都要考虑"物流路径"合理化问题，而与生产物流优化直接密切相关的内容主要体现在车间设施布置、生产流程设计、工艺过程设计等环节上。因此，如果是围绕生产物流优化为中心思想进行设计，将有利于物流顺畅，生产高效的目标。

1. 车间设施布置环节中的物流路径问题

车间设施布置指在确定了企业车间内部生产单位组成和生产单位所采用的专业化形式之后，合理安排车间各个生产作业单元和辅助设施的相对位置与面积以及生产设备的布置。目标在于协调生产，减少不合理生产物流，提高企业生产运作效率。车间设施布置设计的原则：

①要有系统性考虑，尤其在企业生产单位的构成与产品结构、工艺过程的匹配，生产单位的专业化与产品生产规模的匹配等问题上。

②要有利于最短物流路线、最小物流成本。有统计资料表明，在物料形成产品的总生产时间中，真正的加工时间只占 10% ~ 20%，其余时间消耗在物料运输、等待时间上。如在库时间、设备调整准备时间。所以车间设施布置设计要充分考虑物流路线的合理性，尽量减少物流的迂回与倒流；并使物料搬运量最小以节省搬运费用，实现"把规定的物料，按规定的数量，在规定的时间，按规定的顺序，完好无损地送到规定的地点，安放在规定的位置上"。具体的物料搬运设计在保证安全的前提下应考虑：尽量简化搬运作业，减少搬运环节；尽量采用单元搬运；尽可能搬运到靠近下一使用地点；搬运前应安排下一工序；搬运路线尽可能为直线，以缩短距离；尽可能合理安排机械化或自动化搬运；尽量采用高度与空间及重力搬运以节约能源；安排好控制物料搬运的信息系统；尽量避免停止或储存物料，以节省资金。

③考虑各种事故状态的应急安全措施，为今后发展和布置变更留有余地。

常见物料流向可以分为水平和垂直的。当生产作业在一个车间里时，就按水平方式设计；当生产作业在多个楼层周转时，就按垂直方式设计。典型的布置设计有以下几种类型：

①固定式布置。让工人移动而不是让物料移动。即工作地按加工产品（如飞机、船舶、桥梁、钻井）的要求固定布置，生产工人和设备都随加工产品所在的某一位置而转移。设计的重点在于协调物流，充分利用空间。适用于单件小批或项目型生产。

②按产品加工要求布置（也称产品制）。指将不同类的机器、设施按产品的加工顺序和路线要求布置成流水生产线或装配线形式。一般是直线型，但也可以采取 L 型、O 型、S 型、U 型。这种布置的设计难点在于要考虑生产线及装配线平衡问题，就是说要使每一生产单元的操作时间大致相等。否则，整个生产线的产出速度将局限在费时最长的生产单元。这种布置适用于大批量流水线生产。

③按工艺过程布置（也称生产过程制）。指将具有相同功能的同类机器设备集中在一起，完成相同工艺的加工任务。这种布置的设计难点在于要考虑使物流路线尽可能短，运输量尽可能小。就是说要在各个不同的生产单元中使本来无序的物料流程稍加有序。这种布置适用于产品具有加工需求的多品种批量生产。

④按成组制造单元布置（也称混合制）。首先根据一定的标准将结构和工艺相似的零件组成一个零件组，确定出零件组的典型工艺流程，再根据典型工艺流程的加工内容选择设备和工人——由此形成"成组生产单元"中有三个制造单元，类似三条流水线形式。这种布置的特点在于结合了按工艺过程布置和按产品布置的优点，在保证生产更具有柔性的基础上又能保证一定的产量和效率，并能减少迂回物流，缩短生产周期。适用于多品种小批量生产。

在实际生产中，一般都是针对不同的零件品种数和生产批量综合运用上述几种布置形式。

2. 生产流程设计环节

生产流程是指制造系统中物流结构化因素（生产技术、设施、能力）的有机组合即按照一定工艺顺序，从生产材料准备和零部件配套到零部件生产、生产总装，制造加工出产品的一个完整的产品制造加工过程。所以，生产流程设计就是在设施布置的基础上，考虑生产技术条件、生产能力大小而形成的生产物流的加工、移动的方式组合。其目标就是要使生产物流系统的组织与产品市场需求相适应。

（1）影响生产流程设计的主要因素

如何设计生产流程，除了要考虑产品的市场需求特征（品种、产量）、不同的生产类型等因素外，还要考虑生产战略、生产柔性、产品质量、接触顾客的程度等因素。

（2）生产流程设计过程

生产流程设计过程，从物流的角度看，企业的生产过程实际上是物料输入—转化—输出的物料流程系统。因此，生产类型有差异，其物流就表现出不同的特征。

（3）配合设施布置环节的生产流程设计类型

①项目导向型流程（Project Focus）——按项目为中心目标进行流程设计。该流程要求以项目为中心，围绕项目的生命周期，分阶段目标和相应的秩序依次安排"工序"流程，就能将并行作业的工序尽量安排在一起。

该流程设计的"利"表现在以单件形式生产从而针对性强，劳动力技能要求高，目标柔性强、设备利用率高；"弊"表现在项目唯一性，每次生产流程都要变化（几乎没有固定的流程），需要多功能的通用设备、通常资本投资很大，生产规划和控制较难。

②产品导向型流程（Product Focus）——按产品生产要求为中心目标进行流程设计。流程要求各种设备的布局和监督必须以生产的产品为中心组织成连续性的流水线形（离散型加工装配的产品生产设计为装配流水线形式），即按产品组织生产，目的是提高生产率。数量多品种少的大批量生产类型采用此种流程。该流程设计的"利"表现在单位可变成本低、劳动力技能降低，但是更加专业化、生产规划和控制更容易、设备利用率高（70%～80%）；"弊"表现在产品灵活性差、需要更加专业化的设备、通常资本投资更多。

③工艺导向型流程（Process Focus）——按物料加工路线为中心目标进行流程设计。该流程要求设备与人力按工艺内容组织成一个生产单位，每一个生产单位只完成相同或相似工艺内容的加工任务，即按工艺组织生产。数量少、品种多的单件或中小批量生产类型采用此种流程。该流程设计的"利"表现在更大的产品灵活性、设备用途更多、先期投资较少；"弊"表现在需要更多的培训良好的工人、生产规划和控制更困难、设备利用率低（5%～15%）。

3. 工艺过程设计环节

工艺过程设计是指按产品设计要求，安排或规划出由原材料加工出产品所需要的一系列加工步骤和设备、工装需求的过程。它把产品的结构数据转换为面向制造的指令性数据，其任务是确定产品的制造工艺及其相应的后勤支持过程。其结果在于，一方面反馈给产品设计，用以改进产品设计；另一方面作为生产实施的依据，所以它是生产技术准备工作的第一步，也是连接产品设计与产品制造的桥梁。

工艺过程设计工作贯穿于整个企业的生产物流活动中，物料流向取决于工艺流程是显而易见的。

由于工艺设计所涉及的因素繁多而复杂，如企业的生产类型、产品结构、工艺准备、生产技术发展等的影响，甚至受到管理体制的制约。而且任何一个因素变化，均可能导致工艺设计方案的变化。换言之，工艺过程设计必须具有很强的动态适应性。另外，随着现代制造系统正逐渐从刚性（高效率大批量生产模式）向柔性（高效率多品种小批量生产模式）转变，将计算机技术贯穿于产品策划、设计、工艺规程、制造与管理的全过程就成为企业生产现代化的必备手段。

长期以来，传统的工艺过程设计都是采用手工方式，这种方式存在以下几个方面的问题：设计效率低下，存在大量的重复劳动；由于每个工艺规程都要靠手工编写，光是花费在书写工艺表格上的时间就占30%左右。不便于将工艺专家的经验和知识集中起来加以充分利用；不便于计算机对工艺技术文件进行统一的管理和维护。

目前，利用计算机来进行零件加工工艺过程的制订，正成为企业改进工艺过程设计的一个强有力的手段。

　　工艺过程设计是为被加工零件选择合理的加工方法和加工顺序，以便能按设计要求生产出合格的成品零件，其主要内容包括：选择加工方法及采用的机床、刀具、夹具和其他工装设备等；安排合理的加工顺序；选择基准，确定加工余量和毛坯，计算工序尺寸和公差选用合理的切削用量；计算时间定额和加工成本；编制包含上述所有资料的工艺文件。

　　工艺过程设计的程序包括：

　　产品图纸的工艺分析和审查——这是保证产品结构工艺性的重要措施。包括产品结构、工艺标准、零件尺寸、产品材料等方面的审查。

　　拟定工艺方案——这是工艺计划的总纲。包括确定产品制造过程中的加工方法、安排工艺路线、明确工艺装备选用的系数等。

　　编制工艺规程——这是具体指导员工进行加工制造操作的主要依据文件。它对组织生产、保证产品质量、提高生产率、降低成本、缩短生产周期及改善劳动条件等都有直接的影响。包括确定物料加工方法和顺序、产品装配与零部件加工的技术条件、工艺装备、选择设备及设备的调整方法、切削范围等。

　　工艺装备的设计与制造——这是贯彻工艺流程，保证加工质量，提高生产效率的基础。通常，产品都要经过如上的工艺过程设计，对于不同的企业，因其规模、企业性质的不同，工艺过程设计的具体顺序可能有所不同，但内容大同小异。实际上从物流角度看，在工艺设计过程中产生的许多重要的工艺文件，对指导企业制造系统和物料供应系统的调度有着直接的影响。比如产品工艺的过程信息、变化信息、质量信息都将全部表达到生产物流系统的结构上，从而影响到生产物流系统在工艺设备、物流路线、工艺连接性、稳定性和变化特性等方面。所以工艺过程设计的好坏是能否保证生产物流得以顺畅实现的关键。

7.2.3　基于优化生产物流目标的系统设计方法

　　设施布置设计最早使用摆样法，即使用微缩模型按工艺要求在沙盘上摆样布置。运用图表方式进行布置设计是对摆样法的改进，但随着设备增加、工艺复杂、技术进步，运用一定的数学原理计算合理的布置位置以及利用计算机软件辅助布置设计正日趋成为现代大型企业生产系统设计的首选方法。

1. 图表法

（1）图解法

这种方法分两类：分别针对工艺导向型和产品导向型两种生产流程。

这是一种按照生产过程中物料的流向及生产单位之间运输量来布置车间及各种设施相对位置的常用布置方法。

基本步骤：

第一，根据原材料、在制品在生产过程中的流向，初步布置各个生产车间和设施的相对位置，绘制初步物流图。

第二，在此基础上统计各车间之间的物料流量，制定物料运量表。

第三，按运量大小进行初试布置，将车间之间运输量大的安排在相邻位置，并考虑其他因素进行改进和调整。

（2）作业相关图

这是一种根据企业各部门之间的活动关系密切程度来布置其相互位置的有效的布置方法。由于车间之间的流量实际上不可能得到，而某些定性因素却对布置起了决定性作用。这就是考察"业务活动关系密切程度"来布置的出发点。

（3）运量表法

这是一种通过画矩阵表列出机器或设施之间的相对位置，以对角线元素为基准计算工作之间的相对距离，从而找出整个生产单元物料总运量最小的布置方案。车间内部的设备之间常用此方法。

大体上物料运量图、作业相关图、运量表等图表主要是针对工艺导向型生产流程的布置方法。实践中，生产单元数不太多时，上述三种方法就能解决布置问题。一旦加工工艺复杂，生产单元数成倍增长时，就得借助计算机软件进行仿真来辅助布置了。

（4）分支定界网络图

这是一种针对产品导向型生产物流流程，在节拍、物料零部件装配工艺确定的前提下，寻求工作数量最少的布置方法。在考虑装配流水线平衡时常用此法。即通过布置生产物流中的操作单元于各工作从而达到生产物流装配线的平衡。

（5）位置加权法

这是一种根据装配产品操作单元的先后次序，从全部操作单元中求得每个操作单元的位置权数，从大到小排序，并降序依次给工作地安排操作单元的装配流水线平衡办法。实际上它是分支定界法的一种简化办法。同样，通过布置操作单元于各工作地上从而达到生产装配线的平衡。

2. 数学模型法——重心法

这是一种根据现有设备布局，调整重心，考虑新增设备位置的布置方即根据现有设施在市场中的相对位置、运输费用和运量量情况，寻找一个分配成本最小的最优的地址建厂、建店。

基本步骤：

将所有地址放在一个坐标系中来考虑，求重心的横坐标、纵坐标值 X_0 和 Y_0。

判断原则：由于每个月的运输量和距离影响成本，并且恒定成本与距离以及运货量是直接成正比的，所以理想的厂址应该是能使中心点与现有店点之间的距离和运量的乘积最小化。

3. 计算机软件辅助布置

这是一种运用相应的软件解决大量设施布置中的难题的方法。

随着设施数量的增加，从运量表和线形规划等方法往往无法有效利用，而通过计算机软件就能解决一些比较复杂的布置问题。CRAFT（Computerized Relative Allocation Of Facilities Technique）工具就是一种利用计算机辅助设备布置的技术。其基本原理是：在分析物料流程流量的基础上，以物料的总运输费用最低为原则，应用启发式算法，逐次开始对布置方案进行改进，以寻求最优的布置方案。但是所得到的答案并不是唯一的最优解，却是不易再作改进的次优解。因为最终解取决于所给定的初始布置方案。所以，最好若干个不同的初始布置方案来求得几个最终解，然后再从中择优。

（1）计算机辅助工艺过程设计的内容

计算机辅助工艺过程设计（Computer Aided Process Planning，CAPP）是通过向计算机输入被加工零件的几何信息（形状、尺寸等）和工艺信息（材料、热处理、批量等），计算机自动输出零件的工艺路线和工序内容等工艺文件的过程。简言之，CAPP 指工艺过程设计的计算机化。它可以大大减轻工艺工程师的繁重劳动、提高工艺设计质量、缩短生产准备周期、提高生产率、减少制造成本等。无论是对单件小批量生产还是对大批量生产都有重要的意义。CAPP 内容主要有：产品零件信息输入；毛坯选择及毛坯图生成；定位夹紧方案选择；加工顺序安排；加工设备和工艺装备确定；工艺参数计算；工艺信息（文件）输出。

（2）计算机辅助工艺过程设计的方法

检索式，指系统可以对企业已有产品零部件的工艺进行归纳、整理，得到优化、标准的典型工艺。如基于典型工艺的检索系统提供典型工艺管理功能，从而可以在使用系统过程中不断积累企业的典型工艺。这样在设计新工艺时，通过检索典型工艺，并对其作少量修改，即可快速生成新工艺、基于产品树检索、零部件名称检索等。

派生式（Variant），亦称变异式、修订式、样件式等。

生成式（Generative），亦称交互式。指系统能够按照机加工、锻造、焊接、热处理、铸造和装配工艺，分别提供多种工具，帮助工艺设计人员快速进行工艺设计和计算（加自动读取零部件的设计信息）；自动获取工艺卡的关联信息，并维护关联信息的修改一致性，通过建立关联关系，实现工艺卡栏目的自动计算等。快速选择所需资源如机加工余量确定、下料尺寸确定、锻件毛坯图生成及毛坯重量自动计算、绕道截面形状及规格确定等。

7.3 企业生产过程与物流管理

7.3.1 企业生产方式及生产过程组织

1. 企业生产方式类型

生产方式是表明企业将投入转化为产出的方法和运作过程，不同的生产方式在产品、客户需求、物料流动、设备和制造等特征上存在很大的差异，了解这种差异对于选择适当的生产与作业管理方式和确定合理的物流形式是非常重要的。

企业的生产过程一般包括：生产技术准备过程，加工过程，辅助生产过程和生产物流服务过程，其核心是加工过程。而生产过程的组织，就是要根据客户需求的特点和生产类型的性质，对加工过程的各种要素，包括加工设备、输送装置、工序、工作中心、在制品存放地点等进行合理的配置，使产品在生产过程中的行程最短，通过时间最快和各种耗费最小，并且有利于提高生产过程满足客户要求和适应环境变化的柔性。生产物流管理依赖于企业的生产方式和生产过程的组织形式。

（1）按生产方法和工艺流程的性质分类

可以将生产加工分为：处理流程型和制造装配型。典型的处理流程型包括：化学工业（塑料、制药、洗涤剂、化肥等）、石油精炼、金属冶炼、纺织、烟草、酿酒、饮料和造纸等工业。典型的制造装配型工业包括：汽车制造、机床工业、工程机械、电子设备、计算机、家用电器、家具和服装工业等。这两种生产类型在产品性质，客户需求性质，设备性质和制造性质上有着明显的区别。

- 处理流程型生产方式

在生产性质和客户需求性质方面，处理流程型生产方式的物流对象一般是企业或有组织的用户，客户数量较少；其产品的品种数量较少，标准化程度较高；产品按客户需求制定的情况较少，市场需求相对稳定。从设备性质和制造性质来看，处理流程型生产大多属于资本密集型产业，生产设备自动化程度较高，价格昂贵，原材料通常以固定的路线连续的流过加工系统，生产设备或生产线的专业化程度很高。

由于处理流程型生产过程的连续性质，使得如果设备出现故障往往会造成整个生产线停工的严重后果，因此，设备维护是这类生产与作业管理的一项关键职能。对于处理流程型制造系统的生产能力很容易根据关键设备的生产能力清楚的确定。

- 制造装配型生产方式

从产品和客户需求性质上看，制造装配型生产方式的产品品种数量繁多，结构复杂，虽然零部件能以适当的方式实现标准化，但整体上标准化程度低；产品按客户要求定制的现象较普遍，产品寿命周期相对较短，更新速度较快；由于大多数产品属于最终产品，故生产系统受客户需求波动的影响较大。

从设备和制造性质方面看大多数制造装配工业，原材料或零部件往往是断续的通过加工系统，产品零件种类繁多，工艺路线大多各不相同。对制造装配型工业，生产能力是一个动态的概念，制造系统的"瓶颈"环节往往随产品结构的更换而变化和转化。

（2）按产品根据客户要求定制的程度分类

- 存货生产方式

存货生产方式是在市场需求预测的基础上，有计划地产出产品并入库存货，以存货供应客户，产品存货是其最显著的特点。其产品的客户定制程度很低，通常是标准化，大批量轮番进行生产。存货生产方式的生产效率比较高，但前提是能够准确预测客户需求和强化推销工作。否则，生产效率越高，库存积压越严重，企业效益越差。为防止产品存货的积压和脱销，生产作业和物流管理的重点是按"量"组织生产过程各环节之间的平衡。

- 订货生产方式

订货生产方式是在收到客户的订单之后，才按客户的具体要求组织生产，进行设计，供应，制造和发货等工作。由于是按客户要求定制，故产品大多是非标准化的，在规格、数量、质量和交货期等方面可能各不相同。由于是按订货合同规定的交货日期进行生产，产品生产出来立即发货，所以基本上没有产品库存。生产作业和物流管理的重点是确保交货期，按"期"组织生产各环节的衔接与平衡。

订货生产方式还可以按客户定制需求进一步划分为：

①订货组装方式。是预先生产出半成品存货，然后根据客户要求组装成不同的产品。如在汽车工业中，用相同的底盘，发动机配以不同的车型和内部装饰，组成不同型号的产品。订货组装方式在性质上类似于存货生产方式，其零部件的标准化和通用化程度较高，生产批量较大，生产效率较高，既适合采用流水生产以提高生产率，降低成本，又可满足客户的不同要求。

②订货制造方式。是按客户的要求进行制造。由于产品是预先设计好的，故生产准备工作（如原材料采购和外协件的加工）可以根据市场预测按计划提前进行，因此产品的生产期限基本上等于生产周期，有利于缩短交货期。但由于是根据市场预测进行原材料采购，故如果预测得不准确，会造成原材料和外协件（指非标模具零部件）的积压，生产与作业和物流管理的重点是加强预测工作，缩短采购提前期和生产周期。

③订货工程方式。是按客户要求设计制造。如高压开关成套装置和高压组合电器产品，在收到订单后先要进行工程图设计，待工程图出来后，才进行采购，外协，生产技术准备和制造。

在三种订货生产方式中。订货工程方式的生产周期是最长的。生产作业和物流管理的重点是如何缩短设计周期，提高零部件的标准化和通用化水平，如采用计算机辅助设计（CDA）可以大大缩短设计周期，如果再能结合计算机辅助工艺计划（CAPP），则可进一步缩短生产技术准备周期，使制造系统的整体响应速度大大提高。

在现在生产作业和物流管理中，存货生产方式与订货生产方式的界限正日益模糊。其关键是缩短生产周期，提高零部件的标准化程度和通用化水平以及提高制造系统的柔性。如果生产周期足够短，存货生产方式也可以在订货生产方式下运行，从而使产成品库存减至最小。另一方面，如果零部件的标准化和通用化水平足够高，订货生产方式也可以运作在存货生产方式下，使存货生产方式变为另一种形式的订货组装方式。

（3）按照加工过程中材料的流动方式和集中处理程度分类

• 大量流水生产

是在较长的时间内重复进行一种或是少数几种相似产品的大量连续生产。其特点是：

①生产效率高。由于分工细致，专业化程度高，适宜采用高效的专用的设备和专用的工艺设备，使生产率大大提高。

②操作熟练程度高。工人重复从事专业化分工的单一作业，操作简单，容易提高熟练程度。

③作业计划简单。一旦流水线投入正常运转，作业计划则无需规定细节。

④确保产品质量。由于生产作业趋于标准化、稳定化，所以能够保证产品质量。

⑤生产成本较低。由于生产效率高，物流流动性好，在制品少，故生产成本较低。

- 单件小批量生产

单件小批量生产是指需要生产的产品品种多但每一品种生产的数量少，生产重复度低的生产方式。单件小批量生产的特点是：

①产品的种类繁多，零部件规格、加工过程各不相同；

②每次订货的数量很少，交货期长短不一；

③加工设备大部分为通用设备，加工效率低，设备调整时间长；

④对操作工人技能要求高；

⑤作业计划复杂，实施难度大，作业控制较难。

- 成批轮番生产

成批轮番生产是一种介于大量流水与单件小批量生产之间的生产方式，其产品产量比大量流水生产少，而产品品种较多，各种产品和零部件在计划期内生产。多品种少批量生产的主要特点是：

①批量的大小取决于作业的更换时间的长短，作业更换时间越短，批量就可以越小。反之，作业更换时间越长，批量就不得不加大。

②批量的大小影响在制品的库存量。在制品是处于生产过程中运输、停放、等候和缓冲状态的制品，故批量越大，在制品数量越大。

③批量的大小影响生产周期，批量越大生产周期越长。

因此，在多品种少批量生产的过程中，缩短生产周期和减少在制品的关键是减少批量，而减少批量的关键是缩短作业更换时间。

- 大规模定制生产

大规模定制生产是指对定制的产品和服务进行个别的生产，它以普通消费者都能付得起的价格提供差异化的产品，是一种以大批量生产的成本和时间，提供满足客户特定需求产品和服务的生产系统。大规模生产定制的基本思想是：将定制产品的生产，通过产品重组和过程重组转化或部分转化为大批量生产问题。对客户而言，所得到的产品是定制的，个性化的；对生产厂家而言，该产品是采用大批量生产生产方式制造的成熟产品。这种生产方式在国外得到了较快的发展，并作为一种有效地竞争手段逐渐被企业所采纳。

大规模定制生产的主要特点是：

①以客户需求为导向。传统大量流水生产方式是先生产，后销售，是一种推动型的生产方式，而大规模定制生产是以客户个性化需求为起点，是一种需求拉动型的生产模式。

②以现代信息技术和柔性制造技术为支持。大规模定制生产必须对客户需求做出快速响应，这要求企业能够快速获得客户订单，在各制造单元中，需求信息能够快速传递，柔性制造系统及时对定制信息做出反应。

③以模块化设计、零部件标准化为基础。模块化设计和零部件标准化可以批量生产模块和零部件，减少定制产品中的定制部分，从而大大缩短产品交货提前期和减少生产

成本。

④以供应链管理为手段。大规模定制生产企业必须与供应商建立起既竞争又合作的关系，才能整合企业内外部资源，实现优势互补。

2. 企业生产过程组织类型

企业生产过程组织划分为一些基本的生产单位，包括传统的车间、工段和班组作业组织单位或以业务流程为基础的作业小组。这些基本生产单位是按两种基本原则进行组织的，即工艺专业化和对象专业化。

（1）工艺专业化

工艺专业化也叫工艺原则，就是按照生产工艺的特点来设置生产单位。在工艺专业化的生产单位内，集中同种类型的生产设备和同工种工人，每一个生产单位只完成同种工艺方法的加工或同种功能，如机械制造企业中的机械加工车间、热处理车间等；机械加工车间中又按照同工种、同设备分为机床组、铣床组等。

• 工艺专业化的优点

按照工艺专业化形式组成的生产单位，由于将同类的工艺设备和相同的工艺加工方法集中在一起，其具有以下优点：

①产品的制造路线有一定的弹性，比较灵活，能较好地适应产品品种变化的要求。

②有利于提高设备利用率，个别设备出现故障或进行维修，对整个生产进程影响较小。

③工人固定操作某一种设备，有利于提高专业技能。

• 工艺专业化的缺点

工艺专业化的生产单位，由于不能独立地完成产品（或零件）的全部加工任务，产品必须通过许多生产单位后才能完成，这就造成以下缺点：

①产品在加工过程中的运输路线较长，运送原材料、半成品的工作量较大。

②产品在加工过程中停放、等待的时间增多，延长了生产周期，增加了在制品，多占用了资金。

③各生产单位之间的协作、往来频繁，使生产作业和计划管理、物流管理、在制品管理以及产品的成套性工作比较复杂。

（2）对象专业化

对象专业化也称对象原则，就是以产品（或零件）为对象来设置生产单位。在对象专业化的生产单位内，集中了为制造某种产品所需要的不同类型的生产设备和不同工种的工人，对其所负资的产品进行不同工艺方法的加工。每一个生产单位基本上能独立完成该种产品的全部或大部分工艺过程。由于工艺过程是封闭的，所以也叫封闭式生产单位。封闭式生产单位有两种主要形式：

①以产品或部件为对象，将大部分加工、装配等工艺过程封闭在一个生产单位里，如汽车制造厂的发动机车间等。

②以同类零件为对象，将下料、加工、检验等工艺过程封闭在一个生产单位里，如机

床厂的齿轮车间等。

- 对象专业化的优点

①可以缩短产品在加工过程中的运输距离，节省运力，减少仓库和生产面积的占用。

②可以减少产品在加工过程中的停放、等候时间，缩短生产周期，减小加工过程中的在制品库存，节约资金。

③有利于按期、按量、成套地生产出完工产品。

④便于采用先进的生产组织形式，如流水生产、成组加工单元等。

⑤减少生产单位之间的协作关系，从而可以简化生产作业计划工作、生产控制工作、物流计划工作。

⑥有利于强化质量责任和成本责任。由于每一个按对象原则组织的生产单位基本上独立完成某种产品或零件的加工任务，故应当承担该产品或零部件的质量责任和成本责任。

- 对象专业化的缺点

往往因为使生产单位的工艺或功能相对封闭而需要增加一些设备，故使这些设备的利用率较低，有时一台设备出了故障，会影响到整个生产单位的工作。

但总的来说，对象专业化是一种优点较多，经济效益较好的生产组织形式，它代表了现代生产过程组织的趋势。采用对象原则组织生产，最大的问题是如何解决产品或零部件种类繁多、每种零部件加工数量很少的问题。这方面，成组加工单元是一种有效的解决办法。所谓成组加工单元就是在一个生产单元内，配备某些不同类型的加工设备，完成一组或几组零件的全部加工任务，且加工顺序在组内可以灵活安排。成组加工单元也符合对象专业化。

7.3.2 不同企业生产类型的物流特征

生产系统中的物流特征表现在：物料按照工艺流程流动；物流作业与生产作业紧密关联相互交叉；物流连续地有节奏按比例运转。通常，根据物流连续性特征从低到高，产品需求特征从品种多、产量少到品种少、产量多而把生产过程划分成五种类型，依对角线排列依次是：项目型、单件小批量型、多品种小批量型、大批量型、多品种大批量型。一般而言沿对角线来选择和配置生产物流过程比较符合技术经济效益。

1. 单件小批量型生产过程及其生产物流特征

（1）单件小批量型的含义

单件小批量型是指需要生产的产品品种多但每一品种生产的数量甚少，生产重复度低的生产物流系统。

（2）单件小批量型生产过程的特点

生产过程中，工人以师傅带徒弟的方式培养，个人具有高超技术；生产的组织分散；产品设计和零件制造分散；设备使用通用机器。

（3）单件小批量型生产物流特征

①由于生产品种的多样性，在制造过程中，采购物料所需要的供应商多变，外部物流

较难控制。

②生产过程原材料、在制品占用大，几乎无产成品占用。

③物流在加工场地的方向不确定、加工路线变化极大，工序之间的物流联系不规律。

④生产的重复程度低，从而物料需求与具体产品制造存在对应的相关需求。

⑤由于单件生产，产品设计和工艺设计存在低重复性，从而物料的消耗定额不容易准确制定。

2. 多品种小批量型生产过程及其生产物流特征

（1）多品种小批量型的含义

多品种小批量型是指生产的产品品种繁多并且每一种品种有一定的生产数量，生产的重复度中等的生产物流系统。

（2）多品种小批量型生产过程的特点

品种数量多但产量有限；产品设计系列化，零部件制造标准化、通用化；工艺过程采用成组技术；运用柔性制造系统（FMS）使生产系统能适应不同的产品或零部件的加工要求，并能减少加工不同零部件之间的换模时间。

（3）多品种小批量型生产物流特性

由于企业必须按用户要求以销定产，使企业物流配送管理工作复杂化，协调采购、生产、销售物流并最大限度地降低物流费用是该生产物流系统最大的目标。其生产物流的特征是：

①物料生产的重复度介于单件生产和大批量生产之间，一般是制定生产频率，采用混流生产。

②以物流需求计划（MRP）实现物料的外部独立需求与内部从属性需求之间的平衡，以准时制（JIT）实现客户个性化特征对生产过程中物料、零部件、成品的拉动需求。

③由于产品设计和工艺设计采用并行工程处理，物料的消耗定额容易准确定制，从而产品成本容易降低。

④由于生产品种的多样性，对制造过程中物料的供应商有较强的选择要求，从而物流的协调较难控制。

3. 单一品种大批量型生产过程及其生产物流特征

（1）单一品种大批量型的含义

单一品种大批量型是指生产的产品品种数相对单一，而产量却相当大，生产的重复度非常大且大批量配送的生产物流系统。

（2）单一品种大批量型生产过程的特点

品种数量单一但产量相当大；产品设计和零件制造标准化、通用集中化；很强的零件互换性和装配的简单化使生产效率极大地提高，生产成本低，产品质量稳定。

（3）单一品种大批量型生产物流特征

由于企业面临的主要问题是如何增加产品数量、实现大众温饱，因此从物流的角度看，各种物料的计划、采购、验收、保管、发放、节约使用和综合利用贯穿了生产管理过程。其生产物流特征表现在：

①由于物流被加工的重复度高，从而物料需求的外部独立性和内部相关性易于计划和控制。

②由于产品设计和工艺设计相对标准和稳定，从而物料的消耗定额容易并适宜准确制定。

③由于产品品种的单一性，使得制造过程中物料采购的供应商比较固定，外部物流相对较容易控制。

④为达到物流自动化和效率化目的，强调采购、生产、销售物流各功能的系统化，使运输、保管、配送、装卸、包装等物流作业中各种先进技术能较好配合。

4. 多品种大批量型生产过程及其生产物流特征

（1）多品种大批量型的含义

多品种大批量型也叫大批量定制生产（Mass Customization，简称 MC）。是一种以大批量生产的成本和时间，提供满足客户特定需求产品和服务的新的生产物流系统。其基本思想是：将定制产品的生产，通过产品重组和过程重组转化或部分转化为大批量生产问题。对客户而言，所得到的产品是定制的、个性化的；对生产厂家而言，该产品是采用大批量生产方式制造的成熟产品。这种生产方式目前在国外得到了较快的发展，并作为有效的竞争手段逐渐被企业所采纳。事实上，制造的全球化和专业化分工是促使大批量定制生产在全球范围逐步实施的动力。

（2）多品种大批量型生产过程的特点

鉴于大批量定制生产的核心是在系统思想指导下，通过对企业的产品结构和制造过程重组，充分合理地使用企业内外部资源，以大批量生产、效率快速地向客户提供多种定制产品，既能满足客户个性化需求而又不牺牲企业效益，所以该系统的生产过程特点是：

• 生产方面

要增加定单生产中库存生产的比例，可以将客户订单分离点（Customer Order Decoupling Point，CODP 是指企业生产过程中由基于预测的库存生产转向响应客户需求的定制生产的转换点）尽可能向生产过程的下游移动，减少为满足客户订单中的特殊需求而在设计、制造及装配等环节中增加的各种费用。

• 在时间优化方面

关键是有效地推迟客户订单分离点。企业不是采用零碎的方法，而必须对其产品设计、制造和传递产品的过程和整个供应链的配置进行重新思考。通过采用这种集成的方法，企业能够以最高的效率运转，能够以最小的库存满足客户的订单要求。

• 在空间优化方面

关键是有效地扩大相似零件、部件和产品的优化范围，并充分识别、整理和利用这些零件、部件和产品中存在的相似性。

（3）多品种大批量型生产物流特征

按照客户不同层次的需求，可以将大批量定制生产粗略分成三种模式，即面向订单设计·（Engineering To Order，简称ETO）；面向定单制造（Making To Order，简称MTO）；面向定单装配（Assembly To Order，简称ATO）。可以看到，三种模式都是以定单为前提，所以生产物流特征表现在：

①由于要按照大批量生产模式生产出标准化的基型产品，并在此基础上按客户订单的实际要求对基型产品进行重新配置和变型。所以物料被加工成基型产品的重复度高，而对装配流水线则有更高的柔性要求，从而实现大批量生产和传统定制生产的有机结合。

②物料的采购、设计、加工、装配、销售等流程要满足个性化定制要求，这就促使物流必须有一坚实的基础—订单信息化、工艺过程计算机化与物流配送网络化。而实现这个基础包括一些关键技术支持，如现代产品设计技术（GAD，CAM）、产品数据管理技术（PDM）、产品建模技术、编码技术、产品与过程的标准化技术、面向MC的供应链管理技术、柔性制造系统等。

③产品设计的"可定制性"与零部件制造过程中由于"标准化、通用化、集中化"带来的"可操作性"的矛盾，往往与物料的性质与选购、生产技术手段的柔性与敏捷性有很大关联。因此，创建可定制的产品与服务非常关键。

④库存不再是生产物流的终结点，基于快速响应客户需求为目标的物流配送与合理库存将真正体现出基于时间竞争的物流速度效益。单个企业物流将发展成为供应链系统、全球供应链系统物流。

⑤生产品种的多样性和规模化制造，要求物料的供应商、部件的制造商以及成品的销售商之间的选择将是全球化、电子化、网络化。这会促使生产与服务紧密结合，使得基于标准服务的定制化产品和基于定制服务的产品标准化，从交货点开始就提升整个企业供应链价值。

7.3.3 不同生产模式下的物流管理

生产模式是一种制造哲理的体现，它支持制造业企业的发展战略，并具体表现为生产过程中管理方式的集成（包括与一定的社会生产力发展水平相适应的企业体制、经营、管理、生产组织和技术系统的形态和运作方式的总和）。生产模式不同，对生产物流管理的侧重点也不同。事实上，如果从物流角度看，正是生产物流的类型决定了生产模式的变迁。回顾制造业的发展过程，企业生产模式才仅仅经历三个阶段，即作坊式手工生产（单件生产）大批量生产，多品种小批量生产（精益生产）。

1. 作坊式生产模式（Craft Production，简称CP，也叫单件生产模式）

（1）背景

这种模式产生于16世纪欧洲，随技术发展大致可分为三个阶段：

阶段一的特征是按每个用户的要求进行单件生产方式，即按照每个用户的要求，每件产品单独制作，产品的零部件完全没有互换性，制作产品依靠的是操作者自己高度娴熟的技艺。

阶段二是第二次社会的大分工，即手工业与农业相分离，形成了专职工匠，手工业者完全依靠制造谋生，制造工具的目的不是为了自己使用而是为了同他人交换。

阶段三是以瓦特蒸汽机的发明为标志，形成近代制造体系，但使用的是手动操作的机床。从业者在产品设计、机械加工和装配方面都有较高的技艺，大多数从学徒开始，最后成为制作整台机器的技师或作坊业主。

（2）管理要点

单件生产模式下的生产物流管理一般是凭借个人的劳动经验和师傅定的行规进行管理，因此个人的经验智慧和技术水平起了决定性的作用。

2. 大批量生产模式

（1）背景

这种模式产生于 19 世纪末至 20 世纪 60 年代。第一次世界大战结束后，市场对产品数量的需求剧增，以美国企业为代表的大批量生产方式逐步取代了以欧洲企业为代表的手工单件生产方式。几个美国人（泰勒、甘特、福特）在推动手工单件生产模式向大批量生产模式转化中起了重要作用。

1903 年，费雷德里克·泰勒首先研究了刀具寿命和切削速度的关系，在工厂进行时间研究，制定工序标准，于 1911 年提出了以劳动分工和计件工资制为基础的科学管理方法——《科学管理原理》，从而成为制造工程学科的奠基人。亨利·甘特用一张事先准备好的图表（甘特图）对生产过程进行计划和控制，使得管理部门可以看到计划执行的进展情况，并可以采取一切必要行动使计划能按时或在预期的许可范围内完成。

1913 年，亨利·福特认为大量的专用设备、专业化的大批量生产是降低成本、提高竞争力的主要方式。他在泰勒的单工序动作研究基础之上，提出作业单纯化原理和产品标准化原理（产品系列化，零件规格化，工厂专业化，机器、工具专业化，作业专门化等），并进一步对如何提高整个生产过程的效率进行了研究，规定了各个工序的标准时间定额，使整个生产过程在时间上协调起来（移动装配法），最终创造性地建立起大量生产廉价的 T 型汽车的第一条专用流水线——福特汽车流水生产线（又称为"底特律式自动化"），标志着"大批量生产模式"的诞生。与此同时，全面质量管理在美国等先进的工业化国家开始尝试推广，并开始在实践中体现一定的效益。

由于这种生产模式以流水线形式生产大批量、少品种的产品，以规模效应带动劳动生产率提高和成本降低，并由此带来价格上的竞争力。因此，在当时，它代表了先进的管理思想与方法并成为各国企业效仿的目标。这一过程的完成，标志着人类实现了制造业生产模式的第一次大转换，即由单件生产模式发展成为以标准化、通用化、集中化为主要特征的大批量生产。这种模式推动了工业化的进程和世界经济的高速发展，为社会提供了大量的物质产品，促进了市场经济的形成。

（2）管理要点

大批量生产模式下的生产物流管理是建立在科学管理的基础上的，即事先必须制定科学标准——物料消耗定额，然后编制各级生产进度计划对生产物流进行控制，并利用库存制度（库存管理模型）对物料的采购及分配过程及分配过程进行相应的调节。生产中对库存控制的管理与优化是基于外界风险因素而建立的，所以强调一种风险管理，即面对生产中不确定因素（主要包括设备与供应的不确定因素），应保持适当的库存，用以缓冲各个生产环节之间的矛盾，避免风险从而保证生产连续进行。物流管理的目标在于追求物流子系统（供应物流、生产物流、销售物流）的最优化。

3. 多品种小批量生产模式（Lean Production，简称 LP，也叫精益生产）

（1）背景

这种模式产生于 20 世纪 70 年代。第二次世界大战结束后，虽然以大批量生产方式获利颇丰的美国汽车工业已处于发展的顶点，但是以日本丰田公司为代表的汽车业却开始酝酿一场制造史上的革命。

相对于第二次世界大战前的市场，当时还发生了巨大变化：一方面，交通、通信技术的发展，各国对贸易限制的减少使得市场沿地域合并，生产竞争全球化；另一方面，制造业面临一个被消费者偏好分化、变化迅速且无法预测的买方市场。表现为消费者的价值观念发生了根本的变化，需求日趋主体化、个性化和多样化。市场出现了以下几个特征：产品品种日益增多，产品成本结构发生变化（直接劳动成本降低，间接劳动成本和原材料、外购件成本增加），产品生命周期明显缩短，产品交货期缩短。企业为了赢得竞争必须按客户的不同要求进行新产品开发和生产。而传统的大量生产方式由于产品的单一化以及因过分要求提高生产率而形成的配置企业内部资源和社会资源的刚性系统，很难适应变化迅速的市场环境而不能实现制造资源的动态优化整合等方面的原因，显示出衰落的迹象。

丰田汽车公司在考察、分析美国汽车制造业的生产模式后认为，丰田应结合自己的国情，考虑一种更能适应市场需求的生产组织策略。公司副总裁大野耐一先生指出：第一，虽然此时的先进制造技术和系统（数控、机器人、可编程序控制器、自动物料搬运装置、工厂局域网、基于成组技术的柔性制造系统等）迅速发展，但它们只是着眼于提高制造的效率，减少生产准备时间，却忽略了可能增加的库存而带来的成本的增加。第二，造成生产率低下和增加成本的根结在于制造过程中的一切浪费。他从美国的超级市场受到启迪，形成了看板系统的构想—提出了准时生产制（Just In Time，简称 JIT）并最终形成了多品种小批量、高质量和低消耗的生产模式。而 1973 年的石油危机，给日本的汽车工业带来了前所未有的机遇，并由此拉开了丰田汽车公司与世界其他汽车制造企业的距离。与此同时，单品种、大批量的流水生产模式的弱点日渐明显，最终走向了衰落。至此，多品种小批量生产逐渐取代大批量生产。

20 世纪 80 年代美国人研究丰田生产模式后得出结论：丰田的指导思想是通过生产过程整体优化，改进技术，理顺物流，杜绝超量生产，消除无效劳动与浪费，有效利用资源降低成本，改善质量，达到用最少的投入实现最大产出的目的，是一种真正成为制造业所瞩目的提高企业竞争力的精益生产模式。

（2）管理要点

精益生产下的生产物流管理有两种模式：推进式（Push）和拉动式（Pull）。

- 推进式模式（Push）

该模式是基于美国计算机信息技术的强大发展和美国制造业大批量生产基础上提出的MRPⅡ（制造资源计划）技术为核心的生产物流管理模式，但它的长处却在多品种小批量生产类型的加工装配企业得到了最有效的发挥。该模式基本思想是：生产的目标应是围绕着物料转化组织制造资源，即在计算机、通信技术控制下制定和调节产品需求预测、主生产计划、物料需求计划、能力需求计划、物料采购计划、生产成本核算等环节。信息流往返于每道工序、车间，而生产物流要严格按照反工艺顺序确定的物料需要数量、需要时间（物料清单所表示的提前期），从前道工序"推进"到后道工序或下游车间，而不管后道工序或下游车间当时是否需要。信息流与生产物流完全分离、信息流控制的目的是要保证按生产作业计划要求按时完成物料加工任务。

推进式模式物流管理的特色：在管理标准化和制度方面，重点处理突发事件；在管理手段上，大量运用计算机管理；在生产物流方式上，以零件为中心，强调严格执行计划，维持一定量的在制品库存；在生产物流计划编制和控制上，以零件需求为依据，计算机编制主生产计划、物料需求计划、生产作业计划。执行中以计划为中心，工作重点在管理部门；在对待在制品库存的态度上，认为"风险"是外界的必然，因此必要的库存是合理的。即为了防止计划与实际的差异所带来的库存短缺现象，编制物料需求计划时，往往采用较大的安全库存和留有余地的固定提前期，而实际生产时间又往往低于提前期，于是不可避免地会产生在制品库存。一方面，这些安全储存量可以用于调节生产和需求之间、不同工序之间的平衡；另一方面，过高的存储也会降低物料在制造系统中的流动速度，使生产周期加长。

- 拉动式模式（Pull）

拉动式模式是以日本制造业提出的JIT（准时制）技术为核心的生产物流管理模式（也称"现场一个流"生产方式，表现为物流始终处于不停滞、不堆积、不超越、按节拍地贯穿于从原材料、毛坯的投入到成品的全过程）。其基本思想是：强调物流同步管理，即第一，必要的时间将必要数量的物料送到必要的地点。理想状态是整个企业按同一节拍有比例性、节奏性、连续性和协调性，根据后道工序的需要投入和产出，不制造工序不需要的过量制品（零件、部件、组件、产品），工序件在制品向"零"挑战。第二，必要的生产工具、工位器具要按位置摆放挂牌明示，以保持现场无杂物。第三，从最终市场需求出发，每道工序、每个车间都按照当时的需要由看板向前道工序、上游车间下达生产指令，前道工序、上游车间只生产后道工序、下游车间需要的数量。信息流与物流完全结合在一起，但信息流（生产指令）与（生产）物流方向相反。信息流控制的目的是要保证按后道工序要求准时完成物料加工任务。

拉动式模式物流管理特色：在管理标准化和制度方面，重点采用标准化作业；在管理手段上，把计算机管理与看板管理相结合；在生产物流方式上，以零件为中心，要前一道工序加工完的零件立即进入后一道工序，强调物流平衡而没有在制品库存，从而保证物流与市场需求同步；在生产物流计划编制和控制上，以零件为中心计算机编制物料生产计划、并运用看板系统执行和控制，以实施为中心，工作的重点在制造现场；在对待库存的态度上（与传统的大批量生产方式相比较），认为基于整个生产系统而言，"风险"不仅来自于外界的必然，更重要的是来自于内部的在制品库存。正是库存掩盖了生产系统中的各种缺陷，所以应将生产中的一切库存视为"浪费"，要"消灭一切浪费"。库存管理思想表现为：一方面强调供应对生产的保证；另一方面强调对零库存的要求，以不断暴露生产中基本环节的矛盾并加以改进，不断降低库存以消灭库存产生的"浪费"为终极目标。

7.3.4　现代企业生产物流管理方面面临的挑战

1. 现代企业生产的环境变化

（1）市场环境的变化

20世纪70年代以前，构成产品的技术相对比较简单，产品的生命周期很长，市场竞争主要围绕如何提高劳动生产率进行，于是构筑在产品部件化、部件标准化及加工工序规范化、单一化的基础上的大规模刚性生产线应运而生。其特点是应用泰勒的管理思想，把工人固定在以一定节奏运动的生产线旁，从事几项简单的、极易熟练的加工工序，从而极大地提高了劳动生产率。

20世纪70年代中后期到80年代，由于越来越快的技术进步和人们对个性化产品的需求，产品生产形式向多品种、少批量逐步过渡。市场竞争向企业提出了提高柔性和进一步降低成本的要求。

到了20世纪90年代，技术进步和产品更新的速度进一步加快，产品的生命周期进一步缩短，市场竞争主要围绕新产品的开发而展开。因为价位法则显示：一个新产品的价格总是高于其他产品价格，只有不断推出有独占性技术的新产品，才能不断获取高额利润。于是，过去大批量生产的刚性生产线落伍了，一种敏捷制造的思想成为制造业的梦想。

21世纪的到来，以下几个方面将成为制造业赢得竞争的关键：

● 显著缩短产品开发周期，加快新产品上市时间

从美国制造业策略的变化可以看出，美国制造业的策略从20世纪50年代的"规模效益第一"，经过70年代和80年代的"价格竞争第一"和"质量竞争第一"，发展到90年代的"市场速度第一"（即产品上市快、生产周期短、交货及时），时间因素被提到了首要位置。为此，企业的时间竞争能力成为核心竞争能力的基石。这要求企业的生产过程更加精良，产品开发、生产、销售、维护过程更加简化，生产工序更加简单，从而降低物流成本；提高劳动生产率。

● 提高柔性，响应"瞬息万变、无法预测"的市场

这不仅体现在要具备技术上的柔性，还要具备管理上的柔性，以及人员和组织上的柔性。为此，企业要具备综合创新能力，不仅有产品设计和生产工艺上的创新，而且还要包括制造观念的更新、组织的重构、经营的重组。目标是产品有特色、生产有柔性、竞争有策略。

● 分布、并行、集成并存

这表现在企业的分布性更强、分布范围更广，是全球范围的分布；企业生产的并行化

程度更高，许多作业可以跨地区、跨部门分布式并行实施；企业间的集成化程度更高，不仅包括信息、技术的集成，而且包括管理、人员和环境的集成。互联网为虚拟公司或动态联盟的实现提供了一定的基础。

（2）计算机与信息技术环境的变化

计算机与信息技术的进步正在对制造业企业的发展产生巨大的影响。由于信息技术、网络技术为企业构筑了新的"神经系统"，所以制造业企业的发展表现出高技术化、组织结构扁平化及合作关系网络化等特征。

①计算机出现以来，与其相关的新技术不断涌现，制造业走上了自动化发展的道路。先后出现了计算机辅助技术以及计算机辅助管理系统，制造过程作为一个系统，从局部集成向高度的全面集成发展。网络化技术与信息技术的发展，又促进了异地设计、异地制造、并行设计的发展，自动化程度日益提高。

②企业从接受订货开始，信息不断地生成、传递、转化、交换及存储，信息的处理向少纸化或无纸化方向发展，从而节省了人力、物力和时间。用计算机网络作为信息载体，可以迅速地将信息直接送达有关人员，减少了中间环节，从而促进了企业结构从多层次的金字塔式向少层次的扁平式发展，极大地提高了生产效率。

③网络化制造作为一种新的生产模式正在为国内外所重视。网络化制造的主要含义是：面对市场机遇，针对某一特定产品，利用以互联网为标志的信息高速公路，灵活而迅速地组织社会制造资源，把分散在不同地区的现有生产设备资源、智力资源和各种核心能力，迅速地组合成一种没有围墙的、超越空间约束的、靠电子手段联系的、统一指挥的经营实体，以便快速推出高质量、低成本的新产品。

④通过分散网络化制造的实施，企业的组织结构将从金字塔式的多层次模式向分布式网络化的扁平模式转化，建立起联盟式的制造体系，称作网络联盟企业。它将是一种新的生产组织形式，以适应制造的全球化的发展趋势，也是实现敏捷制造的一种重要手段。

跨入21世纪后，制造业企业面对的关键技术主要有：集成化技术、人工智能化技术、分布式并行处理智能协同求解技术、多学科多功能综合产品设计技术、虚拟现实与多媒体技术、人机—环境系统技术等。

2. 现代先进生产模式下的生产物流管理展望

为了确保企业拥有较强的响应市场急剧变化的能力，针对目前多品种小批量生产占主导地位的形势，一种基于柔性自动化（Flexibility Automation，FA）或可编程自动化（Programmable Automation，PA）的技术，以计算机集成制造（Computer Integrated Manufacturing System，CIMS）、敏捷制造（Agile Manufacturing，AM）、高效快速重组生产（Lean Agile Flexible，LAF）等系统代表的现代先进生产模式，已成为20世纪90年代以来制造业开始变革的趋势。

（1）基于计算机集成制造系统环境下的物流管理的变革

CIMS（Computer Integrated Making System，计算机集成制造系统，又称计算机综合制造系统）。这是随着计算机技术在制造领域中的广泛应用而产生的一种新的制造模式之一。它最初源于 1974 年美国人约瑟夫·哈林顿（Joseph Harrington）博士提出的当制造领域各个环节都采用了计算机系统后如何进一步集成为一个一体化系统的思想。此后，随着 20 世纪 90 年代信息技术、网络技术、控制技术、系统技术等的发展和进步，计算机集成便成为可以实现的模式。

CIMS 包括计算机辅助设计（CAD）、计算机辅助编制工艺规程（CAPP）、计算机数控技术（CNC）、计算机辅助编制数控程序、物流控制技术、计算机辅助质量控制技术、计算机辅助生产计划和控制技术、柔性制造系统和柔性制造单元。

CIMS 环境下的物流特征：

首先，对于企业物流运营的有关基本思想和运营方式的认识要有所改变；

其次，对于企业物流运营的基础设施要进行适当的规划；

最后，要加强信息集成，CIMS 环境下技术共享。

（2）基于互联网网络环境下的物流管理的变革

• 互联网经济时代企业间关系的调整

近年来，随着电子数据交换、技术数据交换和互联网技术的发展，企业间及企业顾客间开始并可能共享对方所拥有的资源，并使国家之间、企业之间的贸易经济边界逐渐消失。许多企业可以通过互联网进入其伙伴内部的信息系统。例如，A 公司由于其互联网延伸到主要供应商和分销商，一方面使其分销商可以在线采购本企业的产品，每年可为分销商节约采购资金；另一方面，A 公司也可以根据分销商的销售情况安排自己的生产计划，节约自己的生产管理成本。这一实际上的变化，已使企业的管理范围不仅包括其自身资源，还要延伸到其供应商、客户甚至竞争者。所以，企业间的核心问题是突破一系列观念，重塑企业间关系。

• 企业生产模式的改变及物流管理趋势

信息技术的发展对 21 世纪的企业生产模式提出了新的挑战。未来企业的信息流、物流、资金流等经营活动是通过网络、通过电子商务来快速顺畅传递的。网络是指挥企业运转的大脑和神经中枢，将促进企业在产品设计、生产、销售等各个环节的整合，将上游和下游的环节形成一个整体。正是这种整合使得企业中许多不必要的流程和人员得以精简，从而使企业组织结构以契约关系扁平化，进而带动生产模式的灵活多样化以及物流管理的一体化。理论上，企业的生产模式将向敏捷制造系统以及高效快速重组生产系统发展。

7.4 案例分析：海尔以流程改造构建竞争优势

现在新经济形势下竞争日趋激烈，客户的需求也在趋向个性化和多样化，这就对生产厂家提出了更高的要求。国内著名企业海尔经过在五年多的业务流程改造在这方面已经取得很大的成绩。按照订单生产，是解决库存问题的根本。海尔认为，新形势下企业运作的核心驱动力只有一个：订单。没有订单的生产，其结果只能是生产库存；库存积压，直接导致企业资金周转不灵，为解决没有市场的库存，其结果只能是降价，最终耗费了企业宝贵的资源。不彻底改变这种局面，其结果对企业而言风险之大不言而喻。所以企业的竞争其实就是速度的竞争，即获取订单并满足订单需求的速度竞争。以远见著称的海尔，为更好地发挥企业的竞争优势，大幅度地超越竞争对手，海尔选择了自我改造。也就是外界最关注的业务流程再造。

7.4.1　业务流程改造

业务流程再造（BPR），是美国管理专家迈克尔·哈默于 1990 年提出的。其定义是：对企业的业务流程进行根本性地再思考和彻底性再设计，从而使企业获得在成本、质量、服务和速度等方面业绩的戏剧性改善。原有的业务流程是直线式职能管理，流程再造的要求是要彻底打破原有的流程架构，海尔的业务流程改造始于 1998 年 9 月 8 日的张瑞敏在集团中层会议上的讲话。按照业务流程再造的思路和集团新的战略规划要求以订单信息流为中心，通过计算机信息网络，一手抓着全球用户资源网络和用户的需求，一手抓着能满足用户需求的全球供应商网络，最终实现企业"三个零"目标，全力构建企业的核心竞争力。其中海尔自创的"一流三网"，"一流"即为订单信息流；"三网"分别是：计算机信息网络、全球供应商网络和全球客户资源网络。"三个零"指的是：零库存、与客户的零距离和零资本运营。通过"一流三网"的构建，通过对生产线的改造和看板管理等实现了生产的柔性化，并在供应链方面实施三个 JIT（Just In Time）管理，即：JIT 采购、JIT 原材料配送、JIT 成品分拨物流。全面提高相应客户需求的速度。通过流程改造，企业实施了全面的扁平化管理，减少了企业与用户之间的层级，信息的交流变得日益畅通和透明。这些变化也慢慢地改变了海尔在客户心目中的地位，紧紧地抓住了客户购买的欲望，使海尔品牌成为消费者的首选。

7.4.2　订单生产流程

现在在海尔，一个经销商下完要货订单后，海尔的工作人员将要货信息从商流工贸公司的信息系统终端输进海尔信息系统，完成对订单的上传。订单信息同时在相关部门的电脑终端上同时响应。订单就是各部门同时操作的命令，订单信息在物流推进本部的电脑终端上立即转化为生产订单，海尔物流立体仓库的中央控制中心随即将产品分解成配件需求，自动统计并排查配件库存，将海尔国际物流中心配件立体仓库已有的和待采购的配件分类进行操作。对库存紧缺的配件，系统自动生成采购订单，并显示在采购 JIT 工作人员的电脑终端上。根据采购订单实施网上 JIT 采购。这个信息同时将出现在原材料分供方的电脑终端上，分供方依托海尔的 BBP 系统（原材料网上采购系统），确认供货需求信息，并按要求配送到海尔物流立体仓库。立体仓库的配件备齐的信息随即转化为生产申请，得到获准之后，信息即刻在海尔国际物流中心，即海尔物流中心的配件立体仓库的电脑终端上显现出来，通过 JIT 原材料配送操作，分别将配件送到预定的生产线的工位上，柔性化的生产线在运转中根据系统指令实现生产自动切换，即可生产出满足客户订单需求的产品。产成品一下生产线，随即转运进入海尔国际物流中心成品立体仓库，全国主干线 JIT 成品分拨配送在平均 2 天时间将产品发运到 42 个遍布全国的海尔物流配送中心。各地的配送中心对经销商需求的产品配送到客户指定的地点。这些配送操作在物流中心城市 8 小时到位，区域配送 24 小时到位。客户订单的响应完成。

上述过程中响应的是经销商需求，这和对终端客户需求响应的过程基本类似。终端客户的需求响应时间在 10 天左右基本可以完成。以前在没有信息系统的时候，客户订单从传递到供应商响应则需要 10 天以上时间，而等待下排产计划到客户收到货时间则会更长，而且准确性低、效率差。现在通过 ERP 之后从客户下订单到供应商对配件的响应完全可以在 1 天内准确完成。

经销商可以在海尔定期举行的产品订购会上，根据销售区域的客户喜好，在海尔产品的标准模块中组装搭配符合自己需求的产品，也可以通过对满足经销商描述的需求，来定制客户想要的产品。经销商的个性化定制成了同类产品中的销售亮点。而终端客户可以通过海尔的商务网站等多种途径参与自己需求产品的设计，因而最大限度地满足了客户的个性化需求，同时也密切了企业与客户的关系。而企业在其中也实现了销售和竞争优势。双赢的结果，成了海尔核心竞争力的重要部分。良好的服务口碑配合优质的个性化产品，成了消费者购买产品的首选。

7.4.3 信息系统是解决库存的根本手段

海尔通过 BBP 系统交易平台，集团每个月平均接到 8000 多个销售订单，这些订单的品种达 9000 多个，需要采购的物料品种达 26 万余种。在这种复杂的情况下，海尔物流自整合以来，呆滞物资降低了 73.8%，仓库面积减少 50%，库存资金减少 67%。海尔国际物流中心（海尔配件立体仓库）货区面积 7200 平方米，但它的吞吐量却相当于普通平面仓库的 30 万平方米。同样的工作，海尔物流中心只有 10 个叉车司机，而一般仓库完成这样的工作量至少需要上百人。因此，在海尔仓库不再是储存物资的水库，而是一条流动的河。河中流动的是按订单采购生产所需的物资，也就是按订单来进行采购、制造等活动。这样，从根本上消除了呆滞物资、消灭了库存。海尔打破了过去仓库的概念，把仓库变成一个只是为下一站配送而暂停的站，所以把它称作是"过站式物流"；从根本上解决了竞争中多数企业最头痛的库存问题，少了这个后顾之忧，使得海尔能轻松面对瞬息万变的市场，并在竞争中处于优势地位。

上述过程的实现基于海尔完善的计算机网络，在这个网络中应用的最彻底的是海尔的物流管理系统。这个系统采用了 SAP 公司提供的 ERP 系统和 BBP 系统。海尔的 ERP 系统共包括 MM（物料管理）、PP（制造与计划）、SD（销售与订单管理）、FI/CO（财务管理与成本管理）、BW（业务数据仓库/决策支持信息系统）等模块及 ABAP 开发的实施能力。商流从订单输入接口将需求信息输入系统和物流和资金流分别通过各自的端口处理来自系统（其实也就是来自客户的）需求信息。需求信息一旦输入系统就自动变成了客户订单，订单的驱动相关部门的联动，直至客户需求得到满足为止。因此一切的采购、生产、物流配送等行为都是以订单信息流为中心，将客户需求信息和能满足客户需求的供应商网络相联系，由于产品在生产之前就已经名花有主了，实现了零库存，公司从上到下严格执行的是现款现货的方式，实现了零资本运营；通过全称的物流服务使产品一下生产线就到了客户门口，实现了与客户的零距离。

海尔这套信息系统的最大的优势是，在订单的驱动下，产品事业部、商流、物流、资金流各部门实现了并行操作，优化了产品设计、研发、采购、生产、物流配送等各环节的工作节奏，实现了响应客户订单的时间最小和工作效率最大化。各部门根据系统开放的权限，看到的是自己该干的工作和工作时效要求。各级管理层，通过系统权限看到了自己最关心的实时更新的信息。决策层全局把握，运筹帷幄。实现对战略的实时调控速度、创新、SBU 海尔有了先进的信息系统实现了操作平台信息实时共享，先人一步具备了构建竞争优势的根本。在海尔认为，竞争的实质是创造用户需求和创造用户资源。而用户资源是属于稀缺资源，企业只有速度才能有生存权，而且要真正握住用户的手，还必须有"第一速度"。大家都在比速度，只能以市场的第一速度去满足用户需求才能创造用户资源。按照客户经济的原则：摆在企业经营第一位的是客户满意度、第二是速度、第三是差错率。海尔要跟上未来企业发展的方向，真正、准确把握好发展的脉搏，产品开发要有第一速度；销售要有第一速度；纠错不过夜要有第一速度。速度的目标就是要实现"三个零"：零库存、与用户零距离和零营运资本。海尔要以"第一速度"满足用户需求，这个速度使我们和用户没有距离；零营运资本也是为了满足用户需求，就像戴尔电脑一样，是别人先付它钱，它再来做，所以它没有营运资本。

7.4.4 业务流程改造的结果

经过业务流程的改造，海尔具备了在信息时代和国际化企业竞争的基础。然而流程改造这一过程并非一帆风顺。在大刀阔斧进行的旧流程结构打破的过程中，新的流程制定不可能马上完全适应新的形势需要。改革初期，海尔的业绩和利润受到了一定的影响，但经过这几年的不断努力，流程改造的成效逐渐在新的竞争环境下发挥了优势。在海尔这个以高效执行力著称的公司尚且如此，一般的管理水平较弱的公司，这种变革不敢想象。任何改革都是要付出代价的，关键是看改革的结果是否值得这样作。通过流程改造，海尔打通了"大流通"，从第三利润源着手，在物流配送领域一路领跑，并取得了显著的成绩。跟随者坚定的脚步声成了当初对海尔改革存有疑虑和非议者的最好诠释。事实再一次证明了海尔的远见卓识。

业务流程再造要冒这么大风险，海尔高瞻远瞩和超凡的魄力是为了什么呢？

流程再造对海尔而言是一个非常重要的工作，历时也比较长，从 1998 年一直做到现在。由于 1998 年海尔进入国际化战略阶段，国际化的消费者的选择范围也是国际化的，在网上就可以选择他们想要的产品。企业如果不能以最快的速度生产他们想要的产品，就没有机会为他们服务。为了争取这种服务，海尔整个流程就必须提速，整合现有资源、充分实现个性化。这一切要求我们必须压缩流程，这也是海尔进行流程再造的初衷。海尔的总裁杨绵绵如是说。为了实现这个初衷，海尔希望把每一个员工都变成一个老板，也就是一个 SBU（策略事业单位），让每个人都创造有价值的订单。这样，每个员工都必须面对市场，都必须时刻要想到如何满足消费者的需求，使得海尔从一个 3 万人的企业变成 3 万个小企业，3 万个小企业又可以瞬间组合成一个有竞争力的品牌，这种情况下才可能使海尔实现创国际名牌的路。张瑞敏表示，从 1998 年开始到 2003 年的五年多时间里，海尔做的就是打通员工与市场的壁垒工作，要让每个人都直接面对市场。海尔员工现在每个人都直接面对市场的销售利润，如果员工自己参与的型号的产品在市场上亏损的话，就不能得到收入，只能从海尔集团借工资、借生活费，而且只能借到六个月，到时候市场利润再上不来，请离开。这样，市场的压力直接就传递给了员工。使得员工和企业，海尔现在把市场竞争内部化，在企业内部建立市场机制，在信息化的平台上，这种"压力传导机制"是完全可以实现的。这就是海尔最新的管理理念，即市场链管理，简称 S（索赔）S（索酬）T（跳闸）。"我们要解决面临的问题，唯一的办法就是在管理上创新。创新是海尔的核心竞争力。海尔的创新永远来自消费者需求，海尔的定位就是"不断地满足消费者需求"，而且消费者需求不是静态的，而是一个时刻在变化的动态的过程，海尔的创新就是要不断地捕捉住这种新的需求。市场链管理机制是将员工利益与获取订单速度、完成订单的情况、满足市场需求捆绑在了一起，实现员工主动为企业分忧。

流程再造还在继续，从某种意义上讲，对海尔而言任重道远。"不去打破现有的成功，不去打破现有的平衡，就永远不能实现新的目标"，要在竞争对手没有赶上来之前，自己主动改变，才能永远立于不败之地。毕竟，永远不变的真理就是一直在变。海尔人已经掌握了信息时代创新的脉搏，任何一项改革在别的企业中员工可能存在怀疑，海尔人想得最多的是创造性地执行和落实。海尔以创新捕捉以流程改造的契机，以创新构建新时期竞争优势。

8 企业生产物流的运营

本章主要介绍生产运作计划；MRP，MRPⅡ，ERP；JIT 准时生产以及 TOC 理论。

8.1 生产运作计划

总生产计划时间按范围分为长期、中期、短期三种。长期计划一般一年做一次，它着眼于比一年更长的一段时间的运作活动。中期计划通常 6~18 个月，一般用月或季度为时间单位。短期计划则包括从 1 天到少于 6 个月的一段时期，一般以周为时间单位。

战略能力计划主要是确定生产系统长期能力（如大小、范围）。对于服务与制造，总生产计划是基本相同的，其主要区别是生产者利用库存增加与减少来稳定生产。在总生产计划阶段之后，生产与服务计划活动则有相当大的区别。

制造企业确定了总生产计划，工作重点是过程规划，是处理生产产品或提供服务的特定技术与程序。

制造企业规划过程被概括为：生产控制组织将现有或预计的订货编入主生产规划（Master Production Schedule，MPS）。MPS 确定每批订货所需产品的数量与交货日期。粗能力计划（rough – cut capacity planning）用以查定当前所具备的生产、仓库设施、设备、劳动力的能力，并且核实主要的供应商是否已安排了足够的生产能力，以保证在需要时提供原材料。物料需求计划（Material Requirements Planning，MRP）MPS 得到最终产品的需求量，将其分解到零件与部装件，并做出物料计划。该计划确定应何时安排每一种零件与部装件的生产与订货，以保障按计划完成产品生产。大部分 MPS 系统也将生产能力分配到每一个批次（即生产能力需求计划（capacity requirements planning）），最后的计划是各机器、生产线或工作中心每天或每周的作业计划。

服务企业确定了服务人员的数量，工作的重点便成了每周或每天以小时为单位的劳动力与顾客计划。劳动力计划是计划顾客能获得的服务小时数、相关时间段内某一时间能得到的特殊服务技能等。许多服务工作有特定的时间与法律限制，这些限制会对计划产生影响，而典型的制造行业则不会有这样的限制。他们的计划比生产人员计划复杂得多。顾客（或需求）计划则处理顾客指定、预定和当他们到达时接受服务的先后顺序问题。这当然既有正式预定。

8.1.1 分层式生产计划

制造业长期、中期、短期的生产计划活动中，组织中高层管理负责长期计划。而底层则负责短期计划。哈兰·米尔（Harlan Meal）提出了分层式生产计划（Hierarchical Production Planning，HPP），这种生产计划比较适合企业组织结构的形式，高层管理使用综合数据进行高层决策，而底层决策则使用详细数据。HPP 甚至从逻辑上阐明高层管理者不应涉及一个加工中心的生产批量的决定问题。同理，生产线主管也不应参与开分新产品的规划。

从传统的观点看，每个生产厂都应建立确保销售安全的存货。于是产生了一个令人满意的结果，在生产能力缺乏的高峰期，还要生产小规模的滞销产品。

通过集中决策，高层管理者希望他们能决定哪个工厂生产哪种产品、生产多少数量，但这是不可能的。这不仅因为详细变量的数量大得难以全部处理，而且因为这意味着高层管理者将从工厂管理者的手中夺走本应属于他们职权范围内的决策权。

分层式程序将决策制定加以分工。基于每年的生产，高层管理者将产品生产在各工厂中进行分配。各工厂的管理者则根据季节影响、库存的建立、人员聘用等情况进行决策。车间管理者则制订详细的作业计划。这样，车间主管可以了解各产品组所需的时间比例，以便充分利用剩余生产能力。

分层式计划的优点是每一层的下面都是一个更小的数据库，结构更简单。

8.1.2 总生产计划

总生产计划根据产品组或其他更广义的分类确定中期（6~18 个月）的生产率。总生产计划是在主生产计划前制定的，主要目的是明确生产率、劳动力人数和当前库存的最优组合。生产率指每单位时间（如每小时或每天）生产的产品数量。劳动力水平是指生产所需工人人数。当前库存等于上期期末库存。

总生产计划问题可描述为：在已知计划期内，每一时段的需求预测量为 FT；以最小化生产计划期内的成本为目标，确定时段 t = 1，2，…，T 的产量，PT 库存量 IT，劳动力 WT。

总生产计划的形式因公司不同而异。在一些公司中，它是一个正式报告，包括计划的目标和前提。在另一些公司中，尤其是一些小型企业，业主也可对反映用工政策的劳动力需求做一个简单计算。

制订计划的过程也各不相同。一种常见的方法是从公司年计划中获得，一个典型公司计划中有一部分与生产有关，它描述了在未来 12 个月内，为满足销售预测的需求，各主要产品系列应生产多少产品。计划人员利用这一信息决定如何利用现有资源才能最好的满足需求。另外，一些企业将需求产量与相应的零件数量相结合，并以之作为总生产计划的基础。例如，通用汽车公司一个分厂要用某特定设备生产一定数量不同类型的汽车，生产计划人员根据所有车型的平均生产工时制订全部总生产计划。对这一计划的调整，特别是车型、品种，会在短期生产计划中详细地反映出来。

另一种方法是通过模拟不同主生产计划和计算相应生产能力需求，了解是否每个工作中心都有足够的工人与设备，并制订总生产计划。如果生产能力不足，每个产品系列都需确定对加班、增加工人等的需求量，并与粗能力计划（rough cut plan）相结合。接下来用试算法（cut－and－try）或数学方法修正该计划，得到最终而且是（期望是）低成本的计划。

1. 构成生产计划环境的内部和外部因素

一般地讲，外部环境是在生产计划人员直接控制之外的。总的来说，需求管理一般有两种主要方法：①定价与促销；②补偿性产品。通过市场营销与生产的紧密配合，促销活动与降价能在需求发展缓慢的时期刺激需求。相反，当需求很强时，促销活动可以减少，价格也可以上涨，从而使公司有能力提供的产品与服务的收益最大化。

补偿性产品适用于存在较大周期性需求波动的企业。例如，对于剪草机制造说，在夏季需求量大，而在秋冬季需求量小。若生产一种秋冬季需求量大、春夏季需求量小的补偿性产品（如铲雪机、扫雪机、扫叶机）可平衡生产系统需求。在服务行业，周期常按小时计算，而不是按月份计算。饭店午餐、晚餐需求量小时可扩充早餐菜单以增大早餐的需求量。即使是这样，所能控制的需求也是有限的。生产计划者最终不能脱离销售计划及有销售保障的订货，并将内部因素看做是制订生产计划时的可调节变量。一种新的有助于管理这些内部因素的方法。采用历史需求模型与专家判断相结合的方法，决定何时开始生产某产品，这就是精确响应。该方法的关键在于要明确地区分需求相对可预测与相对不可预测的产品。

内部因素在可控性方面存在着差异。当前生产能力（厂房、设备）在短期内通常会变化；劳动力进行调配受到法律限制，生产能力增长有一定限度；高层管理者可以限制库存占用资金。但管理这些因素时总有一些灵活性可寻，计划人员可采用下列生产计划策略的一种或几种的组合。

2. 生产计划策略

生产计划策略主要有三种。它们需要均衡劳动力水平、工作时间、库存、积压的定单。

（1）追逐策略。当订货变动时，雇佣或解雇工人，使产量与订货相一致。当订货量增加时，这种方法的成败取决于是否有一批容易培训的、可供雇佣的工人。动机影响是明显的。

（2）稳定的劳动力水平—变化的工作时间。通过柔性的工作计划或加班改变工作时间，进而改变产量。通过改变工作时间，可使产量与订货相匹配。这种策略中的工人人数稳定，而且它避免了追逐策略中雇佣与解雇工人付出的感情与有形代价。

（3）平准策略。可以用浮动的库存量、订单积压和减少销售来消化缺货与剩余产品，保持稳定的劳动力数量与产出率。雇员会从稳定的工作时间中受益，而它的代价是可能降低对顾客的服务水平与增加库存成本。另一问题是库存产品可能会陈旧。

当只采用一种策略消化需求波动时称为单一策略。用两种或更多种的组合时称为混合策略。实际上，企业更广泛应用的是混合策略。

（4）分包。除上述策略，经理也可将产品的某些部分分包出去。这种策略与追逐策略相似，只是将雇佣与解雇转化为分包和不分包。有一定的分包以适应需求被动是值得的。然而，除非他们与供应商的关系特别牢固，否则，制造商会失去对计划与质量的一部分控制。正因为如此，大范围的分包被视为高风险策略。

3. 相关成本

总生产计划有四种相关成本。它们与生产成本本身有关，与库存和未完成订货的成本也有关，它们具体包括：

（1）基本生产成本。它们是计划时期内生产某一产品的固定与变动成本，包括直接与间接劳动力成本，正常与加班工资。

（2）与生产相关的成本。这一类中的典型成本是雇佣、培训与解雇人员的成本。雇佣临时工是避免这类成本的一种方法。

（3）库存成本。主要组成部分是库存占用资金的成本。其他组成部分有存储费用、保税、损坏与折旧造成的费用。

（4）延期交货成本。这种成本通常难以估算。它包括由延期交货引起的赶工生产成本、失去企业信誉和销售收入的损失。

4. 预算

为获得经费，生产经理一般需递交每年的，有时为每季度的预算申请。总生产计划活动是预算成败的关键。总生产计划的目标是确定劳动力水平与库存量的最优组合，使计划期间内与生产相关的总成本达到最低。这样，总生产计划为预算提供了依据。准确的中期计划增加了接受已申请的预算和在预算范围内运作的可能性。

5. 总生产计划技术

（1）试算法

企业一般使用简单的试算法制订总生产计划。试算法包括计算不同生产计划方案的成本，并从中选出最佳方案。电子表格软件会有助于这一计划过程。精确的方法如线性规划与仿真技术经常在电子表格软件中得到应用。

（2）平准化法

我们考虑了生产计划中的四种主要策略：变动劳动力人数，加班或减少工作时间，通过剩余和缺货改变库存，分包。

准时化生产方式着眼于保持一个平准生产计划。平准生产计划指在一段时间保持生产能力的平稳，它在一定程度上是我们提到的四种策略的综合。对于每段时期，它维持劳动力数量的稳定和低库存量，并依赖需求拉动生产的进行。平准生产有以下优点：可计划安排整个系统，使之达到库存与在制品量最小化；因为在制品储备少，产品改进及时；生产系统流程平稳；从供应商处购买的物料能在需要时交付，而且事实上常常直接送至生产线。

对于每位工人操作一定数量的机器生产一系列产品的生产系统在使用平准化技术时，应具备以下条件：产品应该是可重复性的（装配线形式）；系统应具有剩余工作能力；系统产出量在一段时间内（最好是一个月内）固定；采购、营销、生产的协调性好；维持库存的成本高；设备成本低；劳动力掌握多项技能。

8.1.3 主生产计划

一般来说，主生产计划处理最终物料项。但如果最终物料项非常大或者非常昂贵，主生产计划也可能处理主要的部装件或构件。所有生产系统具有有限的能力和有限的资源。这给主生产计划员提出了挑战。当总生产计划提出运作范围时，主生产计划员必须明确指定该生产什么。这些决策的制定要考虑许多部门的运作，例如，销售部门（要满足对客户承诺的交货期），财务部门（要使库存量最小化），管理部门（要求最大的生产率和最佳的客户服务以及最小的资源需求），制造部门（要求平准化和最小的准备时间）。

为了给车间制订一个可行的计划，主生产计划备选方案都要通过 MRP 程序试运行。最终生成的计划订单下达量（详细的生产计划）要经过核查，以保证资源能够获得以及完成时间合理。但是一旦对产品进行了需求展开且确定了下层的物料、零件和组件，一个看似合理的主生产计划却可能需要更多的资源，如果这种情况发生（这是常有的情况），则应根据这些限制修改主生产计划并且重新运行 MRP 程序，为了保证制订合适的主生产计划，主生产计划员应该考虑来自产品销售、仓库补充、备用件以及厂际的所有要求。即：决不忽视总生产计划；以客户订货为中心；对各管理层而言是可见的；客观处理制造、市场和工程技术之间的冲突；明确并讨论所有问题。

综合总生产计划只对产品组进行划分，它不确定具体的物料项目。计划过程的下一层是主生产计划。主生产计划是分时段的计划，它确定公司计划何时生产、生产多少各种最终产品。例如，一个家具公司的总生产计划将确定它在下个月或者下个季度计划生产的床垫总数，而主生产计划接下来做下一步工作，它确定这些床垫的具体大小、质量和式样。该公司出售的所有床垫都要经过主生产计划。主生产计划还按阶段（通常以周为单位）指明各种床垫需要多少及何时需要。

进一步的展开过程是 MRP 程序，它计算和计划主生产计划确定的生产床垫所需的所有原料、零件和供应件。主生产计划中的柔性问题取决于以下几种因素：生产提前期、明确说明最终产品所需零部件的供应、客户和供应商之间的关系、生产能力过剩的数量、管理人员是否愿意进行计划的修改。

在整个生产系统中维持一个合理的控制流程。并建立和遵循一些操作规则，否则这个生产系统将是混乱的且充斥着过期的订单，进而需要不断地催查。

决策者定义"时界"为一些时间阶段，使得客户有机会在不同层次上作出改变（这里的客户也可能是公司自身的市场部门，市场部门考虑有关产品促销、扩大品种等问题）。每个公司都有各自的时界和操作规则，按照这些规则，冻结状态在一个公司中可能是完全不改变，而在另一个公司中可能只允许极微小的变化。在中等稳定状态下，只要有零件可提供，就允许在一个产品组中对确定的产品进行改变。在灵活状态下，如果生产能力不变并且不含有很长提前期的物料项目，则允许对产品进行各种改变。

8.2 MRP，MRP Ⅱ，ERP

任何一种物料都是由于某种需要而存在。一种物料的消耗量受另一种产品需求量的制约。购进原材料是为了加工成零件，而生产零件又是为了装配成产品。从大范围来讲，一个企业的产品，可能是另一个企业的原料，这种相关需求不但有品种、规格、性能、质量和数量的要求，而且有时间的要求。在不需要某种物料的时刻，要避免或减少过早地保留库存；相反，在真正需要的时刻，又必须有足够的库存满足需求。这就是以物料为中心的MRP 系统计划与控制生产物流的基本出发点，体现了为顾客服务、按需定产的宗旨。

8.2.1 MRP（Material Requiring Planning 物料需求计划）

1. MRP 的产生

20 世纪 50 年代末，国外的企业就已经开始应用计算机辅助生产管理。早期的计算机辅助生产管理主要侧重物料库存计划管理，且多采用订货点法（根据历史的生产和库存记录来推测未来生产需求）。由于它没有按照各种物料真正需要的时间来确定订货与生产日期，往往造成库存积压，难以适应物料需求随时间变化的情况。对于一个制造企业，一种产品往往是由多种部件组装而成，每种部件又是由多种零部件和材料制造而成，这样产品和零部件及材料用品之间就构成相互依赖的连动需求关系。把企业产品中的各种物料分为独立物料和相关物料，并将这种需求关系纳入按时间段确定不同时期的物料需求，从而解决库存物料订货与组织生产问题。

围绕所要生产的产品，如何在正确的时间、正确的地点按照规定的数量得到真正需要的物料？对这一问题的解决就是物料需求计划 MRP 产生的动力。20 世纪 60 年代中期，美国 IBM 公司率先提出了物料需求计划 MRP 的生产管理模式，并在 20 世纪 70 年代得到不断完善。

2. MRP 的目的

基本的 MRP 系统的主要目的是为了控制库存水平，为物料项目设定操作优先级以及生产系统提供能力计划。这些可以简单地概括如下：

库存：订购正确的零件；订购正确的数量；在正确的时间里订货。

优先级：按正确的完成日期订货，保持完成日期有效。

能力：制订一个完整的负荷计划；制订一个精确的负荷计划；计划的制订要有充足的时间来考虑未来的负荷。

MRP 的主旨是"在正确的时间正确的地点得到正确的物料资源。"

MRP 系统的库存管理的目的与任何库存管理系统是相同的，即提高客户服务水平，库存投资最小化以及使生产效率最大化。

3. MRP 适用范围

MRP 用于在各种有加工车间环境的工业行业中（加工车间环境是指用相同的生产设备）生产成批大量的产品。包括流程工业，所指的流程只限于改变成品的作业类型。

对于以装配操作为中心的公司，MRP 具有很高的使用价值，但在加工公司中其使用价值低。

对于每年只生产少量产品的公司，尤其是那些生产复杂昂贵的产品且产品的技术含量很高的公司，经验显示，由于它的提前期太长和太不确定，其产品结构太复杂以致不能控制 MRP，不能很好地运行，像这样的公司需要由网络计划技术提供的控制。

4. MRP 基本原理

MRP 按照基于产品结构的物料需求组织生产，根据产品完工日期和产品结构规定生产计划。即根据产品结构的层次从属关系，以产品零件为计划对象，以完工日期为计划基准倒排计划，按各种零件与部件的生产周期反推出它们的生产与投入时间和数量，按提前期长短区别各个物料下达订单的优先级，从而保证在生产需要时刻所有物料都能配套齐备，不到需要的时刻不要过早积压，达到减少库存量和占用资金的目的。

5. MRP 与传统的存货系统管理比较

物料需求计划的思想是：当物料短缺而影响整个生产计划时，应该很快提供物料；当生产计划延迟以及推迟物料需求时，物料也应该被延迟。传统的存货管理通常的做法是，当一份订单落后于计划时，会花费极大的努力，让其重新回到计划的控制之下。但是，反过来并不总是正确的。当一份订单由于某种原因完成时间延迟时，在计划中并不作适当的调整。这种结果导致了单方面的效应——较晚的订单要被加快，而较早的订单却不被重新计划而推迟。除了尽可能地利用少量能力资源在真正需求之前最好不要有原材料和在制品。因为库存冻结了资金，占据库存空间，妨碍设计变化，阻止取消和推迟定货。

MRP 与传统的存货管理区别具体体现为：传统的存货管理用单项确定的办法解决生产中各项物料联动需求，难免相互脱节，同时采取人工处理，工作量大。而 MRP 系统用规划联动需求，使各项物料相互依存，相互衔接，使需求计划更加客观可靠，也大大减少计划的工作量。

实施 MRP 要求企业制订详细、可靠的主生产计划，提供可靠的存货记录，对生产能力的分析和对各项工作的检查，把计划工作做得更细。MRP 系统提供的物料需求计划又是企业编制现金需求计划的依据。

当企业的主生产计划发生变化，MRP 系统将根据主生产计划的最新数据进行调整。及时提供物料联动需求和存货计划，企业可以据此安排相关工作采取必要措施。

在 MRP 环境下，可以做到在降低库存成本、减少库存资金占用等企业物流的同时，保证物料按计划流动，保证生产过程中的物料需求及生产的正常运行，从而使产品满足用户和市场的需求。

6. MRP 的优缺点

（1） MRP 的优点

在过去的几年中，当企业从现存的手工或计算机系统转移至 MRP 系统时他们得到了许多益处：定价更有竞争性；销售价格降低；库存减少；更好的顾客服务；对市场需求的反应更快；改变主计划的能力增强；生产准备和设备拆卸的费用降低；空闲时间减少。

此外，MRP 系统能够提前通知管理人员，以便他们能在实际订单下达之前看到计划情况；指出何时应加快进度，何时应减慢进度；推迟或取消订单；改变订单的数量，提前或推迟订单的交货日期；辅助能力计划。

（2） MRP 的缺点

MRP 是发展很成熟的技术，且系统的实施方法简单明确。但在 MRP 系统中也有一些问题，并且在实施过程中也有许多失败的情况。为什么一个经过验证的系统会出现这些问题和失败呢？部分答案在于组织和行为因素。三个主要的因素是：缺少高层管理人员应承担的义务，MRP 仅仅是一个需要正确使用的软件工具这一点没有一个正确的认识，以及如何将 MRP 与 JIT 相结合。

缺乏高层领导义务的部分责任在于人们对 MRP 的印象。它听起来更像一个生产系统而不是一个经营计划。然而，MRP 是用于计划资源和制订计划的。一个功能良好的计划同样能够有效地使用公司的资产，从而增加利润。

MRP 应当被高层管理人员所接受，作为通过参考利润结果产生计划的工具。同时，需要深入的教育，强调 MRP 作为闭环、集成的、战略性的计划工具的重要作用。

问题的第二个原因在于 MRP 的提倡者们在宣传过程中过分强调了其功能。MRP 被描述成了一个运行公司的完全的和独一无二的系统，而不是整个系统的一部分，而人们也往往这样理解。

第三个问题，即 MRP 如何与 JIT 相互作用，MRP 同样需要操作的高精确度，它经常需要改变公司的运行方式和更新文件。例如，许多公司对库存采取开放使用。这就使得记录的库存量与实际的库存量有差别。同样，许多工程图纸和物料清单变得过时，而 MRP 需要精确性才能发挥正常的功能。

7. MRP 系统的基本逻辑流程

从物流的角度，MRP 实际上反映了一种物料流向的运作方式。

该系统主要包括：主生产计划 MPS、物料需求计划 MRP、能力需求计划 CRP、执行物料计划和执行能力计划等部分。生产物流的计划与控制就是在基于 MPS 的驱动下，围绕 MRP，由 BOM 表与库存信息等基本数据进行的。

该系统分为生产计划与计划执行控制两大部分。

（1） 生产计划部分

在 MRP 系统中，"物料"是一个广义的概念，泛指原材料、在制品、外购件以及产品。首先，根据订货合同、市场预测及其他生产需求确定总的产品出产计划，制订一个针对产品或独立需求型半成品的现实可行的主生产计划 MPS。它是展开物料需求计划与能力需求计划的主要依据和驱动要素，决定着 MRP 系统的现实性与有效性。考虑的因素有：市场对产品的需求、总的生产提前期（Lead Time）和库存情况。其次，根据 MPS 计划、产品结构及物料清单 BOM 表、库存信息等将生产计划进行展开与细化，编制以相关需求型物料（基本零部件）为对象的物料需求计划 MRP，提出每一项加工件与采购件的建议计划，如加工件的开工日期与完成日期、采购件的订货日期与入库日期等。再次，根据 MRP、工作中心、工艺路线等对企业的生产能力进行详细计划，即编制能力需求计划 CRP 以保证 MRP 的可执行性。最后，MRP 处理的是相关需求，把所有物料分成独立需求（Independent Demand）和相关需求（Dependent Demand）两种类型独立需求是指某物料的需求与其他物料需求无关的需求，可通过订单和预测获得其需求量，如对成品、备品备件的需求。相关需求指某物料的需求与另一物料或产品的需求直接有关，或者由其他物料推算而得到。相关需求又可分为垂直相关，即某零件为生产组件、部件、产品所必需的；水平相关，即某零件为随同产品交付客户的某项附属件。

一般地，MRP 与 CRP 要进行反复调整，使计划可行；当 MRP/CRP 反复运算调整仍无法解决矛盾时，要修改主生产计划 MRP。只有经过 MRP/CRP 运行落实后，才能将计划下达给执行层。

（2）计划执行控制部分

主要包括执行物料计划（又分为加工与采购两部分）和执行能力计划。执行 MRP 计划主要采用调度单或派工单来控制加工的优先级，采用请购单或采购单控制采购的优先级。加工控制一般由车间作业控制功能完成；采购控制一般由采购供应部门完成。执行能力计划时用投入和产出的工时量控制能力和物流。执行控制层可以把生产计划的执行信息及时反馈给计划层，从而形成了完整的闭环 MRP 的生产计划与控制系统。闭环 MRP 系统实现了规范化管理，并把生产计划的稳定性、灵活性与适应性统一起来，大大提高了企业生产的整体效率与物料合理利用率，也提高了企业对于外部市场环境的适应能力。

8.2.2 MRPⅡ（Manufacturing Resources Planning 制造资源计划）

1. MRPⅡ的产生

MRPⅡ 在 20 世纪 80 年代初开始发展起来，是一种资源协调系统，代表了一种新的生产管理思想。它把生产活动与财务活动联系起来，将闭环 MRP 与企业经营计划联系起来，使企业各个部门有了一个统一可靠的计划控制工具。它是企业级的集成系统，包括整个生产经营活动：销售、生产、生产作业计划与控制、库存、采购供应、财务会计、工程管理等。MRPⅡ是 1977 年由美国著名生产管理专家奥利夫·怀特（Oliver Wight）最早提出来的，是对制造企业全部资源进行系统综合计划的一种方法。由于它与 MRP 有着同样的字母缩写，同时又是在 MRP 的基础上发展起来的，为了有所区别，所以在 MRP 后加上一个罗马数字Ⅱ。

2. MRPⅡ的原理

MRPⅡ的基本思想是把 MRP 同所有其他与生产经营活动直接相关的工作和资源，以及财务计划连成一个整体，实现企业管理的系统化。从系统来看，MRPⅡ是一个闭环系统，一方面，它不单纯考虑MRP，还将与之有关的能力需求计划、车间生产作业计划和采购计划等方面考虑进去，使整个问题形成"闭环"；另一方面，从控制论的观点看，计划制订与实施之后，需要不断根据企业的内外环境变化提供的信息反馈，适时做出调整，从而使整个系统处于动态的优化之中。所以，它实质上是一个面向企业内部信息集成及计算机化的信息系统，即将企业的经营计划、销售计划、生产计划、主生产计划、物料需求计划、生产能力计划、现金流动计划，以及物料需求和生产能力需求计划的实施执行等通过计算机有机地结合起来，形成一个由企业各功能子系统有机结合的一体化信息系统，使各子系统在统一的数据环境下运行。这样通过计算机模拟功能，系统输出按实物量表述的业务活动计划和以货币表述的财务报表集成，从而实现物流与现金流的统一。

3. MRPⅡ的特点

MRPⅡ最大的特点就是运用了管理会计的概念，用货币形式说明了执行企业"物料计划"带来的效益，实现了物料信息同资金信息的集成。把传统的账务处理同发生账务的事务结合起来，不仅说明账务的资金现状，而且追溯资金的来龙去脉，如将体现债务债权关系的应付账、应收账同采购业务和销售业务集成起来，同供应商或客户的业绩或信誉集成起来，同销售和生产计划集成起来等，按照物料位置、数量或价值变化，定义"事务处理"（Transaction），使与生产相关的财务信息直接由生产活动生成。

MRPⅡ的运行特点表现在：

（1）MRPⅡ统一了企业的生产经营活动

MRPⅡ能提供一个完整而详尽的计划，可使企业内各部门（销售、生产、财务、供应、设备、技术等部门）的活动协调一致，形成一个整体。各个部门享用共同的数据，消除了重复工作和不一致，也使得各部门的关系更加密切，提高了整体的效率。

（2）MPRⅡ管理模式的特点

①计划的一贯性与可行性。MRPⅡ是一种计划主导型的管理模式，计划由粗到细逐层优化，始终与企业经营战略保持一致，加上能力的控制，使计划具有一贯性、有效性和可行性。

②管理的系统性。MRPⅡ提供一个完整而详尽的计划，在"一个计划"的协调下将企业所有与生产经营直接相关的部门的工作联成一个整体，提高了整体效率。

③数据共享性。各个部门使用大量的共享数据，消除了重复工作和不一致性。

④物流与资金流的统一。MRPⅡ中包含有成本会计和财务功能，可以由生动直接产生财务数据，保证生产和财务数据的一致性。在定义事务处理相关的会计科目之间，按设定的借贷关系，自动转账登录，保证了"资金流（财务账）"同"物流"的同步和一致，改变了资金信息滞后于物料信息的状况，便于实时做出决策。

（3）集成MRPⅡ的精髓

MRPⅡ是企业管理集成思想与计算机、信息技术相结合的产物。其集成性表现在：

横向上，以计划管理为核心，通过统一的计划与控制使企业制造、采购仓储、销售、财务、设备、人事等部门协同运作。

纵向上，从经营计划、生产计划、物料需求计划、车间作业计划逐层细化，使企业的经营按预定目标滚动运作、分步实现。

在企业级的集成环境下，与其他技术系统集成。

8.2.3 ERP（Enterprise Resources Planning 企业资源计划）

1. ERP 的产生

ERP 是由美国加特纳公司（Gartner Group Inc.）在 20 世纪 90 年代初首先提出的。ERP 是在 MRP 基础上发展起来的，以供应链管理思想为基础，以现代化的计算机及网络通信技术为运行平台，集企业的各项管理功能为一身，并能对供应链上所有资源进行有效控制的计算机管理系统。

ERP 面向企业供应链的管理，可对供应链上的所有环节进行有效的管理，把客户需求和企业内部的生产活动以及供应商的制造资源整合在一起，体现了完全按用户需求制造的思想。

ERP 的核心管理思想是供应链管理。在 MRP Ⅱ 的基础上通过反馈的物流与反馈的信息流和资金流，把客户需求和企业内部的生产活动以及供应商的制造资源整合在一起，是完全按用户需求制造的一种供应链管理思想的功能网络结构模式。它强调通过企业间的合作，实现对市场需求快速反应、高度柔性的战略管理以及降低风险成本、实现高收益等目标。

2. ERP 的特征

ERP 的特征概括起来主要体现在三个方面：

①ERP 是一个面向供应链管理（Supply Chain Management）的管理信息集成。ERP 除了传统 MRP Ⅱ 系统的制造、供销、财务功能外，在功能上还增加了：

支持物料流通体系的运输管理、仓库管理；

支持在线分析处理（Online Analytical Processing，OLAP）、售后服务及质量反馈，实时准确地掌握市场需求的脉搏；

支持生产保障体系的质量管理、设备维修和备品备件管理；

支持跨国经营的多国家地区、多工厂、多语种、多币制需求；

支持多种生产类型或混合型制造企业，汇合了离散型生产、流水作业和流程型生产的特点；

支持远程通信、电子商务（E-commerce，E-business）、电子数据交换；

支持工作流（业务流程）动态模型变化与信息处理程序命令的集成。

②ERP 采用了网络通信技术。ERP 系统除了已经普遍采用的诸如图形用户界面技术（GUI），SQL 结构化查询语言、关系数据库管理系统（RD-BMS）、面向对象技术（OOT）、第四代语言、计算机辅助软件工程、客户机、服务器和分布式数据处理系统等技术之外，还要实现更为开放的不同平台交互操作，采用适用于网络技术的编程软件，加

强用户自定义的灵活性和可配性功能，以适应不同行业用户的需要。

③ERP 系统同企业业务流程重组（Business Process Reengineering）。企业业务流程重组是为适应由信息技术的发展所带来的业务量增加，信息量敏捷通畅，企业必须进行信息的实时处理、及时决策而进行的一项包括业务流程、信息流程和组织机构的变革。这个变革已不限于企业内部，而是把供需链上的供需双方合作伙伴包罗进来，系统考虑整个供需链的业务流程和组织机构的重组等，只有这样，才能把传统 MRP Ⅱ 系统对环境变化的"应变性"（Active）上升为 ERP 系统通过网络信息对内外环境变化的"能动性"（Proactive）。

3. ERP 的结构与功能

我们可以看到 ERP 的结构与功能，这些功能覆盖了企业供应链上的所有环节，能帮助企业实现整体业务经营运作的管理和控制。

①生产控制模块。以计划为导向，将企业的整个生产过程有机地结合在一起。包括，主生产计划、物料需求计划、能力需求计划、车间作业计划与控制、质量管理模块、制造标准等。

②物流管理模块。分为销售与分销模块、采购管理模块和库存管理模块。销售与分销模块包括：销售计划、客户信息的管理和服务、销售订单管理、运输发货、销售的统计与分析、分销网络管理等。

采购管理模块包括供应商信息管理、采购订单管理、询价管理、催货管理、发票匹配等。

库存管理模块包括收发料的日常业务处理、库存项目信息管理、库存统计分析和盘点等。

③财务管理模块。包括以会计核算为主线的总账模块、应收账模块、应付账模块、现金管理模块、固定资产核算模块、多币制模块、工资核算模块以及成本模块等。

④人力资源管理模块。包括人力资源规划、发展计划、招聘管理、工资核算、工时管理和差旅核算等。

⑤资产维护管理模块。包括设备管理、预防性维护、作业管理、工单管理和文档管理等。

⑥项目管理模块。包括项目计划、项目预算、资源管理、结果分析等。

⑦工作流管理模块。包括工作定义、流程管理、电子邮件、信息传送自动化等。

⑧决策支持模块。包括联机分析处理、数据挖掘、数据导航、多维报表等。

4. ERP 与 MRP，MRP Ⅱ 的区别

全球化经济的形成，以面向企业内部信息集成为主的 MRP Ⅱ 系统已不能满足企业多元化（多行业）、跨地区、多供应和销售渠道的全球化经营管理式的要求。进入 20 世纪90 年代，随着网络通信技术的迅速发展和广泛应用，一些跨国经营的制造企业开始朝着更高的管理信息系统层次—ERP 迈进。而且通过实践和发展，ERP 至今已有了更深的内涵。ERP 同 MRP Ⅱ 的主要区别可以概括为以下几个方面：

（1）在资源管理范围方面的差别

MRPⅡ主要侧重对企业内部人、财、物等资源的管理，ERP 系统提出了供应链的概念，即把客户需求和企业内部的制造活动以及供应商的制造资源整合在一起，并对供应链上的所有环节进行有效管理，这些环节包括订单、采购、库存、计划、生产制造、质量控制、运输、分销、服务与维护、财务管理、人事管理、实验室管理、项目管理、配方管理等。

（2）在生产方式管理方面的差别

MRPⅡ系统把企业归类为几种典型的生产方式来进行管理，如重复制造、批量生产、按订单生产、按订单装配、按库存生产等，针对每一种类型都有一套管理标准。在 20 世纪 90 年代初期，企业为了紧跟市场的变化，多品种、小批量生产以及看板式生产成为企业主要采用的生产方式，因此能很好地支持和管理这种混合型制造环境，满足了企业多元化经营需求。

（3）在管理功能方面的差别

ERP 除了 MRPⅡ系统的制造、分销、财务管理功能外，还增加了以下功能：支持各个环节之间的运输管理和仓库管理；支持生产保障体系的质量管理、实验室管理、设备维修和备品备件管理；支持对工作流（业务处理流程）的管理。

（4）在事务处理控制方面的差别

MRPⅡ是通过计划的及时滚动来控制整个生产过程，它的实时性较差，一般只能实现事中控制。而 ERP 系统支持在线分析处理（Online Analytical Processing, OAP）、售后服务及质量反馈，强调企业的事前控制能力，它可以将设计、制造、销售、运输等通过集成来并行地进行各种相关的作业，为企业提供了对质量、适应变化、客户满意、绩效等关键问题的实时分析能力。

此外，在 MRPⅡ中，财务系统只是一个信息的归结者，它的功能是将供、产、销中的数量信息转变为价值信息；是物流的价值反映。而 ERP 系统则将财务计划功能和价值控制功能集成到整个供应链上，如在生产计划系统中，除了保留原有的主生产计划、物料需求计划和能力需求计划外，还扩展了销售执行计划和利润计划。

（5）在跨国（或地区）经营事务处理方面的差别

现代企业的发展使得企业内部各个组织单元之间、企业与外部的业务单元之间的协调变得越来越多、越来越重要，ERP 系统运用完善的组织架构，从而可以支持跨国经营的多国家地区、多工厂、多语种、多币制应用的需求。

（6）在计算机信息处理技术方面的差别

随着 IT 技术的飞速发展、网络通信技术的应用，ERP 系统能够实现对整个供应链信息进行集成管理。ERP 系统应用三层客户、服务器体系结构和分布式数据处理技术，支持 Internet、Intranet、Extranet、电子商务（E-business），从电子数据交换（EDI）。此外，还能实现在不同平台上的相互操作。

分析以上述三种原理为指导的生产物流运作方式，可以看到，MRP 是在产品结构的基础上，运用网络计划原理，根据产品结构各层次物料的从属和数量关系，以每个物料为计划对象，以完工日期为时间基准倒排计划，按提前期长短区别各个物料，下达计划时间的先后顺序。它不仅说明了供需之间的品种和数量关系，而且说明了供需之间的时间关系。MRP Ⅱ是在 MRP 的基础上考虑了所有其他与生产经营活动直接相关的工作和资源（如财务计划），把物料流动和资金流动结合起来，形成一个完整的经营生产信息系统，即人力、物料、设备、能源、资金、空间和时间等各种资源以"信息"的形式表现，并通过信息集成，对企业有限的各种制造资源进行有效的计划，合理运用，以提高企业的竞争力，实现企业管理的系统化。而 ERP 又是在 MRP Ⅱ 的基础上通过前馈的物流与反馈的信息流和资金流，把客户需求和企业内部的生产活动以及供应商的制造资源整合在一起，形成了一种完全按用户需求制造的供应链管理思想的功能网络结构模式。它强调通过企业间的合作，强调对市场需求快速反应、高度柔性的战略管理以及降低风险成本、实现高收益目标等优势，从集成化的角度管理供应链问题。

三种原理的提出也体现出不同时期人们对生产物流的认知和发展，归纳起来是基于一种"推"动的生产物流管理理念，即从构成一个产品的所有物料出发，通过产品结构一级一级地制订不同阶段的物料需求计划，在实践中不断完善、扩大运用范围，从一个企业的生产物流最终发展到互相有上下物料供应关系的企业之间的生产物流。生产物流在计划与控制手段上的不断发展和完善，也反映出生产物流的计划与控制与采购物流、销售物流的计划与控制息息相关。

8.3 JIT（准时生产）

任何一种产品从开始加工、装配到成品都要消耗一定的时间。通过比较下面两个关于物流的公式，就产生出以 JIT 为宗旨的物流运作方式。

公式 1：产品生产总时间 = 加工时间 + 物料整理时间 + 运送时间 + 等待时间 + 检验时间。

公式 2：产品生产总时间 = 增值时间 + 非增值时间（增值时间等于生产过程对产品的操作时间，非增值时间为储存、等待、运送和检验等时间）。

按公式 1 对企业进行调查，发现大多数企业的产品生产加工时间不足总时间的10%，其余时间均为运送、检验和等待时间等非生产时间，由此而产生的储存、保管、运送、损毁等浪费十分严重。按公式 2，就可发现非增值时间不增加价值，纯属浪费。如果每个生产工序只考虑自己，不考虑下一道工序需要什么，什么时候需要和需要多少，那么一定会多生产或少生产，不是提前生产就是滞后生产，甚至生产出次品或废品，这种浪费必然会降低生产的效率和效益。所以，必须对生产物流系统进行改进，不断消除非增值时间所产生的一切浪费，使生产周期等于对产品必要加工的增值时间。这就是以 JIT（Just-In-Time）为宗旨对生产物流进行控制的出发点。

8.3.1　准时生产的产生

像时钟一样有节奏地工作，人们在车间中任何地方都很少能发现作为生产缓冲的库存。例如，在发动机车间和整车装配车间之间，地上的机车数无论何时何地都少于140。或者说，很少会出现库存数超过2个小时生产所需数量的情况。在装配和准备工序之间，处于运输中的车体框架无论何时都少于95个。在丰田汽车公司，不存在任何计划之外的在制品、动力车间无论发生何种变化，在装配线上者可以立刻就感觉到。

所有的原材料都从供应商的装料场直接运到工厂中，不经过任何其他中间环节。这是典型的日本式转移物料的运作方式。生产零件每天运送一次，有些甚至可能会出现一天运送几次的情况（例如汽车水箱和前车箱之类的大部件）。车座按顺序每隔30分钟从车座供应商处运送一次，原材料和在制品的储存时间和运输路线都由安装在装配车间办公室中的后勤系统（名为 Ryder）来确定的。Ryder 系统辅助公司设计了一种称为艺术 JIT 的传输系统。并且 Ryder 还为丰田汽车公司从超过200个的供应商处挑选出公司所需的零件，并在需要时直接由供应商处运到装配线上。然后，还是由 Ryder 系统将成品汽车运到全国各地的销售商处。供应商拿到的报酬是基于零件在生产中消费的数量（POP：Pay On Production，称为"生产时支付"）。供应商方面通常是拒绝这种做法的。不过丰田汽车公司的供应商已经解答了这种做法，其原因在于"丰田汽车公司的物料和在制品周转速度非常快"。

这就是最重要的生产管理方法就是准时化生产。该方法将运作管理的5P集成到能提供高质量产品和服务的流水线生产中，JIT 已在现代制造业中广泛应用。每个现代制造企业都至少在企业的设计中使用 JIT 的一些方法。

20世纪后半期，石油危机迫使整个汽车市场进入了一个市场需求多样化的新阶段，而且对质量的要求也越来越高。制造业面临的问题是，如何有效地组织多品种小批量生产，否则，生产过剩所引起的不仅仅只是设备、人员、库存费用等一系列的浪费，而是影响到企业的竞争能力以至于生存。在这种历史背景下，1953年，日本丰田公司考虑到当时日本国内市场环境、劳动力以及第二次世界大战之后资金短缺等原因，综合了单件生产和批量生产的特点和优点，创造了一种在多品种小批量混合生产条件下高质量、低消耗的生产方式即准时生产，即时配送（Just In Time）。表述为："只在需要的时候，按需要的量，生产所需的产品"，也就是追求一种无库存，或库存达到最小的生产物流系统。

8.3.2　JIT 的基本内容及其特点

一般来说，制造系统中的物流方向是从零件到组装再到总装。而 JIT 方式却从反方向来看物流，即从装配到组装再到零件。当后一道工序需要运行时，才到前一道工序去拿取正好所需要的那些坯件或零部件，同时下达下一段时间的需求量，这就是 JIT 的基本思想——适时、适量、适度（指就质量而言）生产。

1. JIT 的目标

对于整个系统的总装线来说，JIT 的目标是彻底消除无效劳动和浪费。具体包括：

①废品量最低（零废品）。JIT 要求消除各种引起不合理的原因，在加工过程中每一工序都要求达到最高水平。

②库存量最低（零库存）。JIT 认为，库存是生产系统设计不合理、生产过程不协调、生产操作不良的证明。

③准备时间最短（零准备时间）。准备时间长短与批量选择相联系，如果准备时间趋于零，准备成本也趋于零，就有可能采用极小批量。

④生产提前期最短。短的生产提前期与小批量相结合的系统，应变能力强，柔性好。

⑤搬运量最低。零件送进搬运是非增值操作，如果能使零件和装配件运送量减小，搬运次数减少，可以节约装配时间，减少装配中可能出现的问题。

⑥机器损坏低。

⑦批量小。

为了达到上述目标，JIT 要求：

①整个生产均衡化。按照加工时间、数量、品种进行合理的搭配和排序，使生产物流在各作业之间、生产线之间、工序之间、工厂之间平衡、均衡地流动。为达到均衡化，在品种和数量上应组织混流加工，并尽量采用成组技术与流程式生产。

②尽量采用对象专业化布局，用以减少排队时间、运输时间和准备时间。工厂采用基于对象专业化布局，以使各批工件能在各操作间和工作间顺利流动，减少通过时间；流水线和工作中心采用微观对象专业化布局和 JIT 工作中心布局，可以减少通过时间。

③从根源上强调全面质量管理。目标是从消除各环节的不合格品到消除可能引起不合格品的根源，并设法解决问题。

④通过产品的合理设计，使产品与市场需求相一致，并且易生产、易装配。如模块化设计；设计的产品尽量使用通用件、标准件；设计时应考虑易实现生产自动化。

2. JIT 系统的特点

（1）JIT 是一种积极和动态的系统

多数传统的生产与库存管理系统（如 MRP 或订货点法）在操作时都是动态系统。在这些系统中，第一，管理重点放在实现各个模块的操作标准上，同时严格地进行控制，以避免与标准产生任何偏差。如果满足了各种变量的设定值（如提前期、标准工作时间返工率及废品率、搬运时间及成本等），那么系统就被认为是成功的。第二，不强调对系统的业绩进行改进，因而是"消极"系统。

JIT 是一种积极和动态的系统，它强调在批量、准备时间、提前期、废品率、成本及质量方面的持续进取，全面地对整个生产过程进行分析，消除一切浪费，减少不必要的操作，降低库存，减少工件等待和移动的时间，对于问题事前预防而不是事后检查。该系统没有必须达到的标准，所有的业绩都是前进的过程而不是终点。

（2）JIT 系统是拉动方式

以看板管理为手段，采用"取料制"，即后道工序根据市场需要的产品品种、数量、时间和质量进行生产，一环一环地拉动各个前道工序，对本工序在制品短缺的量从前道工序取相同的在制品量，从而消除生产过程中的一切松弛点，实现产品"无多余库存"以至"零库存"，最大限度地提高生产过程的有效性。这种拉动方式有助于在工序间实现前一工序的操作，是把下一工序作为顾客来对待，下一工序是用客户的眼光来检查上一道工序传来的零件，而这恰恰是实行全面质量管理过程的有效前提。

（3）JIT 采用强制性方法解决生产中存在的不足

由于库存已降低到最低状态，生产无法容忍任何中断，所以，整个生产过程必须精心组织安排，避免任何可能出现的问题。传统的 MRP 系统没有这种解决问题的机制，因为库存的存在不仅可以把许多问题隐藏起来，而且还会使生产费用大幅度增长。

3. JIT 方式的技术体系构造

准时生产、即时配送的目标是降低成本，减少产品提前期并提高质量。核心是及时物流，即在一个物流系统中，原材料准确无误地提供给加工单元，零部件准确无误地提供给装配线；从本质上看，JIT 是基于"拉"动的生产物流的物流管理理念，即它从定货需求出发，根据市场需求确定应该生产的品种和数量，最终工序（组装厂）要求其前的各专业工厂之间、工厂内的各道工序之间以及委托零部件生产厂到组装厂的零部件供应，必须在指定时间高质量完成，严格管理供货时间误差，以保证在需要的时候按需要的量生产所需的产品。

以 JIT 思想为宗旨的生产物流运作方式，不仅是对一个企业的生产物流及时性的要求，它同样涉及与之有关的物料供应企业的生产物流能否及时到位的问题。所以，只有保证了采购物流、销售物流的 JIT 方式，才能真正保证生产物流的 JIT。这又一次反映出生产物流的计划与控制与采购物流、销售物流的计划与控制息息相关。

8.3.3 JIT 物流系统的支撑体系——看板管理

JIT 物流系统从产品装配出发，每道工序和每个车间都按照当时的需要向前一道工序和车间提出要求，发出工作指令，前面的工序和车间完全按这些指令进行生产，因而 JIT 物流系统的控制方式是拉动式的。JIT 物流系统可以真正实现按需准时生产，因为 JIT 物流系统的每道工序都是按其后工序的要求，在适当的时候按需要的品种和数量生产，因而不会发生生产不需要零部件的情况。

JIT 物流系统认为存储不能增加产品的附加值。不仅是一种浪费，还会掩盖企业中的潜在问题，如工序能力不足、废品率偏高、交货不及时等。JIT 物流系统总是用减少存储的办法暴露企业存在的问题，然后积极地去解决这些问题。JIT 物流系统利用看板的数量限定了在制品的储备量，同时，严格按定货生产大大减少了产成品的存储。因此，JIT 物流系统的存储水平远远低于 MRP。存储的降低加快了物流速度，缩短了产品的制造周期。

1. 看板的种类

看板是一种类似通知单的卡片，是传递信息或指令的牌子、小票、信息和器具等。其基本形状是一种长方形卡片，用塑料、金属或硬纸制成，也有为了耐用起见装入塑料袋内。看板上的内容，可以根据企业管理的需要决定，一般包括：产品名称、品种、数量、生产线名称、前后工序名称、生产方法、运送时间、运送方式和存放地点等。它应用了目视管理的原理，使现场人员一目了然，能够按照看板要求组织生产。一套良好的看板管理体系可以成为 JIT 物流管理模式的有力的支撑体系。

在企业生产运作和物流管理中，看板根据功能和应用对象的不同，可以分为生产看板和取货看板。生产看板指在一个工厂内，指示某工序加工制造规定数量工件所用的看板。生产看板又有两种类型：一是加工看板，它指出了需加工工件的件号、件名、类型、工件存放位置、工件背面编号、加工设备等；二是信号看板，它是在固定的生产线上作为生产指令的看板，一般的表现形式是信号灯或不同颜色的小球等。

取货看板指后工序的操作者按看板上所列件号、数量等信息，到前工序（或外协厂）领取零部件的看板。取货看板又可分为两种类型：一是工序间取货看板，它指出应领取的工件件号、件名、类型、工件存放位置、工件背面编号、紧前加工工序号、紧后加工工序号等，是厂内工序间的物流凭证；二是外协取货看板，用于对供应商的物流管理，它除了指出有关外协件特征信息外，还指出本企业名称、外协厂名、交货时间、数量等，它是向固定的协作厂取货的凭证。

2. 看板的运行模式

JIT 物流可以说是以实物为中心的生产活动的管理方式。在生产活动上，从材料加工到产品的过程中必然有物品的移动。JIT 物流是利用看板作为对物品的移动进行管理的手段。

生产所需的零件，是由后工序到前工序去领取，并在开始使用该零件时，把附置在零件上的看板拆卸，放入板箱内（由后工序的作业员担任）。然后定期由领班或专人把箱内的看板回收，并悬挂在派工板上。领班依据派工板上的看板张数作为对前工序的生产指示。在前工序完成零件加工后，作业员即在该零件上附置看板，当作库存。所以，没有看板，就不得生产；物品的移动，必须要有看板跟着移动。

3. 看板的数量计算

制作看板时，需依产品种类（代号）或零件种类（代号）来计算看板的必要张数。在产品及零件种类繁多的情况下，如果依各产品及零件来计算看板张数，将不胜其烦。为方便起见，应统一相同的计算式。但在计算式中，以管制系数来控制价格昂贵的产品或零件的库存金额；对于庞大体积的制品或零件，则应设法尽量减少保管面积。

$$看板张数 = 每天最大产量 \times （生产周期 + 生产前置周期 +$$
$$回收前置时间 + 安全库存量）/SNP$$

①每天最大产量。指生产计划的产品数量中每天的最大产量。但精益物流系统是以均衡化生产为前提，故产品的产量不应该每日有大幅度的变动。万不得已产量有变动时，在计算式上应有所考虑。

②生产周期（日）。指自对生产线做生产指示到下次的生产指示的间隔。

③生产前置期间（日）。指自生产指示到生产完了时的间隔，表示在该生产线工序内在制品的数量。

④回收前置期间（日）。指回收放在板箱内（由后工序所拆卸下）的看板，用来对前工序做生产指示的间隔。

⑤安全库存量（日）。生产线往往因产品不良、设备故障及其他异常而无法按照计划进行，因此，安全库存量一般根据企业的实际情况而定，同时也是变动的。安全库存就是来应付生产线上所发生的种种异常。但必须注意要依异常的发生几率来决定库存量，否则，将导致徒增庞大的库存数量。

⑥SNP（个）。表示附置在垫板、拖车、纸箱、零件箱等移动单位中的物品的收容个数。以上的说明系以生产线为例，在计算式中如将"生产"的部分改为"交货"或"供料"，亦可适用于零件交货或供料。

此计算式只不过是一个例子而已，并非绝对需要用此计算，因各行各业有其不同的生产方式，即使是同行业，亦因生产体制或企业的想法而不同，因此，必须结合各公司的情况来制定计算公式。

4. 看板的使用规则

为了使看板充分发挥其功能和作用，必须制定必要的措施，并且要严格遵守。

（1）后工序向前工序取货

为了改变以往那种前工序向后工序送货的传统做法，实施看板管理，必须由后工序在必要的时候到前工序领取必要数量的零部件，以防止产需脱节而生产不必要的产品。为确保这条规则的实行，后工序还必须遵守下面三条具体规定：第一，禁止不带看板领取零部件；第二，禁止领取超过看板规定数量的零部件；第三，实物必须附有看板。

（2）不良品不交给下道工序

上工序必须为下工序生产百分之百的合格品。如果发现生产了不良品，必须立即停止生产。查明原因，采取措施，防止再次发生，以保证产品质量，防止生产中的不必要浪费。

（3）前工序只生产后工序所领取数量的产品

各工序只能按照后工序的要求进行生产，而不生产超过看板所规定数量的产品，以控制过量生产和合理库存，彻底排除无效劳动。

（4）进行均衡化生产

均衡生产是看板管理的基础。实施看板管理，只对总装配线下达生产数量指令，因而其担负生产均衡化的责任。为了准确地协调生产，及时满足市场多变的需求，最好利用电子计算机分析各种因素，制订确切的均衡化生产计划。

（5）必须使生产工序合理化和设备稳定化

为了保证对后工序供应百分之百的合格品，必须实行作业标准化、合理化和设备稳定化，消除无效劳动，提高劳动生产率。

（6）必须根据看板进行微调

由于各工序的生产能力和产品合格率高低不同，必须在允许范围内进行微调，即适当地进行增减的调整，并且尽量不给前工序造成很大的波动而影响均衡生产。

8.4 TOC 理论

在一定的目标下，任何系统都可以想象成由一连串的环构成，环环相扣，并且存在着一个或者多个相互矛盾的约束关系。因此，要想提高系统产出，必须尽可能打破各种约束，找到整个系统的强度中最弱的一环。这就是约束理论（Theory of Constraint，TOC）的出发点。

8.4.1 TOC 的产生

约束理论（TOC）是以色列物理学家及企管顾问高德拉特（Eliyahu M. Goldratt）于20世纪70年代提出的，继 MRP 和 JIT 后的又一项组织生产的新方式。最初被称作最优生产时间表（Optimized Production Timetable），后改称为最优生产技术（Optimized Production Technology）。最后进一步发展成为约束理论，并在美国企业界得到很多应用，并在20世纪90年代逐渐形成完善的管理体系。美国生产及库存管理协会（American Product and Inventory Control Society，APICS）非常关注 TOC，称其为约束管理（Constraint Management），并专门成立了约束管理研究小组。实质上，TOC 是一套解决企业供应链管理过程中约束的流程，用来逻辑地、系统地回答任何企业改进过程所必然提出的三个问题：改进什么（What to change），改成什么样子（What to change to），以及怎样使改进得以实现（How to cause the change）。同时它又是一套日常管理工具，可以大大提高管理效能，例如，如何有效沟通、如何双赢地解决冲突、如何团队协作、如何进行权利分配等。这些日常管理的顺利开展，是成功解决约束的必备条件和基础性工作。由于 TOC 是一种持续改善、解决"瓶颈约束资源"的管理哲学，该理论目前应用到分销（Distribution）、供应链（Supply Chain）、项目管理等其他领域，且获得了很好的成效。

8.4.2 TOC 的基本思想及核心内容

TOC 是一套管理理念与管理工具的集合，它把企业在实现其目标的过程中现存的或潜伏的制约因素称为"约束"（Constraint），通过逐个识别和消除这些"约束"，使得企业的改进方向与改进策略明确化，从而达到帮助企业更有效地实现其目标的目的。

TOC 把企业看做是一个完整的系统，认为任何一种体制至少都会有一个约束因素。犹如一条链子，是链条中最虚弱的那环决定着整个链条的作用，正是各种各样的制约（瓶颈）因素限制了企业出产产品的数量和利润的增长。因此，基于企业在实现其目标的过程中现存的或潜伏的制约因素，通过逐个识别和消除这些约束，使得企业的改进方向和改进策略明确化，从而更有效地实现其有效产出目标才是最关键的。

为了达到这个目标，TOC 强调：首先，在能力管理和现场作业管理方面寻找约束因素。约束是多方面的，有市场、物料、能力、工作流程、资金、管理、体制、员工行为等，其中，市场、物料和能力是主要的约束。其次，应该把重点放在瓶颈工序上，保证瓶颈工序不发生停工待料，提高瓶颈工作中心的利用率，从而得到最大的有效产出。最后，根据不同的产品结构类型、工艺流程和物料流动的总体情况，设定管理的控制点。

TOC 在生产系统运用的关键点主要有：

1. 重新建立企业目标和作业指标体系

TOC 认为，一个企业的最终目标是赚取更多的利润。生产系统衡量的作业指标应该有以下三种：

（1）有效产出（Throughput）

指企业在某个规定时期内通过销售获得的货币。有效产出同产出量是不同的概念，没有销售的产成品只能作为库存处理，是没有实现目标的货币投入，也可能是一种浪费。

（2）库存（Inventory）

指企业为了销售有效产出，在所有外购物料上投资的货币。

（3）运行费用（Operating Expenses）

指企业在某个规定时期为了将库存转化为有效产出所花费的货币。运行费用包括除材料费以外的成本。库存费也包括在运行费用中。

各种指标的关系公式如下：

有效产出＝销售收入－外购物料成本；

运行费用＝产品总成本－外购物料成本；

净利润＝有效产出－运行费用；

存货利润率＝净利润/库存；

生产率＝有效产出/运行费用；

存货周转率＝有效产出/库存。

2. 寻找系统资源的瓶颈约束

TOC 认为在生产系统中是有效产出最低的环节决定着整个系统的产出水平。因此，任何一个环节只要阻碍了企业去更大程度地增加有效产出，或减少库存和运行费，那么它就是一个"约束"（也称作"瓶颈"）。因此应当①找出系统的瓶颈；②充分利用瓶颈；③由非瓶颈配合瓶颈；④打破瓶颈；⑤再找下一个瓶颈，别让惰性成了最大的约束，也就是要持续不断地改善。

3. 以管理原则来细化理论

TOC 的基本思想是由九条具体的原则来描述的。而有关生产物流计划与控制的算法和软件，就是按这九条原则提出和开发的。

（1）有关生产系统瓶颈资源的原则

原则一，瓶颈控制了库存和有效产出。

原则二，非瓶颈资源的利用程度不由其本身决定，而是由系统的约束决定的。

原则三，瓶颈上一个小时的损失则是整个系统的一个小时的损失。

原则四，非瓶颈资源节省的一个小时无益于增加系统有效产出。

原则五，资源的"利用"（Utilization）和"活力"（Activation）不是同义词。

原则六，编排作业计划时考虑系统资源约束，提前期是作业计划的结果，而不是预定值。

（2）有关系统中物流的原则

原则一，平衡物流，而不是平衡生产能力。

原则二，运输批量可以不等于（在许多时候应该不等于）加工批量。

原则三，批量大小应是可变的，而不是固定的。

8.4.3 基于 TOC 的生产物流计划与控制原理

TOC 根据不同类型"物流"的特点来对企业进行分类，从而为企业准确识别出各自的薄弱点或者说"约束"所在提供了帮助，并对其实施有针对性的计划与控制。

1. 按物料流向对企业分类

如前所述，企业的生产过程可以看做是一个从原材料到成品的高度相关的活动链。MRP 的原理就是根据这个活动链中高度相关的内在关系，定出一个详尽而周密的生产作业计划，规定出每一种毛坯、零件、部件和产品的投入、出产时间和数量。但在实际中，这个活动链中计划好的活动程序常会被企业中大量存在的随机事件的干扰打乱，如机器损坏、质量问题等。要识别这些干扰，找出问题出在何处，手段之一就是从物流着手。通过对企业中物流的分类认识它们各自的薄弱点（瓶颈）所在，才能有针对性地进行计划与控制。

（1）"V"型企业

"V"型企业的生产物流结构表现为由一种原材料加工或转变成许多种不同的最终产品。如炼油厂、钢铁厂等企业，其工艺流程一般来说比较清楚且设计简单，生产提前期较短，企业的瓶颈识别及控制与协调也相对容易。其特点主要有：最终产品的种类较原材料的种类大得多；所有的最终产品，其基本的加工过程相同；企业一般是资金密集型且高度专业化的。

（2）"A"型企业

"A"型企业的生产物流结构表现为由许多种原材料加工或转变成一种最终产品如造船厂、飞机厂等企业。其物流清单（BOM）和工艺流程较复杂，企业的在制品库存较高，生产提前期较长，瓶颈不易识别，计划以及工序的协调工作繁琐。特点是：由许多制成的零部件装配成相对数目较少的成品，原材料较多；一些零部件对于特别的成品来说是唯一的；对某一成品来说，零部件的加工过程往往是不相同的；设备一般是通用型的。

（3）"T"型企业

"T"型企业的生产物流结构表现为由许多种原材料加工或转变成多种最终产品。如制锁厂、汽车制造厂等企业。其特点主要包括：由一些共同的零部件装配成相对数目较多的成品；许多成品的零部件是相同的；但零部件的加工过程通常是不相同的。

2. 实行"鼓—缓冲器—绳"系统控制方法

TOC 认为，一个企业的计划与控制的目标就是寻求顾客需求与企业能力的最佳配合，对约束环节进行有效的控制，一旦一个被控制的工序（即瓶颈）建立了一个动态的平衡，其余的工序应相继地与这一被控制的工序同步。而实现方法是以"鼓—缓冲器—绳"（Drum – Buffer – Rope）系统来排程。

（1）"鼓—缓冲器—绳"的含义

① "鼓"

"鼓"是一个企业运行最优生产技术（Optimized Production Technology，OPT）的开端，即识别一个企业的瓶颈所在。瓶颈控制着企业同步生产的节奏——"鼓点"。要维持企业内部生产的同步、企业生产和市场需求的同步，存在着一系列的问题。其中一个主要问题就是企业的生产如何能满足市场或顾客的需求而又不产生过多的库存。因而，安排作业计划时，除了要对市场行情进行正确的预测外，还必须按交货期给顾客赋予一定的优先权数，在瓶颈上根据这些优先权数的大小安排生产，并据此对上下游的工序排序，得到交付时间。OPT 的处理逻辑就是使交付时间与交货期限相符，为此就要权衡在瓶颈上的批量规模。因为在瓶颈上只有加工时间和调整准备时间，增大瓶颈的加工批量，可以减少调整准备时间，使瓶颈的有效能力增加，但相应会减少系统的柔性，增加库存和提前期。反之，其效果与增大加工批量相反。两者都会影响到一些订货的交货时间。

从计划和控制的角度来看，"鼓"反映了系统对约束资源的利用。对约束资源应编制详细的生产作业计划，以保证对约束资源的充分合理的利用。

② "缓冲器"

"缓冲器"又称"缓冲"，一般来说分为"时间缓冲"和"库存缓冲"。"时间缓冲"则是将所需的物料比计划提前一段时间提交，以防随机波动，以瓶颈上的加工时间长度作为计量单位。其长度可凭观察与实验确定，再通过实践，进行必要的调整。例如，一个三天的"时间缓冲"表示着一个等待加工的在制品队列，它相当于在瓶颈上三天的生产任务。在设置"时间缓冲"时，一般要考虑以下几个问题：

- 要保证瓶颈上产出率相对较快的工件在加工过程中不至于因为在制品少而停工。
- 应考虑加工过程中出现的波动。如瓶颈的实际产出率比原来估计的要快，或瓶颈前的加工工序的产出率比原来估计的要慢，或者出现次品。所以，在设置"时间缓冲"时一般要设置一定的安全库存。
- 根据 OPT 的原理，瓶颈上的加工批量是最大的，而瓶颈的上游工序则是小批量、多批次的。
- 要考虑在制品库存费用、成品库存费用、加工费用和各种人工费用。要在保证瓶颈上加工持续的情况下，使得整个加工过程的总费用最小。

"库存缓冲"就是保险在制品，其位置、数量的确定原则同"时间缓冲"。

③ "绳子"

　　"绳子"的作用是尽量使库存最小。瓶颈决定着生产线的产出节奏，而在其上游的工序实行拉动式生产，等于用一根看不见的"绳子"把瓶颈与这些工序串联起来，有效地使物料依照产品出产计划快速地通过非瓶颈作业，以保证瓶颈的需要。所以，"绳子"起的是传递作用，所有部分按"鼓"的节奏进行生产。在 DBR 的实施中，"绳子"是由一个涉及原材料投料到各车间的详细的作业计划来实现的。

　　"绳子"控制着企业物料的进入（包括瓶颈的上游工序与非瓶颈的装配），其实质和"看板"思想相同，即由后道工序根据需要向前道工序领取必要的零件进行加工，而前道工序只能对已取用的部分进行补充。实行的是一种受控生产方式。在 OPT 中，就是受控于瓶颈的产出节奏，也就是"鼓点"。没有"瓶颈"发出的生产指令，就不能进行生产，这个生产指令是通过类似"看板"的物质在工序间传递的。

　　通过"绳子"系统的控制，使得瓶颈前的非瓶颈设备均衡生产，加工批量和运输批量减少，可以减少提前期以及在制品库存，而同时又不使瓶颈停工待料。所以，"绳子"是瓶颈对其上游机器发出生产指令的媒介，没有它，生产就会造成混乱，要么造成库存过大，要么会使瓶颈出现"饥饿"现象。

　　（2）"鼓—缓冲器—绳"系统的原理

　　第一，TOC 把主生产计划（MPS）比喻为"鼓"，根据瓶颈资源的可用能力确定物流量，作为约束全局的"鼓点"，控制在制品库存量。

　　从计划和控制的角度来看，"鼓"反映了系统对约束资源的利用。所以，对约束资源应编制详细的生产作业计划，以保证对约束资源的充分合理的利用。

　　第二，所有瓶颈和总装工序前要有"缓冲器"，保证起制约作用的瓶颈资源得以充分利用，以实现企业最大的产出。

　　第三，所有需要控制的工作中心如同用一根传递信息的绳子牵住的队伍，按同一节拍（保持一定间隔，按同一步伐行进），也就是在保持均衡的在制品库存、保持均衡的物料流动条件下进行生产。

　　由于"约束"决定着生产线的产出节奏，而在其上游的工序实行拉动式生产，等于用一根看不见的"绳子"把"约束"与这些工序串联起来，有效地使物料依照产品出产计划快速地通过非约束作业，以保证约束资源的需要。所以，"绳子"控制着企业物料的进入（包括"约束"的上游工序与"非约束"的装配），起的是传递作用，即驱动系统的所有部分按"鼓"的节奏进行生产。通过"绳子"系统的控制，使得约束资源前的非约束资源均衡生产，加工批量和运输批量减少，可以减少提前期以及在制品库存，而同时又不使约束资源停工待料。在 DBM 的实施中，"绳子"是由一个涉及原材料投料到各车间的详细的作业计划来实现的。

　　（3）"鼓—缓冲器—绳"系统的实施步骤（离散生产作为典型）

　　在"鼓—缓冲器—绳"系统中，"鼓"的目标是使产出率最大。"缓冲器"的目标是对瓶颈进行保护，使其生产能力得到充分利用。"绳子"的目标是使库存最小。所以具体操作时有以下几个关键步骤：

①识别企业的真正约束（瓶颈）所在是控制物流的关键。一般来说，需求超过能力时，排队最长的机器就是"瓶颈"。如果管理人员知道一定时间内生产的产品及其组合，就可以按物料清单计算出要生产的零部件。然后，按零部件的加工路线及工时定额，计算出各类机床的任务工时，将任务工时与能力工时比较，负荷最高、最不能满足需求的机床就是瓶颈。找出瓶颈之后，可以把企业里所有的加工设备划分为关键资源和非关键资源。

②基于瓶颈约束，建立产品出产计划。建立产品出产计划（Master Schedule）的前提是使受瓶颈约束的物流达到最优，因为瓶颈约束控制着系统"鼓"的节拍"（Drum - beat），即控制着企业的生产节拍和产销率。为此，需要按有限能力去进行生产安排，在瓶颈上扩大批量，设置"缓冲器"。对非资源安排作业计划，则按无限能力倒排法，使之与约束资源上的工序同步。

③设置"缓冲器"并进行监控，以防止随机波动，使约束资源不至于出现等待任务的情况。

④对企业物流进行平衡，使得进入非瓶颈的物料被瓶颈的产出率控制（即"绳子"）。

（4）TOC 理论的生产物流原则

①追求物流的平衡，而不是生产能力的平衡

追求生产能力的平衡是为了使企业的生产能力得到充分利用。设计新厂时自然会追求生产过程各环节的生产能力的平衡。但是对于一个已投产的企业，特别是多品种生产的企业，如果一定要追求生产能力的平衡，那么即使企业的生产能力充分利用了，产品也未必都能恰好符合当时市场的需求，必然有一部分要积压。OPT 则主张在企业内部追求物流的平衡，它认为生产能力的平衡实际中是做不到的。因为波动是绝对的，市场每时每刻都在变化；生产能力的稳定只是相对的。所以必须接受市场波动这个现实，并在这种前提下追求物流平衡。所谓物流平衡，就是使各个工序都与瓶颈工序同步，以求生产周期最短、在制品最少。

②非瓶颈资源的利用程度不由其本身决定，而是由系统的约束决定

因为系统的产出是由所能经过瓶颈的产品量决定的，即瓶颈制约着销率。而非瓶颈资源的充分利用不仅不能提高产销率，而且会使库存和运行费增加。

③资源的"利用"和"活力"不是同义词

"利用"注重的是有效性，而"活力"注重的则是可行性，从平衡物流的角度出发，应允许在非关键资源上安排适当的闲置时间。

④瓶颈控制了库存和产销率

企业的非瓶颈应与瓶颈同步，它们的库存水平只要能维持瓶颈上的物流连续稳定即可，过多的库存只是浪费，这样瓶颈也就相应地控制了库存。

⑤运输批量可以不等于（在许多时候应该不等于）加工批量

车间现场的计划与控制的一个重要方面就是批量的确定，它影响到企业的库存和产销率。OPT 采用了一种独特的动态批量系统，它把在制品库存分为两种不同的批量形式：运输批量，是指工序间运送一批零件的数量；加工批量，指经过一次调整准备所加工的同种

零件的数量，可以是一个或几个转运批量之和。在自动装配线上，转运批量为1，而加工批量很大。确定加工批量的大小应考虑资源的合理应用和合理的在制品库存。确定运输批量的大小则是考虑提高生产过程的连续性、平行性，减少工序间的等待时间和减少运输工作量与运输费用。两者考虑的出发点不同，所以运输批量不一定要与加工批量相等。

根据OPT的观点，为了使瓶颈上的产销率达到最大，瓶颈上的加工批量必须大。但另一方面，在制品库存不应因此增加，所以转运批量应该小，即意味着非瓶颈上的加工批量要小，这样就可以减少库存费用和加工费用。

⑥批量大小应是可变的，而不是固定的

原则6是原则5的直接应用。在OPT中，运输批量是从在制品的角度来考虑的，而加工批量则是从资源类型的角度来考虑的。同一种工件在瓶颈资源和非瓶颈资源上加工时可以采用不同的加工批量，在不同的工序间传送时可以采用不同的运输批量，其大小根据实际需要动态决定。

8.5 案例分析：海尔物流模式

"海尔，中国造"已经铸就了海尔的国际品牌地位。海尔集团的超常发展在全国乃至全世界产生了深远的影响，2000年，海尔的全球销售量为50亿美元，连续16年保持了80%以上的增长率，快速向世界500强迈进。在海尔的一系列改进创新措施中，对市场链流程的再造和创新起到了决定性的作用，而物流则是在企业流程再造过程中最关键的因素。

1999年瑞士达沃斯世界经济论坛确立的现代企业三个标准和2000年达沃斯论坛的"新经济"的观点，促使海尔提出了三个战略转移，即企业内部组织结构要适应外部组织变化，从原本直线职能式的管理到向市场链的管理转化，从国内市场向国际市场转化，从制造业向服务业的转化。为适应这三个战略转移，2000年海尔对原来企业内部组织结构进行了大刀阔斧的改造，剥离了原来几个产品事业部的物流和商流功能，包括采购、物流，成立了物流推进本部，并于当年启动了海尔国际物流中心的建设。确立了海尔物流从企业物流走向市场，发展成为第三方物流的战略思路，并提出将物流业作为海尔新的经济增长点和未来企业发展的核心竞争能力之一。

首先，海尔对集团企业的物流机构进行了全面的整合，对全集团所有物流资源进行合理配置和重组。将过去分散在各个产品事业部的采购业务合并，实行统一采购，以达到或接近全集团物资JIT采购，从而节约采购成本。整合采购权限后，利用集团的品牌与数量优势取得了供货商的最优惠价格，实行统一采购后，采购成本比原来降低了1%~8%。

其次，海尔在完成集中采购的同时也开始了物资配送的大统一，也就是根据生产的需要，对生产的各个环节实行JIT配送管理。具体内容是为企业内部各条生产线进行零部件和离线成品或者半成品进行统一保管和配送。这样在保证生产正常运转的情况下，最大限度地减少了线上的库存，从而减少了产品库存资金的占用和采购物品资金的占用（包括物资库存），使海尔的库存从 15 亿元下降到了 7 亿元，平均库存时间从 13 天下降到 7 天。为了配合集中配送与管理，海尔投入巨资兴建了海尔国际物流中心（全自动立体仓库），于 2001 年 3 月投入运营。

青岛海尔国际物流中心是由青岛海尔机器人有限公司和是明船舶设备集团有限公司联合开发的全自动物流中心，该中心同时采用了大福、村田等著名物流装备制造商的硬件。立体库区共有货位 18000 余个，是目前国内自行研制开发的规模最大、功能最齐全、科技水平最高的自动化物流系统。物流中心包括原材料、成品两个自动化物流系统，采用了激光导引、条形码识别、无线数字通信、红外通信、智能充电、工业控制、现场总线和计算机网络等国际先进技术，成功集成了具有国际先进水平的工业机器人、巷道堆垛机、环行穿梭车、激光导引车、摄像及语音监控等先进的自动化物流设备。该系统对原材料和成品自动化仓储与收发的全过程实施完全的控制、调度、管理和监控，并与海尔集团的 ERP 系统实现了信息集成，以最少的人机接口实现了最大的物流自动化。中心与海尔集团计算机管理系统相连，直接进行物流、商流、资金流、信息流等数据通信，系统运行效益我们不得而知，但观念的更新确实是现代企业大物流的典范。

在销售物流的管理上，海尔成立了物流推进本部储运部，负责整个集团的成品销售物流或者分销物流，将集团所有产品从青岛或者其他生产基地分拨到全国各地的周转仓库，再到客户。储运部接受来自销售部门的指令，统一协调和控制运输业务，为零距离销售提供物流配送保障，实现成品的 JIT 配送，形成了自己的物流配送网络。海尔集团的物流配送网络随着产品销售网络的扩大而不断延伸，经过十多年的开发和拓展，已形成了全国网络化的配送体系，建立了数十个物流配送中心，覆盖了全国所有地区，拥有 300 多万元的仓储资源，并和 300 多家运输企业建立了业务联系。在海尔完善的销售物流体系中，又形成了成品分拨体系、返回体系和配件配送体系，在这个系统覆盖范围内，中心城市配送 6~8 小时，区域配送 24 小时，达到了全国主干线分拨配送平均 3.5 天。此外，海尔还在迪拜和汉堡设立了海外物流中心。通过汉堡港物流中心，海尔向欧洲客户供货的时间缩短了一半以上。

8.5.1 海尔在物流发展上的几个新观念

1. 市场链的概念

海尔认为，市场链就是满足用户个性化的需求。随着电子商务的发展，个性化需求成为可能。人人都是一个市场，人人都有一个市场。对有形产品是这样，对物流服务的要求也是这样。配送的精确是电子商务时代最重要的物流要求，这不仅要求要有合理而健全的配送网络，而且必须安全可靠。所有的供应链环节都由市场来决定，比如采购，如果销售人员说这个产品的市场销售价是 1000 元，但成本不能超出 900 元。销售人员告诉产品事业部，你的产品超过 900 元，我就不要了，物流部就和产品事业部签订合同。无论如何，物流部都必须将采购成本降低 10%。至于在签订合同的一年中，市场物价也许提高了，但产品事业部可不管这些，物流部仍必须按合同的价格提供原材料。

2. 仓库是"河流"而不是"水库"

仓库以前被认为是仓储的职能，靠仓库来保证生产，现在把物料的流速作为评价仓库职能的重要指标。从供应链管理的角度来看，只有每一个环节全部都流通起来，才能提高整个供应链的反应速度，达到零库存资金占用。提高物流效率的最大目的就是实现零库存。海尔认为，没有订单的生产就是生产库存。在新经济时代，如果仍然按照计划生产，而这个计划又不是市场需要的，不是用户的订单，那就是生产库存。对企业来讲能不能做到为订单生产？应该能做到，但是很难。海尔认为，企业的流程再造遇到的最大问题是，我们和国外企业所处的外部环境不同。物流是企业流程再造的第一环，也是最重要的一环。但是我们缺少外部环境的支持，原因就是社会物流不畅。在美国有 UPS，他们代表的是全美的流通，他们的口号很简单——"次日送达"，即今天的货，明天就可以送到用户手里；在日本有宅急送，整个日本，哪儿都可以送到，他们不是按天计算，而是按小时计算的。在中国有谁？因此，企业内部的物流做得再好，外部的支持条件不足，其威胁也是非常大的。鉴于此，海尔人决心自己做物流，而且要做强、做大。

3. 电子商务制胜的关键是速度

海尔认为，电子商务意味着海尔与用户之间是零距离，速度是海尔电子商务制胜的关键，是电子商务的生命，电子商务要求海尔快速满足用户的个性化需求。目前，海尔已经开通了在线购买平台，其电子商务是面向企业整个供应链管理，旨在降低交易成本，缩短订货周期，提高信息管理和决策水平，从质量、成本和响应速度三个方面改进经营，增强企业竞争能力。海尔物流的宗旨是"以时间消灭空间"，快速响应是海尔物流的最大特征。电子商务的关键是商务。如果说新经济是一个新的高速公路网，那么企业就是汽车。跨国公司是开着奔驰车上去的，对他们来说这是创立了一个非常好的外部环境。我们如果开着破旧汽车，连上高速公路要求的最低速度也达不到，与跨国公司就没法比。现在欧洲的电子商务普遍不如日本好，其实全世界电子商务的电子技术并没有多大差距，差就差在商务上。欧洲的电子商务公司可以提供满意的服务，但是它的货不能及时送到；而日本将原来没搞电子商务的 24 小时便利店全部纳入到其配送网络之中，消费者在网上要的货，通过便利 1 小时之后就可以把货送到。

上网以后，各个企业的优势劣势都会被无形地放大，海尔的竞争对手不是一般的品牌，而肯定是世界知名品牌。海尔现在要做的就是跟对手抢速度，提高整个集团供应链对市场和用户的响应速度，尽快满足用户的个性化需求。用户在网上下了订单以后，最重要的是如何做到把产品及时地配送到用户手中。海尔电子商务取得成功靠的是"一名两网"，"一名"即是海尔自己的品牌，"两网"是指配送网络和支付网络。品牌有了，网络也有了，海尔 2001 年网上交易额达到几十亿人民币。

8.5.2 按照海尔的发展战略，企业物流必须向第三方物流转移

海尔的第三方物流发展战略是：市场定位以大型生产企业、商业企业和电子商务为服

务对象，以对包括原材料物流、生产物流、成品转移和销售物流在内的供应链过程提供物流支持为服务内容，以提供物流能力评估、系统设计与咨询和全程物流代理为服务方式的国际化专业的第三方物流企业；发展战略整合企业内外物流资源，联合专业物流公司，进行物流结盟，走低成本、高扩张的规模发展道路。构建开放式的物流信息平台，完善物流功能，提供以市场营销为核心的全过程物流服务，走品牌化发展之路；技术创新物流容器的标准化、单元化；搬运的机械化和供应商供货的标准化各信息的实时化，采用条形码和无线传输；实施 CRP，实现网络化；B2B、B2C 业务流程设计及信息支持系统开发；建设现代化的全自动立体库；从货物发出到客户接收货物都实施反馈，进行全方位的信息跟踪监控；市场创新物流市场的创新突出一点，即支持 JIT，由于全球化战略的实施海尔生产尽量当地化，搭建全球范围内的本土化框架。目前海尔的 7 个工业园主要分为三个部分：一是以青岛地区的工业及周边的工厂为出口基地，可以用比较廉价的劳动力，利用成本上的竞争优势和青岛的区位优势出口；二是以合肥为主的工业园，包括在广东、贵州、湖北等地的工厂，组成了一个在当地本土化生产的 B2B 的生产基地；三是以美国为代表的包括其他 10 个海外工厂，形成本土化的名牌基地。生产、采购、销售全部当地化，使物流成本大大降低。物流市场的创新，即从全球分供方采购的 JIT，物料配送到全球生产线的 JIT，产成品配送到全球用户的 JIT。

9 库存控制

作为物资流通中的不可缺少的环节，库存系统是企业物流的一个重要的子系统。通过库存控制决策活动，利用一定量的储备，保证生产经营活动的持续进行，并减免生产经营活动中库存冗余和缺货的现象。随着人们对库存系统重要性的认识，存贮论及其应用已成为现代化物流管理的重要内容之一。根据 1974 年美国对一些企业不完全的统计资料表明，运用库存理论的企业已达 90.7%，我国近年来，在一些工业企业中，从我国经济发展的国情出发，ABC 分级管理、各种确定型与随机型的库存控制方法应用于我国物资存贮工作的实践，有的企业已建立了包括库存管理在内的物资管理信息系统，库存管理水平得到不断提高。

本章主要介绍企业仓储及仓储作业，企业库存控制方法及其管理方法。

9.1 企业仓储概述

由于企业的仓储活动在时间上起着生产和经营的缓冲和平衡的作用，协调着原材料、产成品的供需，为客户在需要的时间和地点提供适当的产品，因此仓储活动能够提高企业的客户服务水平，增强企业的竞争力。但是，仓库又是物流系统中的一个结点，产品在仓库中的保管活动又是物流的暂时停滞，从而增加产品的成本。本部分简要介绍仓储的作用、类型及支持的技术。

9.1.1 仓储在企业物流系统中的作用

仓储在企业物流系统中的重要作用主要表现在以下几个方面：

1. 降低运输成本，提高运输效率

大规模、整车运输会带来运输的经济性。在供应物流方面，企业从多个供应商分别小批量购买原材料并运至仓库，然后将其拼箱并整车运至工厂。由于整车运输费率低于零担运输费率，因此，这将大大降低运输成本，提高运输效率。在销售物流方面，企业将各工厂的产品大批量运到市场仓库，然后根据客户的要求，小批量运到市场或客户手中。另外，各种运输工具的运量相差很大，它们之间进行转运，运输能力上是很不匹配的，因此，仓库还具有调节运力差异的作用。

2. 产品整合

仓储的第二个作用是进行产品的整合。企业的一个产品线包括了数千种不同的产品，这些产品经常在不同工厂生产。企业通常根据客户要求，将产品在仓库中进行配套、组合、打包，然后运往各地客户。否则，从不同工厂满足订货将导致不同的交货期。仓库除了满足客户订货的产品整合需求外，对于使用原材料或零配件的企业（如汽车制造商）来说，从供应仓库将不同来源的原材料或零配件配套组合在一起，整车运到工厂以满足需求，也是经济的。

单纯的储存和保管型仓库已远远不能适应生产和市场的需要。增加配送和流通加工的功能，形成流通、销售、零部件供应的中心，已成为现代仓库的一个发展方向。

3. 支持企业的销售服务

仓储的第三个作用是支持企业的销售服务。仓库合理地靠近客户，使产品适时地到达客户手中，将提高客户的满意度并扩大企业销售，这一点对于企业产成品仓库来说尤为重要。

4. 调节供应和需求

由于生产和消费之间或多或少存在时间或空间上的差异，仓储可以提高产品的时间效用，调整均衡生产和集中消费或均衡消费和集中生产在时间上的矛盾，使生产和消费协调起来。

9.1.2　企业仓储的类型

1. 按仓储活动的运作主体分类

仓储管理模式可以按仓储活动的运作方式分为自有仓库仓储、租赁公共仓库仓储和合同仓储（第三方仓储）。

（1）自有仓库仓储

①运用自有仓库进行仓储的优点

相对于公共仓储来说，企业利用自有仓库进行仓储活动具有以下优势：

- 更大程度地控制仓储

由于企业对自有仓库拥有所有权，所以企业作为货主能够对仓储实施更大程度的控制。在产成品移交给客户之前，企业对产成品负有直接责任。这种控制使企业易于将仓储的功能与企业的整个分销系统进行协调。

- 自有仓储更具灵活性

由于企业是仓库的所有者，所以可以按照企业要求和产品的特点对仓库进行设计与布局。高度专业化的产品往往需要专业的保管和搬运技术，而公共仓储难以满足这种要求，因此，这样的企业必须拥有自有仓库或直接将货物送至客户。

- 长期仓储时，自有仓储的成本低于公共仓储

如果自有仓库得到长期的充分利用，自有仓储的成本将低于公共仓储的成本。这是由于长期使用自有仓库保管大量货物会降低单位货物的仓储成本。如果企业自有仓库的利用

率较低，说明自有仓储产生的规模经济不足以补偿自有仓储的成本，则应转向公共仓储。当然，降低自有仓储成本的前提是有效的管理与控制，否则将影响整个物流系统的运转。

- 为企业树立良好形象

当企业将产品存储于自有仓库时，会给客户一种企业长期持续经营的良好印象，客户会认为企业经营十分稳定、可靠，是产品的持续供应者，这将有助于提高企业的竞争优势。

②运用自有仓库进行仓储的缺点

运用自有仓库进行仓储存在以下不足：

- 局限性

自有仓库固定的容量和成本使得企业的一部分资金被长期占用。不管企业对仓储空间的需求如何，自有仓库的容量是固定的，不能随着需求的增加或减少而扩大或减小。当企业对仓储空间的需求减少时，仍须承担自有仓库中未利用部分的成本；而当企业对仓储空间有额外需求时，自有仓库却无法满足。此外，自有仓库还存在地理位置和建筑结构的局限性。如果企业只能使用自有仓库，则会由于数量限制而失去战略性优化选址的灵活性；市场的大小、市场的位置和客户的偏好经常变化，如果企业在仓库结构和服务上不能适应这种变化，企业将失去许多商业机会。

- 投资大

由于自有仓库的成本高，所以许多企业因资金问题而难以修建自有仓库。自有仓库是一项长期、有风险的投资。而企业将资金投资于其他项目可能会得到更高的回报。因此，投资建造自有仓库的决策要非常慎重。

（2）租赁公共仓库仓储

没有自有仓库的企业或企业自有仓库不能满足储存任务需求时，通常要选择租赁为一般公众提供营业性服务的公共仓库进行储存活动。

①运用公共仓库进行仓储活动的优点

- 企业不需要资本投资

任何一项资本投资都要在详细的可行性研究基础上才能实施，但利用公共仓储，企业可以避免资本投资和财务风险。公共仓储不要求企业对其设施和设备做任何投资，企业只需支付相对较少的租金即可得到仓储服务。

- 满足企业在库存高峰时大量额外的库存需求

一方面，公共仓储能满足企业在销售淡季所需要的仓储空间；另一方面，库存高峰时能满足企业大量额外的库存需求。大多数企业由于产品的季节性、促销活动或其他原因而导致存货水平变化。利用公共仓储，则没有仓库容量的限制，从而能够满足企业在不同时期对仓储空间的需求。

- 可以避免管理上的困难

仓储管理人员的培训和管理是任何一类仓库所面临的一个重要问题。尤其是对于产品需要特殊搬运或具有季节性的企业来说，很难维持一个有经验的仓库员工队伍，而使用公共仓储则可以避免这一困难。

- 规模经济会导致货主仓储成本的降低

由于公共仓储为众多企业保管大量库存，公共仓储会产生自有仓储难以达到的规模经济。因此，与自有仓储相比，公共仓储可提高仓库的利用率，降低存货的单位储存成本；另外规模经济还使公共仓储能够采用更加有效的物流设备，从而提供更好的服务；公共仓储的规模经济还有利于拼箱作业和大批量运输，降低货主的运输成本。

- 使企业的经营活动更加灵活

由于公共仓储的合同是短期的，当市场、运输方式、产品销售或企业财务状况发生变化时，企业能灵活地改变仓储的位置；此外，企业不必因仓库业务量的变化而增减员工；企业可以根据仓库对整个分销系统的贡献以及成本和服务质量等因素，临时签订或终止租赁合同。

- 便于企业掌握保管和搬运成本

当企业使用公共仓储时，由于每月可以得到仓储费用单据，所以可清楚地掌握保管和搬运的成本，有助于企业预测和控制不同仓储水平的成本。而企业自己拥有仓库时，很难确定其可变成本和固定成本的变化情况。

②使用公共仓库进行仓储活动的缺点

- 增加包装成本

公共仓库中存储了各种不同种类的货物，而各种不同性质的货物有可能互相影响，因此，企业使用公共仓储时必须对货物进行储存包装，从而增加包装成本。

- 企业对公共仓库中的库存难以控制

企业与仓库经营者都有履行合同的义务，但非常事故给货主所造成的货物的损失会远远大于得到的赔偿。因此，在控制库存方面，使用公共仓库将比使用自有仓库承担更大的风险。

自有仓库仓储和租赁公共仓库仓储各有优势，企业决策的依据应是以仓储的总成本最低为目标。租赁公共仓库的成本只包含可变成本，随着存储总量的增加，租赁的空间就会增加，由于公共仓库一般按所占用空间来收费，这样成本就与总周转量成正比，其成本函数是线性的。而自有仓储的成本结构中存在固定成本。由于公共仓库的经营具有赢利性质，因此自有仓储的可变成本的增长速率通常低于公共仓储成本的增长速率。当总周转量达到一定规模时，两条成本线相交，即成本相等。这表明在周转量较低时，公共仓储是理想选择。随着周转量的增加，由于可以把固定成本均摊到大量存货中，因此使用自有仓库更经济。

(3) 合同仓储

所谓合同仓储（Contract Warehousing）或称第三方仓储（Third - party Warehousing），是指企业将物流活动转包给外部公司，由外部公司为企业提供综合物流服务。

合同仓储不同于一般公共仓储。合同仓储公司能够提供专业化、高效、经济和准确的分销服务。企业若想得到高水平的质量与服务，则可利用合同仓储，因为合同仓库的设计水平更高，并且符合特殊商品，如药品、电子产品等价值较高产品的高标准、专业化的搬运要求。合同仓储本质上是生产厂商和仓储企业之间的合作伙伴关系。正是由于这种伙伴关系，合同仓储公司与传统仓储公司相比，能为更少的货主提供特殊要求的空间、人力、设备和特种服务。合同仓储公司为数量有限的货主提供专门物流服务，其中包括存储、卸货、拼箱、订货分类、现货库存、在途混合、存货控制、运输安排、信息和货主要求的其他服务。

以往企业在制造领域寻找降低成本途径的时候，是通过与小制造商签订合同而将零部件的生产转包出去，甚至转包给劳动力成本更低的海外工厂。如今，物流发达国家的企业已将降低成本的重点转向有巨大潜力的物流领域。通过利用合同仓储服务，企业可以将物流活动转包出去，以集中精力搞好生产和销售。

2. 按库存在企业中的用途分类

企业持有的库存按其用途可分为：原材料库存、在制品库存、维护/维修/作业用品库存、包装物和低值易耗品库存及产成品库存。

（1）原材料库存

原材料库存（Raw Material Inventory）是指企业通过采购和其他方式取得的用于制造产品并构成产品实体的物品，以及供生产耗用但不构成产品实体的辅助材料、修理用备件、燃料以及外购半成品等，是用于支持企业内制造或装配过程的库存。

（2）在制品库存

在制品库存（Work－in－Process Inventory，WIP）是指已经经过一定生产过程，但尚未全部完工、在销售以前还要进一步加工的中间产品和正在加工中的产品。WIP 之所以存在是因为生产一件产品需要时间（称为循环时间）。

（3）维护/维修/作业用品库存

维护/维修/作业用品库存（Maintenance/Repair/Operating，MRO）是指用于维护和维修设备而储存的配件、零件、材料等。MRO 的存在是因为维护和维修某些设备的需求和所花的时间有不确定性，对 MRO 存货的需求常常是维护计划的一个内容。

（4）包装物和低值易耗品库存

包装物和低值易耗品库存是指企业为了包装本企业产品而储备的各种包装容器和由于价值低、易损耗等原因而不能作为固定资产的各种劳动资料的储备。

（5）产成品库存

产成品库存（Finished Goods Inventory）就是已经制造完成并等待装运，可以对外销售的制成产品的库存。与 MRO 相似的是，产成品必须以存货的形式存在，是因为用户在某一特定时期的需求是未知的。

3. 按照库存的目的分类

按照库存的目的，企业持有的库存可以分为周转库存、保险库存和战略库存。

（1）周转库存

周转库存（Cycle Stock）又称经常库存，是指在正常的经营环境下，企业为满足日常需要而建立的库存。即在前后两批货物正常到达期之间，提供生产经营需要的储备。

（2）保险库存

保险库存又称安全库存，是指用于防止和减少因订货期间需求率增长或到货期延误所引起的缺货而设置的储备。保险储备对作业失误和发生随机事件起着预防和缓冲作用，它是一项以备不时之需的存货。在正常情况下一般不动用，必须在下批订货到达时进行补充。

（3）战略库存

战略库存是指企业为整个供应链系统的稳定运行而持有的库存，例如在淡季仍然安排供应商继续生产，以使供应商保持技术工人，维持生产线的生产能力和技术水平。这样的战略库存持有成本方面来看会有较大幅度的增长，但从整个供应链的运作成本看却是经济可行的。

9.1.3　现代仓储管理的支持技术

1.　仓库管理系统技术

仓库管理系统（Warehouse Management System，WMS）技术为作为流通中心的仓库完成这些功能提供了支持和保证。仓库管理系统技术由条形码技术（Barcode Technology）、无线通信技术（Radio Frequency）、计算机系统和其他附属设备组成。简单地说，通过扫描仪读取条形码数据，经过无线通信，传送给计算机管理控制系统，由计算机管理控制系统进行信息处理并启动下一个作业。仓库管理系统的附属设备包括自动识别技术、计算机平台、打印机和扫描仪等，这些附属设备往往与企业的 LAN 连接在一起。仓库管理系统有计划和执行两个功能。计划功能包括订货管理、运送计划、员工管理和仓库面积管理等。执行功能包括进货接收、分拣配货、发货运送等。

2. ID 代码

要有效地管理库存，必须对库存的商品或物品进行正确识别。仓库通过获得商品的标识 ID 代码并与供应商的产品数据库相连，可以实现对库存物的正确识别。目前国外企业已建立了应用供应链的 ID 代码的类标准系统，如 EAN - 13（UPC - 12）、EAN - 14（SCC - 14）、SSCC - 18 以及位置码等。

企业应尽量使自己的产品按国际标准进行编码，以便在仓库管理中进行快速跟踪和分拣。实现 ID 代码标准化有利于采用 EDI 系统进行数据交换与传送，提高了库存管理的效率。

目前国际上通行的商品代码标准是国际物品编码协会（EAN）和美国统一代码委员会（UCC）共同编制的全球通用的 ID 代码标准。

3. 条形码

在物流活动中，为了能迅速、准确地识别商品，自动读取商品信息，条形码技术被广泛应用。条形码（Barcode）是用一组数字来表示商品的信息，是目前国际上物流管理采用的一种技术手段。条形码技术对提高库存管理的效率是非常显著的，是实现库存管理的电子化的重要工具手段，它使得库存控制可以延伸到销售商的 POS 系统，实现库存的供应链网络化控制。

条形码是 ID 代码的一种符号，是对 ID 代码进行自动识别且将数据自动输入计算机的方法和手段，条码技术的应用解决了数据录入与数据采集的瓶颈，为管理库存提供了有力支持。

条形码按使用方式，可分为直接印刷在商品包装上的条形码和印刷在商品标签上的条形码；按使用目的，可分为商品条形码和物流条形码。

商品条形码是以直接向消费者销售的商品为对象，以单个商品为单位使用的条形码。它由 13 位数字组成，最前面的两个数字表示国家或地区代码，中国的代码是 69，接着的 5 个数字表示生产厂家的代码，其后的 5 个数字表示商品品种的代码，最后的 1 个数字用来防止机器发生误读错误。例如，商品条形码 6902952880041 中，69 代表中国，02952 代表贵州茅台酒，88004 代表 53%（VW）、106PRCXDF、500ml 的白酒。

物流条形码是物流过程中的以商品为对象，以集合包装商品为单位使用的条形码。标准物流条形码由 14 位数字组成，除了第 1 位数字之外，其余 13 位数字代表的意思与商品条形码相同。物流条形码第 1 位数字表示物流识别代码，在物流识别代码中，1 代表集合包装容器装 6 瓶酒，2 代表装 24 瓶酒。例如，物流条形码 26902952880041 代表该包装容器装有中国贵州茅台酒厂的白酒 24 瓶。

条形码是有关生产厂家、批发商、零售商、运输业者等经济主体进行订货和接受订货、销售、运输、保管、出入库检验等活动的信息源。由于在活动发生时能即时自动读取信息，因此便于及时捕捉到消费者的需要，提高商品销售效果，也有利于促进物流系统效率的提高。此外，条形码与其他辨识商品的方法如光学文字识别（Optical Character Recognition，OCR）、光学记号读取（Optical Mark Reader，OMR）比较，具有印刷成本低和读取精度高的优点。

4. 复合码

为了加强对物流商品的单品管理，提高物流管理中商品信息自动采集的效率，全球条码技术的倡导者和推动者国际物品编码协会（EAN）和美国统一代码委员会（MCC）于 1999 年联合推出了一种全新的、适于各个行业应用的物流条码标准——复合码。

复合码是由一维条码和二维条码叠加在一起而构成的一种新的码制，能够在读取商品的单品识别信息时，获取更多描述商品物流特征的信息。目前，复合码的应用主要集中在标识散装商品（随机称重商品）、蔬菜水果、医疗保健品及非零售的小件物品以及商品的运输与物流管理上。

在物流系统中，越来越多的应用证明，采集和传递更多的运输单元信息是非常必要的。物流管理所需要的信息可分为两类：运输信息和货物信息。运输信息包括交易信息，如采购订单编号、装箱单及运输途径等；货物信息包括包装及所装物品、数量以及保质期等。掌握这些信息对混装托盘的运输及管理尤为重要。而目前现有的商品条码（EAN/UCC 条码），只有 12～13 位数字信息受信息容量的限制，无法提供满意的解决方案。采用复合码以后可将 2300 个字符编入条码中，解决了人们标识微小物品及表述附加商品信息的问题。

5. 自动存储与检索系统

由于大量人力因素的介入常常导致仓库管理方面的错误，计算机控制仓库的系统也迅速发展起来。这些系统称作自动存储与检索系统（Automated Storage and Retrieval System, AS/RS），该系统可以在仓库内的指定地点自动存入或运出货物。这种系统多用于零售业的分销过程中，在制造业可用于工厂的库存管理与验货。

6. EDI

EDI 是一种在处理商业或行政事务时，按照一个公认的标准，形成结构化的事务处理或信息数据格式，完成计算机到计算机的数据传输。要有效地对库存进行管理，采用 EDI 进行数据交换，是一种安全可靠的方法。为了实现对库存进行实时的监控，了解库存补给状态，采用基于 EDI FACT 标准的库存报告清单能够提高运作效率，每天的库存水平（或定期的库存检查报告），最低的库存补给量都能自动地生成，这样可以大大提高对库存的监控效率。

9.2 仓储作业流程管理

9.2.1 仓库作业流程及其特点

1. 现代仓库作业过程

仓库作业流程是仓库以入库、保管、出库为中心的一系列作业阶段和作业环节的总称。仓库作业过程实际上包含了实物流过程和信息流过程两个方面。

（1）实物流

实物流是指存物实体空间移动过程。在仓库里它是从库外流向库内，并经合理停留后再流向库外的过程。

从作业内容和作业顺序来看，主要包括接运、验收、入库、保管、保养、出库、发运等环节。实物流是仓库作业最基本的运动过程。仓库各部门、各作业阶段与环节的工作，都要保证和促进库存物的合理流动。

（2）信息流

信息流是指仓库库存物信息的流动。实物流组织是借助于一定的信息来实现的。这些信息包括与实物流有关的物资单据、凭证、台账、报表、技术资料等，它们在仓库各作业阶段、环节的填制、核对、传递、保存形成信息流。

2. 仓库作业过程的特点

仓库作业过程的特点主要表现在以下四个方面：

（1）作业过程不连续

尽管存在就站直拨、就港直拨的情况，但入库的每批货物不论时间长短都会在仓库中储存一段时间，所以每批货物从入库到出库不是连续的，而是间断进行的。

（2）作业量不均衡

仓库每天发生的作业量有很大的差别，各月之间的作业量也有很大的不同，这种日、月作业量的不均衡主要是由于仓库入库作业和出库作业在时间上的不均衡（不确定）和批量大小不等造成的。

（3）作业对象复杂

除专用性仓库外，仓库的作业对象可以是各式各样的物品，可以有成千上万个品种。不同的库存物品可能要求不同的作业手段、方法和技术，因而仓库作业情况就会比较复杂。

（4）作业范围广泛

仓库的各个作业环节，大部分是在仓库范围内进行的。但也有一部分作业是在仓库以外的范围内进行的，如接运、配送等作业可能要在生产企业、中转仓库、车站、港口或者用户指定地点进行，所以作业范围相当广泛。

9.2.2　仓库作业流程管理

1. 入库过程管理

入库阶段由接运、验收和入库交接三个环节构成。

（1）接运

物品到达仓库的形式除了一小部分由供货单位直接运到仓库交货外，大部分要经过铁路、公路、航运、空运和短途运输等运输工具转运。接运的主要任务是及时而准确地从供应商或其承运商那里提取物品。在接运由承运商转运的物品时，必须认真检查，分清责任，取得必要的证件，避免将一些在运输过程中或运输前就已经损坏的物品带入仓库。

接运可在车站、码头、仓库或专用线进行，因而可以简单分为到货和提货两种方式。到货方式仓库不需要组织库外运输。提货方式仓库要组织库外运输，除要选择运输路线、确定派车方案外，更要注意物品在回库途中的安全。

（2）验收

验收是指仓库在物品正式入库前，按照一定的程序和手续，对到库物品进行数量和外观质量的检查，以验证它是否符合订货合同规定的一项工作。

验收的主要任务是查明到货的数量和质量状态，防止仓库和货主遭受不必要的经济损失，同时对供货单位的产品质量和承运部门的服务质量进行监督。

验收作业的程序为：

①验收准备。仓库接到到货通知后，应根据物品的性质和批量提前做好验收前的准备工作。大致包括人员准备、资料准备、器具准备、货位准备、设备准备等。

②核对凭证。入库物品必须具备下列凭证：货主提供的入库通知单和订货合同副本，这是仓库接受物品的凭证；供货单位提供的材质证明书、装箱单、磅码单、发货明细表

等；物品承运单位提供的运单，若物品在入库前发现残损情况，还要有承运部门提供的货运记录或普通记录，作为向责任方交涉的依据。

③实物检验。实物检验就是根据入库单和有关技术资料对实物进行数量和质量检验。数量检验是保证物品数量准确的重要步骤。按物品性质和包装情况，数量检验主要有计件、检斤、检尺求积等形式。在进行数量验收时，必须与供货方采用相同的计量方法。采取何种方式计数要在验收记录中做出记载，出库时也按同样的计量方法，避免出现失误。

④验收中发现问题的处理。在物品验收过程中，如果发现物品数量或质量的问题，应该严格按照有关制度进行处理。验收过程中发现的数量和质量问题可能发生在各个流通环节，按照有关规章制度对问题进行处理，有利于分清各方的责任，并促使有关责任部门吸取教训，改进今后的工作。

（3）入库交接

①交接手续

交接手续是指仓库对收到的物品向送货人进行的确认，表示已接受物品。完整的交接手续包括：

- 接受物品

仓库通过理货、查验物品，将不良的物品剔出、退回或者编制残损单证等明确责任，确定收到物品的确切数量、物品表面状态良好。

- 接受文件

接受送货人送交的物品资料、运输的货运记录、普通记录等，以及随货的在运输单证上注明的相应文件，如图纸、准运证等。

- 签署单证

仓库与送货人或承运人共同在送货人交来的送货单、交接清单上签署，并留存相应单证。

②登账

物品入库，仓库应建立详细反映物品仓储的明细账，登记物品入库、出库、结存的详细情况，用以记录库存物品动态和入出库过程。登账的主要内容有：物品名称、规格、数量、件数、累计数或结存数、存货人或提货人、批次、金额，注明货位号或运输工具、接（发）货经办人等。

③立卡

在人工管理的仓库中，物品入库或上架后，应将物品名称、规格、数量或出入状态等内容填在料卡上，称为立卡。料卡又称为货卡、货牌，插放在货架上物品下方的货架支架上或摆放在货垛正面明显位置。

④建档

仓库应为入库的物品建立存货档案，以便管理物品和保持客户联系，也为将来可能发生的争议保留凭据。同时，有助于总结和积累仓库保管经验、研究仓储管理规律。

2. 仓库储存期间的盘点管理

仓库中的库存产品始终处于不断地进、存、出动态中，在作业过程中产生的误差经过一段时间的积累会使库存资料反映的数据与实际数量不相符。有些物品则因存放时间太长或保管不当会发生数量和质量的变化。为了对库存物品的数量进行有效控制，并查清其在库中的质量状况，必须定期或不定期地对各储存场所进行清点、查核，这一过程我们称为盘点作业。

（1）盘点作业的目的和内容

①盘点作业的目的

● 查清实际库存数量

盘点可以查清实际库存数量，并通过盈亏调整使库存账面数量与实际库存数量一致。

● 帮助企业计算资产损益

对货主企业来讲，库存商品总金额直接反映企业流动资产的使用情况，库存量过高，流动资金的正常运转将受到威胁，而库存金额又与库存量及其单价成正比，因此通过盘点能准确地计算出企业实际损益。

● 发现仓库管理中存在的问题

通过盘点查明盈亏的原因，发现作业与管理中存在的问题，并通过解决问题来改善作业流程和作业方式，提高企业的管理水平。

②盘点作业的内容

查数量：通过点数计数查明在库物品的实际数量，核对库存账面资料与实际库存数量是否一致。

查质量：检查在库商品质量有无变化，有无超过有效期和保质期，有无长期积压等现象，必要时还必须对其进行技术检验。

查保管条件：检查保管条件是否与各种物品的保管要求相符合。如堆码是否合理稳固，库内温湿度是否符合要求，各类计量器具是否准确等。

查安全：检查各种安全措施和消防设备、器材是否符合安全要求，建筑物和设备是否处于安全状态。

（2）盘点作业的基本步骤

①盘点前的准备

其准备工作主要包括：确定盘点的具体方法和作业程序；配合财务会计做好准备；设计打印盘点用表单，"盘存单"格式。

②盘点时间的确定

根据物品的不同特性、价值大小、流动速度、重要程度来分别确定不同的盘点时间。盘点时间间隔可以从每天、每周、每月到每年不等。盘点的日期一般会选择在：

● 财务决算前夕：通过盘点决算损益，以查清财务状况。

● 淡季：因淡季储货较少，业务不太频繁，盘点较为容易。

③查清盘点差异的原因

盘点会将一段时间以来积累的作业误差，及其他原因引起的账物不符暴露出来。如发现账物不符，尤其差异超过容许误差时，应立即追查产生差异的原因。

④盘点结果的处理

为了使账面数与实物数保持一致，需要对盘点盈亏进行调整。除了数量上的盈亏，有些商品还将会通过盘点进行价格的调整。这些差异的处理，可以通过填写"盘点盈亏调整表"，经有关主管审核签认后，登入存货账卡，调整库存账面数量。

（3）盘点方法

①账面盘点法

账面盘点又称为"永续盘点"。把每天出入库商品的数量及单价记录在电脑或账簿的"库存账卡"上，并连续地计算汇总账面上的库存结余数量及库存金额。

②现货盘点法

现货盘点又称为"实地盘点"或"实盘"，也就是实际到库内清点数量，再依商品单价计算出实际库存金额的方法。现货盘点法按盘点时间频率的不同又可分为"期末盘点"和"循环盘点"。

③期末盘点法

期末盘点是指在会计计算期末统一清点所有物品数量的方法。由于期末盘点是将所有物品一次点完，因此工作量大、要求严格。

④循环盘点法

循环盘点是指在每天、每周清点一小部分商品，一个循环周期将每种商品至少清点一次的方法。循环盘点通常对价值高或重要的物品检查的次数多，而且监督也严密一些，而对价值低或不太重要的物品盘点的次数可以尽量少。

（4）盘点结果的处理

盘点的主要目的是希望通过盘点来检查目前仓库中物品的出入库及保管状况，并解决管理及作业中存在的问题。通过分析和总结，找出在管理流程、管理方式、作业程序需要改进的地方，进而改善商品管理的现状，降低库存损耗，提高经营管理水平。

3. 出库过程管理

出库过程管理包含仓库按照货主的调拨出库凭证或发货凭证（提货单、调拨单）所注明的货物名称、型号、规格、数量、收货单位、接货方式等条件进行的核对凭证、备料、复核、点交、发放等一系列作业和业务管理活动。

（1）物品出库的依据

出库活动必须由出库通知单和出库请求驱动。出库通知或出库请求的格式不尽相同，不论采用何种形式，都必须是符合财务制度要求的有法律效力的凭证，要坚决杜绝凭信誉或无正式手续的发货。

（2）物品出库的要求

物品出库要求做到"三不、三核、五检查"。"三不"，即未接单据不翻账，未经审单不备库，未经复核不出库；"三核"，即在发货时，要核实凭证、核对账卡、核对实物；

"五检查"，即对单据和实物要进行品名检查、规格检查、包装检查、件数检查、重量检查。

（3）出库方式

出库方式是指仓库用什么样的方式将货物交付用户。选用哪种方式出库，要根据具体条件，由供需双方事先商定。

①送货

仓库根据货主单位的出库通知或出库请求，通过发货作业把应发物品交由运输部门送达收货单位，或使用仓库自有车辆把物品运送到收货地点的发货形式，就是通常所称的送货制。

②收货人自提

这种发货形式是由收货人或其代理持取货凭证直接到库取货，仓库凭单发货。仓库发货人与提货人可以在仓库现场划清交接责任，当面交接并办理签收手续。

③过户

过户是一种就地划拨的形式，物品实物并未出库，但是所有权已从原货主转移到新货主的账户中。仓库必须根据原货主开出的正式过户凭证，才予办理过户手续。

④取样

货主由于商检或样品陈列等需要，到仓库提取货样（通常要开箱拆包、分割抽取样本）。仓库必须根据正式取样凭证发出样品，并做好账务记载。

⑤转仓

转仓是指货主为了业务方便或改变储存条件，将某批库存自甲库转移到乙库。仓库也必须根据货主单位开出的正式转仓单，办理转仓手续。

（4）出库业务程序及要求

①出库前的准备工作

出库前的准备工作可分为两个方面：一方面是计划工作，即根据货主提出的出库计划或出库请求，预先做好物品出库的各项安排，包括货位、机械设备、工具和工作人员，提高人、财、物的利用率；另一方面是要做好出库物品的包装和标志标记。发往异地的货物，需经过长途运输，包装必须符合运输部门的规定。在包装上挂签（贴签）、书写编号和发运标记（去向），以免错发和混发。

②出库程序

核单备料：自提物品，首先要审核提货凭证的合法性和真实性；其次要核对品名、型号、规格、单价、数量、收货单位、有效期等。出库物品应附有质量证明书或副本、磅码单、装箱单等，机电设备、电子产品等物品的说明书及合格证应随货同付。

复核：为了保证出库物品不出差错，备货后应进行复核。复核的内容包括：品名、型号、规格、数量是否同出库单一致，配套是否齐全，技术证件是否齐全，外观质量和包装是否完好。

包装：出库物品的包装必须完整、牢固，标记必须正确清楚，免损、潮湿、捆扎松散等不能保障运输中安全的，应加固整理。包装必须符合运输部门的要求，选用适宜的包装材料，其重量和尺寸要便于装卸搬运。

点交：出库物品经过复核和包装后，需要托运和送货的，应由仓库保管机构移交调运机构。属于用户自提的，则由保管机构按出库凭证向提货人当面交清。

登账：点交后，保管员应在出库单上填写实发数、发货日期等内容，并签名。然后将出库单连同有关证件资料，及时交货主，以使货主办理货款结算。

9.2.3 现代仓库的业务和功能

1. 订货、发货

现代化的仓库无论是采取集约化、综合化的发展模式还是分散化、个性化的发展模式，都注意通过网络将企业本部与各工厂、物流中心与经营最前端的销售店铺连接起来。订货信息通过信息系统传输到物流中心，在准备发货的同时，同期进行自动制作发货票、账单等业务。除此以外，通过 EOS 系统实现产业内以及企业间的电子订货，真正使企业的经营活动与商品的物质运动紧密联系在一起，并推动即需型产销体制和网络经营体系的建立。

2. 进货、发货时的检验

20 世纪 80 年代以来，条形码的广泛普及以及便携式终端性能的提高，在客户订货信息的基础上进货商品上要求贴付条形码。商品进入中心时用扫描仪读取条形码以检验商品，这样企业的仓库保管以及发货业务都在条形码管理的基础上进行。应当指出的是，对于企业或批发商，商品入库时的条形码在检验商品活动和以后的保管、备货作业中都在利用，而在向客户发货时用的条形码常常是另一类条形码系统，从而更好地对应不同用户商品分拣作业的需要。可以看出，各企业在进货管理时使用条形码不仅仅是为了商品检验的合理化，更重要的是入货后作业的合理化。

3. 仓库内的保管、装卸作业

现代物流中心都极力导入自动化作业和标准化作业。在实现物流作业快速化的同时，削减作业人员、降低人力费用。

4. 备货作业

备货自动化中最普及的是数码备货，所谓数码备货就是不使用人力，而是借助于信息系统有效地进行作业活动。具体来讲，在由信息系统接受顾客订货的基础上，向分拣员发出数码指示，从而按指定的数量和种类正确、迅速地备货作业系统。实行自动化备货作业后，各个货架或货棚顶部装有液晶显示的装置，该装置标示有商品的分类号以及店铺号，作业员可以很迅速地查找到所需商品。备货作业的具体方法大致有两种：一是抽取式；二是指定存放式。前者是将商品从货架中取出，直接放在流水线传输过来的空箱中；而后者通过的货箱是固定的，备货员按数码信息将商品放在指定的货箱中。

5. 分拣作业

对于企业而言，如果是客户工厂订货，则产品生产出来后直接运送到用户手中，基本上不承担分拣作业；如果是预约订货，那么就需要将商品先送到仓库，等接受客户订货后，再进行备货、分拣，配送到指定用户手中。当前物流中心内的管理主要是借助导入自动化仪器、构筑信息系统等手段，力图做到中心内作业的机械化，简化订、发货作业，进而真正做到商物分离，使营业人员专心于经营活动，提高经营绩效。

9.3 企业库存控制

库存控制是在保障供应的前提下，使库存物品的数量最少所进行的有效管理技术经济措施。控制和保持库存是每个企业所面临的问题。由于库存的成本在总成本中占有相当大的比例，因此，库存管理与控制是企业物流领域所面临的一个关键问题，对子企业物流整体功能的发挥起着非常重要的作用。

传统的库存管理任务涉及两个基本问题：订货多少和何时订货。通过简单的计算，管理者可以很容易地做出决策。但是在今天的企业环境中，库存管理的任务变得越来越复杂，涉及库存管理的方法也越来越多、库存决策也会变得更加复杂。

9.3.1 企业库存的分类

在企业的物流活动中，企业持有的库存有不同的形式，从不同的角度可以对库存进行多种不同的分类：

1. 按其在企业物流过程中所处的状态分类

按其在企业物流过程中所处的状态进行分类，库存可分为原材料库存、在制品库存、维护或维修库存和产成品库存。

（1）原材料库存。是指企业通过采购和其他方式取得的用于制造产品并构成产品实体的物品，以及供生产耗用但不构成产品实体的辅助材料、修理用备件、燃料以及外购半成品等，是用于支持企业内制造或装配过程的库存。这部分库存可能是符合生产者自己标准的特殊商品，它存在于企业的供应物流阶段。

（2）在制品库存。是指已经过一定生产过程，但尚未全部完工、在销售以前还要进一步加工的中间产品和正在加工中的产品，包括在产品生产的不同阶段的半成品，它存在于企业的生产物流阶段。

（3）维护或维修库存。是指用于维护与养护的经常消耗的物品或部件。不包括产成品的维护活动所用的物品或部件，它也存在于生产物流阶段。

（4）产成品库存。是指准备运送给消费者的完整的或最终的产品。这种库存通常由于不同于原材料库存的职能部门来控制。它存在于企业物流的销售阶段。

这几种库存可以存放在一条供应链上的不同位置。原材料库存可以放在两个位置：供应商或生产商之处。原材料进入生产企业后，依次通过不同的工序，每经过一道工序，附加价值都有所增加，从而成为不同水准的在制品库存。当在制品库存在最后一道工序被加工完后，变成完成品。完成品也可以放在不同的储存点：如生产企业内、配送中心、零售点，直至转移到最终消费者手中。

2. 按库存的目的分类

（1）经常库存（Cycle Stock）。是指企业在正常的经营环境下为满足日常的需要而建立的库存。这种库存随着每日的需要不断减少，当库存降低到订货点时，就需要订货来补充库存。这种库存补充是按照一定的规律反复进行的。

（2）安全库存（Safety Stock）。是指为了防止由于不确定因素而准备的缓冲库存，不确定因素有：大量突发性订货、交货期突然提前、生产周期或供应周期等可能发生的预测变化以及一些不可抗力因素等。例如，供货商没能按预订的时间供货，生产过程发生意外的设备故障导致停工等。

（3）在途库存（In – Transit Stock）。是指正处于运输以及停放在相邻两个工作地之间或相邻两个组织之间的库存，这种库存是一种客观存在，而不是有意设置的。在途库存的大小取决于运输时间以及该时间内的平均需求。

（4）季节性库存（Seasonal Stock）。是指为了满足特定季节出现的特定需要而建立的库存，或指对季节性出产的原材料（如大米、棉花、水果等农产品）在出产的季节大量收购所建立的库存。

9.3.2 库存控制的作用

1. 库存控制的重要性

（1）库存控制是物流管理的核心内容

库存管理之所以重要，首先在于库存领域存在着降低成本的广阔空间，对于中国的大多数企业尤其如此。有资料显示，中国物流与发达国家的物流相比，差距主要在五个方面——成本高、周转慢、库存大、效率低、传统流通方式仍占相当比重。据统计，2000年我国库存商品沉淀的资金高达4万亿元，大约占当年GDP的50%，而国际公认的库存商品与GDP的比例，发达国家一般不超过1%，发展中国家也不过5%；另外，我国每年的库存商品损耗都在3000亿元以上。所以对于我国的企业来说，物流管理的首要任务是通过物流活动的合理化降低物流成本。例如，通过改善采购方式和库存控制方法，降低采购费用和保管费用，减少资金占用库存；通过合理组织库内作业活动，提高搬运装卸效率，减少保管装卸费用支出等。

（2）库存控制是提高顾客服务水平的需要

在激烈的市场竞争中，不仅要有提供优质商品的能力，而且还要有提供优质物流服务的能力。再好的商品如果不能及时供应到顾客手中，同样会降低商品的竞争能力。要保证用户订购时不发生缺货，并不是一件容易的事情。虽然加大库存可以起到提高顾客服务率的作用，但是，加大库存不仅要占用大量资金，而且要占用较大的储存空间，会带来成本支出的上升，如果企业的行为不考虑成本支出，则是毫无意义的，对经营本身并不会起到支持作用，在过高成本下维持的高水平服务也不会长久。因此，必须通过有效的库存控制，在满足物流服务需求的情况下，保持适当的库存量。

（3）库存控制是回避风险的需要

随着科学技术的发展，新商品不断出现，商品的更新换代速度加快。如果库存过多，就会因新商品的出现使其价值缩水，严重的情况可能会一钱不值。从另一个角度看，消费者的需求在朝着个性化、多样化方向发展，对商品的挑剔程度在增大，从而导致商品的花色品种越来越多，这给库存管理带来一定难度，也使库存的风险加大。一旦消费者的需求发生变化，过多的库存就会成为陷入经营困境的直接原因。因此，在多品种、小批量的商品流通时代，更需要运用现代库存管理技术科学地管理库存。

2. 库存的作用

不同类型的库存，其作用也不一样，而且库存也存在逆作用。

（1）原材料库存的作用

原材料库存是用于支持企业内制造或装配过程的库存。保持这种库存的原因主要有以下几个方面：

①获得大量购买的价格折扣

企业大量采购可以得到价格折扣，因增购的部分不是立即用于生产，所以就会增加库存成本。只要库存成本的增加低于购买价格的节约，企业就愿意增加原材料库存。

②大量运输降低运输成本

大批量采购导致了大批量装运，许多企业整卡车甚至整船运输原材料。整车运输的运费率比零担运输低许多，从而减少运输成本。运输成本通常是原材料最终售价的一个重要组成部分，运输费率的降低对企业是非常重要的。

③避免由于紧急情况而出现停产

企业通常保持一定数量的库存作为缓冲，即保险库存，以防在运输或订货方面出现问题而影响生产。许多企业不愿意因为原材料缺货而关闭装配线，因为这种成本是相当高的。保险库存的数量将根据延迟交货的概率以及原材料的使用数量来确定。

④防止涨价、政策的改变以及延迟交货等情况的发生

一些企业会面临原材料供应的不确定性，例如，当黄金有涨价征兆时，珠宝制造商就会提前购买和存储黄金；对于从国外进口原材料的企业来说，如果供应国发生政变或经济危机，那么供应就被中断，从而导致缺货。

⑤调整供需之间的季节差

农产品，如小麦或其他谷物只在一年中的某些时期生产，因此需要存储这些产品以满足全年的需求。在一些情况下，运输方式也可能造成季节供给，如在冬季一些航道和港口封冻，使得货物的供应受阻。在这种情况下，公司需要保持一定的库存，以维持生产的连续进行。

⑥保持供应来源

大型制造企业利用小供应商制造本企业也能制造的装配件或半成品是非常有利的。当它们没有足够生产能力满足高峰需求时，可以从小供应商处购买。如果大制造商在一年中

的某个时期没有从小供应商那里购买产品，小制造商可能就会关闭工厂并辞掉所有员工。当大制造商再次需要从小供应商进货时，小制造商就要重新招聘员工。这样不仅会提高成本，还会降低产品质量。因此，大制造商在淡季给小供应商一些订单使其维持生产能力或部分生产能力是有必要的。对于大型企业来说，这种行为虽然会增加库存，但比改变供应商或使小供应商重新生产的成本更低。

（2）产成品库存的作用

产成品库存是已经制造完成并等待装运，可以对外销售的制成产品的库存。企业保持一定数量产成品库存的原因主要有以下几个方面：

①节省运费

保持产成品库存的一个原因与前面提到的保持原材料库存的原因类似，即运输的经济性。整车运输比零担运输的运费率低，只要运费低于仓储成本，那么大批量运输就对企业有利。许多企业在市场附近建立面向市场的仓库，公司将产品由工厂大批量运送到仓库，然后将产品以零担方式短距离运送给客户。这样企业不仅可以缩短运货时间、提高服务水平，而且可以降低运输成本、失销成本及在途存货成本。

②获得生产的节约

长期连续生产会降低产品的生产成本，但这意味着生产先于需求，产品不能马上全部销售出去，企业需要权衡考虑降低的生产成本与增加的库存成本之间的关系，对于技术含量高、生命周期短的产品尤其要慎重考虑。

③调整季节差异

对于任何企业来说，根据季节性高峰需求设计生产能力是没有效率的，而且风险极大，较好的方法是全年有规律地小规模生产，当然，这也就形成在非高峰需求期间的产成品库存。

④提高客户服务水平

由于市场竞争的日益加剧，企业必须不断提高服务水平，才能保持和提高竞争力。许多企业采取的一个策略就是将产成品库存靠近客户以利于及时交货，尤其对于可替代性很高的产品，这种策略更为重要。

⑤保留技术工人

在非高峰时期，为保留技术工人，就必须继续生产，从而产生库存。

（3）库存的逆作用

库存的逆作用不仅仅局限在库存本身要占用一定数量的资金，在储存期内要产生各种费用和发生损耗。最应该引起人们重视的是库存会掩盖管理过程中的不足和差错，还会使社会需求出现虚增。

①库存会掩盖管理过程中的不足和差错

不论是企业的库存还是储备，通常都是在系统出现偏差，产生供不应求的情况时才用来解决问题，因此最好的库存策略不应该是应付某种情况，而应该是准时供货。因为有了应对各种紧急情况的库存，往往使人们忽略了被库存掩盖起来的计划和控制过程中的许多不足和差错。大多数的差错是由于容忍浪费和管理水平低下造成的，例如供应商没有按照标准生产，或者没有按时、按量生产，设计图错误，工作人员不认真，盲目采购、盲目生产等。

②库存会使社会需求虚增

库存不仅会掩盖生产和经营过程中的一些错误和员工的依赖和惰性思想，还会将某种产品的整个需求放大，从而导致这种产品或某种类产品的社会需求虚增，最终该产品供过于求，出现库存积压和报废，造成更大的损失。

3. 影响库存水平的因素

影响库存水平的因素很多，我们可以主要从经营、生产、运输、销售和订购周期五个方面对库存水平进行分析。

（1）从经营方面看

经营的目标是满足客户服务的要求，因而必须保持一定的预备库存，但要实现利润最大化，就必须降低订购成本，也要降低生产准备成本，更要减低库存持有成本，因而库存量水平的高低需要在这些因素中进行权衡。

（2）从生产方面看

商品特性、生产流程和周期以及生产模式都将在许多方面对库存产生影响。例如，季节性消费的商品如圣诞传统礼品、饰品等，就不能够完全等到节日到来之时才突击生产、通常都按订单提前进行均衡生产，这样就必然在一定时期内形成大量库存。

（3）从运输方面看

在运输问题上，运输费用、运输方法、运输途径对库存水平的影响都很大，运输效益与库存效益之间存在极强的二律背反关系。

（4）从销售方面看

销售渠道对库存的影响也是显著的，环节越多，库存总水平就会越高，减少流通环节就能减少流通过程中的库存。客户服务水平与库存之间存在极强的二律背反关系，高的客户服务水平通常需要高库存来维持，但是库存管理成本不能超过由此带来的库存成本节约。客户订购的稳定性对销售库存的影响可以通过加强客户关系维护与管理、提高销售预测的精确度来纠正可能或已经发生的偏差。

（5）从订购周期看

订购周期（Customer Order Cycle Time）是指从确定对某种商品有需求到需求被满足之间的时间间隔，也称为提前期（Lead Time）。其中包括订单传输时间、订单处理和配货时间、额外补充存货时间以及订购装运交付运输时间四个变量。这些因素都在一定程度上对库存水平造成影响。

9.3.3 库存成本

库存管理的任务是用最低的费用在适当的时间和适当的地点取得适当数量的原材料、消耗品和最终产品。在许多企业中，库存成本是物流总成本的一个重要组成部分，物流成本的高低常常取决于库存管理成本的大小，而且，企业物流系统所保持的库存水平对于企业提供的客户服务水平起着重要作用。库存成本主要包括以下四个方面：库存持有成本、订货或生产准备成本、缺货成本和在途库存持有成本。

1. 库存持有成本

（1）库存持有成本的含义

是指为了保持库存而发生的成本，可以分为固定成本和变动成本。固定成本与库存数量的多少无关，如仓库折旧、保管员固定工资等；变动成本与库存数量的多少有关，变动成本主要包括以下四项成本：资金占用成本、存储空间成本、库存服务成本和库存风险成本。

①资金占用成本

资金占用成本有时也称为利息成本或机会成本，是库存资本的隐含价值。资金占用成本反映失去的赢利能力。如果资金投入其他方面，就会要求取得投资回报，因此资金占用成本就是这种尚未获得的回报的费用。

一般来说，资金占用成本是库存持有成本的一个最大组成部分，通常用持有库存的货币价值的百分比来表示。从投资的角度来说，库存决策与做广告、建新工厂、增加新的机器设备等投资决策是一样的。

②存储空间成本

存储空间成本包括与产品运入、运出仓库有关的搬运成本以及储存成本，即实物存储与搬运成本。这项成本将随情况不同而有很大变化。存储空间成本仅随库存水平的提高或降低而增加或减少。如果利用公共仓库，有关搬运及存储的所有成本将直接随库存的数量而变化，在做库存决策时，这些成本都要考虑。如果利用自有仓库，大部分存储空间成本是固定的（例如建筑物的折旧）。

③库存服务成本

库存服务成本主要指保险及税金。根据产品的价值和类型，产品丢失或损坏的风险高，就需要较高的风险金。另外，许多国家将库存列入应税的财产，高水平库存导致高税费。保险及税金将随产品不同而有很大变化，在计算存货储存成本时，必须要考虑它们。

④库存风险成本

作为库存持有成本的最后一个主要组成部分的库存风险成本，反映一种非常现实的可能性，即由于企业无法控制的原因，造成的库存贬值。

（2）库存持有成本的计算

由于库存持有成本中的固定成本是相对固定的，与库存数量无直接关系，它不影响库存控制的决策，所以在我们的讨论中只涉及变动成本。

计算一种单一库存产品的库存持有成本分三步：

第一步，确定这种库存产品的价值。其中先进先出法（FIFO）、后进先出法（LIFO）或平均成本法是常用的方法。因为无论提高还是降低库存数量，都与库存价值的变动成本相关，而与固定成本无关，因此，与库存决策最相关的产品价值是产品的买价或目前进入企业物流系统的产品的可变制造成本。

第二步，估算每一项储存成本占产品价值的百分比，然后将各百分比相加，得到库存持有成本占产品价值的比例，这样储存成本就用库存价值百分比来表示。

第三步，用全部储存成本（产品价值的百分比）乘以产品价值，这样就估算出保管一定数量库存的年成本。

（3）库存储存成本与库存水平的关系

随着库存水平的增加，年储存成本将随之增加，也就是说，储存成本和可变动成本，与平均存货数量或存货平均值成正比。

2. 订货或生产准备成本

订货成本（Ordering Cost）或生产准备成本（Setup Cost），是指企业向外部供应商发出采购订单的成本或指企业内部的生产准备成本。

（1）订货成本的内容

订货成本是指企业为了实现一次订货而进行的各种活动的费用，包括处理订货的差旅费、邮资、电报电话费、文书等支出。订货成本中有一部分与订货次数无关，如常设采购机构的基本开支等，称为订货的固定成本；另一部分与订货的次数有关，如差旅费、邮资等，称为订货的变动成本。

具体来讲，订货成本包括与下列活动相关的费用：

①检查存货水平；

②编制并提出订货申请；

③对多个供应商进行调查比较，选择最合适的供货商；

④填写并发出订货单；

⑤填写、核对收货单；

⑥验收发来的货物；

⑦筹备资金并进行付款。

这些成本很容易被忽视，但在考虑涉及订货、收货的全部活动时，这些成本很重要。

（2）生产准备成本的含义

生产准备成本是指当库存的某些产品不由外部供应而是由企业自己生产时，企业为生产一批货物而进行改线准备的成本。其中，更换模、夹具需要的工时或添置某些专用设备等属于固定成本，与生产产品的数量有关的费用如材料费、加工费等属于变动成本。

（3）库存持有成本与订货成本的关系

订货成本和持有成本随着订货次数或订货规模的变化而呈反方向变化，起初随着订货批量的增加，订货成本的下降比持有成本的增加要快，即订货成本的边际节约额比持有成本的边际增加额要多，使得总成本下降。当订货批量增加到某一点时，订货成本的边际节约额与持有成本的边际增加额相等，这时总成本最小。此后，随着订货批量的不断增加，订货成本的边际节约额比持有成本的边际增加额要小，导致总成本不断增加。

总之，随着订货规模（或生产数量）的增加，持有成本增加，而订货（或生产准备）

成本降低，总成本曲线呈 U 形。

3. 缺货成本

库存决策中的另一项主要成本是缺货成本，是指由于库存供应中断而造成的损失，包括原材料供应中断造成的停工损失、产成品库存缺货造成的延迟发货损失和丧失销售机会的损失（还应包括商誉损失）；如果生产企业以紧急采购代用材料来解决库存材料的中断之急，那么缺货成本表现为紧急额外购入成本（紧急采购成本大于正常采购成本的部分）。当一种产品缺货时，客户就会购买竞争对手的产品，那么就对企业造成直接利润损失；如果失去客户，还可能为企业造成间接或长期成本。在供应物流方面，原材料或半成品或零配件的缺货，意味着机器空闲甚至关闭全部生产设备。

（1）保险库存的持有成本

许多企业都会考虑保持一定数量的保险库存，即缓冲库存，以防在需求或提前期方面的不确定性。但是困难在于确定在什么时候需要保持多少保险库存，保险库存太多意味着多余的库存，而保险库存不足则意味着缺货或失销。

保险库存每一追加的增量都造成效益的递减。超过期望需求量的第一个单位的保险库存所提供的防止缺货的预防效能的增值最大，第二个单位所提供的预防效能比第一个单位稍小，以此类推。如果保险库存量增加，那么缺货概率就会减少。在某一保险存货水平，储存额外数量的成本加期望缺货成本会有一个最小值，这个水平就是最优水平。高于或低于这个水平，都将产生净损失。

零售业保持保险库存，可以在用户的需求率不规律或不可预测的情况下，有能力供应它们。生产企业保持产成品保险库存，可以在零售和中转仓库的需求量超过平均值时有能力补充它们的库存；半成品的额外库存可以在工作负荷不平衡的情况下，使各制造部门间的生产正常化。准备这些追加库存是要不失时机地为客户及内部需要服务，以保证企业的长期效益。

（2）缺货成本计算

缺货成本是由于外部和内部中断供应所产生的。当企业的客户得不到全部订货时，叫做外部短缺；而当企业内部某个部门得不到全部订货时，叫做内部短缺。如果发生外部短缺，将导致延期交货、失销、失去客户的情况发生。下面分别讨论这三种情况。

①延期交货

延期交货可以有两种形式，或者缺货商品可以在下次规则订货中得到补充，或者利用快速延期交货。如果客户愿意等到下一个规则订货，那么公司实际上没有什么损失。但如果经常缺货，客户可能就会转向其他供货商。

如果缺货商品延期交货，那么就会发生特殊订单处理和运输费用，延期交货的特殊订单处理费用要比普通处理费用高。由于延期交货经常是小规模装运，运输费率相对要高；而且，延期交货的商品可能需要从另一地区的一个工厂仓库供货，进行长距离运输；另外，可能需要利用速度快、收费高的运输方式运送延期交货商品。因此，延期交货成本可根据额外订单处理费用和额外运费来计算。

②失销

尽管一些客户可以允许延期交货，但是仍有一些客户会转向其他供货商。换句话说，许多公司都有生产替代产品的竞争者，当一个供货商没有客户所需的产品时，客户就会从其他供货商那里订货，在这种情况下，缺货导致失销。对于卖方的直接损失是这种产品的利润损失。这样，可以通过这种产品的利润乘以客户的订货数量来确定直接损失。

关于失销，需要指出以下三点：首先，除了利润的损失，还包括当初负责这笔业务的销售人员的精力浪费，这就是机会损失。其次，很难确定在一些情况下的失销总量。例如，许多客户习惯电话订货，在这种情况下，客户只是询问是否有货，而未指明要订货多少，如果这种产品没货，那么客户就不会说明要多少，卖方也就不会知道损失的总量。最后，很难估计一次缺货对未来销售的影响。

③失去客户

第三种可能发生的情况是由于缺货而失去客户，也就是说，客户永远转向另一个供货商。如果失去了客户，企业也就失去了未来一系列收入，这种缺货造成的损失很难估计，需要用管理科学的技术以及市场营销的研究方法来分析和计算。除了利润损失，还有由于缺货造成的信誉损失。信誉很难度量，在库存决策中常被忽略，但它对未来销售及企业经营活动非常重要。

为了确定需要保持多少库存，有必要确定如果发生缺货而造成的损失。可以分为以下三个步骤：

首先，分析发生缺货可能产生的后果，包括：延期交货、失销和失去客户。

其次，计算与可能结果相关的成本，即利润损失。

最后，计算一次缺货的损失。

如果增加库存的成本少于一次缺货的损失，那么就应增加库存以避缺货。

如果发生内部短缺，则可能导致生产损失（人员和机器的闲置）和完工期的延误。如果由于某项物品短缺而引起整个生产线停工，这时的缺货成本可能非常高。尤其对于实施及时管理的企业来说更是这样。为了对保险库存量做出最好的决策，制造企业应该对由于原材料或零配件缺货造成停产的成本有全面的理解。首先确定每小时或每天的生产率，然后计算停产造成的产量减少，最后得出利润的损失量。

4. 在途库存持有成本

在途库存持有成本不像前面讨论的三项成本那么明显，然而在某些情况下，企业必须考虑这项成本。如果企业以目的地交货价出售产品，就意味着企业要负责将产品运达客户，当客户收到订货产品时，产品的所有权才转移。从财务观点来看，产品仍是卖方的库存。因为这种在途库存在交给客户之前仍然为企业所有，运货方式及所需的时间是储存成本的一部分，企业应该对运输成本与在途库存持有成本进行分析。

一个重要的问题是如何计算在途库存持有成本。前面讨论过库存持有成本的四个方面，即资金占用成本、存储空间成本、库存服务成本及库存风险成本，这些成本对于在途库存来说有所变化。

第一，在途库存的资金占用成本一般等于仓库中库存的资金占用成本，假定在运输过程中对所讨论的库存具有所有权，那么资金占用成本就要考虑。

第二，存储空间成本一般与在途库存不相关，因为运输服务部门提供设备及必要的装载及搬运活动，其费用已计入运价。

第三，对于库存服务成本，一般不对在途货物征税，但对保险的要求还要认真分析。例如，当使用承运人时，承担的责任相当明确，没有必要考虑附加保险，当使用自有车队或使用出租运输工具时，那么就需要上保险。

第四，由于运输服务具有短暂性，货物过时或变质的风险要小一些，因此库存风险成本可以认为不存在。

一般来说，在途库存持有成本要比仓库中的库存持有成本小。在实际中，需要对每一项成本进行仔细分析，才能准确计算出实际成本。

5. 库存成本的合理控制

合理控制库存成本，一般涉及预测、制订需求计划、评审、下生产订单、下采购订单、组织生产、生产资料和成品的物流配送等一系列环节。显然，一个与优化的流程相匹配的信息系统，是准确执行的保证。而相关的基础数据，如详细的业务报表、存货统计、产品结构资料等，则是这些系统正确运行的前提。为了提高企业的效率，实现企业与客户有效的沟通，降低库存成本，最终达到零库存的目标，我们应该努力实现以下的目标：企业转变观念，建立战略伙伴关系；加快企业信息系统的建设；采用先进的供应链库存管理技术与方法，提高管理水平；充分利用第三方物流资源，努力发展本企业核心竞争力；加速企业电子商务的发展，特别是电子商务在供应链物流中的运用。

9.4　库存管理方法

传统库存理论认为，库存管理的目的就是解决两个基本问题：何时订货和订多少货。现代库存理论增加了新的内容，在哪儿存货、存什么货以及货物种类与仓库的搭配都成为库存管理者考虑的问题。上述各个问题之间有着紧密的联系，这使现在的库存管理者面临更加复杂的情况。从众多库存管理方法中选择一种最适合本企业的方法显得至关重要，方法得当才能取得较好的效果。库存管理者必须保证企业的原料供应和产品分配像流水线一样顺畅，并且使库存周转迅速。选择库存管理方法的原则是要适合本企业的实际特点，每种库存管理方法都有假设条件，本企业的实际情况必须能够近似于这种假设条件才行。传统库存控制的任务是用最小的储备量保证供应、不缺货，谋求"保证供应而又最小的储备量"。而现代库存控制的任务是通过适量的库存达到合理的供应，实现总成本最低的目标。其关键性的突破在于放弃了"保证供应"，允许缺货，利用总成本最低来进行决策。

库存管理要遵循"经济性原则"，管理成本不能超过由此带来的库存成本节约。库存管理者需要在库存成本和客户服务水平之间寻找平衡点，100%的客户服务水平往往不是最佳选择，企业总是寻找维持系统完整运行所需的最小库存或达到"满意"的客户服务水平基础上的最低库存。

9.4.1 库存管理方法

1. 存货的分类方法

要对库存进行有效的管理和控制，首先要对存货进行分类。常用的存货分类方法有 ABC 分类法和 CVA 管理法。

（1）ABC 分类法

ABC 分类法又称重点管理法或 ABC 分析法（ABC Analysis）。它是一种从名目众多、错综复杂的客观事物或经济现象中，通过分析，找出主次，分类排队，并根据其不同情况分别加以管理的方法。该方法是根据巴雷特曲线所揭示的"关键的少数和次要的多数"的规律在管理中加以应用的。通常是将手头的库存按年度货币占用量分为三类：

A 类是年度货币量最高的库存，这些品种可能只占库存总数的 15%，但用于它们的库存成本却占到总数的 70% ~ 80%；

B 类是年度货币量中等的库存，这些品种约占全部库存总数的 30%，库存成本占总价值的 15% ~ 25%；

C 类是年度货币量较低的库存，这些品种的成本只占全部年度货币量的 5%，但却占库存总数的 55%。

除货币量指标外，企业还可以按照销售量、销售额、订购提前期、缺货成本等指标将库存进行分类。通过分类，管理者就能为每一类的库存品种制定不同的管理策略，实施不同的控制。

利用 ABC 分类法可以使企业更好地进行预测和现场控制，以及减少安全库存和库存投资。ABC 分类法并不局限于分成三类，可以增加。但经验表明，最多不超过五类，过多的种类反而会增加控制成本。

（2）CVA 管理法

ABC 分类法也有不足之处，通常表现为 C 类商品得不到应有的重视，而 C 类商品往往也会导致整个装配线的停工。因此，有些企业在库存管理中引入了关键因素分析法（Critical Value Analysis，CVA）。

CVA 的基本思想是把存货按照关键性分成 3 ~ 5 类，即：

- 最高优先级。这是经营的关键性商品，不允许缺货。
- 较高优先级。这是经营活动中的基础性商品，但允许偶尔缺货。
- 中等优先级。这多属于比较重要的商品，允许合理范围内的缺货。
- 较低优先级。经营中需用这些商品，但可替代性高，允许缺货。

CVA 管理法比 ABC 分类法有更强的目的性。在使用中要注意，人们往往倾向于制定高的优先级，结果高优先级的商品种类很多，最终哪种商品也得不到应有的重视。CVA 管理法和 ABC 分类法结合使用，可以达到分清主次、抓住关键环节的目的。在对成千上万种商品进行优先级分类时，也不得不借用 ABC 分类法进行归类。

2. 不同库存管理方法的主要区别

不同库存管理方法的主要区别包括：独立需求和相关需求、拉动方式和推动方式、按订单存货和按仓库存货、单独管理和系统化管理。

（1）独立需求和相关需求

这一要素对于选择合适的库存管理方法非常重要。当对产品 A 的需求量可以影响对产品 B 的需求量时，对产品 B 的需求称为相关需求。A 产品的需求量不受其他任何产品需求量的影响时，对 A 产品的需求称为独立需求。对于制造业来说，原材料、零部件的需求量是由最终产品的需求量决定的，是一种相关需求，多数最终产品则是独立需求。

在对独立需求的产品进行管理时，应该依据准确的需求预测；对于相关需求的产品，则不需进行专门的需求预测，只要依据对它产生影响的产品需求预测就可以了。

（2）拉动方式和推动方式

拉动方式是以客户需求为动力，通过整个分销系统，逐级拉动。生产者和分销商的库存以既定的订货量为基础，有时也会随现有库存量、额定最大库存的变化而变化。在这种方式下，每次的订货量是预先确定的，但直到客户需要时才进行订货。

推动方式则是预先对库存水平进行计划。使用这种方式，必须对最终用户的需求情况有个清楚的了解，并估计各个时期的需求量，制订一个总体计划，及时向分销系统推出产品，直到最终用户。

拉动方式中生产企业对现实客户需求做出反应，而推动方式中生产业是根据需求预测和计划来安排生产的，这是两者的根本区别。在拉动方式中，企业必须对客户的突发需求做出迅速而准确的反映。推动方式的优势在于，企业对市场进行准确的预测以后，统筹考虑，制订详细计划稳定地满足客户需求。它可以将各种相似的需求统一考虑来降低成本，拉动方式则很难做到这一点。一般来说，拉动方式对于独立需求的产品比较有效，推动方式适用于相关需求的产品；拉动方式注重由需求者向供应者的信息流通，推动方式需要双向的交流。

Bowersox. Closs 和 Helferich 对这两种方式的使用环境进行了分析，当产品的需求水平、订货周期不稳定且难以预测、市场仓库和分销中心容量有限时，使用拉动方式比较合适。当产品利润较高、需求是相关需求、存在规模经济性、供给不稳定或供应能力有限、存在季节性供应时，推动方式可以降低成本。

许多企业把这两种方式结合起来使用。例如，企业不仅预先制订系统化的计划，也可以对需求的突发变化做出快速反应。企业也可以在不同时期使用不同方式，在销售旺季使用拉动方式，在销售淡季使用推动方式。

（3）按订单存货和按仓库存货

按订单存货方式是指当对库存产生现实需求时才补充存货，所以它的储存成本较低，但订货成本和货物价格较高。按仓库存货方式是指保持比较稳定的存货，其储存成本比较高，但订货成本和货物价格较低。存货的价值高低和需求的稳定性是影响这两种方式的因素。对于待定用户、特殊订货且价值较高的物资，应使用按订单存货方式。对于需求稳定且可以预测、价值较低的物资，应制定合适的库存水平，采用按仓库存货方式。

（4）单独管理和系统化管理

单独管理是指只对一个孤立的仓库、分销中心进行管理；系统化管理是指运用系统的观点，达到总体的最优。这两种方式各有利弊，系统化方法需要花费很多的时间和费用对整个系统的运行进行研究，需要较高的员工素质，对单个仓库进行管理则要简单、廉价得多。在准备使用系统化管理方法以前，一定要对它能够真正达到预想目标的可能性进行分析，不能盲目推崇。对单个仓库进行管理，往往会达到本仓库的最优，却不是整个系统的最优。

通过以上分析可以看出，不同的方式适用于不同的情况，从而产生不同的效果。因此，企业在选择库存管理方式之前，一定要结合本企业特点，获得足够的信息，分析各种方式的优缺点。

9.4.2　库存管理方法的评价指标

消费者在购买商品之前通常要对销售者保质保量提供商品的能力进行调查，只有在充分相信这种能力以后才进行购买。相应地，销售者要巩固老客户，吸引新客户，就必须对库存进行良好的管理。库存管理方法的评价指标主要有以下几个方面：

1. 客户满意度

客户满意度就是指客户对于销售者现在的服务水平的满意程度。这个指标涉及许多内容：客户忠诚度、取消订货的频率、不能按时供货的次数、与销售渠道中经销商的密切关系等。

2. 延期交货

如果一个企业经常延期交货，不得不使用加班生产、加急运输的方法来弥补库存的不足，那么我们可以说，这个企业的库存管理系统运行效率很低。它的库存水平和再订货点不能保证供应，紧急生产和运输的成本很高，远远超过了正常成本。但并不是要求企业一定不能有延期交货，如果降低库存水平引起的延期交货成本低于节约的库存成本，那么这种方案就是可取的，它可以实现企业总成本最低的目标。

3. 库存周转次数

计算整个生产线、单个产品、某系列产品的周转次数可以反映企业的库存管理水平。可以通过对各个时期、销售渠道中各个环节的库存周转次数进行比较，看看周转次数的发展趋势是上升还是下降，周转的"瓶颈"是在销售渠道的哪个环节。

库存周转次数在不同行业的企业里变化幅度很大，即使同一行业的不同规模企业也有很大差异。总体来说，库存周转次数越大，表明企业的库存控制越有效，但有时客户订货时却不能马上得到货物，这就降低了客户服务水平。企业要想增大库存周转次数并维持原有的客户服务水平，就必须使用快速、可靠的运输方式，优化订单处理程序来降低保险库存，达到增大库存周转次数的目的。对企业各环节、各种产品的库存周转次数进行分析评价，就可以发现企业物流系统的问题所在。

9.4.3 现代库存管理方法

1. 物料需求计划（MRP）

MRP 把原料和零部件的需求看成是最终产品需求量的派生需求。其出发点是要根据成品的需求，自动地计算出构成这些成品的部件、零件，以及原材料的相关需求量；根据成品的交货期计算出各部件、零件生产进度日程与外购件的采购日程。MRP 的思想很早就产生了，但直到计算机产生、信息系统实施以后，MRP 才真正得以广泛应用。MRP 系统依据主生产计划、产品结构、库存状态来计算每种材料的净需求量，并把需求量分配到每个时期。

• MRP 系统的目标

①保证在客户需要或生产需要时，能够立即提供足量的材料、零部件、产成品；

②保持尽可能低的库存水平；

③合理安排采购、运输、生产等活动，使各车间生产的零部件、外购件与装配的要求在时间与数量上精确衔接。

因此，MRP 系统可以指明现在、未来某时的材料、零部件、产成品的库存水平。MRP 系统的起点是需要多少最终产品，何时需要。然后再分解到每一种材料、零部件，并确定需求时间。

• MRP 的三种输入信息

MRP 有三种输入信息，即主生产计划、产品结构信息和库存状态。

（1）主生产计划

依据客户订单和需求预测，主生产计划驱动整个 MRP 系统。主生产计划描述了最终产品需要何时生产、何时装配、何时交货。

产品生产计划根据市场预测与用户订货来确定。但它并不等同于预测，因为预测未考虑企业的生产能力，而计划则要进行生产能力平衡后才能确定；预测的需求量可能随时间起伏变化，而计划可通过提高或降低库存水平作为缓冲，使实际各周期生产量趋于一致，以达到均衡稳定生产。产品主生产计划是 MRP 的基本输入，MRP 根据主生产计划展开，导出构成这些产品的零部件与材料在各周期的需求量。

（2）产品结构信息

产品结构信息说明了生产或装配一件最终产品所需要的材料、零部件的数量。结合最终产品的需求量就可以计算出各零部件的毛需求量，同时还能够指出使用这些零部件的确切时间。产品结构信息还表明了各种零部件之间的数量关系，以及它们各自的重要程度。

（3）库存状态信息

库存状态信息应保存所有产品、零部件、在制品、原材料（以下统称项目）的库存状态信息，主要包括以下内容：

①当前库存量。是指工厂仓库中实际存放的可用库存量。

②计划入库量（在途量）。是指根据正在执行中的采购订单或生产订单，在未来某个时间周期项目的入库量。在这些项目入库的那个周期内，把它们视为库存可用量。

③提前期。是指执行某项任务由开始到完成所消耗的时间。对采购件来说，是从向供应商提出对某个项目的订货，到该项目到货入库所消耗的时间；对于制造或装配件来说，是从下达工作单到制造或装配完毕所消耗的时间。

④订货（生产）批量。是指在某个时间周期向供应商订购（或要求生产部门生产）某项目的数量。

⑤安全库存量。是为了预防需求或供应方面不可预测的波动，在仓库中经常应保持的最低库存数量。

此外，还应保存组装废品系数、零件废品系数、材料利用率等信息。

- MRP 工作程序

MRP 首先根据主生产计划规定的最终产品需求总量和产品结构信息，对产品的需求进行分解，生成对部件、零件以及材料的毛需求量计划。然后根据库存状态信息计算出各部件、零件及材料的净需求量及期限，并发出订单。

- 输出信息

MRP 程序可以为管理者提供的信息主要有：订货数量和时间；是否需要改变所需产品的数量和时间；是否需要取消产品的需求；MRP 系统自身的状态等。

- 对 MRP 系统的评价

只要建立了主生产计划，MRP 系统就可以确定不同时期的库存计划。MRP 产生材料需求计划以满足装配或制造特定数量产成品的要求，因此它是一种推动方式的系统。当对材料、零部件的需求是最终产品的派生需求时，MRP 比较适用。MRP 是从系统的角度来解决材料供应的。

MRP 系统的主要优点在于：

①维持合理的保险库存，尽可能地降低库存水平；

②能够较早地发现问题和可能发生的供应中断，及早采取预防措施；

③它的生产计划是基于现实需求和对最终产品的预测；

④它并不是孤立地考虑某一个设施，而是统筹考虑整个系统的订货量；

⑤它适合于批量生产或间歇生产或装配过程。

MRP 系统的不足之处在于：

①在使用中，它是高度计算机化的，难以调整；

②降低库存导致的小批量购买使订货成本和运输成本增大；

③它对短期的需求变动不如再订货点法敏感；

④系统很复杂，有时不像预想的那样有效。

2. 制造资源计划（MRP Ⅱ）

生产管理系统是企业经营管理系统中的一个子系统，它与其他子系统，尤其是经营与财务子系统有着密切的联系。在对 MRP 进行研究，并吸取精华、克服缺点以后，制造资源计划（MRPⅡ）应运而生。在 MRP 完成对生产的计划与控制基础上，进一步扩展，将经营、财务与生产管理子系统相结合，形成制造资源计划。

一些生产管理先进的国家的专家和学者认为，运用现代生产管理思想和方法建立的制造资源计划 MRPⅡ 是一个先进的生产管理系统。MRPⅡ 软件是根据订单和预测安排生产任务，对生产负荷和人员负荷与生产能力进行平衡调整，通过计算机模拟，得到一个最佳生产组合顺序的主生产计划。根据主生产计划的要求及库存记录、产品结构等信息，由计算机自动推导出构成这些产品的零部件与材料的需求量，产生自制品的生产计划和外购件的采购计划。根据物料需求量计算的结果，分阶段、分工作中心精确地计算出人员负荷和设备负荷，进行瓶颈预测，调整生产负荷，做好生产能力与生产负荷的平衡工作，制订能力需求计划，按照计划进行生产。在生产过程中，若出现问题，还可再进行调整。

它用科学的方法计算出什么时间、需要什么、需要多少，在保证正常生产不间断的前提下，根据市场供货情况，适时、适量分阶段订购物料，尽量减少库存积压造成的资金浪费，在解决物料供应与生产的矛盾、计划相对稳定与用户需求多变的矛盾、库存储备增多与减少流动资金的矛盾、产品复杂多样化与生产条理化的矛盾中起很大的作用。

MRPⅡ 是一个很好的计划工具，能够进行因果分析，因此有助于分析在后勤、生产、市场营销、财务等领域应用某一战略所产生的结果。例如，MRPⅡ 可以解决企业物流中设施内部、设施之间的产品移动及存储问题。

综上所述，MRPⅡ 是计划和管理企业所有资源的技术，它超越了库存控制和生产控制，综合了几乎所有的功能，是一个面向未来的计划技术。它不仅减少了缺货，提高了客户服务水平，还使运输更高效、更能适应需求的改变，减少了存货成本，减少生产线的停工，使计划更灵活。

目前 MRPⅡ 又有了新的发展，有人把 MRPⅡ 和 JIT 结合起来，称之为 MRPⅢ。

3. 分销资源计划（DRP）

分销资源计划是把 MRP 的原则和技术推广到最终产品的存储和运输领域。MRP 包含一个主生产计划，然后把它分解成零部件的毛需求量和净需求量；相应地，DRP 从最终用户的需求量开始（这是一种独立需求），向生产企业倒推，建立一个经济的、可行的系统化计划，来满足用户需求。利用准确可靠的需求预测，DRP 制订一个分阶段的产品从工厂或仓库到最终用户的分销计划。事实上，DRP 是通过对存货的分配来达到服务用户的目的，因此，它是一种推动方式。

DRP 的真正意义在于，它对于现实需求非常敏感，使合适的产品及时到达用户手中。它是替代传统再订货点法的一种手段。

DRP 和 MRP 的主要区别在于，DRP 可以反复地调整它的订货方式，使之能够满足变化不定的环境。它也是从整个系统的角度考虑存货问题的，不会出现减少一个仓库的库存水平却使另一个仓库的库存水平大幅上升的问题。

有些企业把 DRP 和 MRP 结合起来应用，称之为 DRP II。主生产计划是基于现实需求和市场需求预测的，MRP 程序直接对主生产计划进行处理，DRP 则依据对具体市场的需求预测和既定的生产计划，在各个不同的工厂和仓库之间分配库存。总而言之，MRP 是把所需的材料、零部件"推"到生产地或装配地，DRP 是把最终产品通过分销渠道"推"到需要它的地方去。

4. 企业库存管理中的"零库存"问题

企业生产和销售系统中的库存通常是为避免某种差错的出现而设立的，因而库存也常常会掩盖许多不应该发生的差错，如工人或供应商未按标准生产，或者未能按时生产，或者生产数量规格不对；设计图或说明不准确；不了解客户的要求；员工拙劣和机器故障等造成的供货延误。一个好的库存策略不应该是为准备应付某种情况，而应是为了准时供货，所以企业库存管理的目标是"零库存"。当然，要做到完全意义上的"零库存"是非常困难的，而且在许多情况下也是不必要的，企业只要建立一个准时制的库存系统就可以了。

准时制库存（Just-In-Time Inventory）是维持系统完整运行所需的最小库存。有了准时制库存，所需商品就能按时按量到位、分秒不差。企业实现准时制库存的方式可以有多种多样，但都是基于与供应商或客户的可靠联盟。

寄售（Consignment）是企业实现"零库存"资金占用的一种有效的方式。即供应商将产品存入企业的仓库，并拥有库存商品的所有权，企业在领用这些产品后才与供应商进行货款的结算。

寄售的优点从供应商方面看体现在，这种方式有利于供应商节省其在产品库存方面的仓库建设投资和日常仓储管理方面的投入，大大降低产品的仓储成本。从企业方面来看体现在，这种方式既可保证原材料、零部件等的及时供应，又可降低大大减少原材料、零部件的库存资金占用，保证其 JIT 采购的实施。

9.5 库存控制方法

9.5.1 独立需求库存控制模型

现在讨论最简单的存贮模型，即需求不随时间变化的确定型存贮模型，这类模型的有关参数如需求量、提前订货时间是已知确定的值，而且在相当长一段时间内稳定不变。显然这样的条件在现实经济生活中是很难找到的。实际上，只要我们所考虑的参数的波动性不大，就可以认为是确定型的存贮问题。经过数学抽象概括的存贮模型虽然不可能与现实完全等同，但对模型的探讨将加深我们对存贮问题的认识，其模型的解也将对存贮系统的决策提供帮助。

1. 确定型存储控制型模型

经济订货批量（Economic Order Quantity，EOQ）是"通过平衡采购进货成本和保管仓储成本核算，以实现总库存成本最低的最佳订货批量"（见 GB/T 18354—2006 中 6.10 条）。经济订货批量模型又称整批间隔进货模型，该模型适用于整批间隔进货、不允许缺货的存贮问题，即某种物资单位时间的需求量为常数 D，存贮量以单位时间消耗数量 D 的速度逐渐下降，经过时间 T 后，存贮量下降到零，此时开始订货并随即到货，库存量由零上升为最高库存量 Q，然后开始下一个存贮周期，形成多周期存贮模型。

（1）经济订货批量的概念

由于需求量和提前订货时间是确定已知的，因此只要确定每次订货的数量是多少或进货间隔期为多长时间，就可以做出存贮策略。由于存贮策略是使存贮总费用最小的经济原则来确定订货批量，故称该订货批量为经济订货批量。

（2）EOQ 模型

①模型假设：存贮某种物资，不允许缺货，其存贮参数为：

T——存贮周期或订货周期（年或月或日）；

D——单位时间需求量（件/年或件/月或件/日）；

Q——每次订货批量（件或个）；

C_1——存贮单位物资单位时间的存贮费（元/件·年、元/件·月或元/件·日）；

C_2——每次订货的订货费（元或万元）；

t——提前订货时间为零，即订货后瞬间全部到货。

②建立模型：存贮量变化状态如图 9-1 所示。

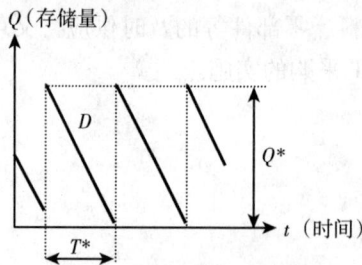

图 9-1 存贮量变化状态

一个存贮周期内需要该种物资 $Q = D \cdot T$ 个，图中存贮量斜线上的每一点表示在该时刻的库存水平，每一个存贮周期存贮量的变化形成一个直角三角形，一个存贮周期的平均存贮量为 $1/2Q$，存贮费为 $1/2C_1QT$，订货一次订货费为 C_2，因此，在这个存贮周期内存贮总费用为 $1/2C_1QT + C_2$。

由于订货周期 T 是变量，所以只计算一个周期内的费用是没有意义的，需要计算单位时间的存贮总费用 C_Z，即：

$$C_z = 1/2C_1Q + C_2/T$$

将 $T = Q/D$ 代入上式，得：

$$C_z = 1/2C_1Q + C_2D/Q$$

显然，单位时间的订货费随着订货批量的增大而减小，而单位时间的存贮费随着订货批量 Q 的增大而增大，如图 9-2 所示，可以直观看出，在订货费用线和存贮费用线相交处，订货费和存贮费相等，存贮总费用曲线取得最小值。

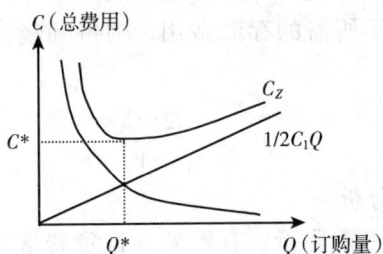

图 9-2　存储费用曲线

利用微分求极值的方法，令 $dC_z/dQ = 1/2C_1 - C_2D/Q^2 = 0$，即得到经济订货批量 Q^*：

$$Q^* = \sqrt{\frac{2C_2D}{C_1}}$$

由经济订货批量公式及 $Q^* = T^*D$，可得到经济订货间隔期：

$$T^* = \sqrt{\frac{2C_2}{DC_1}}$$

将 Q^* 值代入 $C_z = 1/2C_1Q + C_2D/Q$ 式，得到按经济订货批量进货时的最小存贮总费用：

$$C^* = \sqrt{2DC_1C_2}$$

需要说明的是，前面在确定经济订货批量时，作了订货和进货同时发生的假设，实际上，订货和到货一般总有一段时间间隔，为保证供应的连续性，需要提前订货。

设提前订货时间为 t，日需要量为 D，则订购点 $s = D \cdot t$，当库存下降到 s 时，即按经济订货批量 Q^* 订货，在提前订货时间内，以每天 D 的速度消耗库存，当库存下降到零时，恰好收到订货，开始一个新的存贮周期。

另外，以实物计量单位如件、个表示物质数量时，Q^* 是每次应订购的物资数量，若不是整数，可四舍五入后取整。

对于以上确定型存贮问题，最常使用的策略就是确定经济订货数量 Q^*，并每隔 T^* 时间即订货，使存贮量由 s^*（往往以零计算）恢复到最高库存量 $S = Q^* + s$。这种存贮策略可以认为是定量订购制，但因订购周期也固定，又可以认为是定期订购制。

例 9-1　某车间需要某种标准件，不允许缺货，按生产计划，年需要量 10000 件，每件价格 1 元，每采购一次的采购费为 25 元，年保管费率为 12.5%，该元件可在市场上立即购得，问应如何组织进货？

解：经济订货批量：$Q^* = \sqrt{\dfrac{2C_2 D}{C_1}} = \sqrt{\dfrac{2 \times 25 \times 10000}{0.125}} = 2000（件）$

经济订货周期：$T^* = \sqrt{\dfrac{2C_2}{DC_1}} = \sqrt{\dfrac{2 \times 25}{10000 \times 0.125}} = 0.2（年）= 73（天）$

如以 D 表示某种物资的年需用量，V 表示该物资的单价，C_2 为一次订货费，r 表示存贮费率，即存贮每元物资一年所需的存贮费用，则得到经济订货批量的另外一种常用形式：

$$Q^* = \sqrt{\frac{2DC_2}{rV}}$$

（3）EOQ 模型的敏感性分析

EOQ 模型中所涉及的物资需用量、存贮费、订货费等存贮参数，一般是根据统计资料并估计计划期的发展趋势而确定的，往往与实际情况有一些误差，依据这些参数计算的经济订货批量自然不够十分准确；另外，经济订货批量往往不是整数，而实际订货时，常常要求以一定的整数如整桶、整吨等单位进行订货。为此，我们需要分析模型的各项参数发生偏差时对经济订货批量 Q 的影响程度，以及经济订货批量的偏差对存贮总费用的影响程度，从而考查 EOQ 模型的可靠程度和实用价值，即对 EOQ 模型进行敏感性分析。

物资存贮中通常还会遇到其他一些附加条件，如物资单价按订货批量不同有一定的折扣；所存贮物资占用流动资金有一定数额限制；仓库库容有一定限制；或是多种物资同时订购等。这些模型的表现形式更为复杂一些，但在具体分析时都是本着综合平衡各种费用和成本，使总的存贮费用最低。这里不作详细介绍。

2. 随机型存储控制型模型

上述库存模型都建立在两个假定条件下：一是假定需求量保持不变，均匀出库；二是假定订货后按时交货。但是由于各种因素的影响，往往使订货不能按时送达，发生随机性的延迟拖后，从而发生缺货现象。为了保证仓库的库存量基本按规定日期得到补充，需要把订货点提前，这就是仓库管理中订货点的提前问题；也可能由于生产系统的生产不均衡，需求量突然增加，使存货提前用完，出现缺货现象。为了消除或弥补这种随机波动的影响，需要对需求量和订货点提前期的历史资料进行统计分析，确定一个安全库存量。

由于供需随机波动产生的两个问题，确定型库存模型已不能反映这些变化，因此必须建立新的随机型库存模型。

（1）缺货情况与安全库存量

在定量订货方式中，每当库存量降至订货点 s 时，即按一定批量 Q（$Q = S - s$）订货补充（见图 9 - 3）。如果订货后交货并在交货期间无过量使用，并不动用安全库存量 ss；

如果订货后不按时交货，出现延误时间，将要动用安全库存量，以应付延误时间内的用量；如果在订货到交货期间，出现过量使用，库存量下降速率增加，则也要动用安全库存量，以应付缺货情况。

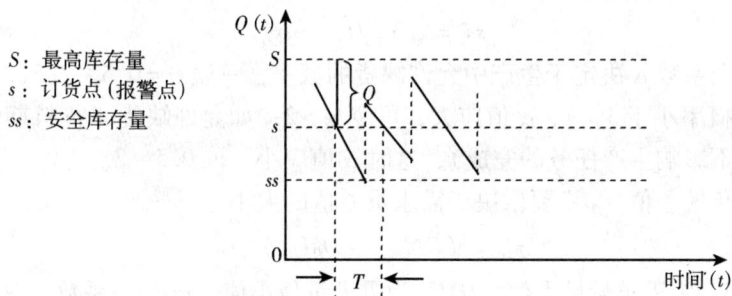

S：最高库存量
s：订货点（报警点）
ss：安全库存量

图 9 - 3　存储量状态变化

前面所讨论的平均库存量没有考虑安全库存量。在考虑安全库存量的情况下，平均库存量应增加安全库存量，对于一次到货的情况，有：

$$\overline{Q} = \frac{1}{2}Q + ss$$

其中，Q 表示订货量，ss 表示安全库存量。

对于分批均匀进货的情况，则有：

$$\overline{Q} = \frac{1}{2}(P - D)\frac{Q}{P} + ss$$

其中，Q 表示订货批量，P 表示每日的进货数量，D 表示每日的需求量，且 $P > D$。

（2）订货点的确定

需求量和提前订货时间随机波动，订货点的库存量就需要根据历史的波动数据求得平均 $\overline{D}$ 和平均提前订货时间 $\overline{t}$，或者根据最大提前时间来计算。为了抵消随机波动的影响，此时就要增加安全库存量 ss，计算方法是：

订货点库存量 = 日（月）平均需要量 × 平均提前订货时间 + 安全库存量

即　　　　$Q_k = D \cdot \overline{t} + ss$

或　　　　订货点库存量 = 平均需要量 × 最大提前期 + 安全库存量

即　　　　$Q_k = D \cdot t_{max} + ss$

（3）安全库存量的确定

安全库存量是指为防止因订货期间需求量增长和到货延误所引起的缺货而设置的储备量。安全库存量是最低库存量，在正常情况下一般不动，若一经动用，则应在下批订货到达时立即补齐，安全库存量又称为保险库存量、固定库存量。

①根据需求量和提前订货时间随机变化情况确定安全库存量

安全库存量一般只是在需求量和提前订货时间有随机变化的情况下才予以考虑，并要控制到最低限度。安全系数法是从保险储备对需求的保证程度，即安全系数来确定安全库存量的方法，是在提前订货时间与需求量均服从正态分布的前提下应用的，其计算公式为：

安全库存量＝安全系数×平均提前订货时间的开平方×需求量变化偏差值

即

$$ss = \alpha \cdot \sqrt{t_{\max}} \cdot \sigma_D$$

式中：安全系数 α 决定于生产中允许缺货的概率，一般 $\alpha = 0.5 \sim 2.5$，如生产中不允许缺货（缺货概率小于3%），α 值应大，可令 $\alpha > 2$；如允许缺货（待料期间可用其他加工零件调节，不影响生产任务的完成），这时 α 值应小，取 $0.5 \sim 2$。

需求量变化偏差值 σ_D 主要取决于需求量差值的大小：

$$\sigma_D = (DM_{\max} - DM_{\min}) / d^2$$

式中：$DM_{\max}$ 为需求量最大值，$DM_{\min}$ 为需求量最小值，$1/d^2$ 为系数，取决于所引用资料来源的数目 n，可查表9-1。

表9-1　　　　　　　　　　　　　需求量偏差系数

需求量偏差数据资料来源数目 n	2	4	6	8	10	12
系数 $1/d^2$	0.8865	0.4857	0.3646	0.3512	0.3249	0.3069

例9-2　某厂原材料库，上一年按月实际需要量如表9-2所示，最大提前期为2个月，安全系数 $\alpha = 1.65$，求安全库存量和订货点库存量。

表9-2　　　　　　　　　　　　　实际需要量

月份	1	2	3	4	5	6	7	8	9	10	11	12	全年总量
需要量	162	173	167	180	181	172	170	168	167	174	170	168	2052

解：月平均需求量：$\overline{D} = \dfrac{2052}{12} = 171$（单位）

$$\sigma_D = (DM_{\max} - DM_{\min}) / d^2 = (181 - 162) / d^2$$

查表3-5，$n = 12$ 时，$1/d^2 = 0.3069$，代入上式得：

$$\sigma_D = (181 - 162) \times 0.3069 = 5.83 （单位）$$

安全库存量：$ss = \alpha \cdot \sqrt{t_{\max}} \cdot \sigma_D = 1.65 \times \sqrt{2} \times 5.83 = 14$（单位）

订货点库存量：$Q_k = D \cdot t_{\max} + ss = 171 \times 2 + 14 = 356$（单位）

②根据预定服务水平确定安全库存量

若订购时间及实际需求量 D_i 的随机波动可以确定为某种统计分布，且需求量的统计资料比较可靠和完备，则可运用数理统计方法，从满足预定的某一服务水平（不缺货概率）出发，来确定必要的保险储备量。实践表明，很多物资订购期间实际需求量出现的概率是服从正态分布的。因此，这里将按正态分布的原理来确定安全库存量，其计算公式为：

$$ss = \alpha \cdot \sigma$$

式中：σ 为订购期间实际需求量的标准差，它反映实际值对其均值的离散程度。

$$\sigma = \sqrt{\frac{\sum (D_i - \bar{D})^2 f_i}{\sum f_i}}$$

式中：f_i 为需求量 D_i 相应的出现次数，α 为库存控制中设定的安全系数，它可根据预定的服务水平（不缺货概率），查正态分布表得出。表9－3给出了一些常用数据。服务水平（即不缺货概率）＝1－允许缺货概率。允许缺货概率可根据企业长期经营的经验作概略规定。如服务水平不低于98%，即表示在100个订货期间内，允许缺货次数不得多于2次。

表9－3　　　　　　　　　　　　　　安全系数

服务水平	0.9988	0.99	0.98	0.95	0.90	0.80	0.70
安全系数 α	3.5	2.33	2.05	1.65	1.29	0.84	0.53

例9－3　某物资仓库对过去50个实际需求量 D_i 进行的统计分析，如表9－4所示，如要求服务水平不低于98%，试确定安全库存量。

表9－4　　　　　　　　　　　　　　需求量分布

实际需求量 D_i（件）	70	80	90	100	110	120	130
出现次数 f_i	1	2	9	25	10	2	1

解：设原始数据基本符合正态分布。

首先计算订货期间实际需求量的标准差 σ：

$$\bar{D} = \frac{\sum D_i}{n} = \frac{70 + 80 + 90 + 100 + 110 + 120 + 130}{7} = 100 \text{（件）}$$

$$\sigma = \sqrt{\frac{\sum (D_i - \bar{D})^2 f_i}{\sum f_i}} = \sqrt{\frac{(70 - 100)^2 \times 1 + (80 - 100)^2 \times 2 + \cdots + (130 - 100)^2 \times 1}{1 + 2 + \cdots + 1}}$$

$$= \sqrt{\frac{5300}{50}} \approx 10.3$$

其次根据服务水平不低于98%，查正态分布表，得 $\alpha = 2.05$。

最后求安全库存量 ss ：

$$ss = \alpha \cdot \sigma = 2.05 \times 10.3 \approx 21$$

由表 9 – 4 可以看出，如安全库存量 21 件时，只有当订货期间的实际需求量出现 130 件时才会发生缺货（需求量 130 > 平均值 100 + 安全值 21），其缺货概率为 $f_7/\Sigma f_i = 1/50 = 2\%$ ，不缺货概率为 98% 。因此安全库存量为 21 件时，就可以满足服务水平不低于 98% 的要求。

9.5.2 非独立需求库存控制系统模型

非独立需求库存控制模型即物料需求计划模型。物料需求计划（Material Resources Planning, MRP）是"制造企业内的物料计划管理模式。根据产品结构各层次物品的从属和数量关系，以每个物品为计划对象，以完工日期为时间基准倒排计划，按提前期长短区别各个物品下达计划时间先后顺序的管理方法"（见 GB/T 18354—2006 中 6.19 条）。它是生产企业用来制订物料需求计划、进行生产管理的一种方法。它不但可以制订出企业的物料投产计划，还可以用来制订外购件的采购计划，非常适合于在加工、制造、装配企业中使用。配合使用计算机，可以迅速制订出比较详细复杂的生产计划和采购计划。因此，许多大型的企业，都把使用 MRP 作为自己坚定不移的目标。这些使用 MRP 的企业，一般都能够获得比较好的效果。切实按照其制订的计划去执行，既可以保证产品在装配时不发生缺货、保障企业生产的正常进行，而且保证采购的产品库存量不高也不低、刚好可以满足生产计划规定的需要，不会造成库存积压也不会造成缺货。并且使得库存管理井井有条，节省保管费用，节省计划人员等。

1. MRP 的原理

MRP 基本的原理是，由主生产进度计划（MPS）和主产品的层次结构逐层逐个地求出主产品所有零部件的出产时间、出产数量。把这个计划叫做物料需求计划。其中，如果零部件靠企业内部生产的，需要根据各自的生产时间长短来提前安排投产时间，形成零部件投产计划；如果零部件需要从企业外部采购的，则要根据各自的订货提前期来确定提前发出各自订货的时间、采购的数量，形成采购计划。确实按照这些投产计划进行生产和按照采购计划进行采购，就可以实现所有零部件的出产计划，从而不仅能够保证产品的交货期，而且还能够降低原材料的库存，减少流动资金的占用。MRP 的逻辑原理，如图 9 – 4 所示。

由图 9 – 4 可以看出，物料需求计划 MRP 有三个输入文件，分别是主生产进度计划（MPS）、物料清单（BOM）和库存文件。

（1）主生产进度计划 MPS（Master Production Schedule）

它一般是主产品的一个产出时间进度表，主产品是企业生产的用以满足市场需要的最终产品，一般是整机或具有独立使用价值的零件、部件、配件等。它们一般是独立需求产品，靠市场的订货合同、订货单或市场预测来确定其未来一段时间（一般是一年）的总需求量，包括需求数量、需求时间等。把这些资料再根据企业生产能力状况经过综合调配

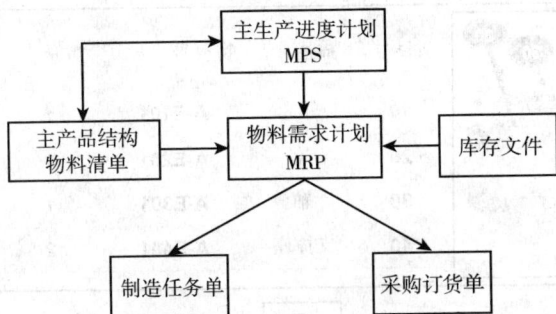

图 9 - 4　MRP 逻辑原理

平衡，把它们具体分配到各个时间单位中去。这就是主产品出产进度计划。这个主产品出产进度计划是 MRP 系统最主要的输入信息，也是 MRP 系统运行的主要依据。

主产品出产进度计划来自企业的年度生产计划。年度生产计划覆盖的时间长度一般是一年，在 MRP 中用 52 周来表示。但是主产品的出产进度计划可以不一定是一年，要根据具体的主产品的出产时间来定。但是有一个基本原则，即主产品出产进度计划所覆盖的时间长度要不小于其组成零部件中具有的最长的生产周期。否则，这样的主产品出产进度计划不能进行 MRP 系统的运行，因此是无效的。例如，有一个产品出产计划表，可以看做是产品 A 的主生产计划表，如表 9 - 5 所示。

表 9 - 5　　　　　　　　　　产品 A 的出产进度

时间（周）	1	2	3	4	5	6	7	8
产量（件/周）	25	15	20		60		15	

（2）主产品结构和物料清单 BOM（Bill of Materials）

物料清单 BOM（Bill of Materials）主要反映出主产品的层次结构、所有零部件的结构关系和数量组成（如图 9 - 5 为泵的产品结构和物料清单）。根据这个文件，可以确定主产品及其各个零部件的需要数量、需要时间和它们相互间的装配关系。

产品结构树提供了产品的结构层次、所有各层零部件的品种数量和装配关系。在实践过程中，常常用一个自上而下的结构树来表示。每一层都对应一定的级别，最上层是 0 级，即主产品级，0 级的下一层是 1 级，对应主产品的一级零部件，这样一级一级往下分解，一直分解到最末一级 n 级，一般是最初级的原材料或者外购零配件。每一层各个方框都标有三个参数：

①组成零部件名；

②组成零部件的数量，指构成相连上层单位产品所需要的本零部件的数量；

③相应的提前期，所谓提前期，包括生产提前期和订货提前期。所谓生产提前期，

项目号	描述	物料号	数量	计量单位
10	蜗壳	A-E101	1	PC
20	轮	A-E201	1	PC
30	轴	A-E301	1	PC
40	支撑座	A-E401	2	PC

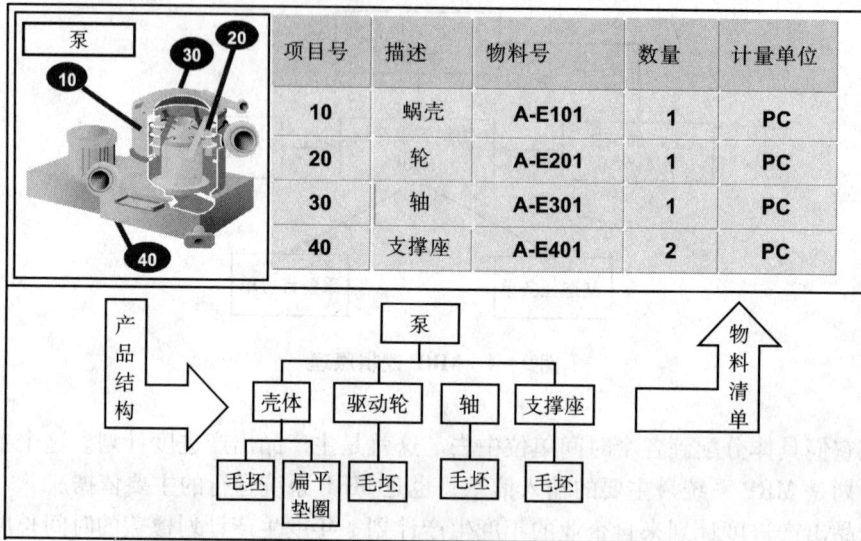

图 9 - 5　泵的产品结构和物料清单

是指从发出投产任务单到产品生产出来所花的时间。而订货提前期是指从发出订货到所订货物采购回来入库所花的时间。提前期的时间单位要和系统的时间单位一致，也以"周"为单位。有了这个提前期，就可以由零部件的需要时间而推算出投产时间或采购时间。

　　例如，主产品 A 的结构树如图 9 - 6 所示。它由两个部件 B 和一个零件 C 装配而成，而部件 B 又由一个外购件 D 和一个零件 C 装配而成。A、B、C、D 的提前期分别是 1、1、3、1 周，也就是说，装配一个 A 要 1 周时间（装配任务要提前 1 周下达），装配一个 B 要提前 1 周下达任务单，生产一个 C 要提前 3 周下达任务单，而采购一个 D 要提前 1 周发出订货单。A 产品结构分成 3 层，A 为 0 层（$n=0$），B、C 为 1 层（$n=1$），D、C 为 2 层（$n=2$）。

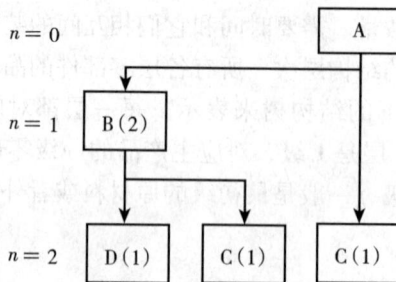

图 9 - 6　A 产品结构树

（3）库存文件

它包含有各个品种在系统运行前期初库存量的静态资料，但它主要提供并记录 MRP 运行过程中实际库存量的动态变化过程。由于库存量的变化，是与系统的需求量、到货量、订货量等各种资料变化相联系的，所以，库存文件实际上提供和记录各种物料的所有各种参数随时间的变化。

这些参数有：

①总需要量：是指主产品及其零部件在每一周的需要量。其中主产品的总需要量与主生产进度计划一致，而主产品的零部件的总需要量根据主产品出产进度计划和主产品的结构文件推算而得出的。总需要量中，除了以上生产装配需要用品以外，还可以包括一些维护用品，如润滑油、油漆等。既可以是相关需求，也可以是独立需求，合起来记录在总需要量中。

②计划到货量：是指已经确定要在指定时间到达的货物数量。它们可以用来满足生产和装配的需求，并且会在给定时间到货入库。它们一般是以临时订货、计划外到货或者物资调剂等得到的货物，但不包括根据这次 MRP 运行结果产生的生产任务单生产出来的产品或根据采购订货单采购回来的外购品。这些产品由"计划接受订货"来记录。

③库存量：是指每周库存物资的数量。由于在一周中，随着到货和物资供应的进行，库存量是变化的，所以周初库存量和周末库存量是不同的。因此，规定这里记录的库存量都是周末库存量。它在数值上等于：

$$库存量 = 本周期初库存量 + 本周到货量 - 本周需求量$$
$$= 上周周末库存量 + 本周计划到货量 - 本周需求量$$

另外在开始运行 MRP 以前，仓库中可能还有库存量，叫期初库存量。MRP 运行是在期初库存量的基础上进行的，所以各个品种的期初库存量作为系统运行的重要参数必须作为系统的初始输入要输入到系统之中。

库存量是满足各周需求量的物资资源。在有些情况下，为了防止意外情况造成的延误，还对某些关键物资设立了安全库存量，以减少因紧急情况而造成的缺货。在考虑安全库存的情况下，库存量中还应包含安全库存量。

产品库存文件，包括了主产品和其所有的零部件的库存量、已订未到量和已分配但还没有提走的数量。制定物料需求计划有一个指导思想，就是要尽可能减少库存。产品优先从库存物资中供应，仓库中有的，就不再安排生产和采购。仓库中有但数量不够的，只安排不够的那一部分数量投产或采购。

MRP 有两个输出文件，即投产计划和产品采购计划，根据产品投产计划和采购计划组织物资的生产和采购，生成制造任务单和采购订货单，交制造部门生产或交采购部门去采购。

2. MRP 处理示例

例 9 - 4　某企业要求在第 5 周和第 10 周分别交货 100 件 X 产品，产品 X 的产品结构树如图 9 - 7 所示，已知该产品及其零部件的库存量与提前期如表 9 - 6 所示，问该如何组织生产，即制造任务单和采购订货单如何下达？

表 9 - 6 　　　　　　　　　　　　零部件的库存量与提前期

产品项	期初库存量	提前期	备注
X	45	2	订购或出产无批量限制
X_1	15	2	订购或出产无批量限制
X_2	30	1	订购或出产无批量限制
X_{21}	60	1	订购或出产无批量限制
X_{22}	40	1	订购或出产无批量限制
M_1	0	2	已在两周前发出 130 个的订单

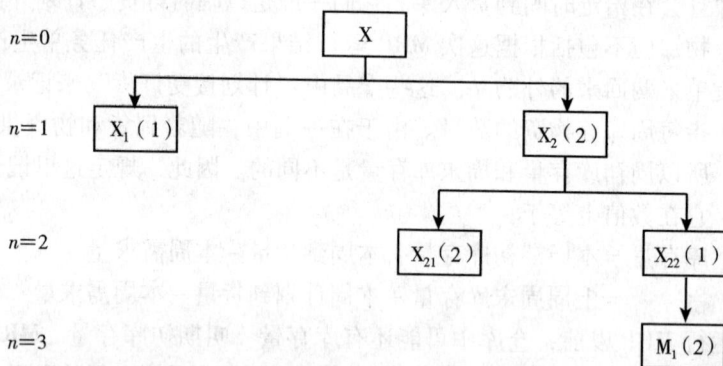

图 9 - 7　X 产品结构树

根据以上所列信息，我们知道最终产品了 MRP 的三个输入文件，即主生产进度计划 MPS 为第 5 周和第 10 周分别交货 100 件 X 产品；主产品结构和物料清单；库存文件。可以根据这三个输入文件，列表计算各零部件的加工和采购计划，如表 9 - 7 所示。

表 9 - 7 　　　　　　　　　　　　X 产品的各部件 MRP 处理

项目：X（0 级）提前期：2	周 次										
	0	1	2	3	4	5	6	7	8	9	10
总需要量						100					100
计划到货量						55					100
库存数量	45	45	45	45	45	0	0	0	0	0	0
计划补充订购（或加工）数量				55					100		

项目：X_1（1级） 提前期：2	周　次										
	0	1	2	3	4	5	6	7	8	9	10
总需要量				**55**					**100**		
计划到货量				40					100		
库存数量	**15**	15	15	0	0	0	0	0	0	0	0
计划补充订购（或加工）数量		40					100				

项目：X_2（1级） 提前期：1	周　次										
	0	1	2	3	4	5	6	7	8	9	10
总需要量				**110**					**200**		
计划到货量				80					200		
库存数量	**30**	30	30	0	0	0	0	0	0	0	0
计划补充订购（或加工）数量			80					200			

项目：X_{21}（2级） 提前期：1	周　次										
	0	1	2	3	4	5	6	7	8	9	10
总需要量			**160**				**400**				
计划到货量			100				400				
库存数量	**60**	60	0	0	0	0	0	0	0	0	0
计划补充订购（或加工）数量		100					400				

项目：X_{22}（2级） 提前期：1	周　次										
	0	1	2	3	4	5	6	7	8	9	10
总需要量			**80**				**200**				
计划到货量			40				200				
库存数量	**40**	40	0	0	0	0	0	0	0	0	0
计划补充订购（或加工）数量		40					200				

项目：M_1（3级） 提前期：2	周　次										
	0	1	2	3	4	5	6	7	8	9	10
总需要量			**80**				**400**				
计划到货量		130					350				
库存数量	**0**	50	50	50	50	50	0	0	0	0	0
计划补充订购（或加工）数量					350						

最后，将上述表格中计划补充订购（或加工）数量一栏，按订购和加工分别汇总，得到明细采购订货单和明细制造任务单，见表9-8和9-9。

表9-8　　　　　　　　　　　　　　明细采购订货单

采购计划	周　　次									
	1	2	3	4	5	6	7	8	9	10
项目：X_1	40					100				
项目：X_{21}	100					400				
项目：M_1				350						

表9-9　　　　　　　　　　　　　　明细制造任务单

加工计划	周　　次									
	1	2	3	4	5	6	7	8	9	10
项目：X			55					100		
项目：X_2		80					200			
项目：X_{22}	40					200				

以上例子是一个 MRP 的处理示例，我们在这里假设订购或出产没有批量限制，现实情况可能不是这样，如供应 X_1 部件的供应商要求每次订货至少要达到 100 件；因为模具不能频繁更换，生产车间生产 X_2 的最少批量为 150 件等，这样问题会变得稍微复杂一些，但原理还是一样，我们按上面的 MRP 处理表仍然可以求解。

9.6　案例分析

9.6.1　沃尔玛库存系统

沃尔玛的库存像长江三峡工程一样巨大，像大西洋舰队的军事演习一样精确。在处理沃尔玛的税务案件时，法官大卫·拉劳（David Laro）偷看了沃尔玛的运作。他说，沃尔玛的库存记录准确有效，国内外的其他许多公司在这方面都应该拜沃尔玛为师。沃尔玛花 4~6 周的时间进行库存准备工作。公司的内部审核部门提前 45 天给的每个分店下达库存管理指南，内容包括库存管理的各项具体要术以及 13 个业务流程。沃尔玛的库存管理小组有 18~40 名成员，成员由盘点员和公司运作部门、损失预防部门、内部审核部门的代表组成。

沃尔玛的盘点员可以随机地到各分店进行盘点来检验库存记录的准确性。

沃尔玛的各分店一般在上午8点到下午6点之间做好库存记录（这段时间，一般为营业时间；有些分店24小时营业；但也在这个时候填写好记录），库存记录填写完毕之后，由公司内部审核部门复审。

所有物资每11~13个月彻底盘点一次：大部分盘点在3~9月份进行。彻底盘点一般不在11月份和12月份进行，因为这时盘点会干扰大家过圣诞节；也不在1月份的第1周进行，因为这时员工还没完全进入工作状态，他们正忙于互致问候与互赠礼品。

沃尔玛的库存年周转4.5次（同行竞争者的平均周转2.8次），所有分店销售的产品种在6万~8万种，从这些数字可以看出，沃尔玛的库存管理工作做起来不是那么容易。

沃尔玛在两次盘点之间采用一个专门的系统来记录销售出商品的成本和数量。这样，每个时期所售商品的成本与数量都能准确地统计，因此无论何时都能知道手中还有多少现货。

9.6.2 联合慈善事业公司的分拨问题

联合慈善事业公司（Combined Charities Limited Company）的全国办公室为许多著名的慈善机构、政治组织的筹款活动准备资料。公司将资料印好，并分发到各地的活动站。合同签订以后，通常是将整个公司的劳动力和印刷设备完全投入进来，为某一项活动准备资料，常常加班加点。印刷完毕后，由UPS直接将资料由印刷厂送到各地的分拨点。

公司的总裁具有良好物流管理意识，他在考虑如果在全美各地租用仓库可能会降低总成本。他认为虽然那样仓储费用会增加，但可以先将资料以整车运到各个仓库，然后由UPS从大约35个仓库进行距离运输，送到当地分拨点。因为当地分拨点可以从仓库提货，而不必直接向印刷厂订货，因而不会常常变化生产计划，所以生产成本也可能会因此下降。

该总裁随后做出如表9-10所示的成本估算（针对需要印刷500万册资料的典型活动）。

表9-10	成本估算		（美元）
	从工厂直接运输	通过35个仓库运输	成本变化
生产成本	500000	425000	-75000
运输成本：			
至仓库	0	50000	+50000
至当地	250000	100000	-150000
仓储成本	0	75000	+75000
总　　计	750000	600000	-150000

运费的降低在抵消增加的仓储费用后还有结余。看起来，利用仓库节约成本是一种非常有吸引力的方法。

10 销售物流

按照传统认识，销售物流是企业物流的最后环节，是企业物流与社会物流的转换点。通过销售物流，产品实现其使用价值，企业获得利润。本章主要介绍销售物流的概念、销售物流的组织和管理进而阐述销售物流的基础知识以及销售预测和客户服务。

10.1 销售物流概述

企业销售物流是企业产品离开生产领域，进入消费领域过程中的物流活动，它服务于市场营销活动，与企业的销售工作密切相关。

10.1.1 销售物流的概念

企业的产品只有经过销售才能实现其价值，从而创造利润，实现企业价值。销售物流是企业在销售过程中，将产品的所有权转给用户的物流活动，是产品从生产地到用户的时间和空间的转移，是以实现企业销售利润为目的的，销售物流是包装、运输、储存等诸环节的统一。销售物流是企业物流的一部分，占据了企业销售总成本的20%。因此，销售物流的好坏直接关系到企业利润的高低。销售物流是企业物流活动的一个重要环节，它以产品离开生产线进入流通领域为起点，以送达用户并经售后服务为终点。

销售物流是生产企业赖以生存和发展的条件，又是企业本身必须从事的重要活动，它是连接生产企业和消费者的桥梁。对于生产企业来讲，物流是企业的第三个利润源，降低销售物流成本是企业降低成本的重要手段。企业一方面依靠销售物流将产品不断运至消费者和用户，另一方面通过降低销售过程中的物流成本，间接或直接增加企业利润。

销售物流具有很强的服务性，销售物流是以满足用户的需求为出发点，从而实现销售和完成售后服务，因此销售物流具有更强的服务性。销售物流过程的终结标志着商业销售活动的终结。销售物流是以实现销售为目的。它的所有活动及环节都是为了实现销售利润，因此物流本身所实现的时间价值、空间价值及加工价值在销售过程中处于从属地位。

销售物流的服务性表现在要以用户为中心，树立"用户第一"的观念，销售物流的服务性要求销售物流必须快速、及时，这不仅是用户和消费者的要求，也是企业发展的要求。销售物流的时间越短、速度越快，资本所发挥的效益就越大。在销售物流中，还需强调节约的原则和规模化的原则，一般来讲，物流的价值主要是规模价值。此外，销售物流通过商品的库存对消费者和用户的需求起到保证作用。在销售过程中，正确确定库存数量，减少库存费用就是这一目标的体现。

10.1.2 销售物流流程

企业制造过程的结束就意味着销售工作的开始。对于按照订单进行生产的企业而言，销售过程中，不存在产成品的在库储存阶段，也就是说，产成品可以直接进入市场流通领域，进行实际销售；而对于按照产品的需求制订计划，进行生产的企业，产成品进入流通领域以前多数会经过短暂的在库储存阶段，然后再根据企业销售部门收到的产品订单和产品运输时所选择的运输方式等来决定产品的运输包装。产品的外包装工作结束后，企业就可以将产成品放入企业所建立或选择的销售渠道中进行实物的流转了。图10-1中用不同形式的箭头表示了三种企业可以选择的销售渠道：①配送中心—批发商—零售商—消费者；②配送中心—零售商—消费者；③配送中心—消费者。

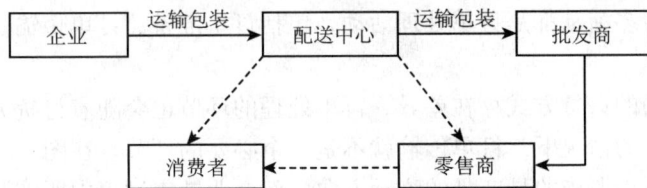

图10-1 企业销售物流和流程

销售物流中的基本作业环节主要包括：

1. 产品的储存

销售物流的基础是可供商品量，可供商品量的形成途径有二：一是零库存下的即时生产；二是一定数量的库存。就目前大多数工商业企业而言，一定数量的库存是企业的首选。其原因也有二：其一，维持较高供货服务水平，就必须保有一定的库存，因为任何企业的生产经营活动都存在着多种不确定因素和需求的波动，这些不确定因素和需求波动会影响企业经营活动的稳定性和持续性，因此，企业大多通过保持一定量的库存来避免不确定因素带来的经营风险，因缺货而引起的客户流失是风险的主要表现。其二，对于需求呈明显周期性或季节性变化的商品，企业为保证生产的持续性和供给的稳定性，也要保持必要的库存。

2. 运输包装

产品的包装通常分为销售包装和运输包装。销售包装是与产品直接接触的包装，是企业销售工作的辅助手段，许多企业都通过产品的销售包装来进行新产品推销或企业形象宣传；而产品的运输包装主要是在产品的运输过程中起到保护作用，避免运输、搬运活动造成产品的毁损现象。企业可以选择在生产过程对产品进行销售包装，而将产品的运输包装推迟到销售阶段，在决定运输方式以后再进行产品的运输包装，这样企业就可以依据产品配送过程中的运输方式、运输工具等来决定运输包装选用的材料和尺寸，不但可以更好地发挥运输包装对产品的保护作用，而且可以通过选择不同的包装材料实现产品包装成本的节省，也可通过与运输工具一致的标准化包装来提高运输工具的利用率。

3. 产品发送

产品发送以供给方和需求方之间的运输活动为主，是企业销售物流的主要管理环节。产品发送工作涉及产品的销售渠道、运输方式、运输路线和运输工具等的选择问题，因此企业在进行销售物流的管理过程中需要进行大量的决策工作，通过对各方面因素进行综合考虑做出对企业经营最有利的、最低成本的选择。

同时，企业在进行产品发送过程中除了关注运输活动外，还应重视产品在运输端点的搬运、装卸，它是运输作业中不可缺少的重要组成，对运输产品的质量有直接的影响。

4. 信息处理

企业销售物流中的信息处理主要指产品销售过程中对客户订货单的处理。订单处理过程是从客户发出订货请求开始到客户收到所订货物为止的一个完整过程，在这个过程中进行的有关订单的诸多活动都是订单处理活动，包括订单准备、订单传输、订单录入、订单履行、订单跟踪等。

由于客户采用的订货方式存在差异，订单处理的环节也会随着订货方式的不同而有所变化。在网上购物的情况下，订单传输就不是一个必要的环节。在图 10－1 所示企业销售物流的流程图中箭头所指的是产品的流动方向，而企业销售过程中所涉及的信息流动方向刚好和实物流动方向相反。

10.1.3 销售物流渠道

1. 企业销售物流渠道的基本类型

经济发达国家的企业运行经验告诉我们：企业的销售政策和策略对销售物流设计和运作有着决定性影响；同时，销售策略也是企业物流成本变动的直接诱因。因此，企业销售渠道的建设和选择，与企业销售物流活动的运作息息相关，通常企业的销售物流活动会根据不同的销售渠道而采取不同的运作方式。

企业销售渠道一般可分为两个基本类型，即直接渠道和间接渠道。在直接销售渠道下，生产企业与消费者（客户）之间直接进行销售活动。在间接销售渠道下，生产企业与消费者（客户）之间进行的销售活动，需要通过中间商才能实现，中间商主要以批发商、代理商、企业的销售公司、零售商等形式存在，销售过程中参与的中间商越多，说明企业在销售渠道中的费用越多；参与的中间商越少，企业的销售渠道越扁平，在渠道中的费用越少。

图 10－2 是企业销售渠道的简图，它可以清晰地表示两种基本销售渠道的主要结构。

是否直接销售渠道要比间接销售渠道对企业更有利呢？一般情况下，直接销售渠道的

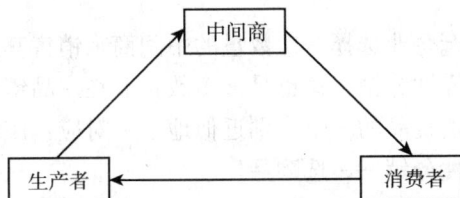

图 10 - 2 企业销售渠道

建设成本比较高，而建立以后的运营成本相对较低。生产企业在选择销售渠道时必然要进行直接销售渠道建设费用与间接销售渠道运营费用的比较。比较的结果：生产型企业通常不会采用直接销售渠道作为主销售渠道，这主要是考虑销售渠道的建设需要投入大量的人力、物力和财力，这样做很可能阻碍企业在产品生产上的核心竞争力。当然，知识经济条件下，许多高新技术企业考虑到产品销售对销售人员的技术要求等因素，会考虑自建销售渠道，采用直接销售的方式来保证企业产品销售的绝对控制权，同时也可更准确地获得产品的销售信息。在实践中，企业越来越多地采用混合型的销售渠道，就是说，既有直接渠道又有间接渠道。对这样的企业而言，销售渠道管理的关键就是产品在两种销售渠道上销售数量的比例分配问题。企业所选择的销售渠道不同，就决定着企业的销售物流运作也不尽相同。

2. 企业销售渠道的选择

企业选择产品销售渠道时，受许多因素影响，同时企业自身的经营战略对企业销售渠道选择也有一定的影响。产品特性在销售渠道选择的各要素中所占的比重很大。社会产品通常分为两类：工业品和消费品。工业品的消费对象大多是企业；消费品是直接供应到最终消费市场的产品。消费品的销售渠道更为复杂，是我们研究的重点。

理论上，消费品可以按照产品的需求特性分成便利品、选购品和特殊产品三种，便利品是一些替代性很强的产品，要求企业的销售渠道具有广泛性，尽可能多地选择中间商来销售企业产品，使消费者比较容易获得产品，日常生活用品是这类消费品的典型；选购品，意味着消费者愿意进行一定程度的比较后再进行购买活动，因此选购品的销售渠道可以相对便利品缩小，也就是减少中间商的数量，只在地区主要的商场、专卖店进行产品的销售，这类产品主要是时装、家具、汽车等；特殊产品，消费者对其要求更严，需要更多的比较，甚至愿意接受订做。因此特殊产品的销售渠道可以进一步减少中间商，仅在专卖店进行产品销售，有的特殊产品可以采用完全的直接销售。

企业选择销售渠道时，直接渠道的选择较为简单。就间接渠道选择而言。可供企业选择的方式主要有三种：

①广泛分销，即生产企业产品的销售渠道中批发商和零售商的数量不受任何限制，企业可以尽可能多地选择中间商来销售企业产品。

②独家分销，指生产企业将产品消费市场划分为若干区域，每个区域只选择一个中间

商来销售企业产品。

③选择性分销，指生产企业选择一定数量的中间商来销售其产品，也就是除了前两种情况的其他销售都属于选择性分销，这也是被多数企业在产品销售中所采用的。

上述三种情况刚好与消费品的三个类别近似地一一对应：广泛分销——便利品；独家分销——特殊产品；选择性分销——选购品。

当然在实际渠道的选择中，还应考虑：①国家产品销售政策、惯例或其他限制措施；②可供选择的中间商的数目；③企业自身的销售实力，对销售渠道的控制水平等。

3. 销售渠道的新发展

随着企业生产产品的科技含量的提高、经济全球化、市场竞争的日趋激烈等外部环境的变化，企业销售渠道也不再局限于传统的直接销售、间接销售、混合销售三种类型，而开始寻找对产品销售更有利的销售渠道新模式。从生产企业看，企业更希望能够增加销售渠道的广度即增加销售网点的数量，但同时要降低销售渠道的深度，即减少中间环节，从而实现销售渠道的扁平化。销售渠道数量的增加可以加快产品的流通速度、加大产品的流通范围；销售渠道中间环节的减少可以降低产品的流通费用，降低产品销售成本，从而形成企业在产品价格上的竞争优势。

随着供应链管理思想的深入发展，企业也开始注意到共同决策所能带来的优势，生产企业与下游销售渠道的各环节——批发商、零售商、代理商之间通过战略联盟或合作经营等形式而形成的纵向一体化，构筑了现代新型的销售渠道。上、下游企业一体化以后可以通过信息共享、决策共议，避免各环节单独决策所带来的供应链整体成本的浪费，这一新型销售渠道的优势可以从产成品库存管理、配送管理、运输管理等多方面得以表现。

10.1.4 销售物流对物流系统的影响

市场营销对物流系统的设计和运行有着决定性的影响，同时，市场营销又成为物流成本变动的直接动因。因此，市场营销承担了物流设计和运行成本的直接责任，充分了解市场营销对物流产生的各种影响，有利于在市场营销决策中考虑物流因素，真正实现将产、销、供一体化。

1. 顾客服务对物流的影响

市场营销中顾客服务的实现与物流活动有着密切的联系，通常情况下，市场营销为了迅速、有效地满足顾客需求，促进产品附加价值的实现，要求物流活动快速地向顾客提供服务，提供物流服务时具有较高的稳定性和可信赖性，拥有即时交易保存量。

物流系统的设计直接依存于销售活动的模式。顾客需求分布的差异性决定了多种物流方式的存在。例如，对采购规模比较大的用户实行从地区仓库进行直送，而地区流通系统的建立，对规模比较小的用户来讲，则有利于提高经济服务水准，拓展市场。此外，当一个仓库不能完全满足大用户供货需求时，就有必要将数个地区仓库统一使用，这样，对小规模用户来讲，就会因为难以利用仓库而造成服务成本上升，因此，很多厂家都实行对大客户进行工厂直送，在向用户让利的同时降低成本。

从当今的发展趋势看，一些大需求用户，如零售连锁店等都在建立自己独立的流通系统如配送中心等，并与供应商的进货系统统一起来。生产企业在考虑大客户的利益，努力降低成本和商品价格的同时，也必须考虑到方便小客户，维护他们的利益。

我们都知道冬天是销售冬季服装的最好季节，但是我们却不能准确预测哪几天是销售的最高峰，因为我们并不能够确定哪几天天气最为寒冷。也就是说，我们可以把握一般的需求特征，但却不能正确把握某一时点的需求水准、需求发展状况、需求高峰或下降情况。这种产品需求特性在物流系统的设计方面扮演着相当重要的作用，即为了维持服务的可信赖性，必须设定必要的安全库存水准。此外，为了及时应对需求的变动，需要不断改善输送方式或输送组织，建立迅速可靠的通信渠道。

商品库存量与流通速度是一种正比例关系。交易保存量越大，越容易实现商品的快速流转，所以，销售部门或零售业为了及时满足出现的需求，并实现向客户的快速配送，常常拥有较大的商品储存量。此外，商品库存也能实现商品的迅速配送，这是因为仓库离市场越近，向用户迅速流转商品的服务越容易实现。因而，现在很多生产企业，为了与所提供服务的目标用户相配合，直接将仓库建在需求方附近。库存量或仓库点的建设又直接决定了物流成本的高低。库存量越大、仓库点越分散，物流成本越高，物流效率越低。由此看来，市场营销中顾客服务的要求对物流活动的效率产生影响，顾客服务要求过高，势必会对物流效率产生负面影响。

2. 销售通道对物流的影响

销售部门的主要工作就是实现商品从生产者向消费者的转移，包括时间、地点和所有权的转移。销售部门进行了大量工作：通过调研为计划和销售收集大量市场信息；通过促销活动及时向市场传递新产品；寻找潜在消费者，并根据市场需求调整产品结构，它包括产品的制造、分级、分类和包装等活动，以最终实现商品的销售。

商品的销售和物流功能可以由生产企业也可以由中间商来完成。当由生产企业来进行销售时，生产成本增加，其产品的价格也必然上升。当由中间商进行销售时，生产企业的费用和价格下降了，但是中间商必须增加开支，以完成销售工作。由谁来进行销售和完成物流的问题实际上是一个有关效率和效益的问题。

商品的整个销售过程由实物流、商流、资金流、信息流和促销人员流等构成。实物流描述了实体产品从原材料到最终顾客的流程；商流是指商品所有权从生产厂家或者销售商向下游销售商或者最终消费者的实际转移；资金流是指顾客通过银行和其他金融机构将货款付给经销商或者生产企业，此外，还要向运输公司和独立仓库支付费用；信息流是指引导市场从一方向另一方转移的相关信息。零售商或批发商作为商品的销售渠道，以及物流系统的构成要素必须承担相应的物流机能。例如仓储、本地区市场分析、配送、订货发货等。

随着物流技术的变化和经济的发展，多种产品销售渠道之间发生了冲突，比如厂家直销和商店销售之间。因此，销售渠道的变革直接影响物流活动的合理化。如今，很多大型零售商或零售连锁店通过物流系统的重组来确保物流活动的经济性，亦即将物流系统的构筑与收集消费者需求信息和提高商品购买力紧密结合在一起，从而发挥零售业直接接触消费者、直接面向市场的优势。由于零售业的积极推动，原有的物流格局开始崩溃。此外，从厂商的角度来看，为了更好地了解顾客需求，保持物流经济性，也在积极进行对流通渠道各阶段的管理和整合，试图通过对渠道的控制，在消费者中确立厂商的品牌形象，所有这些渠道上的变革，都直接或间接影响着物流的格局和由此而产生的效率和效果。

3. 产品线对物流的影响

企业的产品线的长短对物流系统有很大的影响，如果企业产品线非常长，那么生产、订货处理、在库管理、输送等相关的物流问题就会十分复杂，因此，新产品的生产或者生产的扩大必须考虑到物流的顺畅问题。例如，产品的设计必须考虑到产品的包装方式、搬运方式等，不方便搬运的产品是不会有好的市场效果的。

不断扩大产品生产线，创造新产品已成为当今企业经营的重要手段。但是，产品线的无限扩大，会直接影响物流效率，从而对企业利润的增加起到抑制作用。通常人们认为企业总销售额的增长必然会带来物流成本的下降，但事实正好相反，产品线扩大虽然使企业总销售额增加，但同时也带来单位物流成本的上升，也就是说大多数物流成本与某个品种的平均销售量有关而与总销售量无关。所以，在确定产品线扩大的时候，应当充分考虑新产品线的平均销售规模以及相应的物流成本。当然，在此基础上要考虑整个产品线的组合状况，以及对整个物流成本的影响，亦即是否存在单个种类产品不经济。但能推动其他种类产品超过规模销售量或降低物流成本。

特定产品线中不同品种的需求特性不会是相同的，也就是说，产品品种的需求分布差异很大。一般而言，大部分品种需求量相对较少，而少数品种却占了需求量的绝大多数。产品品种的需求分布特性表明，大需求量品种的物流应与小需求量品种的物流区分开来，也就是说，相对大需求量品种更加侧重物流成本降低而言，小需求量品种或需求量比较固定的品种应更注重物流服务的维持和改善。例如，大需求量品种为了降低输送费用，改善服务效果，可以将商品更多地转移到地方仓库，而小需求量品种在库维持的必要性较小，可以实现中央仓库保管，采用空运等迅捷的输送方式。相对于大需求量品种而言，拥有广泛的地方仓库尽管能提高服务的可信赖性，但是长期增加库存会降低商品周转率，增加物流成本，作为一种解决办法，可以考虑采用迅捷的自动补充系统，即在货物快要出清的时候。采用机械化的形式补充货源。尽管这种系统投资很大，但在大需求量、品种较多、需求持续的状况下，要比常年大量在库的维持成本低得多。

4. 销售策略对物流的影响

企业在日常经营活动中，为了在特定时期提高销售额或扩大市场份额，常常采取各种各样的促销手段，这些销售策略在一定时期和范围内的确能提高企业收益，但应当注意的是，在计算企业的收益时不能忽视销售策略对物流成本的影响。诸如在实施特定促销或商品折扣活动时，有可能使商品销售量在一定时间内达到高峰，与这种促销活动相对应，必须合理安排、确立商品销售高峰期的制造、输送、库存管理、事务处理等各种物流要素和活动，并使设备投资和在库投资有利于缓和销售高峰期对商品输送所造成的压力。除此之外，促销期的商品往往与平时销售的商品不太一致、在包装和设计上会突出促销品特征，这就会出现与上述产品线扩大相类似的物流问题。另外，促销期的商品在生命周期上也会有所限制，与产品生命周期的变化相对应就会派生出计划、管理、需要的迅速反应、过剩产品的处理等其他问题。因此，在企业实施销售策略或促销战略时，应充分考虑它对物流产生的影响。

10.1.5 销售物流合理化

传统的销售物流是以工厂为出发点，采取有效措施，将产品送到消费者手中。而从市场营销观点来看，销售物流应先从市场着手、企业首先要考虑消费者对产品及服务水平的要求，同时企业还必须了解其竞争对手所提供的服务水平，然后设法赶上并超过竞争对手。

许多企业把销售物流的最终目标确定为以最短的时间、最少的成本把适当的商品送达用户手中，但在实际工作中很难达到上述目标，因为没有任何一种销售物流体系能够既能最大限度地满足用户的需求，又能最大限度地减少销售物流成本，同时又使用户完全满意。例如，如果用户要求及时不定量供货，那么销售企业就要准备充足的库存，就会导致库存量高，库存费用增加，同时，及时不定量的随时供货又使运输费用增加，从而使企业在销售过程中物流的成本费用增加。若使销售物流成本低，则必须选择低运费的运输方式和低库存，这就会导致送货周期长，增加缺货风险，而顾客的满意度则会降低。

1. 销售物流合理化的措施

（1）销售物流的职能成本与系统成本的矛盾

为了实现销售活动，仓储、运输、包装等各职能部门所投入的成本称为职能成本。系统成本则是整个销售物流活动过程中各职能成本的总和。不少企业往往认为自己的物流系统已达到高效率水平，因为库存、仓储和运输各部门经营良好，并且都能把各自成本降至低水平。然而，如果仅能降低个别职能部门的成本，而各部门不能互相协调，那么总系统成本不一定最低，这就存在着各职能部门的成本与系统总成本的矛盾。企业销售物流系统的各职能部门具有高度的相关性，企业应从整个物流系统的成本来考虑制订物流决策，而不能仅考虑降低个别职能部门的成本。

（2）制订系统方案，进行综合物流成本控制

①直销方案的综合物流费用分析。把商品直接销售到用户手中，这种销售物流方案一般会耗费较高的物流成本费用，因为通常直销的货物数量不会很大而且运输频率较高，因此运送成本较高。但是这种直销一般是针对急需的用户采用，一旦延误，很有可能失去用户。如果失去销售机会而损失的成本大于物流成本，则企业还是应采取直销方案。

②中转运输方案的综合物流费用分析。如果企业经计算发现，将成品大批量运至销售地区仓库或中转仓库，再从那里根据订单送货给每一位用户的费用少于直接将货物送至用

户，则可采用这种在销售过程中经中转再送货的方案。增建或租赁中转仓库的标准是增建或租赁仓库所节约的物流费用与因之而增加顾客惠顾的收益大于增建或租赁仓库所投入的成本。

③配送方案的费用分析。配送价格是到户价格，与出厂价相比，其构成中增加了部分物流成本，因而价格略高于出厂价。与市场价相比，其构成中也增加了市场到用户这一段运输的部分成本，因而价格也略高于或等于市场价。但是用户若将以往的核算改成到户价格的核算，就可以发现，配送价格更优越。

对于生产厂家，仅以出厂价交出货物，不再考虑以后到用户的各物流环节的投入，省去大量的人力物力。配送方案可以使企业、配送中心、用户三方面分享规模化物流所节约的利益，因此，配送中心的代理送货将逐渐成为资源配置最合理的一种方案。

（3）销售物流的统一管理

在销售物流过程中，仓储、运输、包装决策应该是互相协调的。在不少企业，将物流运营权分割成几个协调性差的部门，就会使得控制权过于分散，而且还使得各职能部门产生冲突。如运输部门只求运费最低，宁愿选用运费少的运输方式大批量运输，库存部门尽可能保持低库存水平，减少进货次数，包装部门则希望使用便宜的包装材料。各部门都从自己的局部利益出发，从而使整个系统的全局利益受损。因此，企业应将销售物流活动统一管理，协调各职能部门的决策，全权负责，这对于节约企业的物流投入是非常有利的。

2. 销售物流合理化的形式

销售物流合理化应该做到在适当的交货期，准确地向顾客发送商品；对于顾客的订单，尽量减少商品缺货或者脱销；合理设置仓库和配送中心，保持合理的商品库存；使运输、装卸、保管和包装等操作省力化；维持合理的物流费用；使订单到发货的情报流动畅通无阻；将销售额等订货信息，迅速提供给采购部门、生产部门和销售部门。

构筑厂商到零售业者的直接物流体系中一个最为明显的措施是实行厂商物流中心的集约化，即将原来分散在各支店或中小型物流中心的库存集到大型物流中心，通过信息系统等现代化技术实现进货、保管、库存管理、发货管理等物流活动。原来的中小批发商或销售部门则可以成为品牌授权销售机构。物流中心的集约化虽然从配送的角度上看造成了成本上升，但是，因为它削减了与物流关联的人力费、保管费、在库成本等费用，在整体上起到了提高物流效率、削减物流成本的目的。

销售物流活动受企业的销售政策制约，单单从物流效率的角度是不能找出评价的尺度的。例如，食品厂为了把自己新开发的商品打入市场，在向大型超级市场配送货物时，可能要改变原来经由批发部门供货的做法，哪怕是一箱货物也采取从工厂直接送货这种效率极低的物流方式。因为保证商品供应，使本厂制品在销售市场上不断货，是新品打入市场策略的一个重要步骤。这说明销售物流活动作为市场销售战略手段，有时即使是不考虑问题也是必须的。所以，在考虑销售物流的合理化问题时，经常考虑销售政策的关系是重要的。这是因为在很多情况下，要合理组织销售物流活动，至少必须改变买卖交易条件。

销售物流合理化的形式有大量化、计划化、商物分离化、差别化、标准化等各种形式。

（1）大量化

这是通过增加运输量使物流合理化的一种做法，一般通过延长备货时间得以实现，如家用电器企业规定三天之内送货等。这样做能够掌握配送货物量，大幅度提高配送的装载效率。现在，以延长备货时间来增加货运量的做法，已被所有的行业广泛采用。

（2）计划化

通过巧妙地控制客户的订货，使发货最大化。稳定（尽量控制发货的波动）是实行计划运输和计划配送的前提。为此必须对客户的订货按照某种规律制订发货计划，并对其实施管理。例如，按路线配送、按时间表配送、混装发货、返程配载等各种措施，被用于运输活动之中。

（3）商、物分离化

商、物分离的具体做法之一是订单活动与配送活动相互分离。这样，就把自备载货汽车运输与委托运输乃至共同运输联系在一起了。利用委托运输可以压缩固定费用开支，提高了运输效率从而大幅度节省了运输费用。商、物分离把批发和零售从大量的物流活动中解放出来，可以把这部分注意力集中到销售活动上，企业的整个流通渠道更加通畅，物流效率得以提高，成本得到降低。

（4）差别化

根据商品周转的快慢和销售对象规模的大小，把在仓储地点和配送方式区别开来，这就是利用差别化方法实现物流合理化的策略。如实行周转较快的商品群分散保管；周转较慢的商品群尽量集中保管的原则以做到压缩流通阶段的库存，有效利用保管面积，库存管理简单化等。此外，也可以据销售对象决定物流方法。例如，供货量大的销售对象从工厂直接送货；供货量分散的销售对象通过流通中心供货，使运输和配送方式区别开来。对于供货量大的销售对象，每天送货；对于供货量小的销售对象集中一周配送一次等，把配送的次数灵活掌握起来。无论哪一种形式，在采取上述方针时，都把注意力集中在解决节约物流费用与提高服务水平之间的矛盾关系上。

（5）标准化

销售批量规定订单的最低数量，比如成套或者成包装数量出售，会明显提高配送效率和库存管理效率。比如某一级烟草批发商进货就必须至少以一箱（50条）为一个进货单位。

10.2 销售物流的组织和管理

本节主要阐述销售物流的组织形式和管理新特点。

10.2.1 销售物流组织结构形式

企业销售物流组织结构形式

企业销售物流组织形式是基于企业管理组织下的从事销售物流的组织体系。常见的组织形式有：职能式组织结构形式、产品式组织结构形式、市场式组织结构形式和地区式组织结构形式。这些组织结构形式与特征同管理学中谈到的各种不同的组织结构形式与特征是相似的。

（1）职能式组织结构形式

这种组织结构以职能为主要特征来组织销售物流，整个销售物流的各环节由各个不同的职能部门来共同完成，如图 10 - 3 所示。

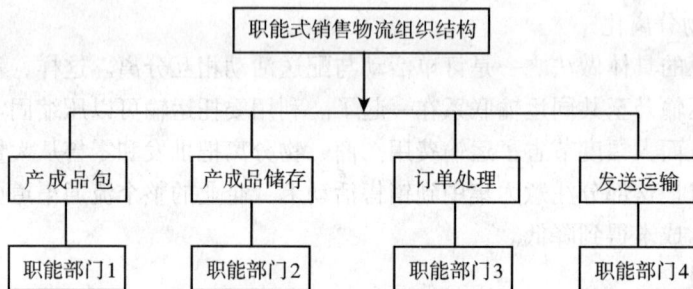

图 10 - 3　职能式销售物流组织结构

（2）产品式组织结构形式

这种组织结构以产品为主要特征来组织销售物流，整个销售物流的各环节按不同的产品分别由各个不同的职能部门来共同完成，如图 10 - 4 所示。

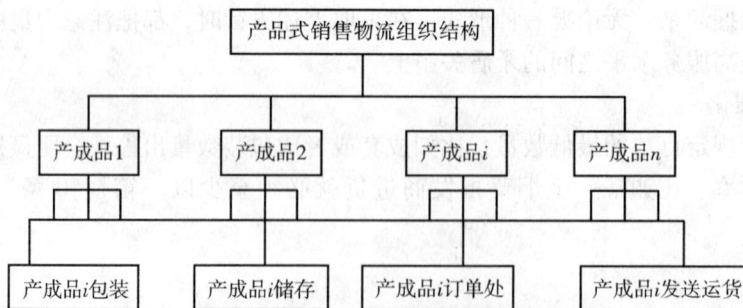

图 10 - 4　产成品销售物流组织结构

（3）市场式组织结构形式

这种组织结构以市场为主要特征来组织销售物流，整个销售物流的各环节按不同的市场分别由各个不同的职能部门来共同完成，如图 10-5 所示。

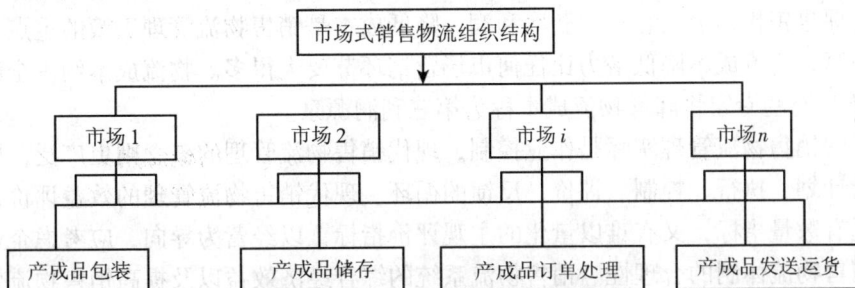

图 10-5 市场式销售物流组织结构

(4) 地区式组织结构形式

这种组织结构以地区为主要特征来组织销售物流，整个销售物流的各环节按不同的地区分别由各个不同的职能部门来共同完成，如图 10-6 所示。

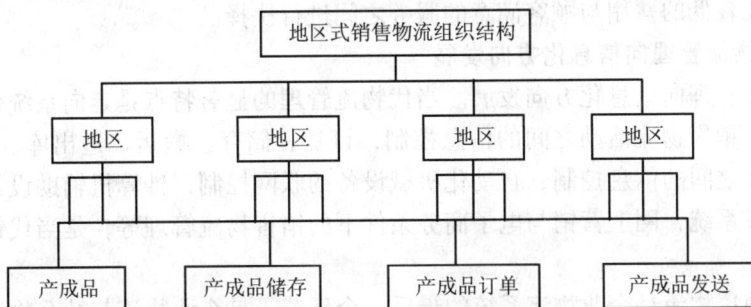

图 10-6 地区式销售物流组织结构

10.2.2 销售物流管理新特点

1. 追求销售物流活动的整体优化

销售物流管理绝不等同于企业的运输管理、储存管理、搬运管理等单项职能管理，也不是它们的简单相加。从市场营销战略的意义上讲，销售物流管理就是把分散的产品实体活动转变为系统的物流活动，协调生产、财务、销售及机构的决策，使适销对路的产品以适当的批量，在需要的时间达到用户指定的地点。为此，在企业内部必须贯彻标准化作业和目标管理的原则，在更新改造物流设施的同时，对各物流要素重新组合，使之适应于市场营销战略。在这种观念指导下，当今许多企业纷纷成立专业化的销售物流公司。

2. 把销售物流视为市场经营行为

强调经营效益把销售物流视为市场经营行为，而不是工程作业。企业销售物流要求降低成本，促进销售，吸引客户，获取利润。降低成本是销售物流管理决策的重点。西方营销专家估算，物流成本降低潜力比任何市场营销环节要大得多。物流成本约占全部营销成本的50%。有些专家将降低物流成本称为第三利润源泉。

传统的销售物流管理实际是作业控制，现代销售物流管理的概念则更广泛，层次也更高，包括计划、执行、控制、评价、反馈的循环。现代销售物流管理的效益评价系统比较复杂，既有数量指标，又有难以量化的主观评价指标，以经营为导向，应考虑企业的执行情况、销售物流体制的合理性、销售物流系统的综合经济效益以及提高销售物流效率对企业整体的贡献程序等多种因素。

3. 以顾客服务为主要经营内容之一

以顾客服务为主要经营内容之一，与其说销售物流作业是一种生产性活动，不如说是一种特殊的服务活动更确切。从这个意义上说，销售物流实质上是一种服务。销售物流过程中向顾客提供的服务水平是影响顾客购买和连续购买企业产品的关键因素。为顾客服务的水平越高，预期的销售量水平也就越高。服务水平的提高，同时意味着产生的费用上升。企业应在较低的费用与顾客满意的服务之间进行抉择。

4. 销售物流管理向信息化方向发展

销售物流管理向信息化方向发展。当代物流管理的显著特点是走向系统化、计算机化的信息管理。销售物流活动之间的信息控制，订货、储存、搬运、进出库、发货、运输、结算等各环节之间的信息控制，自动化机械设备的联网控制，计算机辅助设计和模拟，物流数据的生成系统，网上营销与电子商务条件下的销售物流管理等，是当代销售物流发展的趋势。

总之，销售物流是企业物流系统的最后一个环节，是企业物流与社会物流的一个衔接点。它与企业销售系统相配合共同完成产成品的销售任务。提高销售物流水平是提高企业竞争优势的重要途径，企业的销售物流与产品质量、质量管理具有同等重要性，主要体现在增加销售收入、提高服务水平、留住老客户、制约物流成本的过高或过低。

为了保证销售物流的顺利完成，企业需要合理组织销售物流，销售物流的组织主要包括产品包装、成品储存、销售渠道、产品发送、信息处理这几方面。

有效的销售物流管理能使企业在迅速把握产品销售状况的同时，准确了解商品的在库情况。销售物流管理的目标是要追求销售物流的合理化，销售物流管理有：对企业销售运输进行决策、实行销售配送等做法。

10.3 企业销售物流预测

销售物流预测是指预计未来特定时间内，整个产品或特定产品的销售数量与销售金额，销售物流预测是在充分考虑未来各种影响因素的基础上，结合本企业的销售实绩，通过一定的分析方法提出切实可行的销售目标。

销售物流预测在企业管理中具有十分重要的作用，它不仅是销售计划的前提，同时还影响和决定着企业生产进度的安排、其他工作的计划安排、原材料的采购、资金的筹措与投入、库存的控制以及设施或者技术的投入等，为此销售物流预测是销售物流的基础。

销售物流预测主要以过去的销售实绩为核心，结合目前的市场变化来决定。影响销售物流预测的因素有外部因素和内部因素。外部因素是指企业的因素，包括市场需求变化、经济发展状况、同业竞争水平等。内部因素是企业自身可以控制的因素，包括销售队伍的规模、推销人员的素质、广告预算、促销手段、产品质量、交易条件、交易方法、售后服务等。

销售物流预测对企业的销售具有重要的指导意义。

10.3.1　销售物流预测的前提条件

要确保物流活动的有效性，就必须实现客户对产品的需求与企业或供应链所具有的能力之间的协调和匹配。客户对产品多样性和企业服务水平的要求与日俱增。为了满足客户需求，同时降低供应链中资金的使用情况，企业迫切需要进行更及时、更准确的预测。物流预测的必要性体现在以下几个方面：①有助于协同计划；②驱动了需求计划；③改善了企业的资源管理。

1. 协同计划

如果企业与企业之间不存在合作，那么各个企业就需要根据自身客户的要求。提出相应的服务计划。这样，为了满足各个企业的需求预测，供应链中的库存数量将会增多，这会导致过量库存以及缺货现象的不断出现。以前，制造商很少与其主要的零售商进行合作，而是单独制订产品促销计划、确定产品的价格、从事新产品开发以及其他活动。如果单个零售商的销售情况对企业总销售量的影响微乎其微时，企业不需要与该零售商进行合作。然而，有些时候，一个关键客户的销售量或许可以占到企业总销售额的70%以上，那么，在这种情况下，企业就不得不重视与客户的合作关系了。如果买卖双方缺乏有效的协同计划，就会造成大量额外库存或者导致缺货。供应链企业已经逐渐认识到了联合预测的重要性。联合预测是企业需要实现的一个基本目标，它为企业开展有效的运作计划奠定了坚实基础。

2. 需求计划

当企业完成了联合预测之后，下一步的工作则是根据预测制订需求计划。该需求计划确定了企业的库存策略、补货计划以及生产需求。企业制订需求计划的过程，被称为销售及运作计划（S&OP），它将预测经过处理后等待发货的订单、可用库存以及生产计划等内容融入到了定期库存的可得性和需求这一概念之中。在理想的情况下，需求计划的执行过程具有合作性和交互性这两个特点，它不仅可以应用于企业的内部运作中，而且还可以用在企业与供应链合作伙伴的关系中，有助于双方达成一致，确定产品的类型以及交货地点和时间等。

3. 资源管理

当企业完成了计划的制订工作后，就可以针对关键的供应链运作环节进行管理了，如生产、库存和运输等。当企业获得了供应链合作伙伴提供的准确的预测信息，并清楚地掌握了供应链中的资源和不利情况后，就能够有效地评价各种供应链决策，进而做出权衡和取舍。这种权衡考虑了供应链战略的相关成本，如维持额外的生产能力、不确定生产或产品移动以及开展外包活动所需要的费用。认识到这些情况，并进行评价与权衡，能够帮助企业更好地实现需求和资源之间的匹配，从而更有效地利用资源。

10.3.2 销售物流预测的原则

1. 可知性原则

客观事物发展的规律性是可认识的。人们通过大量的社会实践，不断发现和掌握客观规律，据此来认识未来世界。在西方经济学中，"预期"是一个非常重要的概念，预期实质上是指对事物未来发展趋势的一种理性认识。这就是说，未来世界是可以正确认识的。在社会主义市场经济中，影响市场供求变化的因素多种多样，一些偶然性因素也会使事物发展脱离了原有的轨迹，但只要我们认真探求，就能掌握被大量复杂现象所掩盖的规律性知识。

2. 系统性原则

系统性原则是把预测事物看做一个系统，以系统原则来指导预测活动。系统性原则认为，预测事物是一个整体。例如，在定量预测中，首先，所有的数据资料都说明事物发展运动的趋势，不能随意将它们隔离开来；其次，事物系统内有一定的层次性，事物发展趋势有高级阶段、中级阶段和低级阶段之分，只有通过了低级阶段才能逐渐向中级阶段和高级阶段发展；最后，事物内部是由许多小系统构成的，小系统之间是相互联系、相互制约的。销售物流本身就是一个系统，存在于社会经济预测这个更大的系统之中，它与其他系统如工业预测、农业预测、外贸预测、经济政策预测等是相互联系的。销售物流预测系统内部又由需求预测、供给预测、投资预测、价格预测、市场占有率预测等子系统组成。

3. 连续性原则

连续性原则，是指事物发展具有合乎规律的连续性。一切事物，其发展变化过程都要经历过去、现在和未来三个部分。过去是历史，现在正在演进，未来是可知的希望。在这个发展的时间链中，三者的次序是无法改变的。事物的发展要经历一个漫长的过程，它的本来面目和它的发展基本趋势会延续下去，不会一下子变得面目全非。依照这个原理预测事物的未来，必须建立在了解事物的过去和现在的基础上。

4. 类推性原则

类推性原则，是指客观事物之间存在着某种类似的结构和发展模式，人们可根据已知事物的某种类似的结构和发展模式，类推未来某个预测目标的结构和发展模式。这种类推既适用于同类事物之间的类推，也适用于不同事物之间的类推。

5. 因果性原则

因果性原则，是指客观事物、各种现象之间存在着一定的因果关系，人们可以从已知的原因推测未知的结果。依据因果性原则，在销售物流预测中，必须重视对影响预测目标各种因素的具体分析，找出预测目标与影响因素之间的数量变动关系。当自变量已知时，就可以推断出因变量的预测值。这种数量变动的因果关系，既可以表达为确定的函数关系，也可以表达为不确定的统计相关关系。通过因果关系的分析，可以把握影响预测、目标的诸因素的不同作用，由因推果，预测出事物的必然趋势和偶然因素产生的结果。

10.3.3　销售物流预测内容

销售物流预测是市场预测的一个重要组成部分，开展销售物流预测必须以市场预测的有关内容为基础，这些内容具体包括：

1. 企业经营地区范围内社会商品购买力发展趋势预测

由于社会商品购买力预测内容的牵涉面很广，企业一般只利用经济管理部门的有关购买力预测资料，不直接进行预测。某些大中型企业往往把对旺季市场和节日市场的购买力趋向也列为销售物流预测的内容之一。

2. 企业生产经营商品的需求趋向预测

它包括一定时期内市场商品需求量以及品种、规格、花色、型号、款式、质量、包装、需要时间等变动趋势的预测，是企业制定产品生产、经营计划的依据。

3. 产品生命周期以及新产品投入市场成功率的预测

产品都有一定的生命周期，通常包括介绍、成长、成熟、衰退四个阶段。产品处于其生命周期的不同阶段，企业经营的侧重点也不一样。只有对产品的生命周期进行科学的预测，企业才能制订适当的经营计划，才能在市场竞争中处于主动地位。新产品的研制要花费大量资金，但每年只有大约5%的新产品投入市场得到认可。因此，预测新产品投入市场的成功率对企业发展是相当重要的。

4. 产品销售量预测

企业在预测产品销售量时，必须预测企业的市场总潜力、地区市场潜力和市场占有率的变化趋向。

（1）预测市场总潜力

市场总潜力，是指在一定经营条件、一定时间内，一个企业所能获得最大的销售量。

（2）预测地区市场潜力

企业预测时，要分析出与企业经营有密切联系的地区市场潜力，对地区市场潜力进行预测，通常采用的方法有市场组合法和多重因素指数法两种。

市场组合法，是指企业首先确定每个市场中有哪些潜在的买主，并估算出这些买主的潜在购买力，最后两者的乘积就是所要求的市场潜力。

多重因素指数法，是指企业在估算市场潜力时，由于顾客人数众多，无法逐一列出，就根据一定规律赋予每个因素一定权数的一种方法。

（3）市场占有情况预测

市场占有情况包括市场占有率、市场扩大率和市场覆盖率。

市场占有率，是指在一定时期、一定市场范围内，企业生产经营产品的销售额占当地市场同种产品销售总额的比例，是预测企业竞争能力和企业信誉高低的一项重要指标。市场占有率越高，企业产品的知名度和竞争力就越大，将本企业某种产品市场占有率与主要竞争对手同类产品市场占有率对比，可预测企业竞争产品竞争情况及本企业竞争能力。

市场扩大率，是将产品本年市场占有率与上年占有率对比，可预测该产品市场地位是扩大了还是缩小了。市场扩大率大于 1，表示产品的市场地位上升；市场扩大率小于 1，表示产品的市场地位下降了。

市场覆盖率是和市场占有率相关的一个指标。企业产品市场覆盖率越大，说明企业产品知名度越高，竞争力越强。

10.3.4　销售物流预测的组成要素

通常，企业每周或者每个月都会对各个分销地点的库存单位（SKU）进行预测。预测的组成要素包括：①基本需求；②季节性因素；③趋势因素；④周期性因素；⑤促销因素；⑥不规则因素。我们假设基本需求是企业销售量的平均水平，并假设除了不规则因素之外，其他类型的因素都随着基本需求的增加而增加。

当然，预测并不一定包含上述所有要素，我们之所以要了解这些要素，目的在于明白它们会对预测产生影响，并掌握如何使用恰当的方法将这些要素结合起来。例如，有些预测技术无法有效地估计季节性因素的影响，而另一些预测技术则可以做到这一点。

基本需求是指不考虑其他要素的影响时，企业长期需求的平均数量，它反映了需求在很长一段时期内的平均值。当不存在季节性因素、趋势因素、周期性因素或促销活动的影响时，预测值就是基本需求量。

季节性因素反映了需求每年上下波动的情况。举例来说，玩具的需求每年都会发生波动，在一年 3/4 的时间内，玩具的需求量都非常少，但是到了圣诞节之前，玩具的需求量一下子就会大幅增加。需要注意的是，上面提到的季节性指的是季节性因素对零售商的影响。对于批发商来说，季节性因素的影响会造成批发商每年的预测数量大约是客户实际需求的 1.25 倍。

趋势因素则反映了在一段时期内，销售走势的变化情况。这种趋势既可能上升或下降，也有可能保持不变。上升的趋势意味着销售量会随着时间而增加。例如，在 20 世纪90 年代，个人电脑的销售量每年都在不断增加。在产品的生命周期内，其销售走势或许会发生多次变化。在过去的 10 年里，啤酒的销售数量一开始维持不变，后来慢慢有所上升。销售量之所以会增加或减少，根本原因在于大多数人的观点和消费习惯发生了改变。企业必须知道哪一种因素对销售情况有着最关键的影响，然后才能做出正确的决策。比如说，如果出生率降低了，那么人们对一次性纸尿布的需求自然会随之减少。然而，需要注意的是，可能存在这样一种情况：即使整个市场的规模缩小了，但人们对某种特殊产品的需求仍然会不断增加。例如，当人们逐渐习惯用一次性尿布取代传统的尿布后，即使出生率下降了，纸尿布的需求量却仍然有可能增加。通过上面这些简单的例子，我们了解了什么是预测的变化趋势。尽管对于短期物流运作而言，预测趋势的影响作用非常小，但是同样不能忽视它。与预测的其他影响因素不同，趋势因素对相邻两个时段内的基本需求有一定的影响。

当趋势变化指数的值大于1时，代表周期需求呈上升趋势，当该指数值小于1时则代表其呈下降趋势。

周期性因素反映了在一年以上的时期内，需求的周期性变动情况。需求的周期性变化情况。需求的周期性变化既可能向上波动，也可能向下波动。举例来说，假如每隔3～5年，经济会经历一次从衰退走向繁荣的过程，那么在该经济环境下，商业运作的周期性无疑会受到影响。相应地，由于商业运作周期的变化，人们对住房的需求也会受到较大影响。

促销因素对需求变动的影响来源于企业的市场营销活动，如广告、商业交易以及促销等。在开展促销的前期，企业的销售量会增加。随后，客户为了从促销中获利，纷纷出售其持有的库存，于是会造成企业销售量下降。促销的种类很多，既包括企业为消费者提供的促销活动，也包括企业为了促进批发商和零售商增大购买量提供的优惠政策。促销是一种很常见的手段，企业可以在每年的同一时期开展促销活动。从预测的角度看，常规促销的影响几乎与季节性因素的影响完全类似。相反，非常规促销活动发生的时间通常有所不同。因此我们必须单独对它进行分析。找出促销因素的变化规律，对企业有非常重要的意义，对消费品而言更是如此，这是因为促销会极大地影响销售的变化。在一些行业中，高达50%～80%的销售变化都是由促销活动引起的。促销因素与预测的其他影响因素不同，企业可以在很大程度上控制促销活动的持续时间和影响力度。因此，企业在制订促销方案时，需要从销售部门和市场营销部门那里获得相关信息，了解促销的时间及可能存在的影响。在供应链渠道成员之间协调促销活动的好处在于，它可以为联合预测提供理论依据。

不规则因素指的是无法归入到其他类型范畴中的影响因素，包括随机需求或难以预测的需求。由于不规则需求具有随机性，因此几乎不可能对它做出预测。企业进行预测的目标是：通过找出其他影响因素的规律，对其做出预测，将随机因素的影响减小到最低程度。

10.3.5 销售物流预测方法

进行需求预测时，必须选取合适的数学方法或统计方法来完成周期预测。要想正确地使用预测方法，就必须首先分析当前形势所具有的特性，然后根据这些特性选择合适的方法。评价方法是否合适的标准通常包括：①准确性；②预测的时间水平；③预测的价值；④数据的可得性；⑤数据的类型；⑥预测者的经验。在选择方法时，企业要按照以上六个标准，对每一种不同的预测方法进行定性和定量分析。

预测方法通常分为三类：①定性分析法；②时间序列法；③一般方法。定性分析方法通常利用专家意见或特殊信息等数据对未来进行预测，它既可以考虑也可以忽略过去的影响。时间序列法将重点放在对历史数据的研究上，按照以往数据的走势分析可能发生的变化。一般方法，如回归分析，则根据变量的确切信息。建立主导活动与预测之间的关系。

1. 定性分析法

定性分析法主要依赖于过去的经验，成本较高且需要花费大量的时间。当几乎不涉及过去的历史数据，而仅仅只需要从管理层面上判断和决策时，定性分析法非常适用。企业从销售人员那里获取一定信息，将其作为开发新产品或开拓新市场的依据，便是在供应链中使用定性预测分析法的一个典型例子。但是一般而言，定性分析法并不适用于供应链预测，因为时间是对 SKU 进行详细预测时必不可少一个关键因素。企业往往通过调查、小组座谈以及会议等方式开展定性预测。

2. 时间序列法

时间序列分析法是一种统计分析法。当企业销售数据的历史记录比较清楚、完整，数据之间的相关性较稳定且变化趋势较明显时，适合使用时间序列法。通过对历史销售数据的分析，时间序列法揭示出了季节性因素、周期性变化和趋势等因素对销售量的影响。当确定了单个预测影响因素之后，时间序列法假设未来能够反映过去变化情况的趋势，并以此为依据做出预测。这种假设意味着过去的需求模式仍然可以在未来持续一段时间。通常情况下，在短期内这种假设往往是正确的，因此对于短期的预测而言，时间序列法非常适用。

如果增长率或整体趋势发生了相当大的变化，那么需求趋势则不可避免会出现转折点。由于时间序列法使用的是历史需求数据，并且通过取平均值来进行计算，所以它通常无法反映出转折点的变化情况。因此企业必须将其他分析法与时间序列法有机结合起来，判断何时有可能出现转折点。

时间序列法包括了多种方法，它们通过分析历史数据的变化和趋势，找出那些可能重复出现的规律。根据复杂性的递增，我们将时间序列法分为以下四种：①移动平均法；②指数平滑法；③扩展平滑；④调节性平滑法。

最近几个周期内销售情况的平均值进行预测。我们可以将任意几个连续的周期作为对象，对其取平均值。通常，我们较多使用 1、3、4、12 个周期内的平均值。当周期为 1 时，根据移动平均法算出的下个周期的预测量将与前一个周期的销售量完全一致。当周期为 12 时，我们通常以每个月作为一个周期，对过去 12 个月内的数据取平均值。当出现了一个新的周期，并获得了该周期的实际数据后，我们则需要用新数据替换掉以前的数据，这样就能够保证时间周期的数量始终维持不变。

使用移动平均法进行计算非常容易，但是它也存在一些局限。其中最主要的问题在于，移动平均法的响应性非常差，对改变做出反应的速度相当缓慢，需要企业提供大量的历史数据，并且要不断更新数据。如果企业以往的销售存在大量波动，那么平均值将无法提供有用的预测信息。此外，移动平均法也没有考虑前文中讨论过的预测要素。

移动平均法存在的种种不足，研究人员对其进行改进，提出了加权移动平均法。引入权重这一概念是为了强调近期的销售变化对未来的影响。指数平滑法就是一种加权移动平均法，它根据以往需求和预测水平的加权平均值对未来的销售情况进行估计。

指数平滑法最大的好处在于，它不需要大量的历史数据就能够快速计算出预测值，同时也无须对数据进行更新。基于此，我们可以使用计算机进行指数平滑预测。这种预测方法取决于平滑指数 a 值的大小，通过调节 a 值能够控制该方法的敏感性。

使用指数平滑法进行预测时，最关键的考虑因素是如何选取适当的 a 值。当 a 值为 1 时，该方法就相当于用最近一期的销售量来预测下一期的销售情况。当 a 值很小，如 0.01 时，指数平滑法就完全等同于简单的移动平均法了。当 a 值较大时，预测对改变比较敏感，能较快反映出销售的变化情况，而较小的 a 值却只能缓慢地反映出销售的变化。尽管指数平滑法具有不少优点，但它却无法区分出引起变化的原因究竟是季节波动还是随机波动。因此，企业使用指数平滑法进行预测时，还需要根据管理经验做出相应的判断。也就是说恰当选择 a 值的大小时，预测人员必须权衡，究竟是希望尽可能消除随机波动的影响，还是希望预测能够完全反映出需求的变化情况。

与以上两种方法相比，扩展平滑法还考虑了趋势因素和季节性因素对预测的影响。扩展平滑法与基本的平滑模型的不同之处在于它考虑了三种因素的影响，并用三个平滑常数来反映这三种因素：基本因素、趋势因素以及季节性因素。

扩展平滑法与基本的指数平滑法类似，能够利用很少的数据快速完成预测的计算过程。它通过平滑常数值的大小来反映对变化响应速度的快慢。当平滑常数的值较大时，响应速度就较快，但是这有可能带来一定的负面影响，如降低预测的准确性等。

调节性平滑法从常规角度出发，为 a 值的选择提供了一种行之有效的方法。在每一个预测周期结束后，我们要重新评估 a 值的大小，以便确定 a 值为多大时能够对前一个周期进行最合理的预测。因此，在预测过程中，系统、一致的方法就能部分取代管理经验，确定出 a 值的大小。大多数预测软件都包括了系统地评估平滑参数这项功能，从而找出在大多数时间周期内能实现最优预测的参数值。

更为复杂的调节性平滑法则采用自动跟踪信号的方式对错误进行监控。如果发生预期之外的错误，导致信号出现差错，调节性平滑法就会自动增加平滑常数的值，以确保预测对近期内销售的变化情况具有更高的响应能力，即使销售量发生了巨大变化，响应性的增加就会减少预测的偏差。一旦预测偏差减少了，跟踪信号就会自动使平滑常数的大小恢复到原来的水平。尽管调节性平滑法能够自动根据错误进行修正，但是它仍然存在不足之处，那就是这种方法有时候会将随机误差错当成趋势或季节性影响因素。这种判断错误会导致在今后的工作中出现更多差错。

3. 一般方法

用回归分析法进行预测，指的是根据一些相互独立的因素估计 SKU 的销售情况。如果能够确定各个因素之间的相互关系，如建立预期销售价格与销售量之间的关系，那么就能够有效地预测出产品的需求情况。当能确定一个主要变量，如销售价格时，一般预测方法或回归预测法就能很好地发挥作用。可是，在供应链的实施过程中，能够确定主要变量的情况并不多见。我们将使用一个单独的因素对 SKU 进行预测的方法称为一元回归。使用多个因素进行预测的方法，则称为多元回归。回归分析法研究了主要的、可预测的事件与由该事件决定 SKU 的销售情况之间的相关性，并以此为依据进行预测。如果上述相关性始终维持在较高的水平之上，那么产品的销售情况与独立事件之间就不存在因果关系。我们假设，销售的预测值会受到一些主要的、可预测、相互独立的因素的影响，如某产品的相关产品的销售情况毫无疑问会影响该产品的销售量。以事件之间的因果关系为基础，使用回归分析法预测销售情况才是最能让人信服的方法。回归分析法考虑了外部因素与外部事件对预测的影响，因此，这类方法适用于长期预测或总体预测。举例来说，进行年度销售情况的预测或者全国销售情况的预测时，通常使用一般预测方法。

10.4 企业销售物流客户服务

随着经济发展和科技进步，国际、国内的竞争日益加剧，传统制造领域的技术和产品的特征优势日渐缩小，人们越来越认识到销售物流服务已经成为企业销售系统，甚至整个企业成功运作的关键，是增强企业产品的差异性、提高产品及服务竞争优势的重要因素。

10.4.1 销售物流服务的要素

销售物流服务有四个要素，即时间、可靠性、通信和方便性。这些要素无论对卖方成本还是对买方成本都有影响。

1. 时间

时间要素通常是指订货周期。订货周期（Order Cycle）是指从客户确定对某种产品需求到需求被满足之间的时间间隔，也称为提前期（Lead Time）。时间要素主要受以下几个变量的影响：订单传送、订单处理、订货准备及订货装运。企业只有有效地管理与控制这些活动，才能保证订货周期的合理性和可靠性的一致，才能提高企业的客户服务水平。

（1）订单传送时间

订单传送时间是指从客户发出订单到卖方收到订单的时间间隔。订单传送时间可以从电话的几分钟到邮寄的数天。随着卖方订单传送速度的提高，提前期缩短了，但是订单传送成本提高了。

客户可以通过供应商的销售代表、直接邮寄、打电话或通过电子设备，如计算机到计算机（一般指的是电子数据交换 EDI）向供货方订货。向供货方的销售人员订货和直接邮寄订货，速度较慢且可靠性差；电话订货速度较快，但可靠性较差，其错误往往造成一系列错误；许多企业利用传真进行订货。这种方式速度较快且可靠性较高。

计算机与通信技术的迅速发展使得订单传送方式发生了变革，供求双方的联系非常紧密，买方可以登录到卖方计算机，根据卖方所提供的产品及其他诸如装运日期等信息有针对性地订货，或者通过互联网络直接订货，这种方式大大提高了订货效率，逐渐被更多的企业所采纳。

（2）订单处理时间

订单处理时间是指处理客户订单并准备装运的时间，这一功能涉及客户资料调查、销售记录的处理、订单移交到仓库以及装运文件的准备。订单处理可以通过有效地利用电子数据处理设备来同时进行其中各项工作。一般来说，运行成本的节约总量要超过利用现代技术设备的资本投资。

（3）订货准备时间

订货准备时间涉及挑选订货并包装以备装运。从简单的人工系统到高度自动化系统，不同的物料搬运系统对于订货的准备有不同的影响，准备时间会有很大变化，企业的物流管理者需要考虑各项成本与效益。挑选与包装时间主要受下列因素影响：系统的自动化程度；客户订货的复杂性；分拣设备的大小及复杂性；是否托盘化或者托盘尺寸是否匹配。

（4）订货装运时间

订货装运时间是指从将订货装上运输工具到买方在目的地收到订货的时间间隔。运输时间的长短与下列因素有关：装运规模；运输方式；运输距离。货物的全部运输时间对距离的依赖性要比对运输方式的依赖性小。

由于以上四个方面的每一项改进都要付出很高的代价，因此，管理者可以先改进一个领域而其他领域以现有水平运行。

客户订货周期的缩短标志着企业销售物流管理水平的提高，但是，如果没有销售物流的可靠性作保证则是毫无意义的。

2. 可靠性

可靠性是指根据客户订单的要求，按照预定的提前期安全地将订货送达客户指定地方。对客户来说，在许多情况下可靠性比提前期更重要。如果提前期是固定的，客户可将其他库存调整到最低水平，不需要保险存货来避免由于波动的提前期造成的缺货。

（1）提前期的可靠性

提前期的可靠性对于客户的库存水平和缺货损失有直接影响，可靠的提前期可以减少客户面临的供应不确定性。如果生产企业能向客户保证预定的提前期，加上少许偏差，那么该企业就使他的产品与竞争者的产品明显区别开来，企业提供可靠的提前期能使客户的库存、缺货、订单处理和生产计划的总成本最小化。

（2）安全交货的可靠性

安全交货是销售物流系统的最终目的，如果货物破损或丢失，客户不仅不能如期使用这些产品，还会增加库存、生产和销售成本。收到破损货物意味着客户不能将破损的货物用于生产或销售，这就增加了缺货损失。为了避免这种情况，客户就必须提高库存水平。这样，不安全交货使得买方提高了库存成本，这种情况对于采用及时生产方法的企业来说是绝对不允许的。另外，不安全交货还会使客户承担向承运人提出索赔或向卖方退回破损商品的费用。

（3）正确供货的可靠性

最后，可靠性还包括正确供货。当客户收到的订货与所订货物不符时，将给客户造成失销或停工待料的损失。销售物流领域中订货信息的传送和订货挑选会影响企业的正确供货。在订货信息传递阶段，使用 EDI 可以大大降低出错率。产品标识及条形码的标准化，可以减少订货挑选过程中的差错。另外，EDI 与条形码结合起来还能提高存货周转率、降低成本、提高销售物流系统的服务水平。

管理者必须连续监控以上三个方面的可靠性，这包括认真做好信息反馈工作，了解客户的反应及要求，提高客户服务系统的可靠性。

3. 通信

与客户通信是监控客户服务可靠性的关键手段。设计客户服务水平必须包括客户通信。通信渠道应对所有客户开放并准入，因为这是销售物流外部约束的信息来源。没有与客户的联系，管理者就不能提供有效及经济的服务。然而，通信必须是双向的。卖方必须能把关键的服务信息传递给客户。例如：供应方应该把降低服务水平的信息传递给客户，使买方能够作必要的调整。另外，许多客户需要了解装运状态的信息，询问有关装运时间、运输路线等情况，因为这些信息对客户的运行计划是非常必要的。

4. 方便性

市场学的一个研究领域是市场细分（也叫市场细分化），就是根据消费者之间需求的差异性，把一个整体市场划分为两个或更多的消费者群体，从而确定企业目标市场的活动过程。由于消费者的需求千差万别，一个企业无论规模多么巨大，都不能满足全部消费者的所有需求变化，而只能满足市场上一部分消费者的需求，企业可以有针对性地提供不同的产品。细分的标准包括地理环境、客户状况、需求特点、购买行为等因素。

进行企业销售物流管理也需要将客户细分。方便性就是指服务水平必须灵活。从销售物流服务的观点来看，所有客户对系统有相同要求，有一个或几个标准的服务水平适用于所有客户是最理想的，但却是不现实的。例如，某个客户要求所有货物用托盘装运并由铁路运输，另一个客户可能要求汽车运输，不使用托盘，或者个别客户要求特定的交货时间。因此客户在包装、运输方式及承运人、运输路线及交货时间等方面的需求都不尽相同。为了更好地满足客户需求，就必须确认客户的不同要求，根据客户规模、市场区域、购买的产品及其他因素将客户需求细分，为不同客户提供适宜的服务水平，这样可以使管理者对不同客户以最经济方式满足其需求。

管理者必须将方便性因素摆在适当的位置，销售物流功能会由于过多的服务水平决策而不能实现最优化。服务水平决策需要具有灵活性，但是必须限制在容易识别客户的范围内。在每一个特定情况下，都必须要考察服务与成本之间的关系。

10.4.2　销售物流客户服务能力

它是指销售物流客户服务的基本水准，也是客户服务最基本的方面，包括可得性、作业绩效和可靠性。

1. 可得性

它是指当客户需要货物时，物流企业拥有的存货能够不断地满足其需要。可得性可以通过各种方式来实现，最基本的方法是按照预期的客户订货进行存货储备。所以，仓库的数目、地点和储存政策等便成了物流系统设计的基本问题之一。

存货储备计划通常是建立在需求预测基础上的，而对特定产品的储备还要结合其是否畅销、该产品对各产品线的重要性、收益率以及商品本身的价值等因素综合考虑。存货一般分为两类：一类取决于需求预测并用于支持基本可得性的基本储备；另一类是满足超过预测数量的需求，以适应情况变化的安全储备。一般来说，防止缺货的期望越大，安全储备的需要越大，而安全储备的负荷越大，平均库存的数量也越大。在市场需求快速变化的情况下，安全储备量有可能占到物流企业平均库存量的一半以上。由此可见，要高水准地实现存货可得性，需要进行精心策划，而不是在销售量预测的基础上给各个仓库分配存货。其关键在于要对重点客户或核心客户实现高水准的存货可得性，又要使整个存货储备和仓库设施维持在最低限度。显然，如此严格的物流服务管理需要参与物流的各部门高度协调，形成一体化作业，以实现对客户所承诺的可得性目标。

可得性一般可用缺货频率、供应比率、订货完成率三个绩效指标来衡量。

（1）缺货频率

它是指缺货发生的概率。当需求超过产品可得性时，就会发生缺货。缺货频率是用来衡量一种特定的产品需求超过其可得性的次数。将全部产品所有的缺货次数汇总起来，可以反映企业实现其基本服务承诺的状况。因此，可以说缺货频率是衡量存货可得性的起点。

（2）供应比率

它是用于衡量缺货的程度或影响大小的比率。供应比率通常是按照客户服务目标予以区分的，于是对缺货程度的衡量就可以构成企业在满足客户需求方面的跟踪记录。如一位客户订货50个单位产品，只有47个单位产品可得，那么订货供应比率为94%。要能够有效地衡量供应比率，一般在评估程序中还要包括在一段特定时间内对多位客户订货的完成情况进行衡量。同时，供应比率还可用来衡量按特定产品提供的服务水准。一般说来，供应比率高，客户会感到满意；反之，则不满意。

（3）订货完成率

它用于衡量物流企业完成客户所预订的全部产品的时间。它把存货的充分可得性看做是一种可接受的完成标准。可以说，缺货频率、供应比率均为零缺陷，则订货完成率就为客户享受完美订货的服务提供了潜在时间。

将以上三个衡量指标结合在一起，就可以判断、识别一个物流企业满足客户期望的程度，成为评估适当可得性水平的基础。

2. 作业绩效

作业表现为物流企业从客户订货到产品交付使用的全部运作过程。作业一般通过速度、一致性、灵活性、故障恢复能力等来衡量所期望的完成周期。

（1）速度

是指从客户订货开始到货物实际到达的时间。

（2）一致性

是指物流企业必须随时按月递送承诺加以履行的物流处理能力。

（3）灵活性

是指处理异常（一次性改变装运交付地点、供给中断等）的客户服务需求的能力。

（4）故障恢复能力

物流企业要有能力预测服务过程中可能出现的故障或服务中断，并有适当的应急计划来完成恢复服务。当实际的服务故障发生时，应启动应急计划。应急计划还应包括客户期望恢复标准的确认和衡量服务一致性的方法。

3. 时效性

销售物流服务活动中还包括能否迅速提供有关物流作业和客户订货状况的精确信息。据有关调查表明，物流企业有无提供精确信息的能力是客户衡量其服务能力的一个最重要方面。一般说来，客户最讨厌意外事件，如果他们能事前收到信息的话，就能对缺货或延迟送货等意外情况做出快速调整。因此，有许多客户表示，有关订货内容和时间的事前信息与完美订货的履行相比更为重要。

另外，客户服务能力的一个重要组成部分是持续改善。物流管理人员应关心如何尽可能少地发生故障，以完成作业目标；而完成作业目标的一个重要方法就是从发生的故障中吸取教训，改善作业系统，以防止故障再次发生。理想的销售物流服务水平要求达到：适当的质量、适当的数量、适当的时间、适当的地点、适当的价格、良好的印象。

10.4.3 客户服务水平决策

1. 库存水平与客户服务水平的关系

库存水平与客户服务水平的关系表示库存水平与客户服务水平之间的一般关系。可以看出，库存的增加会提高客户服务水平，根据经验，当客户服务水平接近75%时，所需库存开始增长。企业所面临的问题是：增加库存的成本能否通过高水平的客户服务带来利润增加得到补偿。为了客观地评价这一问题，管理者需要运用市场营销与物流领域的丰富经验，考察由于提高客户服务水平所带来销售额的增加以及由于高水平的库存所避免的缺货损失，然后做出保持多少库存的明智决策。

2. 销售物流服务与物流成本的关系

销售物流系统的目标就是在适当的时间、以适当的成本、将货物运至适当的地点。在销售物流管理中，"适当（Right）"的观点很重要，因为没有一个销售物流系统可以同时使所有客户的满意程度最高，而物流成本又最低，最佳的客户服务要求有大量的存货、快捷的运输、充分的仓容和高效的订单处理，这必然要增加物流成本。最低成本所带来的是服务水平的降低，因此，高水平与低成本之间是一种"效益背反"的关系：销售物流系统的基本产出是客户服务水平，服务水平是影响客户购买和连续购买的关键性因素，也是企业用来吸引潜在客户的有效手段。销售物流系统的投入是为了提高客户服务所必须承担的物流成本，包括运输、库存、仓储等方面的费用。有效的销售物流管理不仅需要对各项活动的成本进行对比分析，还需要选择销售物流服务与最低成本组合以达到预期目标，不同的组合有时能产生相同的结果。

我们用等成本与等量的概念对上述问题进行分析。等成本表示用预定的投入成本和固定数量货币所能购买的销售物流投入的组合，等量表示相同的客户服务水平。坐标线代表对销售物流系统的成本投入，这些投入可能是运输、仓储、物料搬运等成本。等成本线（A—B、C—D 和 E—F）表示投入销售物流系统的预定组合成本。

首先看等成本线 A—B，它与等量线 i 相切于 X，这是获得客户服务水平的最小成本。曲线 C—D 代表的投入组合也能产生客户服务水平 i，但比最优成本要高。管理者必须在系统内进行对比分析，使之以最小成本产生预定的服务水平。C—D 与 E—F 分别与等量线 j、k 相切于 Y、Z，表明这些投入组合分别是获得对应服务水平的最小总成本。如果经过最小成本点 X、Y、Z 画一条线，就得到最小成本曲线。

一般来说，随着服务水平的提高，投入成本将加速增长，即边际成本递增。也就是说，将按时交货率由 90% 提高到 94% 的边际成本要比将按时交货率从 94% 提高到 98% 的边际成本要小。

改变客户服务水平的决策对销售物流成本有重要影响，没有对销售物流成本的仔细分析是不可能做好这一决策的。任何客户服务水平的决策需要不同物流功能的审慎组合以产生实现期望服务水平的最小成本系统。

实施销售物流需要进行成本对比分析。为了获取最低销售物流成本，需要考虑以下成本：运输成本、仓储成本、订货或生产准备成本、库存持有成本、订单处理和信息成本以及失销成本等。为改善服务水平而增加的成本必须与由此改善而增加的销售相比较，以确保增加的销售收入覆盖额外增加的成本。

3. 客户服务水平决策步骤

随着竞争的日益加剧，许多企业都把提高客户服务水平作为增加竞争优势的重要手段。但是一个企业应该为客户提供怎样的服务水平呢？尽管一些企业，如日本的一些企业，认为应不惜一切代价以达到 100% 的客户服务水平，但是更多的学者和专家认为，利润最大化是确定客户服务水平的决定因素。即首先确定不同水平的客户服务对销售收入的影响，然后计算给定客户服务水平下的销售物流成本，最后从销售收入中减去成本，盈余最大的就是最优的客户服务水平。

要确定最优服务水平，先要确定客户服务水平与销售收入之间的关系，以及客户服务水平与销售物流成本之间的关系。

销售收入随客户服务水平的提高而增加，但速率递减，这意味着客户服务的边际改善会导致销售的增加，但这种增加并不与服务的改善成比例。支持给定水平客户服务所需的总的销售物流成本将随客户服务水平的提高而加速增长。

为了确定适当的客户服务水平，有必要考察收入曲线与成本曲线之间的差额，然后计算各个客户服务水平下的利润。这就是说，提供这一水平的客户服务水平将使销售收入与物流成本之间的差额最大化，即利润最大化。

由于竞争性原因，许多公司根据各个客户组的需要来改变客户服务水平。在这种情况下，需要逐个考察收入、成本与服务之间的关系。

但在实际工作中，由于服务水平与成本是动态相关的，很难找到一个固定服务水平，再用最小成本达到该水平，用这种方法往往得不到最大利润。因此，常用的优化方法采取以下步骤：

①确定合理的客户服务水平；

②寻找达到这一水平的最小成本；

③确定进行改进的成本；

④确定改进成本后增加的销售及收益。

10.4.4 创造竞争优势的销售物流服务

创造竞争优势的销售物流服务的一个重要手段是提供增值服务。提供增值服务的主要领域是：以客户为核心的服务、以促销为核心的服务、以制造为核心的服务和以时间为核心的服务。

1. 以客户为核心的服务

以客户为核心的服务由下列活动构成：处理顾客向制造商的订货，直接送货到商店或顾客家，持续提供递送服务。这类专门化的增值服务可以被有效地用来支持新产品的推广以及基于当地市场的季节性配送。如美国 UPS 公司开发了独特的服务系统，专门递送食品公司的快餐产品到批发商店，而不是通过传统的烟糖配送商提供配送服务。又如有个配送公司下属的一个部门创造性地建立了一种订货登记服务，为刚出世的婴儿安排将某公司生产的一次性尿布送货到家。对仓库来说，还普遍流行一种做法，就是提供"精选—定价—重新包装"服务，以便于按仓库、俱乐部、便利店等不同要求独特配置，配送生产企业的标准产品。

2. 以促销为核心的服务

以促销为核心的增值服务，最为突出的是销售点展销，它可以包含来自不同供应商的多种产品，并组合成一个多结点的展销单元，以便适合特定的零售商店所需。在有选择的情况下，以促销为核心的增值服务，还对储备产品的样品提供特别介绍或广告宣传，甚至进行直接邮寄促销等。

3. 以制造为核心的服务

以制造为核心的增值服务，是通过独特的产品分类和配送来支持制造活动的。如有一家仓储公司，使用多达 6 种不同的纸箱重新包装一种普通的肥皂，以支持各种促销方案和各种等级的贸易要求。有的厂商将外科手术的成套器具按需要进行配装，以满足特定医生的独特要求。这些增值服务都是把产品最终定型一直推迟到接收客户订单为止。

4. 以时间为核心的服务

以时间为核心的增值服务，包括专业人员在递送以前对存货进行分类、组合和排序。它的一种典型方式就是准时生产（JIT）：在准时生产条件下，供应商向位于装配厂附近的仓库进行日常的递送，一旦某时某地产生需要，该仓库就会对多家卖主的零部件进行精确的分类、排序，然后递送到装配线上去，其目的是要在总量上最低限度地减少在装配厂的搬运次数和检验次数。如本田汽车公司就是使用这类准时生产服务来支持其装配线的。总之，以时间为核心的服务，其主要特征是排除不必要的仓库设施和重复劳动，以期实现最大限度地提高服务速度。

10.5 案例分析：可乐饮料的上山下乡物流之路

10.5.1 背景介绍

"一块钱的玻璃瓶可乐我们这里都没有卖，到农村更不可能了。"湖南中粮可口可乐公司贵州分公司黔南营业所的销售经理，在知道公司推出一元玻璃瓶可乐计划后，曾要求公司对她所在的城市进行试投放。都匀市虽然是一个小城市，但餐饮业发达，饮料消耗大。"我觉得引进这个产品，会在都匀市卖得好。但这个要求被公司否决了。"根据调查表明：虽然从两三年前，可口可乐公司就已经在北京周边地区开始了拉链式的推销，试图让自己的产品逐步渗透到农村地区，但是几年过去了，如今可口可乐公司的农村战略仅仅停留在理论和试点工作，产品也只是出现在了北京、广州等大城市周围和沿海较发达的农村。像西南、西北这些地区，可口可乐都没有深入到三四线市场。

10.5.2 问题提出

"可口可乐下乡将面临首要问题是下乡成本高？"

其实，可口可乐方面已经考虑到了运输环节和成本问题，仅今年就在兰州、湛江、重庆新建三家瓶装厂；而且为此特别推出了"一元钱可乐"计划。只要花上一元钱就能够喝上 200 毫升的玻璃瓶装可口可乐。甚至将 7000 台带有公司标志的冷柜投放到农村。

不过这样的努力似乎不能完全解决问题。它的运营成本太高：玻璃瓶可乐需要安排专门的小组收押金，回收瓶子，人力成本比原来高了。而且由于当地没有生产点，灌装、更换都需要在相隔 1000 多公里的湖南长沙瓶装厂进行，运输成本大大增加了。为了方便存储还要扩大营业面积，花的租金也多了。

不但在黔南地区难以推广到乡村，即使是两年前就已经投资建厂的中粮可口可乐长沙分公司，玻璃瓶可乐也只是刚在长沙投放。"我现在首选的还是大中城市，到农村有困难。"长沙分公司外事部经理说。业界分析，其原因也是在其售价和成本之间很难找到平衡点。那么老渠道管理方法能否适应农村？

10.5.3　解决方案

"进入农村，城乡管理的方法和在城市有很大的不同，难度会增大。"为了追逐和赶超非常可乐的庞大分销网络，可口可乐原先主要适宜城市市场的渠道格局将进行调整。而一系列有关针对农村市场的分销商选择、人员及分销商管理、终端的开拓与维护、确保执行系统不走样的市场秩序管理等方面的挑战会接踵而至。

据介绍，按照可口可乐公司的行政划分，她所属的是营业所，营业所上面有贵州分公司管理，贵州分公司得听命于中粮可口可乐湖南分公司。这种由上至下的层级管理方式在操作一线市场时能充分调动各方资源，保持各地推广步调的一致性，但二三级市场本身就是个体差异巨大、发展非常不均衡的市场。用管理一级市场的办法统一管理，效率被降低了。"所有的产品投放都由湖南公司统一安排。即使投放，公司也会从贵阳（省会城市）一步步做起。等到我们这里，或许2～3年以后吧？"不但僵化的管理系统扼杀了农村市场的活力，高水平基层管理人员的缺乏也成为可口可乐下乡的障碍。原来在城市设1000名经销商分布在15条街道上，可能每条街上一个业务员就可以对付。而到了农村，15条街道可能就是15个乡镇。每个乡镇方圆百里，靠原1～2个业务员根本就忙不过来。"我们整个黔南地区就只有2个人负责县城，4个人负责市区。根本没精力做到乡镇。而且当经销范围缩小到乡、镇等一个个据点时，管理人员要说服经销商往下进行渗透更难了。他会跟你说，促销是白费力气，乡下人都没钱买，发给他的促销品都可能被拿来卖。"我们很难预料可口可乐下乡后究竟能不能赚钱。产品覆盖率是可口可乐推广到农村首要考虑的因素，而不是利润。

虽然有人认为从利润角度考虑，这种拓展有点不值得。但是国内的营销专家分析，从公司发展角度讲：可口可乐向农村拓展是正确的。

百事可乐也做过类似的尝试，将自动柜员机放进了农村，但是目前从它的广告投放和后续动作来看，它的重点还是放在了城市。相比起来，可口可乐的下乡行动明显力度大得多。可口可乐已经将战火烧到了非常可乐的领土，这对非常可乐来说也是一个挑战。

目前，非常可乐销量在国内可乐市场排名第三，份额分别是可口可乐的30%，百事可乐的60%。在"两乐"夹缝中成长起来的非常可乐一直以来就避免和它们发生正面冲突，采取的是侧翼包抄式的战略（绕开一线城市，首先开辟农村市场）和联销式的营销渠道。

"我们的销售网络遍布全国所有的地市县，甚至在不通公路的大山深处，村庄的小卖部里都能看到娃哈哈的产品。"杭州娃哈哈集团提供的数字，娃哈哈产品在中心城市及农村市场的平均铺货率高达80%以上，而非常可乐正是利用娃哈哈现有的销售渠道，实现着销售网络资源的共享。娃哈哈在南昌的销量很好，铺货率高，把下面的区乡都覆盖了。

　　"在短时间内，两乐的销售渠道还很难和娃哈哈相比，但是对于农村市场的争夺只能是越演越烈。"这已成为饮料界的共识。

　　从农村市场消费者的消费特征来看，许多人都有着谁的广告多谁就是名牌，就消费能够买得起的名牌产品的习惯，同时还有农村市场的消费向城市市场的消费潮流靠拢的趋势。尽管非常可乐先在这片市场上耕耘，但这并不能形成安全的先入为主的地位。同时由于非常可乐的广告锐减，只是在过年期间才能见到。相反两乐在央视等高端媒体的广告铺天盖地，这足以使消费者发生消费转移。

11 销售物流配送

21 世纪的商业竞争越来越向终端延伸，企业的产品、服务在不断贴近消费者，决战渠道、决胜终端已经成为商业竞争的基本理念。企业想要在渠道之战中取得长久竞争力，物流配送是一个重要的武器。在整个物流体系中，配送发挥着不可替代的作用。

企业通常主要把精力放在产品制造、开发和销售上，对产品销售中的物流较为淡漠。如今越来越多的企业开始构筑自身的销售物流系统，向位于流通最后环节的零售店或客户直接配送产品。配送的多样化、集成化功能以及配送中心种种优势，使配送与配送中心不可逆转地成为企业和社会关注的焦点。

11.1 销售物流配送概述

11.1.1 配送的概念

1. 配送的概念

所谓配送就是在合理区域范围内，根据客户要求，对物品进行拣选、加工、分割、组配等作业并按时送达指定地点的物流活动。

配送是物流中一种特殊的活动形式，是商流与物流紧密结合，包含了物流中若干功能要素的一种物流活动。对于配送，目前尚无一个统一的概念解释，各种文献中说法不一。

从物流的角度来看，配送是集装卸、包装、保管、运输等各种物流功能于一身，通过这一系列活动将货物送达客户。所以，有人从这个角度称配送为"小物流"。

从商流来说，物流与配送又明显不同，物流是商物分离的产物。而配送是商物合一的产物。配送是"配"和"送"的有机结合。

2. 配送的特点

配送不是一般概念的送货，而是从物流据点至用户的一种特殊送货形式。配送不是单纯的运输或输送，而是运输与其他活动共同构成的有机体。从服务方式来讲，配送是一种"门到门"的服务，可以将货物从物流据点一直送到客户的仓库、营业所。配送是在全面配货基础上，充分按客户要求，包括种类、数量、时间等方面的要求所进行的运送。因此，配送除了各种"运"、"送"活动外，还要从事大量分货、配货、配装等工作，是"配"和"送"的有机结合形式。

3. 配送的作用

配送作为企业"小物流"，对企业的物流系统和整体服务水平居于重要意义，其作用主要表现在以下几个方面：

（1）完善了输送及整个物流系统

干线运输使长距离、大批量的运输实现了低成本化。但是，之后的支线转运或小搬运，成为物流过程的一个薄弱环节。这个环节要求灵活性、适应性、服务性，采用配送方式，从范围来讲将干线运输及小搬运衔接起来，完善了物流系统。

（2）提高了末端物流的效益

采用配送方式，通过增大经济批量来达到经济的进货，又通过将各种商品用户集中一起进行一次发货，代替分别向不同用户小批量发货来达到经济的发货，使末端物流经济效益提高。

（3）降低了企业库存成本

企业采取准时配送方式之后，企业可以完全依靠配送中心的准时配送而不需保持自己的库存。或者企业只需保持少量保险储备而不必留有经常储备，这就可以实现生产企业多年追求的"零库存"，将企业从库存的包袱中解脱出来，同时解放出大量储备资金，从而改善企业的财务状况。

（4）提高了服务水平

采用配送方式，用户只需向一处订购，或与一个进货单位联系就可订购到以往需去许多地方才能订到的货物，只需组织对一个配送单位的接货便可代替现有的高频率接货，因而大大减轻了用户工作量和负担，也节省了事务开支。

11.1.2　配送的种类

根据内容、对象特征和组织方式等的不同，可以把配送作业划分成为多种形式。

1. 按经营形式分类

（1）销售配送

是指配送企业是销售性企业，或企业进行的促销型配送。这种配送的对象往往是不固定的，客户也往往是不固定的，配送的经营状况也取决于市场状况，配送随机性较强而计划性较差。各种类型的商店配送一般多属于销售配送。

（2）供应配送

是指企业为了自己的供应需要所采取的配送形式，往往由企业或企业集团组建配送点，集中组织大批量进货，然后向本企业配送或向本企业集团若干企业配送。这种配送形式在大型企业或企业集团较常见。

（3）销售——供应一体化配送

对于基本固定的客户和基本确定的配送产品，销售企业在自己销售的同时承担对客户执行有计划供应的职能，它既是销售者同时又成为客户的供应代理人。对某些客户来讲，这样委托销售者代理可以减少自己的供应机构。

（4）代存代供配送

是指客户将属于自己的货物委托配送企业代存、代供，有时还委托代订，然后组织对本身的配送。这种配送在实施时不发生商品所有权的转移，配送企业只是客户的委托代理人，商品所有权在配送前后都属于客户所有，所发生的仅是商品物理位置的转移。配送企业仅从代存、代送中获取收益，而不能获得商品销售的经营性收益。

2. 按配送时间和数量分类

（1）定量配送

这种配送方式是指每次按固定的数量（包括商品的品种）在指定的时间范围内进行配送。它的计划性强，每次配送的品种、数量固定，备货工作简单。可以按托盘、集装箱及车辆的装载能力规定配送的定量，能有效利用托盘、集装箱等集装方式，配送效率较高，成本较低。由于时间不严格限定，可以将不同客户所需商品凑整车后配送，提高车辆利用率，客户每次接货都处理同等数盘的货物，有利于人力、物力的准备。

（2）定时配送

这种配送方式是指按规定的间隔时间进行配送。这种方式由于时间固定，易于安排工作计划，客户也易于安排接货。但是，由于备货的要求下达较晚，配货、配装难度较大，在要求配送数量变化较大时，也会使配送计划安排出现困难。定时配送有两种具体形式：当日配送和准时配送。

（3）定时定量配送

这种配送方式是指按规定时间和规定的商品品种及数量进行配送。它结合了定时配送和定量配送的特点，服务质量水准较高，组织工作难度大，通常针对固定客户进行这项服务。

（4）定时定量定点配送

是指按照确定的周期、确定的商品品种和数量、确定的客户进行配送。这种配送形式一般事先由配送中心与客户签订协议，双方严格按协议执行。

（5）定时定线配送

是指在规定的运行路线上制订到达时间表，按运行时间表进行配送，客户可按规定路线及规定时间接货。采用这种配送方式有利于安排车辆及驾驶人员，在配送客户较多的地区，配送工作组织相对容易。

（6）即时配送

也就是随要随送，按照客户提出的时间和商品品种、数量的要求，随即进行配送。这种方式是以某天的任务为目标，在充分掌握了这一天的客户、需要量及种类的前提下，及时安排最优的配送路线并安排相应的配送车辆实行配送。

3. 按配送商品的种类和数量分类

（1）少品种或单品种、大批量配送

当客户所需的商品品种较少或对某个品种的商品需要量较大、较稳定时，可实行此种配送形式，这种配送形式由于数量大，不必与其他商品配装，可使用整车运输。这种形式多由生产企业或专业性很强的配送中心直送客户。由于配送量大、品种单一或较少，可提高车辆利用率，而且配送中心内部的组织工作也较简单，故这种配送成本一般较低。

（2）多品种、少批量、多批次配送

随着企业对原材料需求方面的多样化，在配送上也应按照客户的要求，随时改变配送品种和数量或增加配送次数。多品种、少批量、多批次配送，按客户要求将所需的各种商品配备齐全，凑整装车后由配送节点送达客户。

（3）设备成套、配套配送

是为满足企业的生产需要，按其生产进度，将装配的各种零配件、部件、成套设备定时送达生产线进行组装的一种配送形式。这种配送方式完成了生产企业大部分供应工作，使生产企业专门致力于生产，与多品种、少批量、多批次配送效果相同。

4. 按配送组织者分类

（1）商店配送

是指配送组织者是商业零售网点的配送。这些网点主要承担商品的零售，规模一般不大，但经营品种较齐全。这种配送组织者实力有限，往往只是小量、零星商品的配送。所配送的商品种类繁多，客户需求量不大，有些商品只是偶尔需要，很难与大配送中心建立计划配送关系，所以利用小零售网点从事此项工作。商业零售网点数量较多，配送距离较短，所以比较灵活机动，可承担生产企业非主要生产物资的配送和对客户个人的配送。

（2）配送中心配送

是指配送组织者是专职从事配送的配送中心。这种配送中心专业性强，和客户有固定的配送关系，一般实行计划配送。需配送的商品通常有一定的库存量，一般情况很少超越自己的经营范围。这种配送中心的设施及工艺流程是根据配送需要专门设计的，所以配送能力强。配送中心配送覆盖面较宽，是一种大规模的配送形式，因此，必须有配套的大规模实施配送的设施，如配送中心建筑、车辆、路线等，一旦建成便很难改变，灵活机动性较差，投资较高。因此，这种配送形式有一定局限性。

（3）仓库配送

仓库配送是以一般仓库为结点进行配送的形式。可以是仓库完全改造成配送中心，可以是以仓库原功能为主，在保持原功能前提下增加一部分配送职能。

（4）生产企业配送

这种配送的组织者是生产企业，尤其是进行多品种生产的生产企业。在运作时，直接由本企业开始进行配送而无须将产品发运到配送中心再进行配送。由于避免了一次物流中转，所以有其一定优势，在地方性较强的产品生产企业中应用较多。

5. 按配送专业化程度分类

（1）综合配送

是指配送商品种类较多，不同专业领域的产品在一个配送结点中组织对客户的配送。它可减少客户为组织所需全部商品进货的负担，而只需通过和少数配送企业联系，便可解决多种需求的配送。

（2）专业配送

是指按产品性状不同适当划分专业领域的配送方式。专业配送并非越细分越好，实际上在同一性状而类别不同的产品方面也是有一定综合性的。

11.2 销售物流配送中心概述

11.2.1 销售物流配送中心概念

1. 配送中心的概念

配送中心是以组织配送性销售，执行实物配送为主要职能的流通型节点。配送中心的定义众说纷纭，下面是几种主流定义。

（1）物流术语国家标准的定义

接受并处理末端用户的订货信息，对上游运来的多品种货物进行分拣，根据用户订货要求进行拣选、加工、组配等作业，并进行送货的设施和机构。

（2）日本《物流手册》的定义

配送中心是从供应者手中接受多种大量的货物，进行包装、分类、流通加工和情报处理等作业，然后按照众多需要者的订货要求备齐货物，以令人满意的服务进行配送的设施。

（3）王之秦《物流学》的定义

配送中心是从事货物配备（集货、加工、分货、拣选、配货）和组织对用户的送货，以高水平实现销售或供应的现代流通设施。

（4）日本《市场用语词典》的定义

是一种物流结点，它不以储藏仓库的这种单一的形式出现，而是发挥配送职能的流通仓库，也称作基地、据点或流通中心。配送中心的目的是降低运输成本、减少销售机会的损失，为此建立设施、设备并开展经营、管理工作。

2. 配送中心的内部构成

虽然配送中心很多由原来的仓库演变而来，但现代配送中心的内部结构、布局和原来仓库很不一样，一般来讲现代配送中心的内部结构如下：

（1）接货区

接货区一般完成接货及入库前的工作，如接货、卸货、验货及分类入库的准备等。

（2）储存区

储存区一般是用来储存或分类储存所进的货物。储存区是个静态的区域，这个区域与接货区相比一般比较大，基本上占到配送中心的一半以上。

（3）检货配货区

在这个区域里，主要进行的工作是分货、抢货、配货作业，为送货做准备，这个区域的面积随不同的配送中心而有较大变化。

（4）理货分拣区

在这个区域里，所进行的工作主要是按客户的要求，将配好的货暂时存放等待外运，或是根据每一个客户要货的多少决定配车方式、配装方式，然后直接搬运到发货站台装车。要求面积一般不要太大。

（5）发货待运区

这个区域将根据客户需求配好的货物装入外运车辆发货。发货区结构和拣选区类似，都要求有站台、停车道路等。

（6）流通加工区

这个区域主要是用来进行分装、包装、贴标签等各种类型的加工增值活动。

（7）管理指挥区

这个区域可集中在配送中心的某一位置，有时也分散在其他区域中。它主要是营业事务的处理场所、内部指挥管理场所、信息处理场所。

11.2.2　销售配送中心功能

配送中心是企业商流、物流、信息流的交汇点，承担着各企业所需商品的集货、储存、拣选、加工、配送、信息处理等任务。它的性质完全不同于传统的仓储设施。配送中心是企业销售网络的核心。它是企业的商流中心、物流中心。具体来说，配送中心有如下功能。

1. 集货

为了满足客户以及最终消费者的多样化、小批量需求，配送中心必须从上游大批量进货，以防止脱销或因订单延期而引起客户的不满。配送中心这种备齐客户所需商品的过程叫做集货，它是配送中心的一大功能，也是配送中心作业流程的第一个环节。

2. 储存

根据配送中心规模大小的不同，配送中心分为有储存功能和没储存功能两种。有储存功能的配送中心不是以储存商品为目的，而是为了保证市场需求，以及配货、流通加工等环节的正常运转。这种集中储存，相比商场前店后库的分散储存，可以大大降低库存总量，增强商品销售调控能力。

3. 拣选

现代配送中心要求迅速、及时、准确无误地把订货商品送到客户那里。配送中心的客户、商品种类繁多，客户分散，有时又是小批量，加上时间紧迫，这样就要求配送中心根据各种标准进行分类，把同一类商品拣选出来，集中放在一起。这就是配送中心的拣选功能。

4. 流通加工

流通加工就是商品从生产领域向消费领域流动的过程中，为了促进销售，维护产品质量，方便顾客使用，或降低物流成本，提高物流效率而对商品进行的再加工。如根据要求可以拆包分装、开箱分零，有的需要拆箱组配后再拼箱等。

5. 配送

配送不等于送货，它是根据客户要求，在物流据点进行的分货、配货作业并将配好的商品送交客户的过程。配送是分货、配货、配车等多项工作的有机结合体，同时还和订单系统紧密联系，这就要求配送中心提高信息化程度。

6. 信息处理

配送中心有完整的信息处理系统，能有效地为整个流通过程的控制、决策和运转提供依据。无论在集货、储存、拣选、流通加工、配送等一系列物流环节的控制还是物流费用、成本结算方面，均可实现信息共享。而且，配送中心和销售终端建立信息直接交流（如 pos 系统），可及时得到商品在市场上的销售情况，有利于合理组织货源，控制最佳库存，还可以为营销中心、企业高层制定企业战略战术提供依据。

11.2.3 销售配送中心类型

销售配送中心形式和功能的多样性，必然导致配送中心类型多样性。采取不同的分类标准，配送中心有不同的类型。

1. 按运营主体分类

（1）以生产制造企业为主的销售配送中心

规模较大、物流管理比较完善的生产制造企业，在建立销售体制、进行渠道管理的时候，一般都要建立快捷的配送中心，以降低流通费用和提高售后服务的质量。

（2）以大型经销商为主的销售配送中心

一般来说，根据行业或商品类别的不同，大型经销商把相关生产企业的商品集中起来，然后向下游配送中心或零售店、连锁店等进行配送。这种配送中心的主要客户是不具备建立独立配送中心的生产企业或本身不能备齐各种商品的零售商。

（3）以零售业为主体的销售配送中心

以零售业为主体的销售配送中心的客户主要是零售店、超级市场、百货商店、家用电器商场、建材商场、粮油食品商店、宾馆饭店等。随着城市化加速发展，人民生活水平的提高，第三产业日趋发达。但城市的商店或服务企业，一般不设仓库，没有运输设备，因此这类配送中心的需求更为迫切，发展更为迅速。

（4）以公共服务业为主体的配送中心

随着城市化高度发展，物流基础设施的进一步完善，干线运输已经使物流成本大大降低，现在企业越来越重视支线运输，即一般所指的配送。但干线运输与支线运输之间还必须有一个衔接环节，特别是对公共服务业来说，这种配送中心显得越来越重要。现在，我国主要城市的中心邮局和港湾、铁路等枢纽，都形成或即将形成配送中心，将到达的货物迅速地配送给用户。

2. 按配送中心的功能分类

（1）不带仓库的配送中心

这样的配送中心以配送为专职，而将储存场所转移到配送中心以外的其他地方。配送中心只有为配送备货的少量暂存货，而无大量存货。暂存地设在配货场地中，在配送中心没有设储存区，主要工序和主要场所都用于理货和配货。

（2）加工配送型配送中心

这种配送中心进货对象是大批量、单（少）品种的产品，分类工作不重或基本上不需要分类存放。储存后进行加工，加工一般是按照客户的要求进行。加工后的产品直接按客户要求分放、配货。所以，这种配送中心有时不单设分货、配货、拣选环节。配送中心加工部分及加工后分放部分占了较多的空间。

（3）批量转换型配送中心

这种配送中心将批量大、品种较单一的产品进货转换成小批量式发货，它的业务流程是：进货、储存、装货或包装、送货、送达。

11.2.4 配送中心的选址

配送中心位置的选择显著影响了实际营运的成本与效率，企业在决定配送中心选址方案时，必须谨慎参考相关因素。物流中心选址决策包括两个方面的含义：地理区域的选择和具体地址的选择。

首先，选择合适的地理区域。对各地理区域进行审慎评估，选择一个适当范围为考虑的区域，如华南地区、华北地区等。其中必须考虑配送中心物品特性、服务范围及企业的运营策略；其次，确定具体的建设地点。配送中心选址时应该考虑的主要因素有：客户的分布、交通条件、人力资源条件、政策环境条件、土地条件、自然条件等。

1. 客户的分布

配送中心选址首先要考虑的是所服务客户的分布。一般来说，企业的客户是大分销商和大型超市，这些客户大部分分布在人口密集的地方，为了提高服务水准及降低配送成本，配送中心多建在城市边缘接近客户分布的地区。

2. 交通条件

交通条件是影响物流配送成本及效率的重要因素，交通运输条件将直接影响车辆配送。因此必须考虑对外交通的运输通路，以及未来交通状况等因素。选址应选择重要的运输线路，以方便配送运输作业的进行。

考核交通方便程度应考虑以下条件：高速公路、国道、铁路、快速道路、港口、交通限制规定等几种。一般配送中心应尽量选择在交通方便的高速公路、国道及快速道路附近，如果以铁路及轮船作为运输工具，则要考虑靠近火车站、港口等。

3. 人力资源条件

在配送中心内部必须要有足够的作业人员，因此在决定配送中心位置时必须考虑劳工的来源、技术水准、工作习惯、工资水准等因素。人力资源的评估条件有附近人口、上班交通状况、薪资水准等几项。

4. 政策环境条件

政策环境条件也是物流选址评估的重点之一，政策环境条件包括企业优惠措施（土地提供、减税）、城市规划（土地开发、道路建设计划）、地区产业政策等。最近在许多交通枢纽城市如深圳、武汉等地都在规划设置现代物流园区，其中除了提供物流用地外，还有税赋方面的减免，这有助于降低物流业者的营运成本。

5. 土地条件

对于土地的使用，必须符合相关法规及城市的规划，企业应尽量选址在物流园区或经济开发区。建设用地的形状、长宽、面积与未来扩充的可能性，则与规划内容有密切的关系，因此在选择地址时，有必要参考规划方案中仓库的设计内容，在无法完全配合的情形下，必要时需修改规划方案的内容。另外，还要考虑土地大小与地价，在考虑现有地价及未来增值状况下，考虑未来可能扩充的需求程度，决定最合适的面积大小。

6. 自然条件

在配送中心选址评估当中，自然条件也是必须考虑的，事先了解当地自然环境中的湿度、盐分、降雨量、台风、地震、河川等会影响配送中心选址。有的地方靠近山边湿度比较大，有的地方湿度比较小，有的地方靠近海边盐分比较高，这些都会影响商品的储存品质，尤其是服饰产品或 3C 产品等对湿度及盐分都非常敏感。

11.3 配送作业流程

配送工艺流程有两种形态：一般流程和特殊流程。一般流程即配送活动必须经过的基本工艺流程，而特殊流程则是适应于特殊需要和特殊产品流通而设计和实施的工艺流程。首先了解基本环节和基本作业，再了解一般流程和特殊流程。

11.3.1 配送的基本环节

1. 备货

①筹集货物。由订货（或购货）、进货、集货及相关的验货、结算等一系列活动组成。

②储存货物。一种是暂存形态，即按照分拣、配货工序要求，在理货场地储存少量货物，为的是适应"日配"、"即时送货"的需要；另一种是储备（包括保险储备和周转储备）形态，即按照一定时期的配送活动要求和根据货源的到货情况（到货周期）有计划地确定。

2. 理货（货物分拣、配货和包装）

①摘取式分拣。作业人员拉着集货箱（或称分拣箱）在排列整齐的仓库货架间巡回走动，按照配运单上所列的品种、规格、数量等将客户所需要的货物拣出及装入集货箱

内。为提高分拣作业劳动效率，可装配自动化分拣设施。

②播种式分拣。将数量较多的同种货物集中运到发货场，然后根据每个货位货物的发送量分别取出货物，并分别投放到每个代表用户的货位上，直至配货完毕。为了完好无损地运送货物和便于识别配备好的货物，有些经过分拣、配备好的货物尚需重新包装，并且要在包装物上贴上标签，记载货物的品种、数量，收货人的姓名、地址及运抵时间等。

3. 送货

①按照配送合理化的要求，在全面计划的基础上，制定科学的、距离较短的配送路线，选择经济、迅速、安全的运输方式和适宜的运输工具。

②配送中的送货（或运输）通常都把汽车（包括专用车）作为主要的运输工具。

4. 流通加工

①在配送过程中根据用户要求或配送对象（产品）的特点，有时需要在未配货之前先对货物进行加工（如钢材剪裁、木材截锯等），以求提高配送质量，更好地满足用户需要。

②货物加工是流通加工的一种特殊形式，其主要目的是使配送的货物完全适合用户的需要和提高资源的利用率。

11.3.2 配送的基本作业

1. 订单处理作业

①根据公司对客户的信用状况进行查核。

②统计订货数量，并调货、分配出货程序及数量。

③退货数据的处理。

④制定报价计算方式，做报价历史管理。

⑤制定客户订购最小批量、订货方式或订购结账截止日。

2. 采购作业

①商品数量需求统计。

②向供货厂商查询交易条件。

③根据所需数量及供货厂商提供的经济订购批量提出采购单。

④采购单发出后进行入库进货的跟踪。

3. 进货入库作业

①商品入库上架，等候出库需求时再出货。要按照仓库区域规划管理原则或商品生命周期等因素来指定储放位置并登记，以便日后的库存管理或出货查询。

②直接出库。管理人员需按照出货需求将商品送往指定的出货码头或暂时存放地点。出库搬运时需由管理人员选用搬运工具，调派工作人员，并安排工具、人员的工作进程。

4. 库存管理作业

①仓库库区管理。包括商品在仓库区域内的摆放方式、区域大小、区域分布等的规划，商品进出仓库的控制——先进先出或后进先出，进出货方式的制定——商品所需搬运

工具、搬运方式，仓储区货位的调整及变动，包装容器的使用与保管维修。

②库存控制。按照商品出库数量、入库所需时间来制定采购数量及采购时间，并做采购时间预警系统；制定库存盘点方法，定期打印盘点清单，并根据盘点清单内容清查库存数，修正库存账目并制作盘盈盘亏报表。

5. 补货及拣货作业

①在出库日，当库存数满足出货需求量时，即可根据需求数量打印出库拣货单及各项拣货提示，进行拣货区域的规划布置，使拣货不至于缺货。

②补货作业包括补货量及补货时点的制定、补货作业调度和补货作业人员调派。

6. 流通加工作业

①流通加工作业包括商品的分类、过磅、拆箱重包装、贴标签及商品组合包装。

②流通加工作业需要进行包装材料及包装容器的管理、组合，包装规格的制订，流通加工包装工具的选用，流通加工作业的调度，作业人员的调派。

7. 出货作业

①根据客户订单为客户打印出货单据，制定出货调度，打印出货报表、出货商品上所需地址标签及出货核对表。

②由调度人员决定集货方式、选用集货工具、调派集货作业人员，并决定运输车辆的大小与数量。

③仓库管理人员或出货管理人员决定出货区域的规划布置及出货商品的摆放方式。

8. 配送作业

①商品装车。事先规划配送区域的划分或配送路线安排，由配送路线选用的先后次序来决定商品的装车顺序。

②实际配送。在商品配送途中进行商品跟踪、控制及配送途中意外状况的处理。

9. 会计作业

①商品出库后，销售部门可根据出货数据制作应收账单，并将账单转入会计部门作为收款凭据。

②商品入库后，则由收货部门制作入库商品统计表，以作为供货厂商催款稽核之用，并由会计部门制作各项财务报表供经营政策制定及经营管理参考。

10. 管理及绩效管理业务

①先由各个工作人员或中层管理人员提供各种信息与报表，包括出货销售统计数据、客户对配送服务的反馈报告、配送商品次数及所需时间报告、配送商品的失误率、仓库缺货率分析、库存损失率报告、机具设备损坏及维修报告、燃料耗材等使用量分析、外雇人员和机具设备成本分析、退货商品统计报表、人力使用率分析等。

②高层管理人员根据各项活动及活动间的相关性，将作业内容相关性较大者或数据相关性较大者分成同一组群，并将这些组群视为计算机管理系统下的大结构，通过各种考核评估来实现配送中心的效率管理，并制定经营决策及方针。

11.3.3 配送的流程

1. 配送的一般流程

（1）进货

①订货或购货。表现为配送主体向生产商订购货物，由后者供货。

②集货或接货。表现为配送主体收集货物，或者接受用户所订购的货物。

（2）储存

①储存作业一般包括这样几道程序：运输→卸货→验收→入库→保管→出库。

②储存的形式有：利用仓库进行储存、利用露天场地储存，特殊商品（如液体、气体）则需储存在特制的设备中。

③可利用贯通式货架、重力式货架和计算机储存系统等储存设备和技术存储货物。

（3）分拣、配货

在进行分拣、配货作业时，少数场合是以手工方式进行操作的，更多的场合是采用机械化或半机械化方式操作的。随着一些高新技术的相继开发和广泛应用，自动化的分拣、配货系统已在很多企业的配送中心建立起来。

（4）配装、送货

①作业程序如下：配装→运输→交货。

②选择合理的运输方式和使用先进的运输工具，对于提高送货质量至关重要。应选择直线运输、配载运输（即充分利用运输工具的载重量和容积，合理安排装载的货物和载运方法的一种运输）方式进行作业。

2. 配送的特殊流程

①各类食品的配送流程：进货→储存→分拣→送货。

②煤炭等散货的配送流程：进货→储存→送货。

③木材、钢材等原材料的配送流程：进货→加工→储存→分拣→配货→配装→送货。

④机电产品中的散件、配件的配送流程：进货→储存→加工→储存→装配→送货。

11.4 配送模式和作业方法

11.4.1 配送模式

随着我国商业流通的进一步发展，结合我国目前各系统、各地区开展配送的实际情况，我国现在一般有四种销售配送模式，不同的企业本身情况在实践中灵活选择运用。

1. 四种模式介绍

（1）企业内自营型配送模式

这是目前生产、流通或综合性企业所广泛采用的一种配送模式。企业通过独立组建配送中心，实现对内部各部门、厂、店的物品供应——配送。这种配送模式中虽然因为融合了传统的"自给自足"小农意识，形成新型的"大而全"、"小而全"，从而造成了新的资源浪费。但是，就目前来看，它在满足企业（集团）内部生产材料供应、产品外销、零售场店供货和区域外市场拓展等企业自身需求方面发挥着重要作用。

较典型的企业内自营型配送模式，就是连锁企业的配送。大大小小的连锁公司或集团基本上都是通过组建自己的配送中心来完成对内部场、店的统一采购、统一配送和统一结算的。

（2）单项服务外包型配送模式

它主要是由拥有一定规模的物流设施设备（库房、站台、车辆等）、专业经验和技能的经营批发、储运或其他物流业务的企业，利用自身业务优势，承担其他生产性企业在该区域内市场开拓、产品营销而开展的服务的配送。

在这种配送模式中，生产企业租用批发、储运等企业的库房，作为存储商品的场所，并将其中的一部分改造为办公场所，设置自己的业务代表机构，并配置内部的信息处理系统。通过这种现场办公式的决策组织，生产企业在该区域的业务代表控制着信息处理和决策权，独立组织营销、配送业务活动。提供场所的物流业务经营企业，只是在生产企业这个机构的指示下，提供相应的仓储、运输、加工和配送服务，收取相对于全部物流利润的极小比率的业务服务费。

开展这种模式配送的物流业务经营企业，对所承揽的配送业务缺乏全面的了解和掌握，无法组织合理高效的配送，在设备、人员上浪费比较大。所以，这是一种高消耗、低收益的配送模式。

（3）社会化中介型配送模式

在这种模式中，从事配送业务的企业，通过与上游客户（生产、加工企业）建立广泛的代理或买断关系，与下游客户（零售店铺）形成较稳定的契约关系，再将生产、加工企业的商品或信息进行统一组合、处理后，按客户订单的要求，配送到店铺。这种模式的配送，还表现为在用户间交流供应信息，从而起到调剂余缺、合理利用资源的作用。

社会化的中介型配送模式是一种完整意义上的配送模式。目前，大多数企业、集团特别是物流、配送企业正在积极探索这一模式。

（4）共同配送模式

这是一种配送经营企业间为实现整体的配送合理化，以互惠互利为原则，互相提供便利的配送服务的协作型配送模式。共同配送模式属于一种横向集约联合。按供货和送货形式又可分为共同集货型、共同送货型和共同集送型。

共同集货型是指由几个物流配送部门组成的共同配送联合体的运输车辆，采用"捎脚"方式向各货主取货。共同送货型则是共同配送中心从货主处分散集货，而向客户送货采用"捎脚"方式。共同集送型则兼有上述两种模式的优点，是一种较理想的配送模式。

按共用化范围确定的模式，共同配送还可分为资源共同型和共同管理型。前者是参加横向集约联合的企业组成共同配送中心，利用各加盟企业的有限资源（含人、财、物、时间和信息），使之得到充分利用。后者则是企业间在管理上各取所长，互通有无，优势互补，特别表现在人员使用与培训上。

2. 四种模式简评

企业内自营型配送模式，尽管弊端较多，但就目前来看，专业化、社会化配送还没有广泛形成，这种"自己的东西用着方便"的配送模式，确实在一定程度上使连锁、生产企业在商品和原材料供应上做到了"万事不求人"。因此，这种配送模式有利于本企业（集团）的发展。当然，这只是顾及眼前利益，有魄力的决策者绝不会止步于此，在规模发展到一定程度之后，定会果断地加以调整，并大胆开拓、创新。

单项服务外包型配送模式是一种雇用式的配送，一些物流企业尝到了甜头。首先是物流设施设备的充分利用和企业收益的显著增加，这是体制转轨以来物流企业渴望看到却一直无缘谋面的；其次，这种模式的配送，让企业不伤脑筋就能挣"大钱'，不亚于"天上掉馅饼"。货主企业也能充分享受这种配送模式的灵活性，因为他想将配送作业中的任何一种作业外包均可以，完全取决于其自身的需要，这种单项服务外包，在西方也称为"第三方物流"。因此双方企业自然都会乐此不疲。

社会化的中介型配送模式是目前应充分肯定并大力推广的模式，代表着配送发展的方向。这不仅仅因为它能以较大的价格优势和规模效益，达到降低流通费用，减少人力、物力、财力浪费的作用，从而为企业带来明显的经济效益，其意义和价值还体现在：这种配送模式有利于专业化、社会化商品配送中心的形成。主动出击，努力改变被动服务的地位，积极从获取代理权、经营入手，开展全方位的配送，对提供社会化中介型配送服务企业来讲，应是其希望之所在。

共同配送模式可以极大地促进"物尽其用"和"货畅其流"，值得大力推广。

我国现阶段企业发展过程中，对配送的需求最为迫切，对其中的酸甜苦辣体味也最深，尤其在当前我国物流、配送体系尚未形成，专业化、社会化配送严重欠缺的情况下，各企业不得不自力更生，开展集团内配送，以解燃眉之急，并在此基础上谋求广泛的发展。不少企业走上这条路，并且卓有成效。如上海华联超市，建立了内部的配送中心，严格实行统一采购、统一进货、统一配送、各店分销的自营型配送，实现了一套资金、一套库存、一种价格，从而大大降低进货成本，形成规模优势和连锁效应。

11.4.2 配送作业方法

1. 拣选式配货工艺

（1）拣选式配货工艺的流程

基本流程是：储物货位相对固定，而拣选人员或工具相对运动，故又称作人到货前式工艺。

（2）拣选式配货工艺的特点

①各用户的拣选互相牵制，可以根据用户要求调整配货先后次序。

②对于紧急需求，可以采取集中力量快速拣选的方式。

③拣选完一个货单，货物便配齐，可以不再落地的直接装车配送。

④对机械化、自动化没有严格要求。

⑤用户数量不受工艺限制，可在很大范围内波动。

（3）拣选式配货工艺的应用范围

①不能建立相对稳定的用户分货货位的情况。

②用户之间共同需求差异较大的情况。

③用户需求种类较多，增加统计和共同取货难度的情况。

④用户配送时间要求不一的情况。

⑤传统的仓库改造为配送中心，或新建的配送中心初期运营时。

（4）拣选式配货工艺的作业形式

①人工拣选。由人一次巡回或分段巡回于各货架之间，按订单拣货，直至配齐。

②人工加手推作业车拣选。分拣作业人员推车一次巡回或分散巡回于货架之间，按订单进行拣货，直到配齐。适用于普通货架和重力式等大型货架。

③机动作业车拣选。分拣作业人员乘车辆或台车为一个用户或多个用户拣选。在拣选过程中就进行货物装箱或装箱处理。

④传动运输带拣选。分拣作业人员只在附近几个货位进行拣选作业，传动运输带不停地运转；或分拣作业人员按指令将货物取出放在传动运输带上，或放入传动运输带上的运输容器内。传动运输带运转到末端时把货物卸下来，放在已划好的货位上待装车发货。每个作业人员仅负责几种货物的拣选。

⑤拣选机械拣选。自动分拣机或由人操作的叉车、分拣台车巡回于高层货架间进行拣选，或者在高层重力式货架一端进行拣选。这种方式可以由人随机械或车操作，也可以通过计算机使拣选机械自动寻址，自动取货。适用于对体重和体积都较大且易形成集装单元的货物的拣选。

⑥回转式货架拣选。分拣作业人员固定在拣货的位置，按用户的订单操纵回转式货架作业。这种方式适用于领域较窄的情况，只适合于仪表零部件、药材、化妆品等小件货物的拣选。

2. 分货式配货工艺

（1）分货式配货工艺的流程

基本流程是：用户货位固定，分货人员和工具相对运动。

（2）分货式配货工艺的特点

①集中取出众多用户共同需要的货物，再将货物分放到事先规划好的配货货位上。

②这种工艺计划性较强，若干用户的需求集中后才开始分货，直到最后一种共同需要的货物分放完毕。

③分货式配货工艺的应用范围广。

④用户稳定，且用户数量较多。

⑤用户需求具有很强的共同性，差异较小，需求数量有一定的差异，但种类差异较小。

⑥用户需求种类有限，易于统计和不至于分货时间太长。

⑦用户配送时间要求没有严格限制。

（3）分货式配货工艺的作业方式

①人工分货。适合人工分货的有药品、钟表、仪表零部件、化妆品、小百货及邮政信件等体积较小、重量较轻的货物。

②人工＋手推作业车分货。分拣的货物一般为小包装或个装。

③机动作业车分货。

④传动运输带＋人工分货。

⑤分货机自动分货。

⑥回转货架分货。

3. 分拣配货作业的优化

（1）分拣优化的基本思路

①尽可能缩短行走、寻找货物、取出货物三个方面的时间。

②选用性能好的机械设备。

（2）分拣优化的做法

①在分拣配货单上输入货架编码（决定货物区域的编码，决定货架列的编码，决定货架层数的编码，决定货架分段的编码）。

②在台架上保管的商品应采用单一分拣。

③利用重力式货架提高分拣效率。

④采用数字化分拣。

● 数字化分拣的优点：

①分段分拣时，利用分拣配货单分拣比一般分拣提高 4 倍以上的速度。

②因为减少商品编号的确认和配货单的错误，也减少了分拣损失。

③对应广阔区域内的配送和超市供货的配送中心是普及数字化分拣的重点，采用数字化分拣，成本下降，库内作业机械化的水平提高。

④利用旋转式货架分拣。特别是小型商品，利用多段式旋转货架分拣商品不间断地搬运到配货场前，不需走路就能完成分拣，进一步提高了分拣效率。

⑤将分拣的商品利用运输机送到下一道工序。

⑥空货箱利用运输机收集起来再次利用。

（3）重视分拣信息的利用

①利用信息设备作为分拣的支援系统，不仅可以利用计算机，各种各样的信息设备和方法都可以利用。

②必须关注信息的变化和整理工作。

（4）分拣效率好坏的判断

①处理的订单件数和处理货物品种数。

②每天的发货品种数。

③每一张订单的品种数。

④每一张订单的作业量。

4. 进货发货作业方法

（1）进货作业的内容

①进货的信息处理

- 核对订货单和配送单（已订货物全部进货或没有缺货的凭证）。
- 对缺货品和进的不同的货物做出处理意见的报告。

②进货检验

- 运用条形码、扫描仪对货物品种和送货单的品名、数量进行确认。
- 品质检查发现不良品时，必须追加订货或变更进货数量。对不符合要求的货物应暂存在临时储存场所。
- 自动化程度较高的配送中心的进货检验方法是：货物从汽车上卸到运输机上，在运输机上扫描货物的条形码自动读取数据，核对计算机上配送单的信息，同时打出指示保管场所的条形码，将价格自动附加在货物上。

（2）发货作业的内容

①发货检验

- 按订单分拣之后需进行检验，看发货的物品有没有错误。
- 如果被检物品上带有条形码，要用扫描器自动读取条形码，并同计算机中的信息核对。也可采取用编码器读取物名、数量，再用计算机核对的方式。

②发货捆包

- 将分拣后的散货装入发货箱内进行捆包。
- 发货箱的大小一般分为三种，有的是根据数量选用，有的是利用计算机计算货物的容积，指定发货箱的大小。
- 通用箱用于分拣后直接发货，简化发货作业。使用通用箱时必须考虑通用箱的回收成本及破损、丢失、清扫成本。

③送货作业指标

- 车辆使用指标：配送发车时满载率、单车配送量、单车配送次数、燃料消耗指标。
- 送货作业质量评价指标：迅速及时率、准确率、安全率、损耗率。

5. 进出货作业的优化

（1）进行交叉作业

①在配送中心，将从供货商那里进来的货物按用户进行分类配送时，由于配送中心不具备库存和指定进货时间，所以在进货的同时，向各用户进行分货，这个过程叫做交叉作业。

②交叉作业时，进货的包装全部带有物流条形码，所进货物将自动分类，并投放到运

输带上用计算机读取条形码，并对订货单、进货单进行核对，将自动分类运输机的分类作业信息，用喷墨打印机打印在包装箱上，自动读取并分类。

（2）推进作业自动化

①利用托盘将货物装到汽车上运送，以叉车装卸为主。

②货箱和集装箱的汽车自动装车，可利用计算机，按照货物的类型，编制成装车类型，然后利用机器人等进行装车。

③在发货场组成发货系统时，应充分考虑将汽车本身作为发货设备的各种方法。

（3）简化检验作业

①标记（标签）检验。其过程如图 11－1 所示。

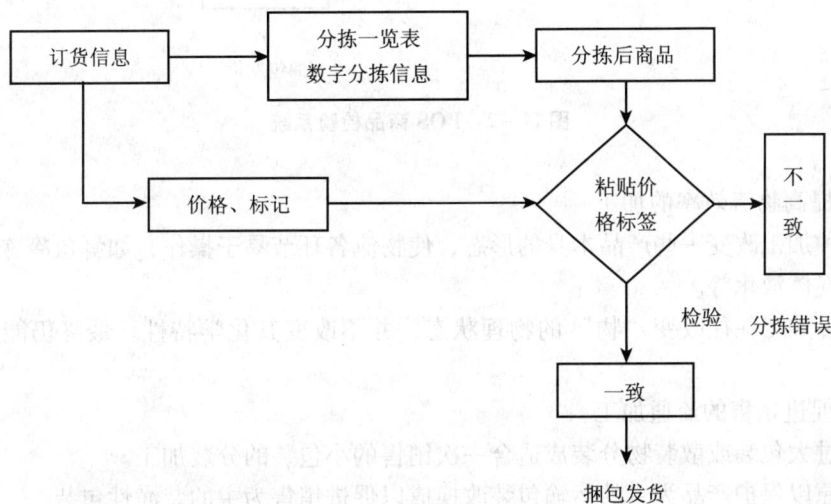

图 11－1 标记检验

②POS 检验。其作业系统如图 11－2 所示。

6. 流通加工作业方法

根据分类标准的不同，流通加工作业分为以下几个类型：

（1）满足需求多样化的加工

①初级加工带有服务性，由流通加工来完成。

②初级加工由流通加工来完成，就用户来讲，能使生产型用户尽量减少流程，集中力量从事较复杂的、技术性较强的劳动；对一般消费者而言，则可减去烦琐的预处置工作，集中精力从事较高级、能直接满足需求的劳动。

（2）保护产品的加工

①这种加工并不改变进入流通领域的"物"的外形及性质，只是防止产品在运输、储存、装卸、搬运、包装等过程中遭到损失。

②这种加工主要采取稳固、改装、冷冻、保鲜、涂油等方式。

```
┌─────────┐      ┌──────────────┐      ┌──────────┐
│ 订货信息 │─────→│ 分拣一览表    │─────→│ 分拣后商品 │
└─────────┘      │ 数字分拣信息  │      └──────────┘
                 └──────────────┘            │
                                             ↓
         ┌──────────────┐          ◇─────────────◇      ┌────┐
         │ 计算机内的    │─────────→│ 利用POS扫    │─────→│ 不 │
    ────→│ 分拣一览表    │          │ 描仪扫描条   │      │ 一 │
         └──────────────┘          │ 形码         │      │ 致 │
                                   ◇─────────────◇      └────┘
                                        │            分拣错误
                                        │ 检验
                                        ↓
                                   ┌────────┐
                                   │ 一致    │
                                   └────────┘
                                        │
                                        ↓
                                   捆包发货
```

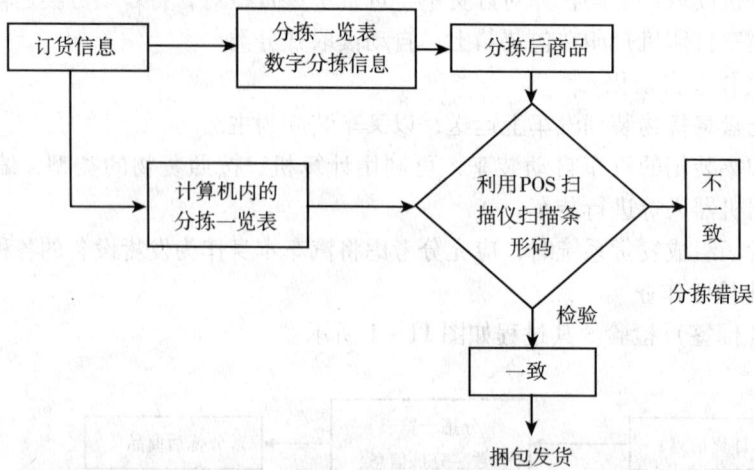

图 11 – 2 POS 商品检验系统

（3）提高物流效率的加工

①这种加工改变一些产品本身的形态，使物流各环节易于操作，如鲜鱼冷冻、过大设备解体、气体液化等。

②这种加工往往改变"物"的物理状态，并不改变其化学特性。最终仍能恢复原物理状态。

（4）促进销售的流通加工

①将过大包装或散装物分装成适合一次销售的小包装的分装加工。

②将原以保护产品为主的运输包装改换成以促进销售为主的装潢性包装。

③将零配件组装成用具、车辆以便于直接销售。

④将蔬菜、肉类洗净切块以满足消费者需要等。

（5）便于运输的流通加工

①在干线运输及支线运输的结点，设置流通加工环节，以有效解决大批量、低成本、长距离干线运多品种、少批量、多批次末端运输和集货运输之间的衔接问题。

②在流通加工点与大生产企业间形成大配送，也可在流通加工点将运输包装转换成销售包装，从而有效衔接不同目的的方式。

生鲜食品的流通加工包括以几个环节：

（1）冷冻加工

①为解决鲜肉、鲜鱼在流通中的保鲜及搬运装卸的问题，采取低温冻结方式的加工称为冷冻加工。

②这种方式也用于某些液体商品、货品等。

（2）分选加工

①农副产品规格、质量离散情况较大，为获得一定规格的产品，采取人工或机械分选

的方式加工称为分选加工。

②广泛用于果类、瓜类、谷物、棉毛原料等。

（3）精制加工

农、牧、副、渔等产品的精制加工是在产地或销售地设置加工点，这样不但大大方便了购买者，而且还可以对加工的淘汰物进行综合利用。

（4）分装加工

为了便于销售，在销售地区按所要求的零售起点进行新的包装，即大包装和散装改小包装、运输包装改成销售包装。

7. 包装（再包装）作业方法

（1）按形态分类的包装

①逐个包装。是指交到使用者手里的最小包装，这是把物品全部或一部分装进袋子或其他容器里并予以密封的状态或技术。

②内部包装。是指将逐个包装的物品归并为 1 个或 2 个以上的较大单位放进中间容器里的状态和技术。内部包装的目的是为了保护物品。

③外部包装。是指从运输作业的角度考虑，为了加以保护并为搬运方便，将物品放入箱子、袋子等容器里的状态和技术。包括缓冲、固定、防湿、防水等措施。

（2）按形态分类包装的作用

①保护作用——保护质量。

②定量作用（按单位定量）——形成基本单件或与此目的相适应的单件。

③标志作用——容易识别。

④商品作用——创造商品形象。

⑤便利作用——处理方便。

⑥效率作用——便于作业、提高效率。

⑦促销作用——具有广告效力，能唤起顾客的购买欲望。

（3）按功能分类的包装

①工业包装。这是以运输、保管为主要目的包装，也就是从物流需要出发的包装，也称运输包装。

②商业包装。也叫零售包装或消费者包装。主要是根据零售业的需要，作为商品的一部分或为方便携带所做的包装，也即逐个包装。

（4）工业包装的主要作用

①保护作用。避免搬运过程中的脱落，运输过程中的震动或冲击，保管中由于承受物重所造成的破损；避免异物的混入和污染；防湿、防水、防锈、遮光、防霉变、防虫害，防止因为化学或细菌的污染而出现的腐烂变质。

②定量作用。整理成为适合搬动、运输的单元；整理成适合托盘、集装箱、货架或载重汽车、货运列车等运载的单元。

③便利作用。形状便于运输、搬动或保管；便于实施运输、搬动或保管等物流作业；

便于生产；便于废弃物的处理。

④效率作用。有利于提高生产、搬运、销售、运输配送、保管等的效率。

（5）商业包装的主要作用

定量作用、标志作用、商品作用、便利作用、促销作用。

（6）防震包装技术

防震包装技术是为防止由于在运输过程中震荡、冲击而造成制品损伤所采用的包装技术。一般采用在内装材料中插入各种防震材料，吸收外部冲力。防震包装作业的关键是确定防震材料种类和所需要的厚度。

防震包装中应该注意：在运输过程中，部件会不会因震动发生共振而破损；在零件安装不十分牢固时，是否会因冲击发生变形、移动、破损等，这些都要进行检验。

（7）防潮及防水包装技术

制品在流通过程中，因空气中的潮气（水蒸气）会发生变质、潮解、凝结，严重的还会发生锈蚀、霉变。为防止上述现象发生的包装技术即防潮包装技术。防水包装技术是为防止水浸入到包装物内部，利用防水包装材料、防水黏合剂等，使包装中的物品免受海水或雨水侵蚀的包装技术。防水包装分淡水、海水侵入的耐浸水包装及耐雨水、飞沫的耐散水包装两类。

防潮包装可以用透湿度低的材料包装，或者进一步控制包装容器内的湿汽，使之在必要的限度下，这就要预先排除湿汽或在包装中放入干燥剂。在防潮、防水材料中有在纸、玻璃纸上进行防湿加工的纸系材料，还有塑料薄膜以及铅箔等。

干燥剂按作用分为化学干燥（利用化学反应）和物理干燥（利用吸附特性）两大类。用于包装的主要是物理干燥，最经常使用的是硅胶。

（8）防锈包装技术

①采用涂防锈剂的方法防止生锈。根据需要，还可同时使用防锈的耐油性隔断防湿材料。

②在金属表面直接防锈或在外包防锈的基础上，涂盖可剥性塑料防锈剂。

③在使用防锈剂的基础上，用防水隔断材料覆盖，以防止水浸入致生锈。

④在使用防锈剂的基础上，防潮隔断材料覆盖密封，以防湿气侵入致生锈。

⑤用防潮隔断材料覆盖，在内部装入干燥剂的基础上进行密封包装。这种方法又可分为使用防锈剂和不使用防锈剂两种。

（9）防虫及防鼠包装药剂

①为防止包装内的物品被昆虫损害，可使用杀虫剂、艾氏剂、狄氏剂、杀蟑螂丸等药剂处理过的防虫包装材料包装物品。

②为防止鼠害，可采用涂布或混入福美锌（锌来特）的纸、塑料薄膜作包装材料。

③使用被药料处理过的包装材料时要注意，有些种类的药剂分直接接触包装内部的物品时，对物品有害。

11.5 案例分析：澳大利亚丰田汽车备件物流配送系统

　　早在 20 世纪 80 年代，日本丰田汽车公司就把大批生产线发展到国外，其中包括澳大利亚。由于澳大利亚政府从 1987 年起就降低关税，澳大利亚已成为丰田汽车公司产品的主要销售和出口地。

　　在过去的 10 多年里，日本丰田汽车公司不只生产汽车，而且一直在澳大利亚发展全方位的汽车零部件配送系统和物流链管理服务。如果有一辆汽车在澳大利亚的草原或者荒漠中抛锚，无论是丰田还是其他牌号汽车，只要把求助信息发到丰田汽车备件公司所属配送中心，不需等候多久，附近的丰田汽车零部件销售商就会以最快的速度把所需的，并且又是正宗的汽车零部件送到出事地点。在必要的情况下，随行的专业技术人员会帮助修好汽车，收费非常合理。丰田汽车备件公司在澳大利亚的物流服务已经成为全球汽车厂商的典范。

　　丰田汽车公司把零部件物流服务看成是售后市场的主体，其意义与制造和销售同样重要。原来在丰田汽车公司并不热门的汽车零部件物流服务现在成为汽车制造厂商长期生存战略的关键行业。精于市场动态调查的丰田汽车公司发现，消费者一旦享受到某种品牌汽车的最佳售后服务，就会对这种品牌的汽车赞不绝口，于是购买这种品牌汽车的消费者就会接踵而来。调查还发现，大约有 86% 的消费者在购买某品牌汽车的第一年内会回头向该品牌的汽车生产厂商购买零部件，但是 5 年以后再回头购买该品牌汽车零部件的消费者下降到 20%。也就是说，新车使用期一年内是汽车零部件需求量最低的时期，当汽车使用期超过 5 年，正是修理保养汽车需要零部件最多的时候。显而易见，这些本来应该继续是"回头客"的消费者因为种种原因转到其他汽车零部件商店购买他们需要的备件了。如果让这种状况发展下去，丰田汽车公司必将在日益激烈的汽车备件市场的竞争中失利。

11.5.1 改革陈旧的零部件观念

　　汽车售后服务、汽车零部件销售和快速递送，以及汽车备件物流链管理都是公司的利润中心，各种品牌汽车厂商之间最激烈的竞争往往不是汽车本身，而是在售后服务及其可以相互替代使用的零部件销售上。

　　丰田汽车公司开始全面调查零部件的销售情况。汽车零部件大多是预先堆放在某地一个预配中心的仓库里，按照传统的销售方式，凡是需要汽车备件的顾客必须预订。产生的后果是，汽车的零部件在仓库里堆积如山，而消费者或者客户却为一时买不到某项备件而着急，这时其他代替品牌的供应商往往会乘虚而入。正因为当初丰田汽车公司缺乏汽车零部件的整体物流链管理和周详的服务规划，失掉了许多业务发展机会和潜在消费者。

　　20 世纪 90 年代初，丰田汽车公司及时变换经营理念，调整僵化的机制，给企业和产品重新定位，下决心改革陈旧的汽车零部件经营方式，开始在澳大利亚市场开拓和重新组合丰田汽车零部件销售服务渠道。

由于澳大利亚幅员辽阔，地形复杂，丰田汽车公司根据汽车用户的数量和销售商的经营情况，把澳大利亚分成 6 大零部件配送中心的 6 大物流链管理区。规模最大的两个零部件配送中心建在悉尼和墨尔本，二者总面积为 30 万平方英尺，主要负责澳大利亚东北海岸人口稠密地区的旅行车的需求。在澳大利亚西北海岸的零部件配送站规模较小。设在昆士兰市、汤斯维尔市、达尔文市的零部件物流链管理中心和配送站主要负责澳大利亚的矿产、天然气田等工业用车和商业用车的重型车辆备件，还必须兼顾满足消费者或用户提出和急需的其他汽车售后服务项目。丰田汽车公司在澳大利亚各地设立汽车零部件配送中心和售后服务点，即使在人烟稀少的荒漠和原始山林地区，在 700～3000 英里距离内必有丰田汽车零部件特许专卖店，专门为客户提供紧急援助。

经过 10 年来的不懈努力，丰田汽车公司在澳大利亚的零部件配送中心和物流链管理中心区（起初丰田汽车公司缺乏汽车零部件的整体物流链管理中心区）现在经营着 16 万种汽车备件，其中包括其他品牌的汽车，售后服务和汽车零部件的送达效率已是路人皆知。

11.5.2　丰田汽车悉尼零部件中心

丰田汽车公司规模最大的零部件中心位于悉尼，该中心同时又是建立公司仓储管理系统的测试场。首先，公司起草了一份悉尼汽车备件"一条龙"经营的重组改革计划。该计划包括缩短汽车备件和各种零部件产品从设计到成品最后到消费者手中的时间，减少成本。很快汽车备件的库存减少 10%，销售商收益增加 0.5%，仓库收益增加 7%，而车辆紧急修理和车辆路边抛锚救助时间与以往相比缩短了 20%。汽车零部件的物流链服务不仅促进售后服务大幅改善，而且又鼓励丰田汽车公司上层及时做出决策，采取各种切实措施降低包装、物流链各环节之间的联结点以及保养检修的成本。

在 IBM 的帮助下，构建了以 AS/400 和射频技术为基础的丰田澳大利亚汽车零部件物流链系统。该系统每时每刻全面跟踪物流链上每一个配送站操作的每一项业务，包括接受汽车零部件的订货指令，盘点开列零部件库存目录进货目录和发货指令。丰田汽车公司生产的和其他汽车公司各种型号汽车的成千上万种零部件信息和造型图片，在物流链信息网络上应有尽有，每一种零部件均有精确的库存方位编号、库存数量，搜索灵活方便，零部件订货、入库、出库全部使用无线扫描终端。系统昼夜不间断工作，只要收到任何车辆故障和有关不测事件的求助信息，紧急抢修服务必须在 2 小时内到达出事地点。

为进一步提高物流链配送服务的精确性，提高成品库存的管理效率和计划制订的速度，丰田汽车悉尼零部件物流链中心把库容巨大的网络系统各种数据信息全部转换到 CAD 软件上。这项技术促使管理人员更好地分析零部件的库存动态，提出建设性的应变计划，避免备件脱销。现在，其库存量下降 25%，而向消费者和客户提供的服务量提高了 4%，仓库营业额提高 20%，车辆路边紧急求助量下降 50%。今天的丰田悉尼零部件中心与澳大利亚全国 98% 的汽配商店都有配送业务和批发业务联系。

11.5.3 "交叉进坞"服务网

配送中心的经理指出，"如果消费者或客户要求的各种汽车备件中有2%无法从配送中心的备件目录中找到，或者无法及时送到他们手中，那么消费者就会对丰田公司不满意，使他们对丰田公司提供的其他出色服务视而不见。"

有时会遇到客户提出的"冷门"订货单，但是这个配送中心没有这种备件，说不定在另外一个中心或者供应商那里会有。在网络系统建立之前，帮助客户从一个个配送中心或汽配供应商那里寻找"冷门"备件至少要五天时间。现在通过物流链的网络向各个中心和汽配供应商发出指令，通常在一天内就能收到回音，最多两天内就能解决问题，备件从丰田墨尔本零部件配送中心运送到悉尼一天就能到达。

丰田汽车零部件配送中心称之为"交叉进坞"服务方式。因为备件配送中心与船坞一样有大小之分，大船进大坞，小船进小坞，各有各的作用。配送中心也同样如此，凡是有"冷门"备件的，不论是谁都可以供应，通过网络信息的传递，补充大型备件中心的不足。丰田汽车的"交叉进坞"服务网主要服务于"冷门"备件，这些备件业务量小，但影响却很大，能赢得顾客的满意。目前，丰田汽车零部件配送中心准备把"交叉进坞"服务网扩大使用到重大件和高价值部件上。

"交叉进坞"服务网大幅度降低了汽车备件从配送中心通过供应商最后抵达消费者的时间，极大地提高了配送中心之间的合作，不仅没有增加成本，反而提高丰田汽车配送中心的服务质量。

12 运输物流

运输是销售物流的一个重要组成部分，企业通过运输改变产成品的空间位置，运到所需要的地方进行销售。运输提供了销售生产成果的手段。高效的运输能使商品得到及时供应，这对于企业在日益激烈的市场竞争中取得胜利是十分重要的。同时运输费用是销售费用的重要组成部分，销售费用的高低会直接影响到商品的价格高低。所以运输通常是企业销售物流管理决策中的一个主要因素。

12.1 运输方式

管理者首先要根据销售系统的要求从铁路、公路、航空、水路、管道运输等方式或联合运输中做出选择，其中包括对不同方式的运价和服务水平的评价。本部分内容叙述了运输的方式。

12.1.1 一般运输方式

运输方式的运作特征包括服务可靠性、运送速度、服务频率、服务可得性和处理货物能力。这些因素和所付运费都是选择运输方式的重要因素。表 12 - 1 至表 12 - 5 分别列出了不同运输方式的特点。表 12 - 6 对不同运输方式进行了比较。

表 12 - 1　　　　　　　　　　铁路货运的特点

优　点	缺　点
不受天气影响，稳定安全	短距离货运，运费昂贵
具有定时性	货车编组，转轨需要时间
中长距离运货运费低廉	运费没有伸缩性
可以大批量运输	无法实现门对门服务
可以高速运输	车站固定，不能随处停车
可以按计划运行	货物滞留时间长
网络遍布全国，可以运往各地	不适宜紧急运输

表 12 – 2 公路货运特点

优　点	缺　点
可以直接把货物从出发处送到收货处	不适宜大批量运输
适于近距离运输，且近距离运输费用较低	长距离运费相对昂贵
容易装车	易污染环境，发生事故
适应性强	消耗量多

表 12 – 3 内航海运特点

优　点	缺　点
长距离运输，运费低廉	运输速度较慢
原材料可以散装上船	港口设施需要高额费用
适用于重物和大批量运输	运输时间难以保证准确
节能	易受天气影响

表 12 – 4 航空运输的特点

优　点	缺　点
运送速度快	运费偏高
包装简单	受重量限制
安全，破损少	地区不能离机场太远

表 12 – 5 管道运输的特点

优　点	缺　点
不受地面天气影响，可全天全年作业	运输对象比较单一
货物不需包装	局限于固定管道，且还是单向的
货物在管道中移动，货损率低	管道建设初期固定投资成本大
耗能少，占地少，无公害	
经营管理相对简单	
单位运营成本低	

表 12 – 6　　　　　　　　不同运输方式的技术和经济运作特征对比

	铁路	公路	航空	水路	管道
成本	中	中	高	低	很低
速度	快	快	很快	慢	很慢
频率	高	很高	高	有限	连续
可靠性	很好	好	好	有限	很好
可用性	广泛	有限	有限	很有限	专业化
距离	长	中，短	很长	很长	长
规模	大	小	小	大	大
能力	强	强	弱	最强	最弱

12.1.2　成组运输

成组运输是采用一定的办法，把分散的单件货物组合在一起，组成一个规格化、标准化的大运输单位进行运输。成组运输的意义是它便于进行机械化、自动化操作，提高运输、装卸效率，减少货损货差，降低运输和搬运成本，使运输速度大幅度提高。

成组运输的优点主要有：减少了所需的人工；可使用机械化装卸工具；降低了车辆的周转时间；方便了装卸和积载；操作更为安全；运输过程中破损和盗失的可能性大为降低；简化了托运标记和标签的使用。

由于成组运输具有很多突出优点，近年来，越来越多的企业把它作为物流运输过程中货物搬运和运输的重要形式。为了推动成组运用，各行各业的大型企业纷纷建立起适合本企业产品的标准包装系列，每种可供包装一定数量的产品，同时又可以与成组运输的托盘或集装箱的标准尺寸相匹配。这样，企业在收到订单时，可以立即根据订单数量选择合适的包装，不仅使货物能够更容易地适合成组运输，而且可以更快速地预订运输舱位。

目前，世界各国最常用的成组运输形式包括托盘运输和集装箱运输。

1. 托盘运输

托盘运输的优势主要表现在加速货物搬运和降低运输成本方面。使用托盘，货物可以充分利用叉车搬运，并与集装箱配合完成远洋运输，带来时间和成本的大量节约。

但是，在推广货物的托盘化运输过程中，也存在许多问题，其中问题之一是托盘的所有权与回收问题。通常，每个使用托盘的货主或货运公司都拥有自己的托盘，运输结束后，要将这托盘全部返回所需的成本相当的巨大。现实中，很多人想了很多办法来解决这个问题，但遗憾的是最终效果都不好，有些低成本托盘不能满足实践运输要求，还有些建立公用托盘库作用也不显著。

2. 集装箱运输

在集装箱运输中，集装箱是运输设施的一个组成部分，普通的货运集装箱是长方体，能不受天气影响运输和储存一定数量的货物（包括包装物或散装物料）；能保护其中的货物不受灭失、毁损；能与运输工具分开，以箱为单位对货物进行搬运，转运时其中货物无须重新装卸，从而确保货物不受中途干扰地运送到收货人。

集装箱的特点使其在国际货物运输中具有独一无二的优越性。然而，在集装箱使用之初，各国的集装箱在国际货运中的使用，在西方国家的强烈倡导和越来越多国家的响应下，国际标准化组织终于就国际运输中使用的标准集装箱达成了方案。目前，国际标准化组织技术委员会规定了集装箱国际标准。目前，世界大多数国家已将国际标准化组织确定的标准视为国家标准，同时该标准也被劳埃德船级社（Lloyds Register of Shipping）接受。

近年来，为了使集装箱适应不同条件下的不同类型货物，在集装箱的设计和制造方面有了许多改进，出现了许多专门类型的集装箱，包括：

（1）冷藏集装箱

这种集装箱附带制冷设备，在运输过程中可根据所运输货物的需要调节温度。适于运输新鲜蔬菜、水果等需冷藏的货物。

（2）散装集装箱

适于装载谷物及其制品、水泥、化学制品等粉状货物。可以节约包装费用，提高装卸效率。

（3）开顶集装箱

适于装运玻璃板、钢制品、机械等重货。可以使用起重机从顶部装卸货物。运输过程中，为防止货物发生移动，一般在箱内两侧各埋入几个索环，绳索穿过索环捆绑箱内货物。

（4）杂货集装箱

又统称通用集装箱，适用于各种干杂货，例如，日用百货、食品、机械等，是最为常见的集装箱。

（5）罐装集装箱

专门适用于酒类、油类、化学品等液体货物，并为此设计特殊的结构和设备。

（6）框架集装箱

用来装载不适于装在杂货集装箱或开顶集装箱的长大货物、超重货物、轻泡货物、重型机械、钢管、裸装机床和设备。既可从顶部用起重机装卸货物，也可从侧面用铲车进行装卸。

12.1.3　国际多式联运

在实际物流运作过程中，越来越多的货物开始采用联合运输方式，以发挥各方式的优势，获得最佳的效益。

多式联运是在集装箱运输的基础上产生发展起来的现代运输方式。多式联运是按照多式联运合同，以至少两种不同的运输方式，由多式联运经营人将货物从一国境内接管货物的地点运至另一国境内指定交付货物的地点。

在经济全球化的时代，多式联运在国际贸易运输中发挥着举足轻重的作用。

国际多式联运的优点主要有：降低了传统分段运输的时间损失以及破损、盗失风险；减少了分段运输的有关单证和手续的复杂性；降低全程运输的各种相关费用；货主只需与多式联运经营人一方联系，多式联运经营人对托运人的货物负全程责任；多式联运经营人提供的全程运费更便于货主就运价与买方达成协议；运输成本的降低有助于产品总物流成本的降低，从而提高产品的市场竞争力。

在实际运输中，多式联运一般有以下几种方式：

1. 海铁联运

这是一种铁路和海运联合的运输方式，最初产生于美国。它类似于滚装运输系统，所不同的是滚装的工具是火车车厢，这种方式将不同大陆的铁路系统通过海上运输工具连接起来，适于重型货物的运输。

2. 航空公路联合

长途运输（尤其是国际长途运输）中，航空与公路的联合十分常见，行包运输就常使用该种联合方式。在欧洲和美国，很多航空货物经卡车长途运输到达各大航空公司的基地，再由飞机运往目的地。欧洲的许多大型航空公司为此建立了卡车运输枢纽作为公路运输经营的据点。

3. 海空联运

这种联合方式兼有海运的经济性和空运的速度，在远东—欧洲的国际贸易中运用越来越广泛，适用于电器、电子产品、计算机和照相器材等高价值商品以及玩具、时装等季节性需求较强的商品。

4. 铁路、公路、内河与海上、内河

在内河运输较方便的地区，使用内河运输方式与铁路运输方式联合可以利用内河运输廉价的特点。例如，我国的北煤南运就常用该种联运方式。

公路—内河联运的方式是一些内河运输网发达的国家或地区（例如，欧洲莱茵河流域、北美五大湖区）在国际物流运作时使用的联运方式。通常，出口货物首先使用内河运输方式从内陆地区运到出口港口，通过海运方式再由港口运输到目的国。

5. 微型路桥

微型路桥是一种国际铁海或公路海运联运的形式。它由海运承运人签发全程提单，货主的集装箱货物，先由船舶从一国海港运到另一国海港，再由铁路承运人将货物运至内陆目的地。

6. 路桥

路桥系统是通过海陆或海陆海路线运输集装箱跨越大陆。这里，铁路运费是由签发全程提单的海运承运人按集装箱支付的。

7. 驮背运输

驮背运输是一种公路和铁路联合的运输方式，在北美和欧洲已经十分普遍。驮背运输在实际运作中主要有以下三种形式：拖车与挂车；挂车列车；铁公路。

（1）拖车与挂车

货物装在挂车里，用拖车运到火车站。在火车站，挂车被运上火车的平板车箱，拖车则与挂车分离。在目的地车站，再使用拖车将挂车拖运到收货人的仓库。

（2）挂车列车

是一种公路和铁路两用的挂车，这种公铁两用挂车在公路上用自己的轮子挂在公路拖车后面行驶，到达火车站时，将其在公路上行驶时使用的轮子收起来，放上火车轮架，就可以在铁轨上行驶。到达目的地后，又可以还原成公路运输工具，用公路拖车将其运到客户的仓库。

（3）铁公路

所谓"铁公路"就是自己有动力，能够行驶和自动装货的火车车厢，它不需要机车、吊车和转辙装置，而是自带一套独特的装货设备。由于"铁公路"的出现，铁路公司已能直接进行"门到门"运输，而不必依赖于卡车。在公里运距以内，"铁公路"系统比公路系统更优越，因为它不但可靠，而且费用低。

12.1.4 运输节点

物流系统网络中，连接物流线路的结节之处称为结点或节点。

按物品流通位移运动进行观察，物流过程是由许多运动过程和相对停顿过程组成的。物流过程是由多次的运动、停顿、再运动、再停顿，直至达到相对应，物流系统网络结构就是由执行运动使命的线路和执行停顿使命的结点两种基本元素所组成，物流活动是在线路和结点上进行的。在线路上，如陆路、水路、航空等进行的活动主要是运输，在结点上则可以完成物流其他的主要功能。当然，物流线路上的活动也要由结点组成和联系。

物流运输节点是物流系统结点的一部分。在此介绍运输转运型结点，它是处于运输线路上的结点，是物品的集散地，是各种运输工具的衔接点，是办理运输业务和运输工具作业的场所，也是运输工具保养和维修的基地。运输结点主要有铁路车站、汽车站、港口、航空港和管道站等。

1．车站

（1）中间站

铁路车站中最普遍，也是数量最多的一类。中间站的主要任务是办理列车的接发、通过、会让，对列车的调车作业和物品的承运、交付、装卸和保管工作等。

（2）区段站

区段站是位于铁路牵引区段起讫点上的车站。区段站办理的业务与中间站一样，但业务量较大。运输作业除办理列车接发等与中间站相同的业务外，还办理货物列车无改编中转作业，区段货物列车和列车的编组解体及向货场及专用线的取送车作业等。由于区段站位于牵引区段的起讫点，因此具有两项主要功能，即办理货物列车更换机车和乘务组，机车的检查和准备作业，列车的技术检查和车辆的检修功能和办理无改编中转货物列车作业功能。

（3）编组站

编组站是铁路运输网中的主要车站。编组站的主要任务是将重车和空车汇集编成发往各目的地的直达列车，还对区段列车、摘挂列车及小运转列车等进行编组。编组站以改组车流作业为主，直通车流作业为辅。编组站还设有比区段站更为完善的调车设备，以适应大量解体和编组列车的需要。

（4）货运站

货运站是指专门办理物品（货物）装卸作业，联运或换装的车站。货运站有可以办理各种物品作业的综合性货运站，也有专门办理某一种物品作业的专业性货运站。货运站除办理物品的承运、交付、保管等作业外，还可办理换装及车辆的清扫洗刷等作业。在转运作业方面，货运站主要办理枢纽内编组站与需求站间小运转列车的接发和编解作业，向装卸地取送车的作业等。

2. 汽车站

（1）停车场或停车库

停车场的主要功能是保管和停放车辆。停车场内按照车辆回场后的工艺过程，设立清洗、例保、加油和检验等有关设备。

（2）货运站

汽车货运站也称汽车站或汽车场，其主要任务是安全、方便和及时地完成运输生产作业，如交接、装卸和保管等作业。

（3）港口

①商港

商港是以商船的客货运输为服务对象的港口，也称贸易港。其主要任务是完成物品的运输、交接、装卸、保管等作业；对船舶提供靠泊和供应等服务；各种运输工具的换装作业等。如我国的上海港，国外的安特卫普港等。

②工业港

工业港是供大型企业输入原材料及输出制成品而设置的港口码头，也称货主码头。

③枢纽港

枢纽港是在海上集装箱运输中班轮经常挂靠的，班轮公司以其作为集散和转运中心的港口。在海上集装箱运输网络中，枢纽港之间的运输称干线运输。而通过陆路或水路为集装箱枢纽集散集装箱的运输称为支线运输。

（4）航空港

航空港，又称机场，是航空运输的起点和终点。它具有执行运输业务和保养维修飞机和飞机起飞、降落或临时停机等功能。机场一般由飞行区、运输服务区和机务维修区等区域所组成。机场的布局以跑道为基础，并以此布置滑行道、停机坪、货坪、维修机坪及其他场所。

（5）管道站

管道站，根据具体情况，也称为输油站或输气站等。它是对沿管道干线为输送油品或气体而建立的各种作业站或作业场的统称，是给液体和气体等增加压力、改变温度、提高流动性能的场所。

根据在管道线上所处位置的不同，管道站可以分为首站、末站和中间站。

①首站

也称起点站，是管道的起点，通常位于油田和（或）气田，炼厂或港口附近。首站接受来自油田和（或）气田的原油或天然气和来自炼厂的成品油，经计量和加压，有时还需加热后，输往下一站。首站还进行发送清管器，油品化验和收集，处理污油，原油的脱盐、脱水、脱机械杂质、加添加剂和热处理等作业。

②末站

也称终点站，通常是接收油（气）单位的油（气）库，如炼油厂的原油库或转运油库等。末站具有接受管道输来的油（气），将合格的油（气）品经计量后输送给接收单位，或改换运输方式，如转换为铁路或公路或水路继续运输等功能。

③中间站

位于管道沿线。中间站根据输油工艺中水力和热力计算结果，沿线工程地质，建设规划等要求来设置。中间站起到给油（气）流提供压力和（或）热能等能量的作用。

12.2 运输管理流程

随着物流管理观念在经济各领域的普遍渗透，运输部门在逐步提升，运输管理的基本责任和内容也随之发生了变化。运输管理是一项复杂、细致、富有挑战性的工作，是成功物流系统的重要保障。图 12-1 描绘的是运输管理作业流程，下面分别介绍其中的内容。

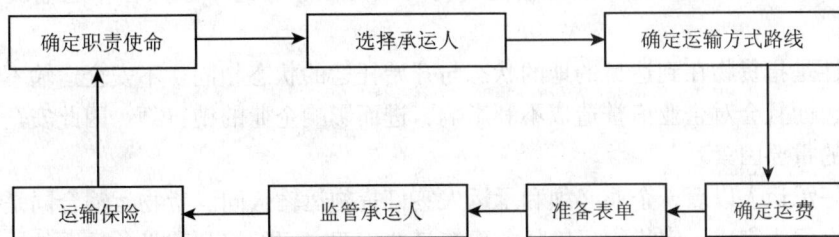

图 12-1 运输管理作业流程

12.2.1 确定运输管理部门职责和使命

销售运输管理业务流程首先要确定运输部门的职责与使命。运输部门的职责和使命，是确保以最低的成本为企业提供所需的运输服务以及为企业提供有关原材料、供应品和产成品移动方面的技术支持。运输部门的目标是确保所有的原材料在恰当的时间，以良好的状态到达工厂或客户，通过高效率、低成本的线路和信息管理以及对紧急要求的快速反应获得最大化的内部、外部客户满意度。运输部门应以获得总体客户的满意为目标，同时注重提高运作水平以便以更低的总成本为企业提供更好的服务。

物流系统中的运输部门除了做好各项与运输相关的本部门内的工作外，还要协助企业内其他部门进行运营和做出决策，包括协助市场营销部门向销售人员报出准确的运费，就可能的运输费用节约为销售折扣的数量提供依据，选择合适的线路确保产品的配送；帮助生产制造部门对包装和原料搬运提供建议，同时确保随时提供充足的运输；为外向运输提供运输方式和线路选择方面的指导，填发运输单据，促进集运的使用；就如何控制内向配送的成本、质量向采购部门提出建议，并协助追踪和催促重要投入品的运输。

12.2.2 承运人的选择

同一运输方式下承运人的成本结构基本相同，从而同一运输行为的运价也十分相似，所以运输价格不是选择具体承运人的最重要标准，而承运人的服务质量将成为同一运输方式下选择具体承运人的决定因素。因此，当从一种运输方式中选择承运人时，承运人服务水平的高低是企业进行选择的最重要因素。服务水平是指运输时间、可靠性、运输能力、可接近性和安全性。

运输时间是指从托运人准备托运货物到承运人将货物完好地移交给收货人之间的时间间隔，可靠性是指承运人的运送时间的稳定性。运送时间越短可靠性越高，企业所需的库存水平越低，同时企业也会增加销售额。但是如果没有可靠性作保证，再短的运送时间也是毫无意义的，因此在选择承运人时，可靠性是非常重要的决定因素。

运输能力是指承运人提供运输特殊货物所需要的运输工具与设备的能力，可接近性是指承运人接近企业物流结点的能力。运输能力与可接近性决定了承运人能否提供理想的运输服务。不能提供企业所需要的运输能力与可接近性服务的承运人在作运输决策时必须淘汰。

安全性是指货物在到达目的地的状态与开始托运的状态相同。不安全运输不仅会导致失去利润，而且会对企业信誉造成不利影响，进而影响企业的销售额。因此安全性也是选择承运人的重要因素。

选择好承运人以后，企业必须和承运人签订货物运输合同。货物运输合同是指托运人和承运方之间为完成一定货物运输任务而签订的相互之间的权利和义务关系的协议。其中承运方的主要义务是把货物安全、准时地运到目的地，交付收货人；托运方的主要义务是把货物交给承运方，支付杂费。

12.2.3 运输方式和路线选择

对货主而言，通常运输方式和线路选择与承运人的选择是一同做出的。在与承运人进行商谈的过程中，企业要对运输线路的选择提出自己的要求。企业的运输管理人员参与运输线路选择主要有以下几种情况：使用铁路运输、多式联运时，为了促进集运或增加回程运输的货物时，国际货物运输中，危险品运输中。

其中，危险品运输在选择路线时需考虑的因素最多。不仅在国际上，各国政府做出了多项关于危险品运输的规定。而且许多地方政府对危险品运输也规定了诸多限制条件，在线路制定时，要考虑避开一些有禁令的地区。

此外，运输途经地区或城市的道路状况、地形、天气条件、季节性因素等都对线路选择有影响。例如，美国密西西比河的水位季节性差异十分大，水位过低的时候，美国的谷物出口不得不改由铁路运往东海岸各港口。而水位回升，船舶可以直接通过圣劳伦斯河口将谷物从中部各州运往海外出口。

12.2.4　运费确定

随着各国运输业自由化和市场化的进程加速，运输费率体系越来越复杂，要达到运输的低成本，企业的运输管理人员必须对各种运输费率体系十分了解，并据以确定企业可利用的最低费率。

如果是运输量较小的企业，运输费率可以根据承运人公布的运价来计收，运输部门就要尽量搜集多家承运人的运价信息，从中选取适合企业的最低运费。适用例外费率体系的企业则需要与承运人共同商讨所适用的费率。通常，企业和承运方的代表组成费率等级确定小组进行商谈而后确定费率。运输管理人员通过各种途径对该小组人员施加影响，使其确定尽量低的费率和较少的等级。

对于货物运输量常年较高的企业而言，往往更多的适用需要与承运人进行单独谈判的特殊费率。运输部门管理人员的最主要精力是花费在与承运人就运输合同进行商谈上。

随着企业生产方式的改变，越来越多的企业使用及时生产方式（Just in Time）。企业对准时配送的要求越来越高，企业的生产方式影响到与承运人商谈的中心内容，通常包括合同期限、运输服务范围和水平、费率和运费表、预计运输量、付款程序、承运人保险、运货提前期、免责条款、破损赔偿的处理、保密协议、争议解决条款等。

12.2.5　表单准备

填写运输单据也是企业运输管理部门的职责。现在，有许多承运人向货主提供相应的软件，以便通过计算机输出通用的运输单据。也有些货主运用其订单处理软件输出运输单据，其单据主要有公路运输托运表、公路运输货运单、水路运输货运单、水路运输托运计划、航空货运单、货物交运单、货物清单等。

12.2.6　对承运人的监管

在企业销售运输管理中，要使企业的商品在合适的时间运到合适的地方，很重要的一环就是对承运人的监管与控制。运输部门将企业的产品交给承运人之后，还需要负责监督和跟踪货物在运输中的情况，以确保货物安全、及时、准确、完好无损地送到客户或指定的地点。因此，除了上述主要职责外，运输管理部门还承担着其他许多运输相关的责任

1. 加速运输及货物追踪

加速运输，是指在一定的期限内提前通知承运人加快货物运输。有些承运人也免费提供该项服务。接到指令后，承运人会尽一切努力加速运货。但是企业运输部门必须在一定的提前期内通知承运人，使得承运人有时间通知其员工和各有关方面。

货物追踪，一般是指寻找丢失或延误货物的行动。如果运输部门发现货物没有及时到达指定目的地，就必须与承运人取得联系以确定货物的状况，并尽快采取相应措施。货物追踪服务通常是承运人免费提供。目前，随着地理信息系统和全球卫星定位系统的发展，大多数的大型货运公司都建立了计算机系统对货物运输进行实时监控。货物在运输途中的状况，可通过企业之间的计算机接口或互联网络通报给托运人和收货人。企业也可以通过互联网络随时查询货物的在途情况。

2. 改道与再托运

改道，是指货主在货物到达指定目的地之前，通知承运人改变目的地。而再托运，则是在货物到达指定目的地后，货主再通知改变目的地。一般在进行改道或再托运时需要更改提单。有些承运人会就此收取一定费用。同时，还要视更改后的目的地是否需要重新装卸货物等情况加收其他附加费用。因此，运输管理部门对改变目的地的成本费用必须进行充分考虑。通常，托运新鲜货物的货主容易改变目的地，以便货物在运输中途就地销售，减少损失、提高利润。

3. 灭失及损坏的索赔

货物运输过程中经常会出现的货物灭失和损坏的情况。根据调查显示，在美国，货物运输中灭失和损坏的比重很大，占货物总价值的 2/7。

索赔过程中最难以处理的问题是货物损失价值的确定和破损责任的认定。为了避免出现双方分歧，运输管理人员应注意，提醒生产部门提供适当运输包装，并对货物装运过程进行适当的监督，尽量避免责任界定不清的情况发生。同时在运输合同之外再订立运输赔偿协议书。

货物运输赔偿协议书，是货物运输当事人在纠纷发生之前或发生之后就货物运输赔偿问题，经双方协商所达成的一种书面协议。

12. 2. 7　运输保险

在运输管理中，经常会出现意外情况，给企业带来或大或小的经济损失，为了万无一失，企业应该做好运输保险工作。

1. 险种的选择

企业在投保时，首先需要解决的问题是如何选择投保险种。投保险种选择恰当，可以保证货物获得充分的经济保障，并节省保险费开支。投保险种选择不当，就会使货物在受损时得不到应有的赔偿，或投保不必要的险种而多支付了保险费用。

确定恰当的投保险种，主要应坚持两个原则：一是保障的充分性，即选择投保险种要考虑货物在运输途中可能遇到的各种风险，使货物能获得充分的经济保障；二是保险费用的节约，即选择投保险种要考虑尽可能节约保险费用，不要去投保不必要的险种。因此，选择投保险种时应充分考虑货物的性质、包装、用途、运输工具、运输路线、运输的季节、气候以及货物的残损规律等因素。

在进行货物运输投保时，一般应首先在基本险种中选择一种，然后再根据需要加保某些附加险。

2. 投保手续的办理及投保原则

当企业需要对一笔货物进行投保时，首先要跟保险公司联系，通常是填制一张投保单，经保险公司接受后，就开始生效。保险公司开出保险单以投保人的填报内容为准，在填报时对以下项目要写明确：被保险人名称；标记；包装数量；货物名称；保险金额；船名或装运工具；开航日期；提单或运单号码；航程或路程；承保险种；赔款地点；投保日期。

企业投保还要注意以下原则：

（1）申报属实原则

投保人所申报的情况必须属实。包括货物的名称、装载的工具以及包装的性质等。因为保险公司是按照投保人所申报的情况来确定是否接受承保和确定费率，错误的申报和隐瞒真实情况的，保险公司将在发生损失时拒绝赔偿。

（2）信用证一致原则

投保的险种、币制与其他条件必须和信用证上所列保险条件的要求相一致。卖方、买方银行在审查出运单证时，对保险单上所列各项内容必须对照信用证，如有不符可以拒绝接受保险单。即使卖方银行未发现不符点而通过，买方银行在审证时还可以拒绝付款。

（3）合同相符原则

投保的险种和条件要和售货合同上所列的保险条件相符合，做到重合同、守信用。

（4）更改及时原则

投保后发现投保项目有错漏，要及时向保险公司申请更改，特别是涉及保险金额的增减、保险目的地的变动、船名的错误等都应该马上向保险公司提出，否则会影响保障利益。

3. 保险合同的订立

投保人向保险公司提出投保申请，经保险公司同意，由投保人填制投保单并缴纳保险费，经保险公司确认后，保险合同即告成立。

保险单是保险公司与投保人双方拟订保险契约的证明，对双方的权利与义务有明确规定，是赔偿责任的依据。保险单一般有以下格式：

（1）保险单

也称大保单，是一种正规的保险单，印有保险条款，将保险人与被保险人的责任与义务全部载入，承保指定航程的货物。

（2）保险凭证

也称小保单，是一种简化的保险单，凭证上不印保险条款，而是以大保单上所载的内容为准。它同保险单具有同样效力。

（3）预约保险单

预约保险单是一种定期统保契约的证明。统保契约是保险人与投保人事先约定对规定范围内的货物统一承保的协议。在每批货物出运时，往往采用启运通知书的形式，由投保人填写，保险公司作为每笔承保的证明。

保险单是保险公司与被保险人之间赔偿责任的依据，因此保险公司对出立保险单有质量严格要求。填单时要认真负责，尽量避免错误，如发现有错，应修改更正，并加盖"校正章"：修改较多或者对保险责任等作重要修改的，应注销后重新出单；保险措辞要明确，内容要和发票、提单等有关单证相符，特别是保险条件的用词要恰当，既要写清承保的责任范围，又要正确反映客户对保险的要求；保险单必须整齐清洁，正本、副本都要字迹清楚，避免模糊难认。

12.3　销售运输策略

12.3.1　运输方式选择

运输是物流系统中最为重要的构成要素，选择何种运输手段对于物流效率具有十分重要的意义，在决定运输手段时，必须权衡运输系统要求的运输服务和运输成本，可以从运输工具的服务特点作为判断的基准：包括运费、运输时间、频度、运输能力、货物的安全性、时间的准确性、适用性、伸缩性、网络性和信息等。

运输方式的选择要根据物流系统的总体要求，结合不同运输方式的成本与服务特点以及企业的本身情况，选择适合的运输方式。一般来说在选择运输方式时，企业要以运输合理化为基准和最终目标，并且考虑以下五个因素：

（1）运输距离

在运输时，运输时间、运输货损、运费、车辆或船舶周转等运输的若干技术经济指标，都与运输距离有一定比例关系，运输距离长短是运输是否合理的一个最基本因素。

（2）运输环节

每增加一次运输，不但会增加起运的运费和总运费，而且必须要增加运输的附属活动，如装卸、包装等，各项技术经济指标也会因此下降。所以，减少运输环节，尤其是同类运输工具的环节，对合理运输起促进作用。

（3）运输工具

各种运输工具都有其使用的优势领域，对运输工具进行优化选择，按运输工具特点进行装卸运输作业，最大发挥所用运输工具的作用，是运输合理化的重要一环。

（4）运输时间

运输是物流过程中需要花费时间较多的环节，尤其是远程运输，在全部物流时间中，运输时间占绝大部分，所以，运输时间的缩短有决定性的作用。此外，运输时间短，有利于运输工具的加速周转，充分发挥运力，有利于货主资金的周转，有利于运输线路通过能力的提高，对运输合理化有很大贡献。

（5）运价

不同运输方式的运价不同，导致运输成本在总物流成本中占有比例不同，因此，运价是选择运输方式的一个非常重要的因素。但是运价绝不是决定运输方式的唯一因素，因为运输成本最低的运输方式可能会导致物流系统中其他部分成本的上升，因此难以保证整个物流系统的成本最低。所以企业必须考虑运输服务的质量以及这种服务带来的对整个销售物流系统运作成本的影响。

12.3.2 运输合理化

无论是物流企业，还是工商企业，在物流运输的组织实施过程中，都应该采取措施，实现运输合理化的目标。上文已经阐述了选择运输方式要以运输合理化为基准和最终目标，也就是说，运输合理化首要从选择运输方式开始，逐一考察运输距离、运输环节、运输工具、运输时间、运输费用这五要素。具体来讲，企业可以从以下十个方面来促进运输合理化。

1. 提高运输工具实载率

实载率有两个含义：一是单车实际载重与运距之乘积和标定载重与行驶里程之乘积的比率，在安排单车、单船运输时，这是作为判断装载合理与否的重要指标，即一定时期内车船实际完成的货物周转量（以吨/公里计）占车船载重吨位与行驶公里之乘积的百分比。在计算时车船行驶的公里数，不但包括载货行驶，也包括空驶。

提高实载率的意义在于：充分利用运输工具的额定能力，减少车船空驶和不满载行驶的时间，减少浪费，从而求得运输的合理化。

2. 减少动力投入，增加运输能力

这种合理化的要点是，少投入、多产出，走高效益之路。运输的投入主要是能耗和基础设施的建设，在设施建设已定型和完成的情况下，尽量减少能源投入，是少投入的核心。做到了这一点就能大大节约运费，降低单位货物的运输成本，达到合理化的目的。

国内外在这方面的有效措施有：

（1）"超轴"运输

"满载超轴"其中"超轴"的含义就是在机车能力允许情况下，多加挂车皮。我国在客运紧张时，也采取加长列车、多挂车皮的办法，在不增加机车情况下增加运输量。

（2）水运拖排和拖带法

竹、木等物资的运输，利用竹、木本身浮力，不用运输，采取拖带法运输，可省去运输工具本身的动力消耗从而求得合理；将无动力驳船编成一定队形，一般是"纵列"。用拖轮拖带行驶，有比船舶载乘运量大的优点，求得合理化。

（3）顶推法

顶推法是我国内河货运采取的一种有效方法。将内河驳船编成一定队形，由机动船顶推前进的航行方法。其优点是航行阻力小，顶推量大，速度较快，运输成本很低。

（4）汽车挂车

汽车挂车的原理和船舶拖带、火车加挂基本相同，都是充分利用动力能力的基础上，增加运输能力。

3. 发展社会化的运输体系

运输社会化的含义是发展运输的大生产优势，实现专业分工，打破一家一户自成运输体系的状况。

一家一户的运输小生产，车辆自有，自我服务，不能形成规模，一家一户运量需求有限，难于自我调剂，因而经常容易出现空驶、运力选择不当（因为运输工具有限，选择范围太窄）、不能满载等浪费现象，而且配套的接、发货设施，装卸搬运设施也很难有效地运行，所以浪费颇大。实行运输社会化，可以统一安排运输工具，避免对流、倒流、空驶、运力不当等多种不合理形式，不但可以追求组织效益，而且可以追求整个社会的规模效益，所以发展社会化的运输体系是运输合理化非常重要的措施。

当前火车运输的社会化运输体系已经较完善，而在公路运输中，小生产方式还非常普遍，是建立社会化运输体系的重点。

社会化运输体系中，各种联运体系是其中水平较高的方式，联运方式充分利用面向社会的各种运输系统，通过协议进行一票到底的运输，有效打破了一家一户的小生产，受到了欢迎。

我国在利用联运这种社会化运输体系时，创造了"一条龙"货运方式。对产、销地及产、销量都较稳定的产品，事先通过与铁路交通等社会运输部门签订协议，规定专门站点，专门航线及运输路线，专门船舶和泊位等，有效保证了许多工业产品的稳定运输，取得了很大成绩。

4. 利用合理分流的运输方式

开展中短距离铁路公路分流，"以公代铁"的运输，这一措施的要点，是在公路运输经济里程范围内，或者经过论证，超出通常平均经济里程范围，也尽量利用公路。这种运输合理化主要表现为两点：一是对于比较紧张的铁路运输，用公路分流后，可以得到一定程度的缓解，从而加大这一区段的运输通过能力；二是充分利用公路从门到门和在中途运输中速度快且灵活机动的优势，实现铁路运输服务难以达到的水平。

我国"以公代铁"目前在杂货、日用百货运输及煤炭运输中较为普遍，一般在200公里以内，有时可达700～1000公里。山西煤炭外运经认真的技术经济论证，用公路代替铁路运至河北、天津、北京等地是合理的。

5. 运用分区产销平衡

这是在物流活动中，对某一物品，使其一定的生产区固定于一定的消费区。根据产销的分布情况和交通运输条件，在产销平衡的基础上，按照近产近销的原则，使运输里程最少来组织运输活动。它加强了产、供、运、销等的计划性，消除了过远、迂回、对流等不合理运输，节约了运输成本及费用，降低了物流成本。实践中，它适用于品种单一、规格简单、生产集中、消费分散，或者生产分散、消费集中且调运量大的物品，如煤炭、水泥、木材等。

6. 发展直达运输

直达运输是追求运输合理化的重要形式，其对合理化的追求要点是通过减少中转过载换载，从而提高运输速度，省却装卸费用，降低中转货损。直达的优势，尤其在一次运输批量和用户一次需求量达到了整车时表现最为突出。此外，在生产资料、生活资料运输中，通过直达，建立稳定的产销关系和运输系统，也有利于提高运输的计划水平，考虑用最有效的技术来实现这种稳定运输，从而大大提高运输效率。

特别需要一提的是，如同其他合理化措施一样，直达运输的合理性也是在一定条件下才会有所表现，不能绝对认为直达一定优于中转。这要根据用户的要求，从物流总体出发做综合判断。如果从用户需要量看，批量大到一定程度，直达是合理的，批量较小时中转是合理的。

7. 实施直拨运输

直拨运输是指商业、物资批发等企业在组织物品调运过程中，对当地生产或由外地到达的物品不运进批发站仓库，而是采取直拨的办法，将物品直接分拨给基层批发、零售中间环节甚至直接分拨给客户。

一般批量到站或到港的货物，首先要进分配部门或批发部门的仓库，然后再按程序分拨或销售给用户。这样一来，往往出现不合理运输。

直拨可以减少中转运输环节，并且还可以在运输时间与运输成本方面收到双重的经济效益，是力求以最少的中转次数完成运输任务的一种形式。

在实际工作中，通常采用就厂直拨、就车站直拨、就仓库直拨、就车床过载等具体运作方式，即"四就"直拨运输。"四就"直拨，首先是由管理机构预先筹划，然后就厂或就站（码头）、就库、就车（船）将货物分送给用户，而无须再入库了。

与直达运输里程远、批量大相比，直拨运输的里程较近、批量较小。

8. 采取配载运输

配载运输是充分利用运输工具载重量和容积，合理安排装载的货物及载运方法以求得合理化的一种运输方式。配载运输也是提高运输工具实载率的一种有效形式。它一方面要最大限度地利用车船载重吨位，另一方面又要充分使用车船装载容积。

实际工作中可以采取很多方法来提高运输工具配载率。

（1）混合配载轻重商品

在以重质货物运输为主的情况下，同时搭载一些轻泡货物，如海运矿石、黄沙等重质货物，在舱面捎运木材、毛竹等，铁路运矿石、钢材等重物上面搭运轻泡农、副产品等，在基本不增加运力投入、不减少重质货物运输情况下，解决了轻泡货的搭运，因而效果显著。这样既可充分利用装载容积，又能充分利用载重能力，提高运输工具的使用效率。

（2）实行解体运输

即将体大笨重、且不易装卸又易破损的物品拆卸后分别包装，使其便于装卸和搬运，提高运输装载效率。

（3）提高堆码技术

即根据运输工具的特点和物品的包装形状，采取有效堆码方法，提高运输工具的装载量等方法。

（4）采取成组配送

这主要是指商业、供销等部门的杂货运输中，由同一个发货人将不同物品发往同一站、同一个收货人的少量物品组配在一起，以整车方式运输至目的地；或将同一方向不同到站的少量物品集中组配在一起，以整车方式运输到适当的中转站，然后分运至目的地。采取合整装车运输，可以减少运转成本和节约劳动力。实际工作中，通常采用零担拼整直达、零担拼整接力直达或中转分卸、整车分卸、整装零担等运作方式。

9. 发展特殊运输技术和运输工具

依靠科技进步是运输合理化的重要途径。例如，专用散装及罐车，解决了粉状、液状物运输损耗大，安全性差等问题；袋鼠式车皮大型半挂车解决了大型设备整体问题；"滚装船"解决了车载货的运输问题，集装箱船比一般船能容纳更多的箱体，集装箱高速直达车船加快了运输速度等，都是通过采用先进的科学技术实现合理化。

10. 利用流通加工

有不少产品，由于产品本身形态及特性问题，很难实现运输的合理化，如果进行适当加工，就能够有效解决合理运输问题，例如将造纸材料在产地预先加工成干纸浆，然后压缩体积运输，就能解决造纸材料运输不满载的问题。轻泡产品预先捆紧包装成规定尺寸，装车就容易提高装载量；水产品及肉类预先冷冻，就可提高车辆装载率并降低运输损耗。

总之，在运输合理化措施方面会有许多问题有待解决，销售企业在运输实践中，在运输合理化方面应考虑以下几个方面：运输方式的选择；运输路线的确定；运输工具的配备；运输计划的制订；运输环节的减少；运输时间的节省；运输质量的提升；运输费用的节约；作业流程连续性；服务水平的提高等。

12.3.3 运输决策

不管是物流企业，还是工商企业，都要考虑这样一个问题：委托运输还是自行运输？而且这是必须回答的问题。

在进行运输决策时，工商企业可以选择拥有自己的车队甚至自己的船队，但是工商企业要做到低成本、高效率的自行运输经常是相当困难的，所以通常会委托第三方物流服务商来完成，并且希望物流服务商不仅能降低成本，还能增加附加值。

工商企业采用第三方物流服务商的原因主要有：

①由于与第三方物流服务商签订有合同，因此在管理上比自己运作节省大量时间。

②由于是第三方物流服务商完成运输，自己就可以减少运输设施的建设，减少财务风险。

③在运输量不确定或有波动情况下，可以由第三方物流服务来进行调整。

④由于第三方物流服务商服务于许多客户和不同物品运输，所以他就能很好地利用运输工具、设备和设施等资产。

⑤第三方物流服务商能提供更为专业化的服务。

⑥工商企业因此可以简化单证处理、人事管理等工作。

⑦第三方物流服务商更易受到技术革新的影响，因此，第三方物流服务更具有成本效益。

⑧当工商企业进入新市场而物流运输系统不匹配时，也会使用第三方物流服务商。

⑨当工商企业开拓新市场、进行试验时，使用第三方物流服务商就具有了灵活性。

第三方物流服务商在完成运输业务时，由于条件所限，有时也需要委托其他第三方物流服务商完成部分运输业务。在运输上，对于工商企业来说，更重要的是进行运输的管理、规划，如对第三方运输公司甄选、绩效考核、综合培训以及管理控制等。

12.4　案例分析：联邦快递中国布局——舞动成本利器

靠整合中国市场并不断提升其全球协同效应，陈嘉良使联邦快递在迅速增长的中国市场实现了低成本扩张。

在经历了23轮耗时一年多艰苦的谈判后，联邦快递布下了其在中国市场最重要的一枚棋子——在广州新白云机场第三条跑道旁边建立新的亚太区运转中心，这个投资额达1.5亿美元，占地为63公顷的中心将于2008年12月开始正式运营，这意味着中国将成为支撑联邦快递未来增长的新的全球中枢，而广州新白云机场也向跨入全球物流港迈进了一步。

这是一个一波三折的谈判。20世纪90年代，联邦快递在菲律宾苏比克湾成立了第一个亚太运转中心，而此后伴随中国及亚太区业务的增长，联邦快递一直被亚太区到底需要几个运转中心的结构性难题所困扰。2年前，广州市政府和有关机场管理部门希望联邦快递在中国设立同等规模的运转中心，但白云机场燃油费和起降费过高一直让联邦快递难以下定决心。

然而，中国物流业的变局和中国市场的高速增长似乎已经让联邦快递没有太多时间犹豫了。中国对外资全面开放物流行业后，跨国快递公司在国内开展了激烈的竞争，不仅传统意义上的巨头们——联合包裹运送服务公司（United Parcel Services）、中外敦豪（DHL Worldwide Express Inc.）和荷兰国际快运（Thomas Nationwide Transport）各自都调整了其在中国的战略以争夺近千亿规模的市场，而且一些细分领域的玩家，如美国最大的大件货物物流公司伯灵顿（BAX）、美国最大的卡车运输企业耶路运输公司（Yellow Roadway）等都加快了布局的步伐；而联邦快递，这家全球规模最大的航空快递公司在中国也一直处于高速增长，据中国物流行业协会的相关统计，联邦快递在中国市场的国际快递领域占有率约为 20%。

而与广州机场集团签订的协议本身也颇具诱惑力。联邦快递在菲律宾的亚太转运中心也将续约 3 年至 2010 年，并拥有于租约届满后续约的权利，而从 2008 年 12 月开始，广州的转运中心同时还将承担并扩大联邦快递在菲律宾亚太区转运中心的业务，在业内人士看来，联邦快递既保留了在菲律宾的优势，又把未来的棋局重心巧妙地安排在中国。

而此前一直让联邦快递难以接受的燃油费和起降费过高因素也在这次协议中得到了解决。据了解，民航总局将在未来几年内，将和机场、中航油集团等相关部门和企业，逐渐降低这两类费用，以达到和苏比克湾亚太转运中心同样，甚至更低的水平，"这无疑让联邦快递更加在低成本运作上如鱼得水"，中国物流与采购联合会研究中心副主任胡大剑说。

从 1990 年进入中国市场以来，"低成本"理念让联邦快递建立了独树一帜的扩张路径。没有选择与中外运而是与民营物流企业大田集团合资，与此同时，利用其通过自身强大的国际直航线优势，让进入中国市场的跨国公司连通其全球供应链，这是联邦快递利润最丰厚的一块；而全球信息系统为联邦快递赢得了高效的管理，"联邦快递在有效的降低成本上很有心得，我们相信未来数年公司业务会出现爆炸式的增长"，陈嘉良对《环球企业家》说。

对从 1985 年香港大学历史系毕业就加入联邦快递的陈嘉良来说，联邦快递能在低成本运营上确立优势，很大程度上和他选择与国内的民营物流企业大田集团成立合资公司有关。在不少业内人士看来，相较其他跨国公司艰难而又复杂的合资或者独资路径，联邦快递无疑在此方面付出的代价最少——而无论是 UPS、还是 DHL 在与中外运"分手"之后，都支付了上千万的"赎身费"，而合资期间相互的内耗也损失了时间成本。

● 全球唯一合作伙伴

大田集团副总裁李力谋（中国国际货运代理协会副会长兼秘书长）对当时联邦快递选择大田的情况记忆犹新，由于当时不少跨国公司与中外运集团的合资协议都先后到期（按当时外经贸部的规定，任何物流公司进入中国都必须和中外运合资），因此选择下一步发展方式就成了他们的当务之急，"一般来说，他们还是优先考虑有行业经验和政府背景的企业"，李力谋说，在听到联邦快递想和大田合资的消息后，"我吃了一惊"。因为当时大田只是一家总部在天津，在业内毫无名气的小公司。后来联邦快递曾向李征询意见，李也曾表示不看好。

但事实证明这种判断是错误的，这家被称为"联邦快递的被许可人"的合资企业——大田联邦快递有限公司是联邦快递公司在世界上唯一一家合作公司，但是它却为联邦快递在中国带来了丰厚的利润，陈嘉良对此不肯透露具体数字，但是从大田集团自身五年来从 6 万增长到 9.1 亿元人民币的业绩就可见一斑。

而相较于对手们至今还需要在公司内部不断和中方合作伙伴博弈以争取更多利益，甚至花费 1 亿美元买断在华 23 个城市国际快递业务掌控权相比，联邦快递已经用较小的成本不动声色的在合资公司占据了主动。在双方的合资公司内，办公地点、人员招聘、业务开展、财务结算等各方面都是联邦快递独立操作，大田所有的客户都进入联邦快递的系统。由于联邦快递在这些方面都有经验，并不需要太大的投入，即使算上成立合资公司时投入 50% 股权购买资金，"整体加起来，联邦快递在合资方面的成本是比较低但却有效的"，胡大剑说，而联邦快递牢牢掌握合资公司控制权一度被认为其"独资"的信号。

没有合资公司的内耗，联邦快递将大部分的资金用在各地分公司和服务网点的建设上，从 2000 年至今，联邦快递的网络已经覆盖了国内 223 个城市，建立了 11 个分公司，已经成为国内网点最全的跨国公司之一，但据业内人士估计，费用肯定不会超过 1 亿美元。

- 从直航中获益

苏州郊外的工业园内，一家著名 IT 公司正计划将其在此地生产的数码产品销售到美国市场，由于在该工业园中，联邦快递也设立了分公司，其自然成为这家 IT 公司的国际货运代理商，在当地工业园的负责人看来，因为联邦快递的到来甚至引进了不少跨国公司入驻，"他们对产品在全球的销售，至少在渠道运送上没有了后顾之忧。"

联邦快递在中国市场处处争先，它第一个与中国海关实现电子联网；第一个获得中美之间货运航权；第一个在业内推出简体中文网页，让中国客户随时通过网络查询及追踪货物情况；同时它还率先推出亚洲和北美地区货物一日送达服务；2005 年，它又成为第一家订购空客 A380 货运飞机的速递公司。A380 载货量约 150 吨，几乎是目前联邦快递采用的 MD－11 货机的 2 倍。

而联邦快递依靠创新的"中心辐射"运转理念构筑起庞大的航运网络更是其全球制胜的"筹码"——即以一个核心城市为中心，每日各类货机都在此集中卸货发货，以提高整体运转效率。以亚洲为例，它目前在菲律宾苏比克湾设立了亚太转运中心，现已连接了亚洲地区 18 个主要经济与金融中心，而问题的关键在于，"中心辐射"在保证联邦快递高效运转的同时如何实现低成本？在陈嘉良看来，"运转中心"未来的发展相当重要，比如航权方面是否有限制是相当重要的考虑因素。

事实上，在国际航线上实现各类直航，减少中转数量是降低运输成本的关键。自《中美航空协定》签订以来，联邦快递将陆续拿到 23 条航线的 17 个航班，其中 6 班用以开设西行环球航班服务，采用 MD－11 货机连接美国和上海，途经欧洲和亚洲其他航点。另外 6 班采用 A310 货机开设青岛的货运服务，计划于明年 3 月开设东行环球航班服务，运用 6 班 MD－11 货机将美国、欧洲、印度连接至上海、北京、深圳，以及亚洲其他航点，"这将是所有跨国快递公司中航线最全的"，胡大剑说。目前联邦快递每星期提供 11 班货机前往上海、北京和深圳。

在陈嘉良眼中，这为联邦快递提升中国市场、发挥其全球协同效应并降低成本做好了准备。在中美航线更加便利后，在广州的亚太运转中心也将名副其实的担任其"辐射中心"的角色，这虽然和在美国田纳西州孟菲斯的全球超级运转中心还有差距，但"已经在亚太区产生了举足轻重的作用"，陈嘉良说。

而作为升级中国市场战略的一部分，联邦快递已经在上海成立了中国业务分区总部，并全方位的配备了财务官、信息官、人力资源官，以及技术、销售人员，全面整合联邦快递在华的快递、物流等各项业务，以使各事业部能共享资源，降低行政运营成本；下一步，联邦快递将通过自身强大的国际航线优势，让客户连通其全球供应链。除了货物的国际快递，还包括为客户分拣、打包等增值服务，参与供应链管理的全过程。

- 不吝投入

在离北京市中心数十公里之外的朝阳区万红路，联邦快递在此设立了一个操作站。从外表看，这里更像一个简陋的仓库，里面机器打包的各种设施并无特别之处，工作人员都在紧张地工作，只是每隔一段时间，印有 FedEX 字样的各类货车会从这里出发，开往北京市区的各地。

"这也是联邦快递的一个特色"，大田联邦快递的总经理钟国仪说，在其低成本运营的思路之下，联邦快递力争将运转成本降到最低，联邦快递在内地的 14 个操作站和口岸也大多如此，整体设备并不奢华，但力求保持了高效率。

尽管联邦快递在日常运营的各方面以压缩成本为核心竞争力，但是在信息化上却不吝投入。"如果要提供好的服务给我的客户，如果要在国际快递这个市场保持领导的地位，高科技的运用非常的重要"，陈嘉良说，信息投入在联邦快递主要有三大块，一块就是软件的投入，根据其对未来市场趋势判断来开发软件；另一块硬件方面的使用；而另外一方面就是配合当地客户的需求，量身定制的解决方案。

比如在邮件跟踪和查询中，以联邦快递在包裹投递过程中要对包裹扫描十次以上，每一次都将数据从运货车传送到城市操作站，然后再使用无线信号将数据传送到服务器和工作站上，而其呼叫中心和公司内部的软件 Internet Ship 程序是其帮助客户实现查询和跟踪的两大渠道，仅在这些方面，联邦快递在全球的投入就达到了每年数十亿美元。

而在中国，去年联邦快递也给一线员工配备了掌上宝无线扫描笔，通过无线扫描，可以把顾客下单传到员工手中，实时联系起来，而递送员也可以通过扫描笔实时把信息传到公司总部计算机上，以便让顾客无论身在全球何处，都可以知道自己送出的文件已经到达什么地方，而联邦快递在此的投入，每年也达到了 16 亿美元。

这意味着，联邦快递协助顾客节省仓储系统的大笔固定成本投资，同时顾客还能享有变动成本的便利。更重要的是，客户并不会因为将货品交由联邦快递运送，而无法确实掌握货物的行踪，他们仍然可以通过联邦快递提供的多种顾客关系管理机制，掌握所有货件的状况，"这让我们对联邦快递很放心"，戴尔中国客户中心的一位负责人说。

"客户选择快递主要有两个考虑：第一个就是时效，第二个就是可靠"，陈嘉良说，而在保证公司低成本运营的同时为客户提供高效的服务，"饼才能越做越大"，陈嘉良说。

13 逆向物流

逆向物流是与顺向物流相对的物流过程以及管理。广义的逆向物流是指物品从消费者流向市场的过程和管理，是回收和环保产业的综合；狭义的逆向物流是指物资从产品消费点（包括最终用户和供应链上客户）到产品的来源点的物理性流动。一般来说，逆向物流包括退货逆向物流和回收逆向物流两部分。退货逆向物流是指下游顾客将不符合订单要求的产品退回给上游供应商。回收逆向物流是指将最终顾客所持有的废旧物品回收到供应链上各节点企业。目前，国外许多知名企业都把逆向物流战略作为强化其竞争优势、增加顾客价值、提高其供应链整体绩效的重要手段。逆向物流的市场是巨大的。据有关资料显示，在美国，1999 年的逆向物流成本约占物流成本的 5%，到 2001 年，逆向物流成本所占比例翻了一番，大约为 10%。

本章主要介绍了逆向物流的相关概念，逆向物流的驱动因素，以及回收物流和废弃物流的相关内容。

13.1 逆向物流概述

13.1.1 逆向物流的概念

1. 逆向物流的产生

企业追求利润最大化的基本目标与现代社会可持续发展的理念迫使其必须实施企业内的流程再造。当获取资源的空间在经济全球化背景下逐渐变窄和生产率的提升逐渐放缓时，企业开始将目光聚焦在具有"第一利润源泉"称谓的物流运作上，力图通过物流过程的优化实现其目的。

供应链管理是现代物流发展到一定阶段内必然出现的现代企业管理模式。随着信息技术的迅速发展和企业的管理模式的不断革新，企业与上游供应商和下游顾客之间逐渐形成了紧密的纽带联动关系，彼此的相互合作反映了他们的共生发展要求。企业从原有的内部物流运作沿着供应环节不断向两端扩展，从最初的生产物流向上延伸至采购物流；从最初的销售物流向下拓展到产品的售后跟踪服务和废旧产品的回收处理中，通过信息流和资金流将此整合为一体，进而出现了以产品（商品）为主线的上游与下游互动的供应链管理模式。可以说，供应链管理是商务（Business）成功运作的一种有效的方式，任何希望自身能够持续发展的企业都逐渐加入到供应链管理行列中。随着人类社会的不断发展，消费者需求的影响在不断增大，顾客对于商品和服务的要求也越来越高。在销售过程中，顾客要求立即退换有缺陷或者有质量问题的产品的事例越来越多。为了提高顾客的满意度，一些生产厂商毫不拖延地解决顾客提出的问题，他们纷纷在各地设立地区技术服务中心，及时开展回收、修理或退货换新等业务。同时出于环保要求和政府法规约束，许多企业开始对超过使用期的所售商品进行回收处理，逆向物流应运而生。

供应链本身是一种循环物流系统（Cycle Logistics System），即由正向物流与逆向物流构成。如图13-1所示，实物流向代表了商品的正常需求与交易活动，通过采购—生产—流通—消费途径，满足顾客的需要，这是物流的主流向渠道，称为正向物流；另一种流动方向与前者相反，故称为逆向物流，如图13-1所示的虚线流向。

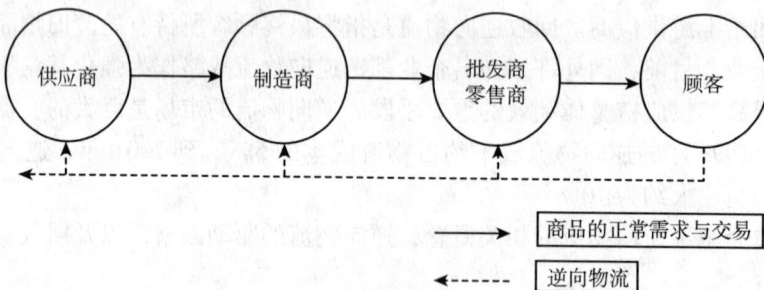

图13-1 供应链流程及逆向物流

资料来源：韩经纶，杜培枫. 论逆向物流的成因及战略价值［M］

2. 逆向物流的定义

学术界对于逆向物流的定义有多种表述。其中，对逆向物流较早的一个描述是由Lambert和Stock在1981年提出的，他们将逆向物流描述为在单行道上走错了方向，这里的单行道是针对正向物流渠道而言的。20世纪90年代，逆向物流的含义大大地丰富了。美国学者D. S. Rogers和R. Tibben-Lembke根据美国物流管理协会对于传统正向物流定义的界定，在1998年提出了一个逆向物流定义，即逆向物流是"对高效且低成本、经济地从消费点到起源点的物料、再制品库存、成品和相关信息的流动进行设计、实施和控制的过程，以达到重新获取利润或恰当处理的目的。"从这个定义出发，我们可以看到从使用过的包装到处理过的电器设备，从未售商品的退货到机械旧部件的回收等，都可以归入逆向物流的范畴。

非营利专业组织逆向物流执行协会（The Reverse Logistics Executive Council，RLEC）认为：逆向物流是商品从典型的销售终端向其上一节点的流向过程，其目的在于补救商品的缺陷，恢复商品价值，或者对其实施正确处置。其内容应该涵盖：

①出于损坏、季节性、再储存、残次品、召回或者过度库存等原因而处理的回流商品；

②再循环利用的包装原料和容器；

③修复、改造和重新磨光的产品；

④处理废弃装备；

⑤处理危险物料；

⑥恢复价值。

国际权威组织——美国物流管理协会（The Council of Logistics Management，CLM）在其公布的《供应链全景——物流词条术语2003年9月升级版》中，对逆向物流给出如下解释：由于修理和信誉问题，对售出及发送到顾客手中的产品和资源的回流运动实施专业化的物流管理。

《中国国家标准·物流术语》则将逆向物流分解为两大类：

①回收物流（Returned Logistics）：不合格物品的返修、退货以及周转使用的包装容器从需方返回到供方所形成的物品实体流动；

②废弃物物流（Waste Material Logistics）：将经济活动或人民生活中失去原有使用价值的物品，根据实际需要进行收集、分类、加工、包装、搬运、储存等，并分送到专门处理场所的物流活动。

总的来说，逆向物流是指物资从产品消费点（包括最终用户和供应链上的客户）到产品的来源点的物理性流动。同时，由以上定义可以看出，逆向物流有狭义和广义之分。狭义的逆向物流是指对由于环节环境问题或产品质量有缺陷，或产品已过时的原因，引起的产品、零部件或物料的回收过程。它是将回收物资中有再利用价值的部分加以分拣、加工、分解，使其成为有用的资源重新进入生产和消费领域。广义的逆向物流除了包含狭义的逆向物流的定义外，还包括废弃物物流的内容，其最终目的是减少资源的使用，并通过减少资源的使用达到减少废弃物的目的，同时使正向和逆向物流更有效率。

近几年，逆向物流越来越受到生产企业的重视。实际上，从有商品开始，就有产品由市场逆向流向企业的现象，并应该在以后也将继续，无非是逆向流动程度不同的差异。美国的消费品电子业，每年的退货额超过150亿美元。1999年，美国逆向物流委员会的专项调查表明，当年美国各企业逆向物流的成本超过了350亿美元。根据物流领域内的一项准则"物流成本降低1%，则可以使利润提高5%"，因此，为了增加利润，必须尽量减小物流成本，而对逆向物流的成本更是要注意："逆向物流也许是企业在降低成本中的最后一块处女地了，"美国西尔斯公司负责物流的执行副总裁曾这样说。国外的一篇商业评论也指出，"退货中所孕育的未知机会，直到现在还少有企业考虑过。"而美国物流管理协会的资深专家、南佛罗里达大学教授詹姆斯·司多克对逆向物流的描述更为精辟："公司对退货如何处置，已经成为一项标新立异的竞争战略，并正成为提高效率的全新领域。"

本章节以《中国国家标准·物流术语》的概念为准，将介绍回收物流和废弃物流。

3. 逆向物流的种类

按成因、途径和处置方式的不同，根据不同产业形态，逆向物流被学者们区分为投诉退货、终端使用退回、商业退回、维修退回、生产报废与副品以及包装等6大类别。表

13-1 显示的正是 6 类主要逆向物流的特点。

表 13-1 供应链中逆向物流的种类

类 别	周期	驱动因素	处理方式	例 证
投诉退货 运输短少、偷盗、质量问题、重复运输等	短期	市场营销、客户满意服务	确认检查，退换货补货	电子消费品如手机、DVD机、录音笔等
终端使用退回 经完全使用后需处理的产品	长期	经济市场营销	再生产、再循环	电子设备的再生产，地毯循环，轮胎修复
		法规条例	再循环	白色和黑色家用电器
		资产恢复	再生产、再循环、处理	电脑元件及打印硒鼓
商业退回 未使用商品退回还款	短到中期	市场营销	再使用、再生产、再循环、处理	零售商积压库存，时装、化妆品
维修退回 缺陷或损坏产品	中期	市场营销法规条例	维修处理	有缺陷的家用电器、零部件、手机
生产报废和副品 生产过程的废品和副品	较短期	经济法规条例	再循环、再生产	药品行业，钢铁业
包装 包装材料和产品载体	短期	经济	再使用	托盘、条板箱、器皿
		法规条例	再循环	包装袋

表 13-1 中列出的 6 类典型的逆向物流类别，普遍存在于企业的经营活动中，其涉及的部门从采购、配送、仓储、生产、营销到财务部门。因此，从事逆向物流管理的经理需要处理大量协调、安排、处置、管理与跟踪的工作，企业才能完成资源的价值再生。然而在许多企业，逆向物流的管理却往往被忽视或简单化，甚至被认为是多余的。

13.1.2 逆向物流的特点

逆向物流也属于物流的一种，因此它也像正向物流一样，具有类似正向物流中的包装、运输、装卸、储存、加工等功能。图 13-2 所示是由逆向物流和传统正向物流结合在一起的一个典型的物流结构。图中正向物流方向用虚线表示，物流方向是从原材料到使用者，主要活动包含原料供给、零部件制造或组装以及产品分销。逆向物流的方向用实线表示，其方向与正向物流相反，且相关的活动也更复杂，它的处理过程包括收集、检查与分类、再处理与拆解、再分销和废弃处置。

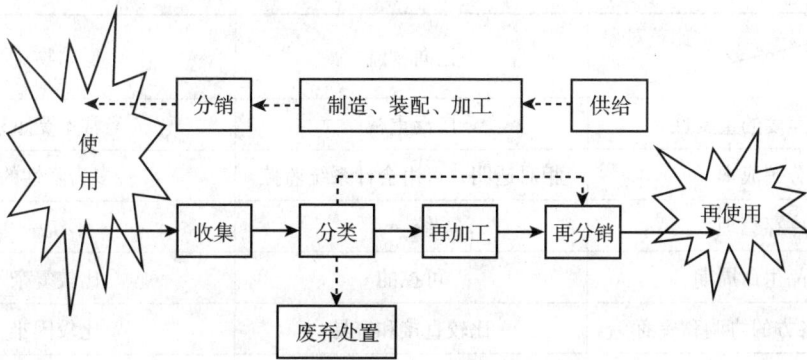

图13-2 逆向物流和正向物流的结构

传统供应链上考虑进去逆向物流管理活动，就形成了闭环供应链，事实上，正向物流与逆向物流的界限并不明显。它可以理解为经逆向物流恢复的产品又作为正向物流的源头回到正向物流中。闭环供应链管理包含了所有逆向物流的内容，其目标是在低成本提供客户服务的基础上限制排放和剩余废物。由于正向物流和逆向物流有很强的联系，所以闭环供应链强调两者协调的重要性。

1. 逆向物流与传统正向物流的区别

在整个物流供应链系统中，包含两个物理流向渠道：

①物流流向的主渠道：物品经过生产→流通→消费的途径；

②逆向物流渠道：以恢复价值或合理处置为目的，对回流产品进行处理。

由此可见，逆向物流与传统的物流管理内容不同，有自身的特点。表13-2列出了逆向物流和正向物流相比较的结果。

表13-2　　　　　　　　　　　逆向物流与正向物流的比较

比较项目＼比较对象	正向物流	逆向物流
预测	比较简单、容易	比较困难
分销和运输模式	一对多	多对一
产品质量	统一	不统一，差异较大
产品包装	统一	不统一，而且多已损坏
运输目的地、路线	比较明确	不明确
产品处理方式	明确	不明确，依产品而定
价格	相对一致	不一致，多种因素决定

比较项目 ＼ 比较对象	正向物流	逆向物流
服务速度的重要性	广泛重视	经常不受重视
分销成本	相对透明，可由会计系统监控	多为隐性的
库存管理	统一	不统一
产品生命周期	可控的	比较复杂
供应链各方的协调和磋商	比较直接和容易	比较困难
营销方式	有现成模式	没有现成模式，受多种因素影响
操作流程	比较透明，便于实时控制	透明度较低，不便控制

2. 逆向物流与正向物流的联系

虽然逆向物流与正向物流之间存在显著的差异，但是作为现代综合物流管理的必不可少的两个主要部分，两者之间又存在着紧密的关系。两者相辅相成，相互作用，共同构成了现代闭环物流系统。

从物流系统的职能环节看，逆向物流与正向物流一样，也包括了数个职能环节。从这个意义上说，对逆向物流的管理符合传统正向物流的供应链管理的思维模式，提倡各个环节之间的协调运作，而不是分开单独考虑。从物流系统可持续发展角度看，不仅要考虑物流资源的正常合理使用，发挥正向物流主渠道作用，保持系统的革新与发展；同时还要实现物流资源的再使用（回收处理后再使用）、再循环（不用的物品处理后转化成新的原材料或产品使用）。为此，应当建立起生产、流通、消费的物流循环系统。逆向物流系统分成两个部分，一部分是由生产企业管理和负责，如退货、维修等逆向物流活动；另一部分则是由专业逆向物流公司或政府监督部门管理和控制。因为不少逆向物流问题，如对环境有污染的废旧产品的回收和处理，是社会问题，不是哪一家企业能够处理好的，而是由公共的专业逆向物流公司通过提供有偿服务、国家税收财政资助等手段，实现逆向物流有效治理的。正向物流和逆向物流是整个物流系统的两个子系统，两者是相互联系、相互作用和相互制约的。逆向物流是在正向物流运作过程中产生和形成的，没有正向物流，也就没有逆向物流；逆向物流流量、流向、流速等特性是由正向物流属性决定的。如果正向物流利用效率高、损耗小，则对应的逆向物流流量小、成本低，反之则流量大、成本高。另外，在一定条件下正向物流与逆向物流是可以相互转化的，正向物流管理不善、技术不完备就会转化成逆向物流；逆向物流经过再处理、再加工、改善管理方法制度，又会转化成正向物流，被生产者和消费者再利用。这也就是为什么有时称之为闭环供应链的原因。

13.1.3　逆向物流实施的特点

1. 回收产品到达的高度不确定性

逆向物流产生的地点、时间及回收品的质量和数量难以预测，这导致了逆向物流供给的高度不确定性，再加上已恢复或再使用产品市场的高度不确定性，使得对回收产品的需求更是难以预测，因而供需平衡难以掌握。

回流产品到达时间和数量的不确定，是产品使用寿命不确定和销售随机性的一个反映。很多的因素都会影响回流率，比如产品所处的生命周期阶段、技术更新的速度、销售状况等。通常，在产品生命周期的早期，出现的产品数量很少，没有可再制造的旧产品；在中期，产品生命周期中很长的一个时期，需求率超过了回流率，公司必须制造和再制造以满足顾客需求；在生命周期的后期，需求减少，回流增加。公司不需要再加工任何旧产品，只需要作废弃处理。

这个特点要解决的一个主要问题，就是对回流产品到达时间和数量做出预计。将预计能回收的旧产品数量与预测需求和实有需求相比，看数量上是否合适。Daniel R 和 Guide J 等的调查表明，有 61.5% 的公司对旧产品到达的时间和数量不做控制。其他有一定控制的公司基本上是建立了一个旧产品库存系统，当有需求时就从库存的旧产品中取出一部分用于再制造。由于回流中的不确定性，再制造工厂的旧产品库存量一般是实际投入再加工数量的 3 倍。

2. 运作的复杂性

逆向物流的恢复过程和方式按产品的生命周期、产品特点、所需资源、设备等条件不同而复杂多样，因此比正向物流中的新产品生产过程存在更多的不确定性和复杂性。根据 Roger S 等在 2001 年对美国公司的一项调查，逆向物流的主要活动和功能包括：再制造、修整、再循环、填埋、再包装和再处理等内容。Carter 等指出，一个公司的逆向物流实施直接被至少 4 种环境因素影响，即消费者、供应商、竞争对手以及政府机构，所以公司很难做出有关恢复方式的战略决策来高效且经济地运作逆向物流系统。

逆向物流运作的复杂性具体表现在以下几个方面：

（1）拆卸因素的考虑

回流的产品除了可以直接再销售、再利用的，其他的都必须是可以拆卸的，因为拆卸以后才能分类处理和仓储。只有把拆卸和仓储、再制造和再装配高度协调起来，才能避免过高的库存和不良的客户服务。产品的初始设计对拆卸有决定性的影响，有调查数据显示（V. Daniel R，1999），3/4 的产品在设计时没有考虑到以后的拆卸。这样的产品可再加工率就比较低，不但在拆卸上花费的时间较长，而且拆卸的过程中可能会损坏部件，需要更多的替换部件，会带来较大的浪费。同时，拆卸在时间上具有很大的不确定性，同样产品的拆卸时间也很不一样。这使得估计作业时间、设定准确的提前期几乎不可能。

（2）回流产品可再加工率的不确定性

相同旧产品拆卸后得到的可以再加上的部件往往是不同的，因为部件根据其状态的不同，可以被用作多种途径。除了被再制造之外还可以当做备件或卖给下一级回收商、当做材料再利用等，这种不确定性会给库存管理和采购带来很多问题。回流产品可再加工率的不确定性可用 MRR（Material Recovery Remanufacturable，再利用物料可再制造比率）指标来衡量，它代表旧产品可以再制造的比率。MRR 指标可以帮助确定购买批量和再加工批量的大小，并在使用 MRP（Material Requirement Planning，物料需求计划）的系统中起着重要作用。

（3）再加工路线和时间不确定

再加工路线和时间不确定是实际生产和规划时最关心的问题。加工路线不确定是回流产品的个体状况不确定的一种反映，高度变动的加工时间也是回流产品可利用状况的函数。在再加工操作中，有些任务已经比较明确，如清洗。但其他的生产路线可能是不确定的，并高度依赖于部件的使用年限和状况。实际上只有少数部件通过相同的操作能成为新部件，这就增加了资源计划、调度和库存控制的复杂性。同时，部件必须在清洗、测试和评价之后才能决定是否被再加工，再加工决策的延后，使得计划提前期变短，从而加大了购买和生产能力计划的复杂性。部件状况的变动，会使得加工设备的相关设置产生问题。这些不可预计的变动因素，使得精确估计物流时间变得困难。

3. 实施的困难性

逆向物流普遍存在于企业的各项经营活动中，从采购、配送、仓储、生产、营销到财务，需要大量的协调和管理。尽管在一些行业，逆向物流已经成为在激烈竞争中找到竞争优势从而独树一帜的关键因素，但是许多管理者仍然认为逆向物流在成本、资产价值和潜在收益方面没有正向物流那么重要，因此分配给逆向物流的各种资源往往不足。另外，相关领域专业技术和管理人员的匮乏，缺少相应逆向物流网络和强大的信息系统及运营管理系统的支持，都成为有效逆向物流实施的障碍。

4. 逆向物流的缓慢性

产品销售开始的时候，逆向物流数量少，种类也少。随着产品销售数量的增加以及时间的加长，就会逐渐形成较大的流动规模。回流产品回收后，也往往不能立即满足人们的某种需要，它需要经过分类，再处理和维护等环节，甚至只能作为零部件或者原料回收使用，这一系列过程的时间是较长的。同时，回收品的收集和整理也是一个较复杂的过程。这一切都决定了逆向物流缓慢性这一特点。

5. 再制造物流网络设计的复杂性

再制造物流网络是将旧产品从消费者手中收回，运送到加工设备进行再加工，然后再将再加工产品运送到再利用市场的系统网络。再制造物流网络的建立，涉及回收中心的数量和选址、产品回流的方法、运输方法、第三方物流的选择、再加工设备的能力和数量的选择等众多的问题。

再制造物流网络要有一定的健全性才能抵御各种不确定因素的影响。此外，最大限度地利用正向物流网络也是再制造物流网络设计的一个好的切入点。在正向物流网络基础上进行再制造物流网络的设计，与重新设计一个新的逆向物流网络相比，不仅更经济，而且可操作性更强。

6. 对某些行业来讲逆向物流带有强制性

由于消费者权益立法中对消费者的保护日益加强，以及全球性环境保护意识的日益上升，许多政府都颁布了强制企业从事逆向物流作业的法律和法规，尽管由于上述逆向物流作业的特点给企业造成了运作上的负担，但逆向物流已经势在必行。美国法律规定禁止填埋阴极射线管（CRT）显示器，因为它含有多种对环境造成长期危害的物质，如汞、铅等，要求制造商必须回收处理。我国在这方面的规定还不足，但是随着我国计算机等电子产品的淘汰量越来越多，也面临着如何处理大量旧电脑的问题。

7. 逆向物流的发生的规模、频度往往反映了企业运作中存在的问题

不论是出于环保的考虑还是出于质量上的原因或是竞争压力的驱使，逆向物流的动因往往是因为企业在全面质量管理上存在欠缺，从事逆向物流作业实际上是在解决这些欠缺所造成的问题，而这往往是许多企业所不愿面对的。一个典型的例子是福特公司的"探险者"（Explorer）越野车使用的火石（Firestone）公司的轮胎有质量问题，导致汽车出了数起严重车祸，而福特公司与火石公司内部都对此处理不力，而且不积极召回汽车，直到法院开始进行多起诉讼受理后福特公司才宣布将免费更换 1300 万只轮胎，此举将花费 30 亿美元。同时将火石公司告上法庭，并宣布不再使用火石公司的轮胎，使两家公司持续了近百年的合作关系终结。它使我们明白无论是质量问题还是竞争压力或环保原因引起的逆向物流都反映了企业在某一方面的缺失，及早解决而不是不理睬是面对问题的唯一正确选择。

13.1.4 几个相关概念

通常逆向物流包括回收物流和退货物流，加上它对环境保护的重要作用，故它还涉及了废弃物流、绿色物流或环保物流的概念，这些物流概念与逆向物流密切相关。

1. 绿色物流

现代绿色物流管理是指为了实现顾客满意，连接绿色供给主体和绿色需求客体，克服空间和时间阻碍的有效、快速的绿色商品和服务流动的绿色经济管理活动流程。它是指以降低污染物排放、减少资源消耗为目标，通过先进的物流技术和面向环境管理的理念，进行物流系统的规划、控制、管理和实施的过程。现代绿色物流管理从环境的角度对物流体系进行改进，形成了一个环境共生型的物流管理系统。这种物流管理系统建立在维护地球环境和可持续发展的基础上，改变原来经济发展与物流、消费生活与物流的单向作用关系，在抑制物流对环境造成危害的同时，形成了一种能促进经济和消费生活健康发展的物流系统。

因此，现代绿色物流管理强调全局和长远的利益，强调全方位对环境的关注，体现了企业的绿色形象，是一种新的物流管理趋势。

逆向物流与绿色物流的比较如图 13-3 所示。再制造、再循环与再使用是两者共有的内容。两者的不同在于绿色物流强调所有物流活动尤其是正向物流对环境的影响。绿色物流中的环境问题有：不可再生自然资源的消耗，气体排放，交通阻塞和道路利用，噪声污染，有害和非有害废物处置等。可以说，绿色物流是从环境和生态的角度审视供应链，而逆向物流强调恢复方式战略的获利性。

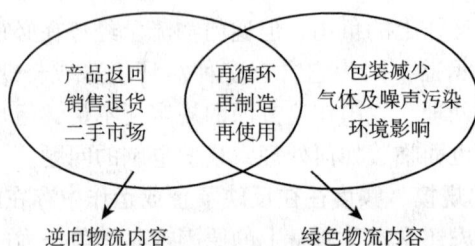

图 13 – 3　逆向物流与绿色物流的比较

　　我们可以看到逆向物流与绿色物流是有交叉的。绿色物流包括企业在生产经营活动中贯彻 ISO14000 标准，测定企业活动对环境的影响，降低原材料的使用、包装的再使用和在物流活动中降低能耗等。这样，某些活动既是绿色物流所做的又是逆向物流所做的，例如包装的再使用、物品的再加工、再循环；同时有些活动又不是逆向物流所涉及的，例如降低能耗、重新设计包装以节约资源等。绿色物流实际上应是一种贯穿在整个供应链物流与逆向物流活动中的理念与相应的行为，是整个社会可持续发展的必然要求。

　　2. 废弃物流

　　废弃物流以环境保护为目的，将废旧物品进行充分焚烧或送到指定地点掩埋，对于含有放射性物质或有毒物质的工业废物要采取特殊的处理方法。废弃物流的作用是忽略废旧物品的价值或废旧物品已经没有再利用价值，仅从环境保护出发，将其焚化、化学处理或运到特定地点堆放、掩埋。废弃物流管理的目的是高效且经济地收集和处理废物或没有恢复价值的产品，而逆向物流关注的是如何使经过适当恢复可以重获价值的回流实物流再重新进入原来或新的供应链的过程。

　　3. 可持续发展概念

　　中国古代哲学家提出的"天人合一"的观点，强调人与自然的和谐相处，实际上这就是萌芽阶段的可持续发展（Sustainable Development）思想。现代可持续发展思想是随着人们对环境认识的深入，在 20 世纪 80 年代逐步形成的。可持续发展有多种定义，其中最有影响的是世界卫生组织（WHO）总干事、挪威前首相布伦特兰夫人与她所主持的联合国世界环境与发展委员会在调查报告《我们共同的未来》中所提出的定义，即可持续发展是满足当代人的需求，又不损害子孙后代满足其需求能力的发展。这一概念在 1992 年联合国环境与发展大会上得到了广泛的接受和认同。具体地说，可持续发展就是指经济、社会、资源和环境保护协调发展，它们是一个密不可分的系统，既要达到发展经济的目的，又要保护好人类赖以生存的大气、淡水、海洋、土地和森林等自然资源和环境，使子孙后代能够永续发展和安居乐业。环境保护是可持续发展的重要方面。可持续发展的核心是发展，但要求在保护环境、资源永续利用的前提下进行经济和社会的发展。逆向物流与可持续发展有所不同，它可视为可持续发展的一部分，逆向物流可看做公司层次上通过产品对社会可持续性的执行。

4. 循环经济

所谓循环经济，本质上是一种生态经济，它要求运用生态学规律而不是机械论规律来指导人类社会的经济活动。与传统经济相比，循环经济的不同之处在于：传统经济是一种由"资源—产品—污染排放"单向流动的线性经济，其特征是高开采、低利用、高排放；循环经济要求把经济活动组织成一个"资源—产品—再生资源"的反馈式流程，其特征是低开采、高利用、低排放。所有的物质和能源要能在这个不断进行的经济循环中得到合理和持久的利用，以把经济活动对自然环境的影响降低到尽可能小的程度。循环经济主要有三大原则，即"减量化、再利用、资源化"的3R原则，每一原则对循环经济的成功实施都是必不可少的。

显然，逆向物流的存在取代了传统物流的单向运作模式，为循环经济的建设创造关键环节。循环经济体系中，从自然界获取的合理的物质资源中，除了以产品形式流向下游企业或消费者手中之外，有一部分以废弃物的形式存在，这些废弃物大部分被当做新的资源循环利用，少量（自然界承载的范围）流向自然界让生态生产力发挥作用。由此可见，循环经济除了需要相关高效利用资源的技术体系的支撑外，逆向物流系统是其中的一个关键环节，法律体系和经济制度体系都通过它发挥作用。逆向物流系统有利于减少不适当物流所带来的环境污染，减少因焚烧、填埋带来的资源浪费，同时也能降低企业处理废旧物的成本，改善企业和整个供应链的绩效，产生巨大的社会效益和经济效益，是循环经济体系中的关键环节。

13.2 逆向物流的驱动因素

在那些已经运用逆向物流系统的公司中，高级管理人员过度地将它的管理推给了运营层。这已经不再是有效的方法。有许多强有力的因素迫使企业将逆向物流的管理提高到战略程度的高级管理日程上。带来这些变化的主要驱动因素有：政府立法、日益缩短的产品生命周期、新的分销渠道、供应链中的力量转移、经济效益、生态效应及社会效应。

13.2.1 政府立法

政府的环境立法有效地推动了企业对他们所制造产品的整个生命周期负责。顾客对全球气候变暖、温室效应和环境污染的关注也加深了这种趋势。在美国，议会在过去的几年中引入了超过2000个固体废品的处理法案；1997年，日本国会通过了强制回收某些物资的法案。

在欧洲，政府出台的环境立法更为强大。为了减少垃圾掩埋法的废品处理方式，欧盟制定了包装和包装废品的指导性意见，并在欧盟成员中形成法律。意见中规定了减少、再利用和回收包装材料的方法，并根据供应链环节中不同成员的地位和相应的年营业额，提出了企业每年进行垃圾回收和产品再生的数量要求。法规的目的是使生产者共同承担产品责任。欧盟规定，到2015年90%的汽车必须被重新利用或再生；汽车废弃物的填埋量不得超过5%。欧盟还希望重新利用75%的各类电池，并在2008年前逐渐取消含汞和镉的电池。对于年产包装材料50吨，每年营业额500万英镑的企业，英国政府强制要求他们登记并证实在1998年以前完成了物资的再生和回收工作。需要进行再生的物资有铝、玻璃、纸张、木料、塑料和钢铁。原材料制造商负6%的责任，包装商负11%的责任，包装食品生产厂，例如罐头食品制造厂和备件生产厂负36%的责任，销售给最终使用者的组织负47%的责任。1998年再生物资比例为38%，2001年上升到52%。为了让垃圾制造者为污染问题付费，英国政府开征了垃圾掩埋税，迫使企业改变处理废品的方法。荷兰则要求汽车制造商对所有废旧汽车实行再生（Recycling）。我国也于2003年出台并开始实施《电子垃圾回收利用法草案》，该草案明确规定制造商有义务对废旧产品回收再处理，其他相关法规和条例也将陆续出台。

积极的立法工作仅仅处于开始阶段，因为政府强令企业改变他们研究方法并管理从产品生产到最终废品处理的方法。

聪明的企业并没有消极地应对强制性法规的实行。他们正在为下一代的环境法案做准备，积极地思考他们在产品管理上的地位、责任和机会。实际上，他们正在为必将到来的一天做准备，那就是他们必须在产品使用寿命终结之时，对它的处理负全部责任。当政府正式推行该项法律时，以往产品的归属权与责任权的转移问题将不复存在。买者和卖者的关系将发生永久性的转变。

13.2.2 日益缩短的产品生命周期

产品生命周期正在变得越来越短，这种现象在许多行业都变得非常明显，尤其是计算机行业。新品和升级换代产品以前所未有的速度推向市场，推动消费者更加频繁地购买。当消费者从更多的选择和功能中受益时，这种趋势也不可避免地导致了消费者使用更多的不被需要的产品，同时也带来了更多的包装、更多的退货和更多的浪费问题。缩短的产品生命周期增加了进入逆向物流的浪费物资以及管理成本。

13.2.3 新的分销渠道

消费者可以更加便捷地通过新的分销渠道购买商品。直销电视购物网络和因特网的出现使商品直销成为可能。但是直销产品也增加了退货的可能性。一是因为产品在运输过程中可能被损坏，二是由于实际物品与在电视或网上看到的商品不同。直销渠道给逆向物流带来了压力。一般零售商的退货率是5%～10%，而通过产品目录和销售网络销售的产品的退货比例则高达35%。

由于直销渠道面对的顾客是全球范围的，而不仅仅局限于本地、国内或者某一区域，从而使退货物品管理的复杂性增加，管理成本也将上升。

13.2.4 供应链中的力量转移

竞争的加剧和产品供应量的增加意味着买家在供应链中的地位提升。这里所指的买家不仅是指最终用户，还包括零售商。零售商可以而且的确在拒绝承担未售出商品和过度包装品的处理责任。在美国，大多数返还给最上层供应商的商品（要么来源于消费者，要么是因为未售出）都被最初的供应商收回，由他们对这些产品进行再加工和处理。这种趋势在所有行业都有所发生，即便是航空业。航空公司会要求供应商收回并处理不需要的包装物品。

13.2.5 经济效益

这也是企业开展逆向物流的最主要的驱动力，主要表现在以下几个方面：

1. 通过逆向物流活动、提高了顾客的满意度

在当今顾客驱动的经济环境下，顾客价值是决定企业生存和发展的关键因素。企业通过逆向物流可提高顾客对产品或服务的满意度，赢得顾客的信任，从而提高其竞争优势。对于最终顾客来说，逆向物流能够确保不符合订单要求的产品及时退货，有利于消除顾客的后顾之忧，增加其对企业的信任感及回头率，扩大企业的市场份额。如果一个公司要赢得顾客，就必须保证顾客在整个交易过程中心情舒畅，而逆向物流战略是达到这一目标的有效手段。国际知名的大卖场和零售店目前普遍运用各种退货政策甚至无理由和自由退货方式来吸引和留住顾客，以此来保持客户的满意度，使竞争优势得以巩固和提升。客户满意度和个性化的需求满足已经成为各大企业维持竞争优势地位的最重要的策略。正是厂商采取的自由退货政策导致了退货大量堆积。

行业不同，退货率不同，这是企业施行逆向物流管理的原因之一。1998 年 Dale Rogers 对 300 多家美国公司的调查表明，有 73.9% 的公司都认为自己的退货政策是十分自由或比较自由的。在国内，很多商业企业规定，只要不影响使用或再销售都可以退货，如果是质量问题则实行无条件退货。2000 年某商场的统计数据表明非质量退货占总量的 94%，质量问题占 4%，疑难问题（不在上述范围内或是顾客过失造成等）占 2%。

2. 增强企业的竞争优势

如今企业都处在一定的供应链条之上，独立的企业很难生存和发展，那么就需要用供应链的思想来运作企业。对于供应链上的下游企业来说，如果上游企业采取较为宽松的退货政策，则下游企业的经营风险减少，这有助于企业间的相互合作、相互信任，促进企业间战略联盟的形成，从而增强企业的竞争优势。

另外，针对终端客户，为了维护和建立商誉，一些企业主动地回收产品，从而形成逆向物流。这种事例在最近数年的各种召回事件中得到了集中体现。世界上最大的芯片制造公司——Inter 公司在奔腾 2 时代，曾经将新发售的存在浮点计算错误的所有芯片回收。为此公司蒙受了上亿美元的损失；2003 年 8 月 25 日广州本田宣布由于当发动机产生较大

振动时可能导致通气管接头松脱，使发动机内循环的废气排放到大气中，要为 2.0L 和 2.4L 新雅阁免费更换发动机通气管组件。这两种车型中符合召回条件的共有 3.1 万辆。以上这些行为都是公司出于维护商誉而采取的行动。

3. 降低企业的生产成本

减少物料消耗、提高物料利用率是企业成本管理的重点，也是企业增效的重要手段。然而，传统管理模式的物料管理仅仅局限于企业内部物料，不重视企业外部废旧产品及其物料的有效利用，造成大量可再用资源的浪费。由于废旧产品的回购价格低、来源充足，企业回收后直接对其进行再加工，或是将其分拆成零部件后投入再生产，就可以大幅度降低原材料的消耗。此外，广义的逆向物流还强调，为了减少回收的物料和使产品能够更方便地进行再使用，要减少顺向物流中的物流使用量。

据统计，目前世界上每年生产的钢铁有 40% 是使用废钢铁炼出来的；工业发达国家耗用大量铝合金用于易拉罐生产，倘若不及时回收则将难以保证铝的供应；西方国家再生铜已占精铜产量 40% 以上；美国年耗 310 万吨新闻纸，其中有 100 万吨来自废纸再生；日本废旧高分子材料回收率在 48% 以上等。在世界能源紧缺的形势下，一些发达国家正试图用专门设备对经过多次重复利用后已难以恢复使用功能的废旧高分子材料和工业垃圾一起，经过焚烧等流程有效地转变为热能和电力。

4. 提高事故透明度，改进质量管理体系

逆向物流在促使企业改善质量管理体系上，也具有重要的地位。ISO 9001 2000 版将企业的质量管理活动概括为一个闭环的 PDCA 活动（计划、实施、检查、改进），逆向物流的活动恰好处于检查和改进这两个环节上，对此，ISO 9001 要求对不合格品进行控制，采取有效的纠正措施，持续改进，同时制定预防措施防止不合格品的再次发生。从这次的改进到下一次的计划和研发，逆向物流是承上启下，作用于两端的。退货中产生的产品质量和服务质量问题通过逆向物流信息系统传递到企业的管理阶层，增加企业潜在事故的透明度，将有力地推动企业组织不断改进质量管理体系，从系统上根除隐患。

5. 全球经济一体化的大力推动

世界经济的发展及信息技术的应用，使整个世界日益成为一个紧密联系的经济体。在这里，各国间的经贸合作日益扩大和加深，一国的经济、政策和法规会受到其他许多国家经济、政策和法规的影响。在这全球经济一体化迅速形成的过程中，很多企业，尤其是经济实力雄厚、持续实施规模扩张策略的跨国公司或者国际性大企业，对关联国家或地区的贡献巨大，同时在各国或地区的法规、政策下生存的压力也越来越大。例子之一是海尔（Hair）电器要进入德国市场就必须遵守德国的包装回收法规，进而遵守欧盟的 WEEE 法令，因此海尔公司必须对售货进行及时跟踪和对回收产品进行有效管理；例子之二是日本的 7-11 连锁店进驻中国台湾后，带进了他们提倡环保的企业文化和与之相配套的先进物资回收系统。此举影响了台湾本地的便利店竞争者，从而这些竞争者也开始纷纷效仿，进行资源再生和回收利用。由此逆向物流管理跨出了国界，像磁体一般吸引住每一个有野心的企业，进入它们的经营决策管理体系。

13.2.6　生态效益

随着人们生活水平和文化素质的提高，环境意识日渐增强，消费观念发生了巨大变化，消费者对环境的期望越来越高。另外，由于不可再生资源的稀缺以及环境污染日益加重，各国制定的环保法规为企业的环境行为规定了一个约束性标准。企业的环境业绩已经成为评价企业运营绩效的重要指标。为了改善企业的环境行为，提高企业在公众中的形象，许多企业纷纷采取逆向物流战略，以减少产品对环境的污染及对资源的消耗。1997年，日本国会通过了强制回收某些物资的法案。在德国，1991年的包装条例强制工业企业回收所使用的包装材料，这些国家的企业较早意识到改善企业环境形象的重要性。

13.2.7　社会效益

生产企业回收利用所生产的产品，符合社会发展的"绿色"思路，从而有利于企业在社会中树立良好的公众形象，产生巨大的社会效益。

以上几种驱动因素在实际生产实践中往往是互相交织在一起的。例如，若增加废物的处理成本，则会使得废物减少更多，产生生态效益和社会效益；而消费者的环保意识又表现出另一种新的市场机会，导致经济效益提高。

13.3　回收物流概述

13.3.1　回收物流的形成原因

1. 环境的保护要求及环境法规的约束

随着人们对物品消费的越来越高，产品的更新换代越来越快，原生资源的消耗殆尽、垃圾处理能力日见衰退的现象也越来越明显。另外人们的生活水平和文化素质的提高，环保意识的日益增强，人们的消费观念发生了巨大的变化，顾客对环境的期望变得更高了。这就带来了如下两方面的问题：

①大量生产的废弃物使企业面临的废弃物处理问题越来越严重。由于传统的废弃物处理方式对环境的影响很大，受到公众和政府的严格限制。其次，由于垃圾填埋会对土壤、环境造成破坏，焚烧又会产生有毒气体，污染空气、危害人类生存环境。因此，公众对这两种废气物处理设施制度的建设越来越抵触。

②大量消耗、大量生产和大量消费的结果，必然是资源和能源的大量消耗；而资源短缺不仅增加了企业经营成本，还严重威胁到社会经济的可持续发展。地球资源分为可再生资源和不可再生资源两大类。对于可再生资源存在着再生能力的限制。大量消耗资源的结果是人类社会面临资源枯竭的危机。

从资源环境问题的产生根源看，主要是由于经济发展中资源的使用量和消耗速度超出了自然界的资源再生能力，而废弃物的产生量和产生速度却大于自然环境的污染消纳能力。如果在保证经济步伐的前提下，使原来一次性使用的资源被多次反复使用。这样既能减缓资源消耗速度，又能减少废弃物排放量。这就是说，产品的循环再利用是同时缓解人类社会面临的资源危机和环境问题的最有效出路。

为了改善企业的环境行为，提高企业在公众中的形象，企业就应该采取一定的措施，以减少产品对环境的污染及对资源的消耗，这就要求企业建立必要的回收物流。

2. 经济利益的驱动

随着廉价资源的获取越来越困难，资源供求之间的矛盾越来越突出。对使用过的产品及材料进行再生循环利用，逐渐成为企业满足日常需求、降低生产成本的可行之路，这就促使企业对产品废弃后的回收、再加工、再利用引发的逆向物流活动越来越重视。

常用的垃圾处理方式不但会造成资源损耗，而且还会造成环境污染，不利于生产活动的健康持续发展，故要求生产商对整个生命周期负责，以节约资源、保护生态环境。企业通过废旧物品回收再利用，一方面可以减少生产成本、减少物料的消耗、挖掘废旧物品中残留的价值，直接增加经济效益；另一方面，可以在激烈的竞争环境中，改善企业与消费者之间的关系，间接地提高企业的经济效益。例如，沃尔沃公司预计瑞典将会立法，规定汽车生产商对汽车零部件进行回收的法律责任时，引进了先进的汽车拆卸和处理设备后，通过对汽车零部件的回收和处理获得了巨大的经济效益，他们将金属、塑料拆卸下来当做废品出售，拆下的有些性能尚好的零部件直接销售给配件商或直接重新进入装配线，组装而成的汽车可在二级市场上出售，这些项目成为沃尔沃重要的利润来源。废旧产品的回收价格低、来源充足，对废旧产品的回购加工可以大幅度降低企业的物料成本。

3. 顾客服务理念的需要

回收物流在增强企业与顾客之间的沟通、提高顾客满意度方面起着重要的作用。在以顾客为中心的经济环境下，顾客价值是决定企业生存和发展的关键因素。企业可以通过建立回收物流系统来提高顾客对产品或服务的满意度，赢得顾客的信任，从而增加企业竞争优势。对于最终顾客来说，回收物流系统能够确保不符合定单要求的产品及时退货，有利于消除顾客的后顾之忧，增加其对企业的信任感及重复购买率，扩大企业的市场份额。

以上几种因素在实际生产实践中往往是互相交织在一起的，因而企业在构建自身的物流系统时，必须构造完善的回收物流系统。

13.3.2 回收物流的来源

回收物流来自于物质循环过程中产生的排放物。从资源与经济增长、环境之间的关系来讲，人类的社会实践活动，是靠消费大量的资源来维持的，也必然会或多或少产生一些废物，从而造成环境问题。从社会再生产的过程来看，整个经济社会物质循环过程中排放物的产生主要来源于以下三个途径：生产过程产生的排放物、流通过程产生的排放物和消费过程产生的排放物。

1. 生产过程产生的排放物

生产过程产生的排放物是由工艺性排放物、生产过程中的废料及装备、设施和劳动工具的报废等组成。由于生产性质不同，工艺性排放物有很大的差异，这类排放物根据工艺流程和技术水平的条件，其排放时间、数量、种类有一定的规律性，能形成稳定的物流系统。生产过程中的废料其产生的数量具有一定的规律性，但产生的时间有很大的偶然性，在工艺流程中往往就地回收，重新纳入生产流程中，而很少进入社会物流系统。

2. 流通过程产生的排放物

流通过程产生的排放物是由于流通产业部门运行需要消耗燃料及其他动力与资源，而这都会产生废弃物。流通部门最典型的废弃物是被捆包的物体解捆后所产生的废弃捆包材料，有的可以直接回收使用，要进入物资大循环再生利用。

3. 消费过程产生的排放物

消费后产生的排放物是消费者在消费商品的过程中产生的，这类排放物一般称为生活垃圾。垃圾露天堆放不但侵占大量土地，而且会严重污染大气、土壤和水体，其引起的生物性污染还将危害人类健康，而垃圾堆放场自燃、爆炸事故不断发生，阻碍道路和排水沟道的畅通等都使我们不得不高度重视城市垃圾的无害化处理。

13.3.3 回收物流的分类与特征

1. 回收物流的分类

（1）按回收物流形成原因分类

①零售退回。进入回收物流的产品来自最终消费者和作为供应链合作伙伴的零售商两个方面。如果是消费者返回产品，则产品可能是有缺陷的，或者是产品不能满足要求，或者是顾客不知道如何正确使用该产品，也可能是顾客故意声称产品有缺陷以达到退货的目的。许多家用消费品通常会由于这些原因进入回流渠道。零售退回可有企业的销售部门管理，它的退回量的多少可和销售业绩直接挂钩。

②包装退回。包装品的回收在实践中已经存在很久了，回收物流的对象主要是托盘、包装袋、条板箱等，它考虑经济的原因，将可以重复使用的包装材料和产品载体通过检验和清洗、修复等流程进行循环利用，降低制造商的制造费用。

③维修退回。指有缺陷或损坏的产品在销售出去后，根据售后服务承诺条款的要求，退回制造商，它通常发生在产品生命周期的中期。

④生产报废和副产品。生产过程的产品与副产品，一般来说是出于经济和法规条例的原因，发生的周期较短，而且并不涉及其他组织。通过再循环、再生产，生产过程中的废品和副产品可以重新进入制造环节，得到再利用。

⑤再利用退回。这主要是经完全使用后需处理的产品，通常发生在产品出售之后的较长时间。终端退回可以是出自经济的考虑，最大限度地进行资产恢复。

（2）按回收物品特征分类

①低价值产品的物料。这种回收物流的显著特征是它的回收市场和再利用市场通常是

分离的，也就是说，这种物料回收并不一定进入原来的生产环节，而是可以作为另外一种产品的原材料投入到另一个供应链环节中。从整个回收物流过程来看，它是一个开环的结构。在此类回收物流管理中，物料供应商通常扮演着重要的角色，他们将负责对物料进行回收、采用特殊设备再加工，而除了管理上的要求外，特殊设备要求的一次性投资也比较庞大。

②可以直接再利用的产品。由于在此类回收物流的物品回收阶段对管理水平和设备的要求不高，因此可以形成多个回收商分散管理的格局，由原产品制造商对这些回收商统一管理，这种情况下，我们也可以应用供应链伙伴关系理论对他们之间的合作机制进行研究。

③高价值产品的零部件。这类回收物流与传统的正向物流结合地最为紧密，它可以利用原有的物流网络进行物品回收，并通过再加工过程，还将进入原来产品制造环节。

（3）按回收物品重新利用方式分类

①直接再利用。该种分类回收的物品不经过任何修理直接再利用。

②修理。通过修理将已坏产品恢复到可工作状态，但可能质量有所下降。其流程为：回收—检验—再加工。

③再生。只是为了物料资源的循环再利用而不再保留回收物品的任何结构。其流程为：回收—检验—分拆—处理。

④再制造。与再生相比，再制造则保持产品的原有特性，通过拆卸、检修、替换等工序使回收物品恢复到"新产品"的状态。其流程为回收—检验—分拆—再加工。

2. 回收物流的特征

回收物流作为企业价值链中特殊的一环，与正向物流相比，既有共同点，也有各自不同的特点。二者的共同点在于都具有包装、装卸、运输、储存、加工等物流功能。但是，回收物流与正向物流相比又具有其鲜明的特殊性。

（1）分散性

换言之，回收物流产生的地点、时间、质量和数量是难以预见的。废旧物资流可能产生于生产领域、流通领域或生活消费领域，涉及任何领域、任何部门、任何个人，在社会的每个角落都在日夜不停地发生。正是这种多元性使其具有分散性。而正向物流则不然，按量、准时和指定发货点是其基本要求。这是由于回收物流发生的原因通常与产品的质量或数量的异常有关。

（2）缓慢性

人们不难发现，开始的时候回收物流数量少，种类多，只有在不断汇集的情况下才能形成较大的流动规模。废旧物资的产生也往往不能立即满足人们的某些需要，它需要经过加工、改制等环节，甚至只能作为原料回收使用，这一系列过程的时间是较长的。同时，废旧物资的收集和整理也是一个较复杂的过程。这一切都决定了废旧物资缓慢性这一特点。

（3）混杂性

回收的产品在进入回收物流系统时往往难以划分为产品，因为不同种类、不同状况的废旧物资常常是混杂在一起的。当回收产品经过检查、分类后，回收物流的混杂性随着废旧物资的产生而逐渐衰退。

（4）多变性

由于回收物流的分散性及消费者对退货、产品召回等回收政策的滥用，有的企业很难控制产品的回收时间与空间，这就导致了多变性。主要表现在以下四个方面：

①回收物流具有极大的不确定性。回收物流具有投资风险大、结构复杂、地点分散无序、回收物品不可能集中一次向接受点转移等方面。由于是从供应链的下游向上游传递实物和信息，所以很难预测何时何地、有多少，什么状况的商品进入回收流通的渠道。一些制造企业全部或部分使用回收物流回收利用的零部件或者原材料来生产新产品，这必然要求对回收物流供给的可得性做出准确及时的追踪和预测，这样才可以做出完整连续的生产计划。

②回收物流的处理系统与方式复杂多样。回收物流的处理系统与方式复杂多样，不同处理手段对恢复资源价值的贡献差异显著。对回收物流特点的重视与否，形成了企业回收物流管理能力，以及水准高低的分水岭。由于投资于回收物流的资产对回收产品的交易有较高的依赖性，其资产专用性比较大，因而回收物流不宜采取市场交易机制，应采取企业或网络模式。

③回收物流技术具有一定的特殊性。尽管回收物流仍然是由运输、储存、装卸搬运、包装、流通加工和物流信息管理等环节组成，但是回收物流技术也具有自身的特点：多采用小型化、专用化的装运设备；除危险品等特殊物品外一般只要求简易、低成本的储存、包装；常需要多样化的流通加工，包括分拣、分解、分类，压块和捆扎，切断和破碎三大类。

（5）相对高昂的成本

回收流通的商品通常价值较低，而相对的运输、仓储和处理的费用高昂，这主要是因为这些商品通常缺少规范的包装，又具有不确定性，难以充分利用运输和仓储的规模效益；另一个重要原因在于许多商品需要人工的检测、判断和处理，极大地增加了人工的费用，同时效率也低下。

13.3.4　回收物流的意义

1. 企业建立回收物流的意义

现在有许多生产企业对自身生产的废物进行颇有成效的回收再利用，取得了较好的经济效益，这说明了回收物流已成为当今社会在生产的一个不可或缺的环节，对可持续发展战略的实施具有重大的意义。建立物流回收系统是符合当今社会再生产的实践。

当今社会，顾客对环境的期望越来越高。为了改善企业的环境行为，提高企业在公众的形象，许多企业纷纷采取回收物流策略，以减少产品对环境的污染及资源的浪费。对广大群众来说，还可以改变对废物和垃圾的看法，有利于实行垃圾的分类回收。建立物流回收系统，对环境的保护起到积极的作用。

物流回收系统建立从理论上是符合生态规律和客观要求，使社会在生产过程中的能量充分利用，使物质重复利用和不断循环，有利于节约资源和避免人类生存环境的恶化。

对于生产企业而言，不仅要讲产品生产、销售、售后服务和经济效益，而且对生产过程中和销售之后的顾客消费产生的后果负责。这有助于改变传统的生产观念。有利于生产模式的变革，有利于提高顾客对产品或服务的满意度，赢得顾客的信任，从而增强企业的竞争优势，有利于企业更好地满足顾客需求。

2. 回收物流的使用价值

废旧物资的使用价值与科学技术的发展是紧密相连的。某种废旧物资在一定时期的科学技术基础上，可能会失去价值或成为"废弃物"；但随着科学技术的进步，人们认识到了废旧物品的潜在使用价值。

有些产品在消费使用中，部分或大部分使用价值丧失，但仍有少部分使用价值存在。这种情况主要表现为废旧物资，没有发生本质的变化，仍可按原来的使用价值发挥作用。对于一些回收的废旧物资经过简单加工，既不改变使用方向，也不减少使用价值，就可以重新投入使用。废旧物资的深加工是采用物理、化学的方法，使废旧物资回复到最初的原始形态。在产品储存、运输过程中损坏的企业返品，或许丧失了部分或大部分使用价值，但一般具有可修复性或保留使用价值，经过处理就可以再销售。由于消费需要变化而产生的企业返品，则企业保留着使用价值。

13.3.5　循环经济下的回收物流

循环经济实质上是一种生态经济，是一种以资源的高效和循环利用为核心，以低消耗、低排放、高效率为基本特征，符合可持续发展的经济增长模式，是对"大量生产、大量消费、大量废弃"的传统的经济增长模式的根本性变革。循环经济通过"资源——产品—废弃物—再生资源"的反馈式循环过程，更有效地利用资源和保护环境，以尽可能小的资源消耗和环境成本，获得尽可能大的经济效益和社会效益。一方面，有助于减轻经济增长对资源供给的压力，缓解资源的约束矛盾；另一方面，减少经济发展带来的对生态环境的污染，解决经济发展与环境保护的矛盾，获得经济、社会、环境的同步协调可持续发展。循环经济发展模式要求企业改变以前粗放的经济增长方式，依靠科技、组织、制度的创新提高资源利用率，降低次品率，减少废弃物、污染物的排放，同时要对生产中的废弃物进行综合利用，提高资源的使用效率。

1. 三种再生循环

按照不同路径，可以在三个层面生进行资源再生循环，即微观循环、中观循环和宏观循环。微观循环主要是以实施清洁生产的方式在企业内部进行，减少物耗能耗，增加经济效益。中观循环是以生态学理论为指导，以物料为媒介，以原态物料—产品—废料—二次物料转化形态为特征，在产业群之间以多样的物料形态耦合成为一个聚诸多优势的产业整体。宏观循环是将社会的生产消费与生活消费容纳在内，涵盖产品的生命周期，以自然资源—产品—流通消费—再生资源的物料循环为特征，其意义在于以重复利用循环中对生产和生活使用过的废旧产品进行全面回收，可以重复利用的废弃物通过技术处理进行无限次的循环利用，最大限度地减少初次资源的开采，最大限度地减少造成污染的废弃物的排放。

2. 三个基本原则

循环经济是人类克服环境污染、资源短缺的困境、追求可持续发展理念的思想产物，是一种与环境和谐相处的经济发展模式。循环经济是以资源的反复利用为核心，物质是经济循环的循环实体。将循环经济的思想落实到具体行动上，就是要建立从资源、产品到再生资源的物质流途径，实现资源的永续利用。回收物流在循环经济中有着重要的地位。循环经济倡导的是建立在物质不断循环利用基础上的经济发展模式，资源再生循环是循环经济的核心。使得整个经济系统以及生产、消费过程基本上不产生或者只生产很少的废弃物。为达到这个目的，循环经济需遵循减量化原则、再利用原则和资源化原则。这三个基本原则都与回收物流相关。

减量化原则针对的是输入端，其意义在于从源头上减少进入生产和消费过程中的物质和能源流量；减量化原则要求用较少原料和能源投入来达到既定的生产目的或消费目的，在经济活动的源头注意节约资源。在生产中，减量化原则常常表现为要求产品体积小型化和产品轻型化。此外，也要求产品的包装简化，以达到减少废弃物物流和回收物流的目的。

再利用原则和资源化原则更注重回收物流，属于过程性方法，其意义在于延长产品的生命周期；再利用资源要求产品在完成使用功能后尽可能变成可以重复利用的资源而不是变成有害的垃圾。即从原料制成成品，经过市场直到消费变成废物，又被引入新的"生产—消费—生产"的循环系统。

资源化原则是输出端方法，其意义在于把废弃物再次变成资源以减少最终处理量，以便形成资源的闭合循环，也就是我们通常所说的再生资源的回收利用和废弃物的综合利用，而不是一次性消费，同时要求系列产品和相关产品零部件兼容配套，产品更新换代零部件及包装物不淘汰，可为新一代产品和相关产品再次利用。这些原则构成了循环经济的基本思路。

3. 回收物流与发展循环经济的关系

回收物流就是对由最终消费端到最初的供应源之间的对在制品、库存、制品及相应的信息流、资源进行的一系列计划、执行和控制等活动及过程，目的是对产品进行适当的处理或者恢复其一部分价值。回收物流涵盖退货回收物流和废弃产品回收物流两部分。退货回收物流是指下游顾客将不符合订单要求的产品退回上游供应商。而废弃产品回收物流是指将最终顾客所持有的废旧物品回收到供应链各节点企业，主要包括回收分拣、存储、拆分处理及处理后可再次使用的材料又可回到原供应商处，它被称为"环保物流"。回收物流是现代物流供应链中不可缺少的一部分，它与正向物流一起构成循环的物流体系。回收物流与循环经济的关系体现在以下几个方面。

①回收物流是循环经济的支撑。循环经济的流程是一个封闭的系统，流程中包括了回收、回收物的再利用资源再投入到生产处理、可的回收物流，使得在正向物流中产生的残次品、包装物等经过回收物流，对其回收利用，形成可再利用的资源，部分完全失去使用价值的废弃物经过焚烧和填埋回到自然生态系统中。可见回收物流是实现循环经济的必要手段，只有构建起顺畅的回收物流，才能形成封闭的循环流程，物资才能高效、低成本地循环，否则循环链将断裂，循环经济将不能实现。

②回收物流是循环经济发展的重要手段。降低资源消耗，提高物资的利用率是企业降低成本、也是降低社会资源消耗、促进循环经济发展的重要手段。回收物流的开展为废旧物品的回收和利用架设了桥梁，节省了大量的社会资源，同时也使企业降低经营成本，提高了顾客满意度，获得了竞争上的优势。这又促使企业更加注重回收物流，进一步促进了循环经济的发展。

③回收物流的发展是循环经济发展的保障。在目前回收物流管理组织和技术水平上，大量的物质没有得到很好的循环利用或根本无法循环利用。随着现代社会回收物流的技术和组织手段不断进步，以前不能够回收利用的废旧物资也逐渐变成了可以回收利用的对象，这就进一步提高了资源利用的效率，提高了再利用的程度，促进了循环经济的发展。

13.4 废弃物物流

13.4.1 废弃物的概念与特点

1. 废弃物的概念

一般认为废弃物就是指在生产过程中产生的无用的物品，包括生产和生活过程中产生的各种废物、废料及残余物资。但是，如果从更广的范围和更长远的角度看，绝对的废弃物是不存在的，因为在一种场合无用的物资，可能正是另一种场合所需要的资源；目前不能被利用的物资，也许通过技术变革能找到再利用的途径。因此，一切物资的"废"与"不废"、"旧"与"不旧"，都是暂时的、相对的、有条件的；如果技术、经济等各方面条件都满足要求，从更广的整个地球环境来看，绝对的废弃物几乎是不存在的。

2. 废弃物的分类

根据废弃物的来源以及废弃物的出路不同，可分为工业废弃物和生活废弃物两大类：

（1）工业废弃物

工业废弃物主要是指各类企业在生产过程中产生的废弃物，包括生产过程中的边角余料、废料、废液、报废设备包装等。根据废弃物性质及其后果的差异，又可分为一般工业废弃物、危险废弃物、建筑废弃物等。化工产品的包装物、电子产品废弃物、有毒物资等，都属于危险废弃物，需要经过特殊的渠道和方式加以处理。一般工业废弃物，包括生产中的废料、废水、报废设备等，随着环境管理逐渐成为企业管理的一项重要职能，一般工业废弃物的回收和处理都是由企业负责执行的；同样，建筑废弃物也是有建筑企业负责或委托其他企业负责清运处理的。

（2）生活废弃物

生活废弃物主要是指人们生活、消费过程中所产生的废旧物资、生活垃圾及其他残留物等，包括居民家庭产生的废旧家电用品、塑料制品、废包装物、生活垃圾以及公共场所发生的各种丢弃物。我国对于生活废弃物的处理有两种完全不同的渠道。

①对于有明显再利用价值的废旧物资，通过再生资源回收渠道，进行回收再循环后，作为新的资源重新进入工业过程。这类废弃物主要有废旧家电、废纸品、废金属、部分塑料瓶等经济价值明显的废旧物资。

②对于没有明显经济价值的其他生活废弃物，例如一次性包装袋、废纸、灰土以及部分塑料、废金属等，这类废弃物进入由市政环境卫生部门负责的垃圾收运处理渠道，并最终进入垃圾填埋场或焚烧场。

由于两类废弃物的处理方式、目的和物流渠道相差悬殊，为叙述方便，分别用两个属于来描述它们的物流过程，第一类是废旧物资回收物流，第二类成为城市废弃物物流。

3. 废弃物的特点

（1）废弃物中存在着原物资的使用价值。有些物品在消费使用中，部分或大部分使用价值丧失，但仍有少部分使用价值残存。

（2）废弃物在消费后，某一方面的使用价值丧失，但另一方面的使用价值仍然存在。这种情况主要表现为废弃物与原物资相比，并没有发生本质的变化，仍可按原来的使用价值发挥作用，如金属材料、麻布等物资的边角余料，可能在规格、尺寸、形状等方面达不到原物资的要求，但在其他使用方面它仍有自身的价值。

（3）有些废弃物经简单加工，既不改变使用方向，也不减少使用价值，就可重新投入使用。如回收份额包装箱、酒瓶、易拉罐等经简单整理就可重新发挥其原来的效能。

（4）废弃物经深加工恢复到原来的形态，发挥更大的使用价值。废弃物的深加工是采用物理的、化学的方法，使废旧物资回复到最初的原始状态。如从电子器件触电中提炼铂、金，从冲洗相片的废液中提炼白银等。

13.4.2 企业废弃物的物流合理化

企业废弃物的物流合理化必须从能源、资源及生态环境保护三个战略高度进行综合考虑，形成一个将废弃物的所有发生源包括在内的广泛的物流系统。这一物流系统实际包括三个方面：一是尽可能减少废弃物的排放量；二是对废弃物排放前的预处理，以减少对环境的污染；三是废弃物的最终排放处理。

1. 生产过程中产生的废弃物的物流合理化

为了做到对企业废弃物的合理处理，实现废弃物物流合理化，企业通常可以采取以下做法：

①建立一个对废弃物收集、处理的管理体系，要求企业对产生的废弃物进行系统管

理，把废弃物的最终排放量控制到最小的限度内。

②在设计研制产品开发时，要考虑到废弃物的收集及无害化处理的问题。

③加强每个生产工序变废为宝的利用，并鼓励职工群策群力。

④尽可能将企业产生的废弃物在厂内合理化处理。暂时做到厂内处理的要经过无害化处理后，再考虑向厂外排放。

2. 产品进入流通渠道、消费领域产生的废弃物的物流合理化

为了建立一个良好的企业形象，加强对社会环境的保护意识，企业还应该关注产品进入流通、消费领域产生的废弃物的物流合理化。

①遵守政府有关规章制度，鼓励商业企业和消费者支持产品废弃物的收集和处理工作，如可以采取以旧换新购物等。

②要求消费者对产品包装废弃物纳入到企业废弃物的回收系统，不再作为城市垃圾而废弃，增加环境压力。如购买产品对回收部分收取押金或送货上门时顺便带回废弃物。

③教育企业职工增强环保意识，改变价值观念，注意本企业产品在流通、消费中产生的废弃物的流向，积极参与物流合理化的活动。

3. 企业排放废弃物的物流合理化

为了使企业最终排放废弃物的物流合理化，需要做到以下几点：

①建立一个能被居民和职工接受，并符合当地商品流通环境的收集系统。

②通过有效地收集和搬运废弃物，努力做到节约运输量。

③在焚烧废弃物的处理中，尽可能防止二次污染。

④对于最终填埋的废弃物，要尽可能减少它的数量和体积，使之无害化，保护处理场地周围的环境。

⑤在处理最终废弃物的过程中，要尽可能采取变换处理，把不能回收的部分转换成其他用途。如用焚烧废弃物转化的热能来制取蒸汽、供暖、供热水等。

4. 废弃物的最终处理

（1）堆肥处理

堆肥处理是在人工控制的条件下，把废弃物保温至70℃存储、发酵，借助废弃物中微生物分解的能力，将有机物分解成无机养分，经过堆肥处理后，废弃物变成卫生的、无味的腐殖质。堆肥技术工艺比较简单，堆肥处理事宜于易腐有机质含量较高的废弃物处理。堆肥处理存在的问题是处理规模不宜太大，因为废弃物堆肥量过大后，容易造成土壤板结和地下水质变化，因此，应该控制堆肥规模。

（2）焚烧处理

焚烧处理是将废弃物置于高温炉中，使废弃物中碳水化合物转化成二氧化碳和水，同时在高温下杀灭病毒、细菌，将焚烧过程中所产生的热能加以合理利用的废弃物处理方法。废弃物焚烧厂生的热量可被热锅炉吸引后转变为蒸汽，可用于供热及发电、加热等多种场合。废弃物焚烧处理是经济发达国家广泛采用的一种生活垃圾处理方式。

①废弃物焚烧处理的优点主要包括：废弃物焚烧后，废弃物中的病原体被彻底消灭，

有害有毒性大大降低，燃烧后的残余物对填埋场地污染小；垃圾中的可燃成分被高温分解后，一般可减容80%～90%，大大减少了对填埋场地的占用；垃圾焚烧产生的热能可应用于多种场合。焚烧厂占地面积小，尾气经净化处理后污染小。可以靠近市区建厂，既节约了用地又缩短了废弃物运输距离。对于经济发达的城市，可因地制宜，发展以焚烧、减容为目的的综合处理。

②废弃物焚烧处理的局限性表现在：焚烧对废弃物的热值有一定要求，一般不能低于5000kJ/kg；焚烧过程中产生的有毒有害气体和烟尘需要经过特殊的无害化处理再排出，否则会严重污染空气；需要的设施投入较高，运营维护费也很高，如果不能对垃圾焚烧后的热能加以充分利用，其经济回报率将非常低。因此，开发废热用途、提高焚烧发电效率、逐步实现焚烧处理向使用效益型转变，是解决该问题的关键。

（3）填埋处理

填埋处理是大量消纳废弃物的有效方法，也是所有废弃物处理方法中的终级处理方法，分为直接填埋和卫生填埋。

所谓直接填埋法是将废弃物填入已预备好的坑中压实，使其发生生物、物理、化学变化，分解有机物，达到减量化和无害化的目的。该方式的最大特点是处理费用低，方法简单，但容易造成地下水水质污染，而且废弃物发酵产生的有害气体容易污染大气，当气体继续到一定程度还会发生爆炸。

卫生填埋法是将废弃物导入具有一定地形特征的场地中，通过采取防渗、覆土和气体导排设施，从而消除简易填埋带来的各种安全、卫生和环境污染问题。它是一种操作简单、适合各种类型废弃物的终极处置技术。其优点是投资少、容量大、效果好。

13.4.3 废弃物物流的意义

我们已经知道，进行废弃物处理的意义主要在于社会效益，而不是本企业的经济收益。而实际上，随着经济的发展，社会物质生活水平的提高，企业进行废弃物处理也蕴藏着巨大的经济效益。

1. 废弃物物流的社会效益

当今世界各国都把保护环境作为一项基本政策执行，花费巨额投资来植树造林、治理水污染和大气污染，甚至为了保护环境宁愿一定程度地牺牲经济发展。随着"只有一个地球"的呼声越来越高，环境质量在衡量一国发展的指标体系中的地位也越来越重要。因此，废弃物物流的重要意义也凸现出来。

①有利于改善我们的生存环境，提高生活质量。当前社会最关注的问题之一就是如何保护我们赖以生存的大自然，而引起环境污染的根本问题就是废弃物。

②有利于缓解资源危机。自然界的资源不是无限的，森林的采伐、矿山和石油的开采都是有一定的限度的。由于经济的飞速发展，地球上的自然资源已快枯竭，因此，各国都越来越重视通过回收物流将可以利用的废弃物收集、加工，重新补充到生产、消费系统中去。废弃物中有一部分物质是可再生利用的，通过回收这部分物质，不仅减轻了大自然承

受的污染压力，而且增加了社会的资源总量，从而一定程度上缓解了资源危机。

③有利于提升一国形象。现在国际上都把环境保护作为衡量一国发展水平的重要指标，作为一个发展中国家，我国要立足世界强国之林，就不仅要把经济搞上去，还要兼顾环境保护方面。

2. 废弃物物流的经济效益

①有利于降低生产成本，提高产品竞争力。废弃物中的可回收物资重新进入生产领域作为原材料会带来很高的经济效益。尤其是废钢铁、废塑料、废纸等可以为企业节省大量的原材料成本，从而增加利润。

②有利于树立良好的企业形象，赢得市场。消费者是否认同你的企业形象关系着企业的发展前途，关系着企业能否获利。企业的废弃物物流与企业形象有重要关系。现代消费者都很重视环境保护，他们往往会注意企业在这方面的表现。若企业在这方面的表现不好，消费者可能就会认为该企业的形象不好，而排斥该企业的产品。另外，企业的废弃物物流也是售后服务的一个方面。

③有助于与政府建立良好关系，为企业发展打下基础。一个企业要想有所发展，它首先就得遵守各项法纪法规。各国都有环境保护这方面的立法，企业在政府面前要想树立自己的良好市民形象，不仅要能上缴尽可能多的利税，还必须尽自己的环保义务，那就是处理好产品在各个阶段所产生的废弃物。只有这样，企业才可能按照自己的规划迅速发展。

13.5　案例分析：飞利浦重整逆向物流供应链

逆向物流和正向物流代表了两种截然不同的文化，正向物流致力于在每个环节中挖掘利润，而逆向物流则是为了减少资金流失。减少退货费用的方法不但是要改善逆向物流管理，在飞利浦家电公司，退货管理部门更加关注于如何在产品进入逆向物流供应链之前杜绝退货现象。通过采取预警措施，改善产品的易操作性，加强公司各项规章制度的落实，重振售后服务网络，飞利浦每年减少了约1亿美元的退货，市场美誉度进一步提升。

1998年，一个机会降临在我头上。当时，飞利浦公司面临相当高的退货率，由此引起的后果也极为严重，公司每年都造成数千万美元的损失，长此下去，飞利浦家电必将声名扫地，淡出市场。在这种沉重的压力之下，飞利浦管理层必须寻找出路，减少退货费用。他们一致认为，公司亟须建立一种退货管理的有效机制，应付面临的内外问题。

当时，飞利浦家电公司没有设立退货管理部门，而退货物流管理也还未列入绝大多数生产商的议事日程。通常，退货问题交给信用、财务部门或其他专业的服务公司来管理。管理层认为，应尽快建立一个专门的部门，由专门的主管负责并领导下属人员完成退货目标。此前，我在产品行销部门已摸爬滚打了十余个春秋。但是，退货管理，对我来说是一个未知领域，是一个全新的挑战。而飞利浦服务公司副总裁肯·高尼斯力排众议，让我担任飞利浦家电公司退货管理部门主管，责成我控制和减少产品退还这一主要问题。高尼斯认为，退货实际上一种"逆向销售"，它常常会影响产品行销决策活动。

13.5.1 问题出在哪儿

显然，逆向物流管理改革势在必行，也迫在眉睫。飞利浦首先需要对退货数量进行分析，研究其规模和对公司造成的总的损失。同时，我们还必须了解消费者和零售环境，对消费者退货原因特别是无缺陷退货现象进行研究。最后，我们需要采取预选的措施，加强内部沟通和外部合作，共同铲除产生退货的根源。

要真正认识有关退货的各种情况，不仅要知道处理了多少退货，而且还要清楚这些产品是为什么被退回的。那么，造成消费者退货、尤其是无缺陷退货的原因是什么呢？

一是文化习惯所致。当进行调研时，我们发现退货环境处于失控状态。在美国，在零售商非常开放、几乎是毫无节制的退货政策的怂恿下，人们逐渐养成了一种把货物"退回去"的习惯。大部分的消费者在没有购货发票时仍然得到退款处理的现象，导致了退货现象的有增无减，起到了推波助澜的作用。在销售现场传递的这种错误信息，助长了消费者肆无忌惮的退货风，产品的增加又进一步助长了退货率的攀升。为了弄清楚消费者的退货心理，2001 年，飞利浦公司和一家全国性的大零售商合作，就那些超过退货预算的产品种类在这家零售商的 400 名顾客中进行了有奖问卷调查。令人感到惊讶的是，居然有超过75%的顾客承认，他们知道其所退回的产品实际上是没有什么质量问题的。在美国，这种现象比在其他国家更加严重。调查证明，消费者退货的第一原因是"错误的消费习惯"，第二个原因是产品操作的难度系数大。

绝大多数家电公司都认为，随着在新零售渠道中产品销售额的稳步上升，退货率自然也会上升。但是，随着总体退货率的上升，我们却吃惊地发现，一个让人不能满意的数据——无缺陷退货率（No Defect Found）也逐渐变得很高。无缺陷退货率在飞利浦家电产品中占到了70%，PC 产品中超过了85%，部分小家电产品更是超过了90%。为了运输这些退货，飞利浦家电公司和其零售商都付出了巨大的费用。

二是退货管理不善。在调查中，我们发现，更为重要的是，公司内部对退货管理缺乏明晰的制度，没有责任到人。飞利浦公司内部没有人员专门致力于退货的管理，也没有非常清晰的退货管理规定和程序，因此飞利浦内部就养成了一种"在任何时候，任何人都可以把任何产品退回来"的公司文化。产品销售人员从来就不清楚退货所产生的成本有多少，甚至连公司本身也从来就没有对总的退货成本进行过统一的核算。另外，飞利浦公司从来就没有在公司内部跨部门之间，或与零售商合作推行过任何一种退货解决方案。这种种管理上的问题，导致了 2000 年飞利浦退货率高于业内平均水平。由于公司存在的问题，许多大型零售商开始把退货费用计在飞利浦身上，索赔、反索赔，没完没了的调解，成为公司耗时费力、挥之不去的噩梦。为了处理退货问题，飞利浦公司的代理清算公司也费尽了周折，但成效不大。一方面这些代理清算公司本身存在着财务问题；另一方面这些公司在飞利浦家电公司的二级市场上所能追回的成本也少得可怜。比如，让那些清算公司代为销售的 DVD 产品，飞利浦 1 美元的损失也只能追回20～30 美分，飞利浦真是"赔了夫人又折兵"。

三是产品标识不清。调查显示，飞利浦产品的退货不是因质量问题，绝大多数是和产品包装说明不清有关。此外，零售商的销售人员没有受到很好的培训，不能让消费者很好地明白产品的性能和好处。还有，零售商制定的退货期限过长也是一个重要原因。

调查表明，飞利浦公司的产品包装上缺乏透明性，使用说明书不能很好地说明产品如何使用。消费者要在飞利浦公司新推出的一些数字产品上花费太多的时间去弄明白使用问题，比如家庭影院、卫星系统、数字摄像机，甚至还有缺天线插孔的 DVD 播放机。除了产品的复杂性和技术问题之外，一些产品的硬件制造商和其他的软件或服务提供商之间的配合也存在着问题，使得说明书使用起来非常困难。说明书的缺陷是有硬件、软件双重身份构成的数字网络产品退货率比其他产品高出 25% 的主要原因，无缺陷退货率更是高出了 90%。

还有其他一些问题，比如公司对有些产品不能提供上门维修服务，或者是能够提供上门服务的独立服务提供商在逐渐减少等，都进一步加剧了退货现象的发生。另外，调查显示，有 10% 的退货实际上是商品在被偷走之后又被退回来，以换取现金。

13.5.2　逆向物流反击战

上述调查说明，飞利浦需要采取措施，进一步提高产品的透明度、易用性和互通性。但是，真正的挑战是如何改变美国消费者头脑中根深蒂固的向零售商"退货"的消费观念。和其他国家相比，这种观念更加深入人心。在绝大多数国家，人们鼓励消费者通过和生产厂家直接联系维修损坏产品或是调换产品。但是，美国，飞利浦和其零售商就必须寻找一种别的途径减少产品进入逆向物流供应链，特别是减少那些无缺陷产品的回流。如果我们无法实现这一目标，厂家和零售商双方造成的损失将是无法估量的。

一是统一退货衡量标准。对于退货管理部门而言，我们意识到解决退货问题的关键就是要形成一种统一的退货衡量标准。由于公司各部门缺乏沟通与合作，飞利浦缺乏一种通用的退货衡量体系。不但在美国和世界其他地区的退货衡量标准不一样，就连飞利浦公司内部的不同部门也使用不同的 IT 系统进行测算，公司各部门对按哪个时间段进行测量和如何对退货进行分类，不能达成一致的意见。衡量标准的不统一必然导致了错误结果的出现。为此，2001 年，飞利浦成立了跨部门的工作小组，负责制定统一的衡量标准。这个小组决定，将有缺陷产品退货和其他原因的退货（比如承运商损坏、库存平衡失误以及订单失误等原因造成的退货）区别开来，并确定在两个阶段应以 12 个月为周期进行对比。这样，就能提供最为现实的经销商退货情况，避免了季节性的问题的出现。飞利浦公司现在的退货报告都是由经销商按产品种类和型号分类做出的。为了使退货的各项数据显得更直观和立体一些，这些数据和总的销售额、退货趋向以及整个公司的销售率等数据都体现在一张图表中，这样就很容易看出退货率的细微变化。此外，报告还包括退货率和减少退货的目标百分比，这些数据使得联合工作小组的工作目标和成效一目了然。

然后，退货管理部门将这些退货信息向销售、服务、财务和产品部门以及高级管理层进行传达。这些信息按产品型号、部门和经销商分类列出，并同时提出相关的改进措施。为了保持退货报告的连续性，让公司中的任何人，不论在世界上的任何地方，只要能够接触到这些报告，就会看到同样的数据，飞利浦公司安装了 SAP 信息系统。这样连贯持续的退货管理报告，让一些主要部门的人员在收到这些报告的同时，也都接受了相应地减少退货的责任和目标。比如，产品经理要关注自己负责产品的退货率，销售部门则会关注全部产品的退货率。另外，SAP 系统将退货报告细分到型号和经销商的层面，其嵌入式适应功能使得退货管理部门可以出具月度或具体日期的退货报告，这些报告出来之后就提供给财物和物流部门，以便他们做出销售预测和库存计划。

二是简化产品操作。我们对生产、零售以及服务供应链各环节中可能引起高退货率的因素进行逐一分析，并寻找潜在的解决办法。研究信息透露出一个信息，即并非是产品质量问题导致了退货现象的滋长，而是飞利浦产品使用的复杂性所致。为了降低产品使用的复杂性，使产品更加容易使用，飞利浦公司采取了很多措施：首先，努力改善产品的售后服务，增加了网上的服务支持，改善电话咨询中心的服务水平，比如常见问题解答（FAQ）、连线下载以及 DVD 或其他数字产品的免费升级等。其次，在产品的包装盒内填加"阻止性"说明书。这些说明书都印有显眼的"阻止"符号，引导消费者在把商品拿回到零售商店里之前应先和制造商联系。这些措施鼓励消费者通过直接联系制造商去解决产品问题，从而对减少退货现象起到了很大的帮助。同时，公司还增加了地区或是中央维修中心，为消费者提供交换服务项目。根据这一项目，飞利浦向零售商或是维修商支持一定的处理费，并让其把退货直接返回公司。

此外，为了提高产品的易用性，2002 年，飞利浦公司加入了"易用圆桌协会"（EOU）。EOU 是一个 PC 和消费类电子产品行业协会，旨在帮助消费者更好地使用高科技类产品。参加这个协会的有业内领先的生产厂商和零售商，1998 年，英特尔发起成立了这一组织，为当时英特尔的退货现象相当严重。通过加入这个组织，飞利浦公司引进了一种叫做"初始体验预测表（IEP）"的目录工具。IEP 是新产品设计团队所使用的一种工具，其中涉及 25 个调查问题，可以帮助新产品设计人员预测消费者使用新产品的各种体验。通过这种工具的使用，飞利浦公司的新产品在研发阶段，就可以在设计新产品的操作、包装和使用说明时，充分考虑到终端消费者的需求，体现出更多的人文关怀情意。这个措施极大地提高了飞利浦公司产品的易用性，从而减少了电话咨询中心的呼叫次数，提高了消费者的满意度，进而减少了无缺陷产品的退货量。

上述措施的实施，既鼓励了零售商积极采用新的方法和技术制止退货，又为他们减少退货和逆向物流的流量做出了一些调整。据飞利浦进行的调查显示，一些零售商积极改善商店显示标识，在促销点向用户提供一些重要信息，诸如订阅服务费用、最低系统要求等，真正使消费者做到了"明明白白消费，轻轻松松购物"。

三是强化退货规定。在过去两年里，飞利浦电子产品的零售商们诸如 Best Buy 等开始强化执行以前已经存在的一些规定。一些零售商现在都把有关的退货规定张贴在商场里显眼的位置，这些规定都提出了"重新进货费用"的概念，实际上已经有零售商在开始收取这些费用了。Target 和卡玛特等零售巨头也在强化实施"退货必须携带发票且必须在规定的退货期限内退货"的规定。为了解决退货问题，其他一些零售商还增加了新的举措，比如向顾客提供制造商和本地服务商的联系方法等，并且事先声明并非在各种情况下都接受退货。

另外，随着电子类产品更新速度的加快，零售商们也意识到减少退货期限是其减少退货的一个重要措施。在有些案例中，新的工业环境要求我们做出改变以适应现有的政策规定。诸如 CD 播放机、数字照相机等技术产品对大型零售商执行的 90 天退货政策发起了挑战，因为此类产品周期很快，90 天内退货的政策必然会助长消费者退回并无缺陷的产品，以达到获取新的、速度更快的 CD 播放机或是高清晰度数字照相机的目的。为了减少这种"升级"退货现象，许多零售商减少了可选择产品的退货窗口。这种政策的改变也降低了产品"租赁"使用的期限，减少了欺诈退货的数量。

四是改善销售系统。销售商改善销售系统的原因之一，是为了找出那些反复违反退货规定的人并对他们加以防范。这些新系统可以按顾客、信用卡号码甚至产品的序列号对商品进行跟踪，以便于零售商能够确保退回来的商品是顾客在自己的商场购买的，并对那些反复退货的人进行跟踪。此外，许多退货柜台的电脑也开始显示商品及其主要部件的照片，以方便店员对退货加以辨认。这些系统为零售商提供了强有力的证明材料，使得他们可以拒绝那些不合理的或具有欺骗性的退货。

SiRAS 数据库系统，是一种电子注册软件程序。比如，在产品销售的同时，店员扫描条形码和序列号将数据输入收银机，这些数据再传输至 SiRAS 的数据库。当消费者退货时，店员进入客户服务网站检验产品的序列号，SiRAS 数据库就会告知店员退货是否购买自该店、能否接受退货以及退货理由是否正当，店员就能根据零售商和制造商的退货政策履行商业信用了。和其他的生产商一样，飞利浦也认识到 SiRAS 系统极具价值，它能存储产品出货的大量原始数据，而以前使用的仓储跟踪系统无法提供需要担保的各类产品的信息，它只能提供发货地点和零售商的一些信息。同时，无线射频技术（RFID）的广泛应用因条件的限制还有待时日。实际上，保修确认也是十分复杂的事情，很少有消费者在退货时发保修卡，也很少有消费者保留原始发票，电子产品的退货期限有时长达 1 年时间。甚至，有些经销商在从生产商那儿接到最后一批发货后会把产品的保修期延长 1 年时间。

所有这一切，使飞利浦在确认商店是否遵守正确的保修规定时显得十分困难。据飞利浦和国内一家零售商进行的联合调查显示，有相当数量的退货情况超出了规定的保修期限。而电子注册则不然，它允许所有零售商、生产商、服务商、退货中心以及呼叫中心向终端用户提供相同的、公平的服务支持。所有的授权合伙人都可以轻松地接入 SiRAS 系统，获取所购产品的日期和地方。因为 SiRAS 系统是安装在销售时点信息管理系统（POINT OF SALE），成本已最小化，生产商只需按使用次数付费。

因此，在这种背景下，SiRAS 系统的使用自然成为许多公司的首选，并成为业内公认的标准，飞利浦也从中获益匪浅。比如，2000 年，飞利浦和一家零售商就某产品开展促销活动时就采取了 SiRAS 系统，以减少不当退货现象。通常，此类产品的退货率为 7% ~ 9%，但是采用电子注册程序后，公司的退货率下降到 2%，非常接近电子产品真实的缺陷率。

五是改善售后服务。如果没有权威的服务中心，没有独立的生产链，退货管理计划就不是一个完整的统一体。飞利浦拥有一大批权威的服务商，但在过去几年间，这种服务网络却江河日下，呈现颓势。

为此，飞利浦也把服务商"拉拢"进了阻击无缺陷产品退货的统一战线。对于服务商而言，这是一个"双赢"的格局。随着消费类电子产品升级换代不断加快，再加上这类产品的不易维修性，服务商也需要扩大自己的服务范围，以增加营业收入。因此，服务商很乐意通过对服务网络进行改造，为飞利浦公司提供一些额外的服务，例如退货产品的试验，为零售商进行程序调试；和飞利浦公司及其零售商一道，为购买复杂电子产品的顾客提供上门安装服务，如家庭影院系统和大屏幕电视类产品；帮助飞利浦公司分析某件产品的质量问题，新产品进入市场遭遇失败的原因以及顾客在产品操作方面存在的问题等；帮助飞利浦公司实施"当日反馈制"，为购买高价产品的消费者及时提供上门服务，预防成本高昂的产品发生退货现象；在得到飞利浦公司的认可后，提供"以旧换新 + 保修"的服务模式；在有质量问题的产品实际被返回到飞利浦公司之前，替换的产品已经被运到了服务商那里等。

通过提供诸如此类的解决方案，服务商就可以变成处理制造商退货的"一站式商店"。并且通过这种服务网络的改造，服务商有能力在退货舞台上扮演一个巡视、废品回收和进行调解的中间商角色，以防止高科技产品沿供应链逆向回到飞利浦公司。总而言之，良好的服务网络不但能减少生产成本，最大限度地降低逆向物流系统的成本，而且能为家电制造商提供额外的利润。目前，飞利浦正处在向终端用户提供高品质服务的过渡阶段。

减少退货策略的实施，对飞利浦公司来说意义非凡，作用深远。在前两年的时间里（即 1999—2000 年），飞利浦公司成立了一个独立的退货管理部门，退货责任由多个部门负责，但退货率还是高于家电行业的平均水平。而在接下来的两年时间里（2001—2002 年），飞利浦公司通过强化实施退货管理规定等措施，使退货率达到了行业平均水平。通过对逆向物流的有效调整，飞利浦转危为安，以其优质的产品再次树立了家电行业卓越的形象。在 2003 年里，飞利浦公司又采取了几项退货管理措施，其退货率已低于家电产品的行业水平。1998 年以来，飞利浦公司平均每年减少退货达 50 万件，价值超过 1 亿美元。

参考文献

[1] 曹建伟. 背后的"宜家"[J]. IT 经理世界，2003（2）.

[2] 查先进. 物流与供应链管理［M］. 武汉：武汉大学出版社，2003.

[3] 陈子侠，蒋长兵，胡军. 供应链管理［M］. 北京：高等教育出版社，2005.

[4] 陈子侠，蒋长兵. 现代物流习题与解答［M］. 北京：机械工业出版社，2004.

[5] 陈子侠，蒋长兵. 现代物流学理论与实践——辅导与练习［M］. 杭州：浙江大学出版社，2004.

[6] 陈子侠. 现代物流学理论与实践［M］. 杭州：浙江大学出版社，2003.

[7] 崔介何. 电子商务与物流［M］. 北京：中国物资出版社，2002.

[8] 戴勇. 雀巢与家乐福的 ECR 管理［J］. 中国物流与采购，2003（17）.

[9] 丁立言. 物流企业管理［M］. 北京：清华大学出版社，2000.

[10] 丁敏. 联合速递公司的技术［J］. 集装箱化，2001（6）.

[11] 董千里. 供应链管理［M］. 北京：人民交通出版社，2002.

[12] 高立法. 企业经营分析与效绩评价［M］. 北京：经济管理出版社，2000.

[13] 郭会成. 物流经理业务手册［M］. 北京：机械工业出版社，2002.

[14] 洪水坤，陈梅君. 物流运作案例［M］. 北京：中国物资出版社，2002.

[15] 胡军，彭扬. 供应链管理理论与实务［M］. 北京：中国物资出版社，2005.

[16] 黄小原，卢震. 电子商务与供应链管理［M］. 沈阳：东北大学出版社，2002.

[17] 蒋长兵. 现代物流管理案例集［M］. 北京：中国物资出版社，2005.

[18] 林国龙. 物流管理与供应链过程一体化［M］. 北京：机械工业出版社，1999.

[19] 刘昌祺. 物流配送中心设计［M］. 北京：机械工业出版社，2001.

[20] 刘伟. 供应链管理［M］. 成都：四川人民出版社，2002.

[21] 刘志学. 现代物流手册［M］. 北京：中国物资出版社，2001.

[22] 骆温平. 第三方物流：理论，操作与案例［M］. 上海：上海社会科院出版社，2000.

[23] 骆温平. 物流与供应链管理［M］. 北京：电子工业出版社，2002.

[24] 马士华，林勇，陈志祥. 供应链管理［M］. 北京：机械工业出版社，2000.

[25] 那福忠. "尿布"供应链传奇［J］. 新电子：IT 经理人商业周刊，2003（04X）.

[26] 宁平. 从物流到供应链：宝供战略转型［N］. 中国经营报，2002 - 9 - 15.

［27］齐二石．物流工程［M］．天津：天津大学出版社，2001．

［28］秦明森．实用物流技术［M］．北京：中国物资出版社，2001．

［29］汝宜红．配送中心规划［M］．北京：北方交通大学出版社，2002．

［30］宋华，胡佐治．现代物流与供应链管理［M］．北京：经济管理出版社，2000．

［31］宋华．物流供应链管理机制与发展［M］．北京：经济管理出版社，2002．

［32］宋远方．供应链管理与信息技术［M］．北京：经济科学出版社，2000．

［33］孙宏岭．现代物流活动绩效分析［M］．北京：中国物资出版社，2001．

［34］王成．现代物流务实与案例［M］．北京：企业管理出版社，2001．

［35］王槐林．物流资源计划（LRP）的原理及其应用［J］．华中理工大学学报，1999（6）．

［36］王玮冰．准备 RFID［J］．IT 经理世界，2004（10）．

［37］王迎军．供应链管理实用建模方法及数据挖掘［M］．北京：清华大学出版社，2001．

［38］王自勤．现代物流管理［M］．北京：电子工业出版社，2002．

［39］魏修建．电子商务物流［M］．北京：人民邮电出版社，2001．

［40］文岗．电子商务时期的第三方物流［M］．北京：中国商业出版社，2000．

［41］熊和平．供应链管理实务［M］．广州：广东经济出版社，2002．

［42］许中培．上海石化推行招标采购的尝试［J］．中国物资流通，2002（3）．

［43］阎子刚，吕亚君．供应链管理［M］．北京：机械工业出版社，2003．

［44］曾剑．物流基础［M］．北京：机械工业出版社，2003．

［45］张成海．供应链管理技术与方法［M］．北京：清华大学出版社，2002．

［46］张瑞敏．海尔为什么要搞物流［J］．中国物资流通，2001（18）．

［47］张瑞敏．物流给了我们什么［J］．企业管理，2001（7）．

［48］赵林度．供应链与物流管理理论与实务［M］．北京：机械工业出版社，2003．

［49］赵启兰，刘宏志．生产计划与供应链中的库存管理［M］．北京：电子工业出版社，2003．

［50］朱道立．物流与供应链管理［M］．上海：复旦大学出版社，2001．

附录 A：各章图例索引

附录 B：各章表例索引